Cauchiler 80ème
1993

Z. Theobald · Hussitenkrieg

Nikolaus Ludwig von Zinzendorf

Materialien und Dokumente

Herausgegeben von
Erich Beyreuther, Gerhard Meyer
und Amedeo Molnár

Reihe 1

Quellen und Darstellungen zur Geschichte
der böhmischen Brüder-Unität

Herausgegeben von
Amedeo Molnár

Ergänzungsband II
Zacharias Theobald
Hussitenkrieg

1981
Georg Olms Verlag
Hildesheim · New York

Zacharias Theobald

Hussitenkrieg

Mit einem Vorwort von
Erich Beyreuther

und einer Einleitung von
Alfred Eckert

1981
Georg Olms Verlag
Hildesheim · New York

Dem Nachdruck liegt das Exemplar der Egerland Bücherei zugrunde.
Signatur: 1186

Nachdruck der Ausgabe Wittemberg 1609
Printed in Germany
Herstellung: Strauss & Cramer GmbH, 6945 Hirschberg 2
ISBN 3 487 06973 3

Vorwort

Als Zeichen der „Anfänge historischer Kritik und Methode" im „goldenen Zeitalter" der Historiographie im damaligen deutschsprachigen Böhmen gilt nach dem „Handbuch der Geschichte der böhmischen Länder" von 1974 (Band II) der „Hussitenkrieg" von Zacharias Theobald (1584-1627). Es ist nicht von der Hand zu weisen, daß er seine Anstöße zur Historiographie von dem „hohen Niveau" der Brüdergeschichtsschreibung und den Fachkollegen des utraquistischen Collegium Carolinum der Prager Akademie empfing.

Innerhalb der deutschen Historiographie war Theobald mit seinem „Hussitenkrieg" der erste, der die Ereignisse von der Verbrennung des Johannes Hus in Konstanz 1415 bis „zum fröhlichen Aufgang des ewigen Evangelii in Teutschland", ja bis zur Anerkennung der Protestanten in der Böhmischen Konfession von 1575 und zum Majestätsbrief 1608 als lutherischer Bekenner in deutscher Sprache festhielt.

Wir legen hier den seltenen Erstdruck von 1609 zugrunde. Er erschien in dem Jahr, in dem die protestantischen Stände in Böhmen von König Rudolf II. die Gleichberechtigung ihres Bekenntnisses mit dem katholischen am 9. Juli ertrotzt hatten. Das gab diesem Werk einen großen Aufschwung. Es war zudem dem Vorkämpfer des Luthertums in Böhmen, dem Grafen Joachim Andreas von Schlick gewidmet. Man konnte damals noch nicht ahnen, daß dieser im Jahre 1621 seine Glaubensüberzeugung mit dem Tod auf dem Schaffot büßen mußte. Eine Zweitauflage des „Hussitenkrieges" erschien 1621.

Dr. Alfred Eckert verdanken wir eine Einführung zum „Hussitenkrieg", die sich auf Wesentliches beschränken mußte und darum nicht alle Fragen und Probleme vorlegen kann, so umfassend sie sich ihm auch gestellt haben. Durch zahlreiche Hinweise sind uns jedoch nötige Hilfen gegeben.

Erich Beyreuther

Einführung
von Alfred Eckert

Vorgeschichte
Wenn wir zunächst versuchen, einzelne Motive für die Prozesse der Entwicklung der böhmischen Geschichte im Zeitraum des „Temno" (vor Zacharias Theobald), aufzuweisen, so auf zwei Ebenen, der profangeschichtlichen und der kirchengeschichtlichen.

1) **Kirchengeschichtlich** ist es das Eindringen der lutherischen deutschen Reformation über Thomas Müntzer in seinem Prager Manifest von 1521, was zur Elbognischen Ordnung (1522/23) und weiteren Kirchenordnungen bis zur Prager Kirchenordnung (1609) führte. Aus der einstigen Ablehnung der böhmischen Brüder durch Luther nach 1519 wurde 1538 eine gegenseitige Anerkennung und Versprechen auf Förderung der beiderseitigen Bemühungen um das Evangelium im politischen Bereich. Das führte zur Motivation des böhmischen und deutschen evangelischen Adels, aber auch der königstreuen Städte, die in teils bereits erkämpften demokratischen „Verfassungen" schließlich 1575 dem Kaiser die Confessio Bohemica abtrotzten, eine Generation später - 1609 - den Majestätsbrief erreichten, dann aber nach dem Prager Fenstersturz 1618, des „Winterkönigs" Zwischenspiel und Niederlage auf dem „Weißen Berg" 1620 im Prager Blutgericht (1621) und dem folgenden Verbot der Religionsfreiheit (1622/23) den Verlust der Heimat oder Konfiskation der Güter erleiden mußten.

In gleicher Weise erlitt die Bewegung der Böhmischen Brüder - unter ihnen viele Stille im Lande - in ihrer Gefolgstreue zu ihren Bischöfen das gleiche Schicksal wie ihre bürgerlichen oder adeligen Glaubensgenossen: das Exil, vereinzelt oder gemeinsam. Welcher Verlust dabei dem ganzen Lande zugefügt wurde, ist in Zahlen zwar nachgerechnet und abgeschätzt worden, kann aber von dem Volkssubstanz- und dem Bildungs-, Arbeitskraft- und Sachwertverlust her gar nicht ermessen werden.

2) **Die profangeschichtlichen Prozesse** finden wir am besten begründet zunächst in Pavel Stranskys „Res publica Bohemica" (von 1634), einer zeitgenössischen Aussage, deren charakteristische Definition lautet: „Unser Volk ist mit Fehlern behaftet, ragt aber auch durch Tugenden hervor. Kaum jemand meint, daß es irgendwo eine bestimmte Zahl von Menschen gäbe, von denen alle entweder ganz schlecht oder ganz gut wären und daher alle gleichsam entweder Lob oder Tadel verdienten. Bei den Tschechen haben Geschichtsschreiber verschiedene Mängel festgestellt. Wenn ich selbst äußern sollte, was ich denke, würde ich berichten, daß der Tscheche der größte Nachahmer und Bewunderer fremder Dinge ist. Er ist dagegen ein abscheulicher Verleumder und Schmäher der eigenen Sachen. In Glück und Unglück wünscht er möglichst viele Genossen um sich zu haben; eine strengere Disziplin und vor allem Abhängigkeit verträgt er nicht, das Gefühl des Unrechts vergißt er schwer und liebt privat und öffentlich den Prunk. Wenn er lustig ist, pflegt er nachgiebig zu sein, zornig aber ist er, wenn er traurig ist. Wenn er hungrig ist, singt er nicht (wie der Deutsche), tanzt auch nicht (wie der Franzose), sondern ist griesgrämig. Es fehlt ihm weniger an Fähigkeiten und Urteilskraft als an Strebsamkeit. Bei Streitigkeiten läßt er sich Zeit, wie mit dem Zornesausbruch, so auch mit der Versöhnung. Im Krieg ist der Tscheche zunächst schwerfällig, dann wieder aber sehr behende und unerschrocken. Von anderssprachigen Völkern ist er den Franzosen, Engländern, Italienern und Ungarn gegenüber freundlicher als zu anderen. Die Polen hält er für sprachverwandte Brüder." (St. Hafner, O. Tureček, G. Wytrzens: Slavische Geisteswelt Band II, West- und Südslavien, S. 57/58).

Ganz besonders hervorzuheben ist dabei, daß die **Historiographie der „vorweißenbergischen Epoche"** überwiegend den Ideen der Herrschenden entsprach, wie es K. Richter nennt. (HGbL II, S. 201)

Dreierlei kann zunächst zusammenfassend festgestellt werden:
1) Methodisch zwar war sie anderer europäischer Historiographie unterlegen,
2) daneben verfocht sie die Interessen des Adels, und
3) sind die nichtkatholischen Historiker in die Verteidigung gedrängt (HbGBL II, S. 207, fn. 12).

In der Einzelanalyse ergibt sich:
a) Enea Silvio Piccolominis „Böhmische Geschichte" wurde schon 1510 von Konáč ins Tschechische übersetzt, 1585 brachte sie Adam von Veleslavin erst gedruckt heraus.
b) Wenzel Hájek von Libotschan (Libočany) konnte 1541 seine umfangreiche „Böhmische Chronik" mit finanzieller und behördlicher Unterstützung der Habsburger erscheinen lassen. Kurz charakterisiert ist Hájeks Werk hussitenfeindlich und adelsfreundlich. Lange wurde diese Chronik als Fundamentalwerk historischen Wissens betrachtet, obwohl „voller Erfindungen" es nicht mehr der Kritik standhielt, wie wir vor allem bei Zacharias Theobald feststellen werden.
c) Jan Dubravius, Bischof von Olmütz, nannte ein lateinisches Exzerpt aus Hájeks Chronik seine 1552 edierte „Historia regni Bohemiae".
Soweit die habsburgerfreundliche Historiographie. Die Opposition beschränkte sich vor allem auf die kirchlichen Ereignisse wie
d) Bohuslav Bílejovský, ein altutraquistischer Priester in seiner „Böhmischen Chronik" (1537), oder
e) Martin Kuthen von Springsberg in seiner „Chronik über die Begründung des Landes Böhmen" 1541, die kurz, sachlich und neutral bleibt.
f) Sixtus von Ottersdorfs 1547 erschienene „Acta oder Gedenkbücher bzw. Geschichte jener zwei unruhigen Jahre in Böhmen" ist nur eine Sammlung von abgeschriebenen Urkunden und Dokumenten.
g) Erst Veleslavin tritt in seinem „Historischen Kalender" (1578 und 1590) Hájeks Übertreibungen entgegen und bringt selbst „kurzgefaßte Fakten".
h) Markus Bydžovský von Florentin arbeitete als Astronomie- und Mathematikprofessor über die Kaiser Maximilian II. und Rudolf II. wieder adels- und herrscherschichtbezogen.
i) Siegmund von Púchovs „Böhmische Kosmographie" von 1554 war von Kaiser Ferdinand I. in Auftrag gegeben, ist - wenn auch das „umfangreichste böhmische Werk des 16. Jahrhunderts" - eine Übersetzung von Sebastian Münsters „Cosmographia universalis" von 1546 und unterschlägt das Hussitentum.
j) Weitere historisch bedingte Arbeiten dieser Zeit betreffen Stadtrechte böhmischer Städte oder Genealogien, so daß zusammenfassend ge-

urteilt werden kann: die „vorweißenbergische" Historiographie ist vom Adel und Bürgertum bestimmt, bleibt neutral oder widmet sich kirchlichen Ereignissen (HGbL II, S. 207, fn. 13).

Nach 1608/09 - Bekenntnisfreiheit war durch den Majestätsbrief gewährt, die Stände hatten volle Beteiligung an der Regierung -, sollte sich in der Reform der Universität in Prag herauskristallisieren, daß die theologischen und philosophischen Studien vor allem sich im Carolinum konzentrierten, während in der Karlsuniversität die Naturwissenschaften und eine kritische Geschichtsschreibung blühten. Polišensky weist in AUC-Hist UC 4/2, 1963 vor allem auf das hohe Niveau der Historiographie der Prager Akademie, d.h. des utraquistischen Collegium Carolinum hin, das neben der noch zu erwähnenden Brüdergeschichtsschreibung sich von den katholischen, vor allem dem Adel verpflichteten Historikern wie Hájek und Paprocki unterschied und Anfänge historischer Kritik und Methode bei Kočin, Březan und vor allem Zacharias Theobald erkennbar werden ließ. (Vgl. die ausgezeichnete Zusammenfassung der böhmischen Historiographie hrsg. von Kutnar František, Přehledné Dějiny, Českého a Slovenského Dějepisectví, Bd. 1, Prag 1973, Kapitel II/2: Humanismus und 16. Jahrhundert, S. 51-64 mit chronologischer Übersicht der Historiographien auf S. 260 f. - sollte ins Deutsche übersetzt werden! HGbL II, S. 208, fn 23.)

Anmerkungen zu Zacharias Theobalds „Hussitenkrieg"

Am 11.11.1619 stoßen wir auf das Vorwort einer Abendmahlspredigt des damaligen Heiligenkreuzer, späteren Nürnberg-Kraftshofer evang.-luth. Pfarrers Zacharias Theobald, in dem es heißt:

„Es ist war, diese meine Confession wird nicht beweisen, daß gantz Böhmen lutherisch sey, aber ich kan das mit Bestand der Warheit schreiben, daß in der Revier Elbogen, Eger, Tachaw, darinnen ich von Jugend auf gewesen bin, ich nicht weiß, daß über drey (so sehr heimlich eingeschlichen) gewesen seyn, so offentlich sich calvinisch haben in ihrem Predigt-Ambt hören lassen, so hab ich auch von meinen Eltern und Großeltern nicht gehört, daß seyt der Zeit, (da) sie auß dem hussitischen crepusculo (Dämmerlicht) in das helle Taglicht der Lutherischen Confession kommen seyn, daß die Zwinglischen (also haben die geredt) sich auf der Cantzel haben dürfen hören lassen und ist der zwinglische Name bey ihnen so sehr als der türckische verhaßt gewesen" (MVGN 49, 1959, S. 252).

Damit sollte der Beweis erbracht werden, daß die Protestanten Westböhmens die orthodox lutherische Abendmahlslehre allein verbindlich als Kern ihres Bekenntnisses betrachtet hatten und Calvins Auffassung ablehnten. Das ergibt zwei Generationen zurückgerechnet dann unmittelbaren Anschluß an hussitische Tradition für das Luthertum. Seit 1604 hatte sich Zacharias Theobald, nach der vortrefflichen Analyse seines Werkes durch Richard Klier (MVGN 49, 1959, S. 257 ff.), mit Materialsammeln für seinen 1609 erstmals erschienenen „Hussitenkrieg" befaßt. Dabei war Theobald auf Dubravii „Historia regni Bohemiae" (1552) und Hageci a Liboczans Geschichtswerke (Česka kronika, 1541) ebenso wie auf Lupacii „Rerum Boemicarum Ephemeridis historicae liber primus" (1578 zu Nürnberg gedruckt und 1584 verbessert in Prag neu ediert) angewiesen gewesen und erst in der Überarbeitung der späteren Auflage seinen Quellen gegenüber kritisch geworden. So fallen das 35. Kapitel über die Choden (Kuttenbauern) und Hájeks Legende von der schönen Helena auf Pfraumberg fort, dafür werden aber zwei weitere Teile über den Hussitenkrieg bis zum Tode König Ladislaus Posthumus und Georg von Podiebrad und die beiden Jagellonenkönige bis zum Tode König Ludwigs in der Schlacht bei Mohacz 1526 eingefügt.

Nun ist das Aufregende an diesem „Hussitenkrieg" Theobalds, daß er nicht mit dem Jahre 1526 abschließt, sondern 1517 als „frölichen Aufgang des ewigen Evangelii in Teutschland" und wie bereits in der Vorrede zur Abendmahlspredigt die Hussitenzeit als Vorstufe (crepusculum) Zeit der Dämmerung annimmt, was für die bisherige Historiographie unbekannt ist. Wie wir aus den von Klier vortrefflich herausgearbeiteten Einzelbemerkungen Theobalds entnehmen können, zeichnet den Verfasser des „Hussitenkrieges" weitgehend Objektivität und Quellenkritik aus, hat er sich ja auch „durchgebahnt durch den Sylvischen, Krantzischen, Hagekischen, Cochläischen und anderen bäpstischen Schnee". Aber daneben war er bemüht, von seiner Zeit Fakten, Monumente und Gedenktafeln festzuhalten, so daß er als ein höchst zuverlässiger Materialsammler gelten kann. Aber was nützt das der Wissenschaft alles, wenn die Quellen unecht sind! Noch fehlte Theobald der Fachwissenschaftsbegriff von heute, aber der quellenkritische Askept seiner Forschung muß als exemplarisch festgehalten und herausgehoben werden! (Erst Arnošt Kraus hat in seinen Husitstvi I, 243-248 die Abhängigkeit Theobalds von Václav Hájek z Libočan nachgewiesen, dessen Chronik von 1541 im Jahre 1819 nochmals in tschechischer Ausgabe erschien, die deutsche Übersetzung Johann Sandels, des Kommotauer Stadtschreibers von 1596 zu Prag gedruckt, 1697 in Nürnberg als Zweitauflage und 1718 sogar in Leipzig zum 3. Male ediert werden konnte.)

Mit den Ergebnissen der Historiographie Zacharias Theobalds ist der Weg gewiesen für die weitere deutsch- und tschechisch-böhmische Geschichtsschreibung:

1. Theobald sieht in 1517 die kirchengeschichtliche, andere Forscher erst 1526 die profangeschichtliche Zäsur.
2. Theobald läßt die lutherische Reformation auf dem **crepusculo** des Hussitentums fußen.
3. Er versteht unter Geschichtsforschung sowohl Geschichtsschreibung wie auch Quellenstudium, da er seiner Zweitausgabe des „Hussitenkriegs" 1621 die Böhmische Confession, den Majestätsbrief und die Prager Kirchenordnung beibinden läßt.
4. Theobald ist selbst Exulant, er bleibt aber seiner Heimatgeschichte verhaftet und läßt Historiographie im Exil veröffentlichen.
5. Theobalds Schaffen fällt unter Stranskys Urteil: trotz aller Bemühungen fehlerhaft.
6. Andere Forscher stellten historiographische Mängel fest.
7. Theobald hat wenig Eigenständiges, er gilt als großer Sammler, Nachahmer usw., verläßt sich aber gerne auf zeitgenössische „Historicis".
8. Strenge wissenschaftliche Disziplin verträgt Theobald nicht, er braucht das „lebendige" Forschen, das von kühler Objektivität verdrängt würde.
9. Theobald hat sich seinen Quellen gegenüber unabhängig verhalten, auch einmal Legenden durchbrochen.
10. Theobald der quellen- und zeitkritische Forscher bleibt als Bekenner unerschrocken.

Wenn wir auch hiermit versuchten, Zacharias Theobald exemplarisch als Historiker und Historiographen im „Rahmen seiner Zeit" zu beurteilen, müssen wir dennoch Jaroslav Vlček zustimmen, der uns mahnt, immer zu bedenken, daß die Sicht des Historikers die „Brille ist, durch die der Leser auf die Vergangenheit seines Volkes blickt" (Jaroslav Vlček: Dějény české literatury, 2 Bde, Prag 1951, S. 351).

Die Bedeutung von Zacharias Theobalds „Hussitenkrieg"

Der immerhin sehr kundige, sachkritische Historiker Arnošt Kraus, der sich mit dem theobaldschen Werke als erster auseinandersetzte, hat Theobald vor allem vorgeworfen, daß er nicht nur den Fehlerquellen des „böhmischen Livius" (Hájeks Chronik) gefolgt sei, sondern auch dessen negative Einstellung den Hussiten gegenüber beibehalten habe. Wenn ihm Richard Klier auf den Vorwurf, durch diese negative Wertung der Hussiten hätten Katholiken und Protestanten ein falsches Bild „auf Jahrhunderte hinaus" bekommen, das Programm Theobalds, das im Untertitel des Werkes angegeben sei „Hus' Todt gerochen" entgegenhält, so genügt das m.E. nicht nur nicht, da die historische Objektivität auch die Grausamkeiten nicht verschweigen darf (sowohl die zum Tode von Hus führenden, wie die Greuel der Hussitenrache). Fraglich bleibt auch heute, ob alle „Hussitenbewegungsrenaissance" in Amerika (Zeman und seine Freunde wie Schüler auch im mitteleuropäischen Lager) die Sachlichkeit Theobalds übertreffen kann. Sehr vorsichtig (trotz Kliers verständlicher Begeisterung) sollte die Verbreitung des Theobaldschen Meisterwerkes beurteilt werden. Die 1621 erschienene lateinische Übersetzung von Jakob Montassus (vermutlich bestimmt für die Gelehrtenwelt in der Widmung an den Botschafter des englischen Königs Jakob I. in Deutschland, James Hay) erfolgte ohne Wissen des Verfassers, dessen Zweitauflage im gleichen Jahre (1621) erschien. Die „bestimmten Gründe" in der Widmung dieser Übersetzung können aber auch mit der Vertreibung und Verfolgung der Evangelischen nach der Schlacht am Weißen Berg, der Niederlage Friedrich V. von der Pfalz zusammenhängen. Übersetzungsschutz bestand jedenfalls nicht. Und das ist zu bedauern, da im „Bellum Hussiticum" lateinische Urkunden, von Theobald verdeutscht, wieder ins Lateinische zurückübersetzt wurden, so daß Druckfehler dabei sinnverderbend wirkten, wie es der äußerst korrekte Dr. Klier feststellen mußte. (Vgl. MVGN 49, 1959, S. 263-264)

Würdigung und Begründung des Neudrucks

Das „Standardwerk für die Geschichte der hussitischen Bewegung", um die sich die Forschergruppe um Heymann und Zeman in Nordamerika in vortrefflicher Grundlagenforschung, Quellensammlungen und hervorragenden Analysen (vgl. J.K.Zeman: The Hussite Movement, A biographical Study Guide, Ann Arbor 1977) bemühen, ist in den folgenden Jahrhunderten immer wieder beachtet worden:

1. Gottfried Arnold verwendete es in seiner „Unpartheiischen Kirchen- und Ketzergeschichte" bereits 1699.
2. Siegmund Jakob Baumgarten gab 1750 Zacharias Theobalds „Hussiten-Krieg" in 3 Teilbänden mit einer Vorrede in Breslau heraus.
3. Jaques Lenfant verwertete in seinem „Histoire du Concile de Constance (1714) - eine knappe Generation später - Theobalds Pionierarbeit (1783 und 1788) als „Geschichte des Hussitenkrieges und des Konziliums von Basel" (nicht Konstanz!), verdeutscht von einem aus Nürnberg stammenden, in Wien als Kaufmann lebenden Christian Hirsch herausgegeben. Hirsch rügt als erster an allen Quellen (Lenfant, Balbin und Theobald) die Darstellung der Hussiten als Barbaren.
4. Franz Pelzel stützt sich in seiner „Kurtzgefaßten Geschichte Böhmens", Prag 1774, auf Theobalds Arbeit.
5. Josef Aschbach verzichtet in seiner „Geschichte Kaiser Sigismunds" (Hamburg 1838-1845) nicht auf den „Hussitenkrieg".
6. Auch Goethe hat die dreiteilige Ausgabe von 1621 des „Hussitenkrieges" durchgearbeitet, wie sein Tagebuch am 5.9.1821 und 15.6.1822 beweist.
7. Im Epos „Žiška" von 1846 beruft sich der Verfasser Alfred Meißner bis zur Entsprechung des Textes auf das Werk.
8. In den neuesten Quellenangaben über die Hussitenbewegung fehlt es weder bei Ferdinand Seibt noch bei K. Richter (HGbL II, S. 208 fn. 23), noch bei J.K.Zeman, (S. 67, Nr. 775-777b).

Vita von Zacharias Theobald

Zacharias Theobald ist in Schlaggenwald geboren, und zwar am 13. Juli 1584. Zuerst besuchte er die Schule seiner Vaterstadt, dann ging er 1603 an die Leucorea, die ihm im darauffolgenden Jahr die Magisterwürde der Philosophie verlieh. Während der Jahre 1605 bis 1607 hielt er sich wieder in Böhmen auf. Er unterrichtete in dieser Zeit als Praeceptor junge Adelige, bis er 1607 an der Schule seines Geburtsortes Konrektor wurde. Fast fünf Jahre bekleidete er dieses Amt, dann wurde er Prediger in Kuttenplan, und am 4. März 1612 erfolgte nach vorangegangener Prüfung unter Leonhard Hutter seine Ordination in Wittenberg. Übrigens war auch er, jedenfalls in späteren Jahren, ein Bekannter von Balthasar Meisner. Um 1613-1614 wurde Theobald Pfarrer in Heiligenkreuz, wohin ihn Wolfgang Friedrich Laminger von Albenreuth gerufen hatte. Wahrscheinlich blieb er dort bis 1620 oder 1621. Interessant ist nebenbei, daß Theobalds Berufung nach Heiligenkreuz durch einen ehemaligen Schüler Altdorfs erfolgte. Seines Glaubensbekenntnisses wegen mußte Theobald Böhmen schließlich verlassen. Er wandte sich nach Nürnberg, wo ihm Veit Spengler und der Buchdrucker Simon Halbmeier bei der Übersiedelung Dienste leisteten. Ganz offensichtlich bemühte sich Theobald in der Folgezeit um die Gunst des Nürnberger Stadtrates, und er vermachte aus eben diesem Grund einem jeden der Nürnberger Losungsschreiber ein Exemplar von der zweiten Auflage seiner bekannten Schrift über den „Hussitenkrieg". Man erwiderte seine Aufmerksamkeit mit einem kleinen Handgeld und kurz darauf mit der Übertragung des Seelsorgeamtes am St. Rochus-Spital. Durch die Vermittlung der Herren Kress von Kressenstein wurde Theobald 1622 Pfarrer von Kraftshof bei Nürnberg, welches Amt er dann aber aus Gesundheitsgründen wieder aufgeben mußte. Seine zahlreichen wissenschaftlichen Arbeiten, die er vor und nach seiner Übersiedlung nach Nürnberg veröffentlichte, waren wohl der Grund dafür, daß er 1626 auf den durch Tod freigewordenen Lehrstuhl für Mathematik des Kepler-Schülers Johann Kaspar Odontius nach Altdorf berufen wurde. Zur Übernahme dieser Professur kam es nicht mehr, da Theobald schon kurze Zeit darauf starb und am 24. Januar 1627 in Nürnberg begraben wurde. Die Altdorfer Universität hätte in ihm gewiß einen vielseitigen und fleißigen Lehrer erhalten, der in der Philosophie, Theologie, in den Naturwissenschaften und am meisten wohl in der Geschichte, namentlich in der böhmischen, bewandert war.

Werke Zacharias Theobalds in Auswahl

1. Hussitenkrieg, darinnen begriffen das Leben, die Lehr und Tod M. Johannis Hussii und wie derselbige von den Böhmen, besonders Johann Zisska und Procopio Raso ist gerochen worden. Alles aus glaubwirdigen Geschichtsschreibern, alten Monumenten und Manusscriptis mit Fleiß zusammengetragen und Teutscher Nation allerdings gnugsam zum nötigen Bericht in öffentlichen Druck verfertigt durch M. Zachariam Theobaldum den Jüngern. Wittenberg, 1609, 4°. Gedruckt bei Lorenz Seuberlich, in Verlegung B. Samuel Selfisch, Buchführer.

2. Chronologica Bohemica ecclesiae adumbratio. Authore M. Zacharia Theobaldo iuniore. Wittebergae 1611, 4°. Typis suis exscripsit Laurentius Seuberlich, impensis Samuelis Selfisch.

3. Genealogica et chronologica iudicum, ducum et regum Bohemiae series, topographica eiusdem regni non magis inclyti quam christiani iuxta veteres et recentiores descriptio paucis plana plene tradita a M. Zacharia Theobaldo iuniore. Wittebergae. Ex officina typographica Laurentii Seuberlichii, impensis Samuelis Selfisch. 1612, 4°.

4. Gaspari Bruschii redivivi gründliche Beschreibung des Fichtelberges, aus welchem vier schiffreiche Wasser, der Mayn, die Eger, die Naab und Saal entspringen, darinnen viel alter Historien erkläret werden, item eine klare Beschreibung des Flusses Eger und aller infließender Wasser und anstoßenden Flecken, besonders auch des Schlackenwalderischen Zinnbergwerks, welches die Hueb genennt wird, wie dasselbe itziger Zeit zu finden, neben Vermeldung, was der Schwaden sei, so die Bergleute ersticket, auf ein neues übersehen und mit einem nützlichen Register vermehret durch M. Zachariam Theobaldum iuniorem. Wittemberg. Gedruckt bei Laurentio Seuberlichen, in Verlegung Herrn Samuels Selfischen, Buchführers, im Jahr 1612, 4°.

5. Christliche in Buchstaben göttliches Worts gegründete Auslegung der Wort der Einsetzung des hochwürdigen Abendmahls unsers Herrn und Heilands Jesu Christi in der Kirchen zum Heiligenkreuz gepredigt von M. Zacharia Theobaldo, Schlaccowaldensi Bohemo. Gedruckt im Jahr 1620. 4°.

6. Bellum hussiticum, quo M. Johannis Hussii vita doctrinaque et mors comprehenditur utque Bohemi, inprimis vero Joannes Zisca et Procopius Rasus vindicationem ipsius susceperint, luculenter exponitur. Omnia e gravibus scriptoribus, veteribus monimentis atque manuscriptis magno studio congesta inque Germanorum gratiam, que necessariae notitiae sufficiant, ipsorum lingua in lucem edita a M. Zacharia Theobaldo iuniore, nunc autem certis de causis Latino sermone reddita (per Jacobum Pontanum Heidelbergensem). Francofurti in officina Danielis et Davidis Aubriorum et Clementis Schleichii anno 1621, fol.

7. Hussitenkrieg, darinnen begriffen das Leben, die Lehr, der Tod M. Johannis Hussii, auch wie derselbe von den Böhmen besonders Johann Zischka ist gerochen und seine Lehr hernacher in dem Königreich erhalten worden. Alles auß glaubwür-

digen Geschichtsschreibern, alten Monumenten und Manuscripten mit Fleiß zusammengetragen, auf ein neues übersehen, corrigiret, mit zweien Teilen vermehret, biss auf Sleidanum continuiret, mit einem nothwendigen Register aller drei Theile versehen und Teutscher Nation zu einem nötigen Bericht neben angehängter rechter Böhmischer Confession in Truck verfertiget durch M. Zachariam Theobaldum Schlaccowaldensem Bohemum. Nürnberg 1621. 4°. Gedruckt und verlegt durch Simon Halbmayer.

8. Salomonis Kirchenbraut, das ist gründliche Erklärung des Hohenlieds Salomonis analytice und paraphrastice verfaßt, auch die alte deutsche biblische Version mit des Herrn Lutheri seligen coniungirt und in Druck verfertigt durch M. Zachariam Theobaldum, dieser Zeit Pfarrern zu Kraftshof. Gedruckt und verlegt zu Nürnberg durch Simon Halbmayern, anno 1622, 4°.

9. Wiedertäufferischer Geist, das ist glaubwürdiger und historischer Bericht, was Jammer und Elend die alten Wiedertäuffer gestiftet und angerichtet, daraus zu schließen, was man von den neuen genannten Weigelianern, Rosenkreuzern und Pansophisten zu gewarten hab, weiln sie — wie in dem Tractat erwiesen — einerlei Lehr führen, frommen Christen zu einer treuherzigen Warnung, unschuldigen und in ihrer lieben Einfalt verwirrten, verführten Herzen zu einer nöthigen Unterrichtung mit Fleiß und ohne einigen Falsch aus gewehrten Historien colligirt durch M. Zachariam Theobaldum, dieser Zeit Pfarrern zu Krafthof. Nürnberg. 1623, 4°. Gedruckt und verlegt durch Simon Halbmayer.

10. Heerpredigt auß dem schönen Gebet deß theuren Obristen Judae Maccabaei, gehalten in dem christlichen Feldläger vor Pilsen, 7. Octobris Greg(orii) deß 1618. Jahrs von M. Zachariä Theobaldo juniore etc. Gedruckt zu Friedberg durch Michael Sanfftmuth, 1618, 4°. (Diese Predigt befindet sich im Landeskirchlichen Archiv in Nürnberg: Signatur Spit. L 25, 4°.) A. L. Krejčik kannte nur den Titel.)

11. Arcana Naturae. Das ist: Sonderliche Geheimnus der Natur, so wol aus glaubwirdigen Autoribus, als auch aigner Erfahrung zusammengetragen durch weyland den ehrwürdigen und wolgelerten Herren M. Zachariam Theobaldum, Pfarrern zum Krafftshof. Gedruckt zu Nürnberg bei Ludwig Lochnern, in Verlegung Achatii Hillings, Burgern und Materialisten in Nürnberg, im Jahr Christi 1628. 4°.

Literatur

Klier, Richard: Mag. Zacharias Theobald, der Verfasser des Hussitenkrieges, in „Mitteilungen des Vereins der Geschichte der Stadt Nürnberg", 49, 1959, S. 246-273; (= MVGN);
Kunstmann, Heinrich: Die Nürnberger Universität Altdorf und Böhmen, 1963, S. 156-160;
Krejčik, A.L.: Beiträge zur Biographie des M. Zacharias Theobald, in Mitteilungen des Vereins für Geschichte der Deutschen in Böhmen, 38, 1900, S. 274-286;
ders.: Zacharias Theobald, eine biographische Skizze, in MVGDB 39, 1901, S. 63-77;
Eckert, Alfred: Die deutschen evangelischen Pfarrer der Reformationszeit in Westböhmen, Johannes-Mathesius-Verlag, 1974/76, S. 118 mit weiterer Literaturangabe;
Beabsichtigt war eine Biographie über Zacharias Theobald vom 1975 verstorbenen Dr. Richard Klier, Mitarbeiter im Collegium Carolinum.
Handbuch der Geschichte der böhmischen Länder, Bd. II, 1974, S. 97-412 (von Ferdinand Seibt und Karl Richter), hrsg. von Karl Bosl.
Kutnar František: Přehledné Dějiny, Českého a Slovenského Dějepisectví, 1973 Prag, Bd. 1, S. 51-64, S. 260ff. (umfaßt den Zeitraum bis 1900!).
Jarold K. Zeman: The Hussite Movement, A Bibliographical Study Guide, Ann Arbor 1977.

Hussiten Krieg

Darinnen begriffen/

Das Leben/die Lehr
vnd Tod/ M. Johannis Hussij/ vnd wie derselbige von den Böhmen/ besonders Johanne Zißka vnd Procopio Raso, ist gerochen worden.

Alles aus glaubwirdigen Geschichtschreibern/ Alten Monumenten vnd manuscriptis, mit fleiß zusammen getragen/ vnd Teutscher Nation aller dings gnugsam zum nötigen bericht in öffentlichen Druck verfertiget/

Durch

M. Zachariam Theobaldum den Jüngern.

Psal. 46. vers. 8.
Venite & videte opera Dei.

1 6 0 9.

Wittemberg/

Gedruckt bey Lorentz Seuberlich/ In Verlegung
D. Samuel Selfisch Buchführer.

Bildnis des heiligen Merte-
rers Johannis Huß / Zu Costnitz ver-
brandt / im Jahr / M. CCCC. xv.

JM vierzehnhundert vnd zwelff Jahr/
   Nach vnsers HErrn geburt nim war.
Da ich Johann Huß offenbar/
   Zu Prag Gotts wort lert rein vnd klar.
Gefiel solchs nicht dem Antichrist/
   Dem Bapst zu Rom/durch arge list.
Mich gegn Costnitz citiren thet /
   Vom Keyser Sigmund gleit ich hett.
Doch mir solchs nicht gehalten ward/
   Vorm Bapst ward ich anklaget hart.
Vor ein Ketzer man mich verdampt/
   Vnd ward erbermlich da verbrand.
Doch lebe ich ewig in Gott/
   Der mich erlöst aus aller noth.
Ein Ganß bradt jhr/ sagt ich jhn dar/
   Vber hundert Jar/ nemet wol war.
Wird kommen ein schneeweisser Schwan/
   Denselbn werd jhr vngebraten lan.

)(2   EFFI.

EFFIGIES
CONSTANTIS MARTYRIS IOHANNIS HVSSI.

S Pectamen fidei, constantia Martyris, ad se
  Cunctorum ora tuentum obstupefacta trahant.

M. Henric. Iul. Strub. VVolferbyt. P.C.

IN EFFIGIEM HIERONYMI PRAGENSIS
pro nomine Constantiæ exusti.
D. Martin Lutheri.

AVgusta facie præstans Hieronymus, isto
Constrictus subiit funero dira modo.

F Lammivome vultu frons ZYSKAE augusta refulgens
 Quid? nisi militia fulminis indicium?

M. Henric-Iulius Strubius
VVolfe-byt, Poeta Laur.

DEm Wolgebornen

Grafen vnd Herrn/ Herrn Joachim Andreas Schlicken/ Grafen von Paßaun vnd Weisenkirchen/ Herrn auff Zwihana vnd Turnowa/ etc. meinem gnedigen Herren.

ALs ich/ Wolgeborner Gnediger Graf vnd Herr/ vor fünff Jaren auff der weitberümbten Wittenbergischen Vniversitet aus sonderlichen zu den Historien lust etliche Tractetlein neben etlichen in Latein brieff/ vnd die Tomos M. Iohann Hussij, des Böhmischen Martyris, lase/ auch darinnen sahe/ wie vnbillig vnd Vnchristlich dieser Mann von dem Concilio zu Costnitz ist neben M. Hieronymo Pragensi verbrandt worden/ hab ich angefangen/ so viel ich damals in Historien finden mögen/ zusammen zu schreiben/ vnd Hageci, Dubravij, Lupacij neben anderer Historicorum schrifften zu durchsuchen. Als ich aber henacher mit etlichen Jungen von Adel/ welche die Sprach lernen solten/ in Böhmische Städte geschickt wurde/ fraget ich fleissig nach/ lies mir viel Böhmische glaubwirdige manuscripta, derer ich nicht wenig zu Tauß in der Liberey M. Procopij Lupacij, gefunden/ verteutschen/ vnd damit ich ja nichts vnterlies/ machet ich mich selbsten auff/ vnd durchreiset die vornemsten Böhmischen Städte/ machet mich mit

Vorrede.

mit Pfarrherrn/ Schuldienern vnd Stadschreibern bekant/ also das ich nit schlechte sachen zusamen brachte/ vñ hernach völlig schriebe alles vnd jedes/ wie sichs von zeit zu zeit/ von tag zu tag mit tractierung/ handlung/ brieffen klagen/ sententionirung executionen vnd repressionen zugetragen/ Besonders wie die Böhmen den in Concilio zu Costnitz gehalten proceß vnd ergangenes Vrtel nicht nicht allein als Vnchristlich/ vnbillig/ vnd diesem löblichem Königreich Böhmen zu schmach/ hohn/ spott vnd nachteil geschehen erachtet/ widerfochten/ vnd durchs faustrecht/ als sententiam impiè & injustè latam zu rück getrieben/ das auch im Concilio Basiliensi die adversarij, wie nur gekönnet/ bedacht haben müssen sein/ die entstandene vnruhe zustillen. Weil ich nun diese meine Schrifft/ auff bitt vieler vornehmer Leut/ in Teutscher Sprach zu publiciren in willens bin/ vnd wol sehe/ das ich nach alten löblichen gebrauch solches einer besondern Personen zu schreiben mus: Als hab ich E.G. vor allen andern erwehlen vnd erkiesen wollen vnd sollen/ weil nun mehr der gantzen Welt bekant/ wie es dero G. mit dem Evangelio meine. Es erweiset es auch E.G. in verflossenem Jahr verrichten/ da dieselben von Röm. Kay. Mayst. vnsern aller löblichsten vnd friedfertigsten Herrn das freye exercitium Augustanæ religionis im Namen der Stende begeret hat. Oeswegen jetzt alle reine Lehrer vnd zuhörer Göttliches Worts/ so in diesem Königreich Böhmen sein/ schreyen vnd sagen:

Semper

Vorrede.

Semper honos, nomenq́; tuum, laudesq́; manebunt.

Sie wollen auch diesen nicht ohne schlechte gefahr auff E. G. genommene vortragen/ nicht allein mit jrem Gebet vñ wünsch/ sondern auch etliche sich mit schrifften danckbarlich erweisen/ darunter ich der schlechteste mit dieser Arbeit auch sein wil. Ferner bin ich gentzlicher zuversicht/ es werde dieses Werck E. G. nicht allein wegen der wunderlichen cursus Evangelij verrichtung angenehm sein: Sondern jhr desto mehr gefallen/ weil hierinnen des ersten Herrn Grafens/ Caspar Schlicken gedacht wird/ von welchem die Christlichen Herrn Schlicken/ die sich je und allwege des Evangelij getrewlich angenommen haben/ herkommen. Weil denn dem also ist/ vnd ich E. G. schuldiger weiß solches zugeschrieben/ auch darinnen dero löblichen ankunfft gedacht wird/ verhoffe ich es werde E. G. angenem vnd gefellig sein/ auch mich in jhren schutz fort haben befohlen/ welches ich mit meinem Gebet verschulden wil/ vnd befehle hiemit E. G. sampt dero verwandten vnd zugethan Göttlicher Allmacht. Dabam VVitebergæ, den 26. April. V. S. Anno 1609.

E. G. G.

Diener

M. Zach. Theobaldus.

NOMINA AUTHORUM,
quibus in hoc meo scripto historico usus sum.

Abraham   Bucholzerus.
Acta concilij Constatiensis
Acta concilij Basiliensis.
Æneas   Sylvius
Albertus   Krantius

Antiqui rerum Bohemicarum scriptores, qui ex Bibliotheca Marquardi Freheni prodierunt. Antonius Archiepiscopus Florentinus. Articuli 18. Iohannis VVіclephi impugnati á VVilhelmo VVidefordio, impressi cum descriptione concilij Basiliensis per Æneam Sylvium.

Baptistæ Fulgosi opus.

Bernhardus   Lutzenburgus
Bilibaldus   Birckheimerus
Blondus   Flavius Forliulensis
Caspar   Peucerus
Chronicon   Carionis
Chronicon   Mansfeltense
Confessio fratrum   Bohemicorum
Cyprianus   Leovitius
David   Chytræus

Daniel

Daniel **Adami**
Gotfredus Viterbienſis
Georgius Fabritius
Hartmanus Scedel Noribergenſis
Henricus Pantaleon
Henricus Kalteyſen
Henricus de Langenſtein
Hermanus Monachus de Campo
Iacobus Philippus Bergomás
Iacobus Meyerus
Ioachimus Cureus
Iohannes **Dubravius**
Iohannes Foxus
Iohannes Cochlæus
Iohannes Funccius
Iohannes Criſpinus
Iohannes Sleidanus
Iohannes Aventinus
Iohannes Antonius Campanus
Iohannes de Capiſtrano
Iohannes Cuſpinianus
Iohannes Gerſon
Iohannes Hagen, aliás de indagine
Iohannes Plaěth
Iohannes de Raguſio

)( )(**2** **Iohannes**

Iohannes	Stumpfius
Iohannes	Schindelius
M. Laurentius	Professor Pragensis
Leonhardus	Aretinus
Martinus	Boregk
Martinus	Cromerus
Martinus	Cuthenus
Matthæns	Dresserus
Matthæus	Palmerius
Matthias	Miechovius
Nicolaus	de Cusa
Opera M. Iohannis	Hussij
Otho	Brunfelsius
Poggius	Florentinus
Procopius	Lupacius
Petrus	Albinus in Chron:Misnic:
Petrus	Notarius aliàs de Mladonovvicz.
Salomon	Gesnerus in libro de Conciliis
Sebastianus	Munsterus
Sebastianus	Francus
Stephanus	Petringonensis
Theodoricus	à Nien
Thomas	VValden
VVenceslaus	Hagecus
VVilhelmus	VVidefordus
Zacharias	Rivander.

Ex his authoribus, lector benevole, hanc meam Hufsitici belli narrationem hiftoricam defumpfi, inq; fubfidium veræ continuationis nõ rarò manufcripta vocare coactus fum, quæ multis in locis, inprimis tamen Tuftæ, à docto & honefto viro, Iacobo Budychio, aliàs Satecenfi, privigno induftrij viri, & hiftorici celeberrimi M. Procopij Lupacij à Hlavvaczovà, accepi. Adjeci etiam antiqua monumenta, quæ in templis, vel alijs locis publicis vidi & defcripfi: nihil enim omittere volui, quod ad veram, planam, plenamque narrationem facit. His lector benevole vale, & fi quid in fcriptis reconditioribus invenire potes, fupprimere noli.

Epigram-

EPIGRAMMA

Ὀγδοάστιχον παλίνδρομον.

EGregiè DEVS ex chartis his noscitur HEROS
  Maximus & verax & simul omnipotens.
Veridicus benè: sic loquitur nam pagina sacra:
  Pectore præ reliquis do bona simplicibus.
Simplicibus quoque sic Boëmis his obtigit olim,
  Redditur ut Mystas per pia relligio.
Eximium simul & miseris ut dederat HVSSVM,
  Ocius ex vivis hunc tulit ANTITHEVS.
Omnipotens tamen in cineres cùm corpore Mysta
  Solvere non passus tam citó THEVLOGIAM:
Magnanimum mage sed ZYSKAM cum robore misit,
  Noxia qui vindex & dedit ANTITHEO.
Prævaluit quoq́ gens simplex de nomine dicta
  HVSSICA, sic multis hic liber enumerat.
Propterea tibi per chartas has traditur HEROS
  Maximus & verax & simul omnipotens.

M. Christophori Crinesij.

Aliud.

ALIVD.

SI quæ fama tuas forsan pervenit ad aures
Hussiaci motus, gesti Zyskà duce belli;
Huc ades, hinc varios proceres, varia armaque
  disce.
Huc ades, & varias ludibundæ discito formas
Fortunę, excitamq́; locis Germaniam ab imis,
Et concussa vide regni Bojemica sceptra.
Huc ades, hicq́; necis vindictā numine ab alto
Disce, vide innocuæ, Iovæq́; agnoscito dextrā.
Vinci, exure virū, Rhenoq́; insperge favillas;
Hussius ast iterum redivivus Virbius hîc est.

Valentini Multzii.

Das Erste Capitel.

Als die Historien nützlich vnd angeneme sein / wissen verstendige erfahrne Leute wol/ Es erfordert sie auch der Orth /(so wir jhn besser als eine Kuhe wollen ansehen) darinnen wir seind/ vns vmbschawen / die Gegent sampt der Gelegenheit betrachten. Cicero rühmet in seiner Oration pro Archia hoch die freyen Künste/ das sie eines Namen erhalten: Aber daſſelbige gantze Argument ist allein von den Historien zuverstehen/ Auch gleich wie die Himmel die ehre Gottes erzehlen / also mahlen vns die Historien den Gewalt/die Allmacht/ Allwissenheit/ Gerechtigkeit Gottes augenscheinlich ab/ Was were vnser wissenschafft/ so wir allein wie dz vnvernünfftige Viehe/das gegenwertige / nicht das geschehene wüsten? Nichts. Weil dann dem also/habe ich beschlossen/kürtzlichen/doch warhafftig zuerzehlen/ was sich mit M. Johann Hussen/wegen seiner Lehr vnd tod/ vnter dem Römischen Keyser Sigismund zugetragen/ bis zu dem Jahr 1436. Weil sie dazumal beydes kriegten vnnd auch bekriegten forchtsam / erschrecklich/ trawrig: jetzo aber vns schön / wegen seltzames glücks/wunderbar/wegen guten fortgangs/lieblich/wegen seiner Exempel/herrlich / wegen gewünschten / freydizen endes/ zu wissen hoch von nöten ist.

Solche Geschichten hab ich sonderlichen aus Bäpstischen vnd wenig Böhmischen Scribenten zusammen gelesen/darumb desto weniger in verdacht sein kan/ Als hette Ich einer Parthey mehr als der andern zugelegt. Auch weil viel ding fürkommen/ so der Warheit könten zu wider sein/vnd
allein

Hußiten Krieg.

allein von einem Authore beschriebē/hab ich den authorem Namhafft gemacht/ Was aber gar falsch/ das ist kürtzlichen verworffen worden. Der günstige Leser mag diese meine Arbeit mit bedacht/ ohn vorgefasten wahn/ fleissig lesen/betrachten/ auch mein Gemüt/ was es damit gemeinet/ erkennen/ meine Arbeit vnd gehabten fleis ansehen. Denn es in der warheit nicht leicht ist/ wie vielleicht etliche vnverstendige meinen mögen/ sondern schwer genug/ darinnen man auff allerhandt Rathschlege/ fortgang vnd glück sehen mus/ Ja mancherley der Scribenten judicia vnd meinung betrachten/ wo man anders eine Rechte/ gründliche wissenschafft haben wil. Aber Ich schreite zu dem Werck.

Das II. Capitel.

Vide oper. Huß. tom. s. fol. 10.

Huß predigt wider das Bapstumb.

Etliche Artickl seiner Predigten.
1.
2.
3.

Als man zehlet nach Christi vnsers HERREN vnnd Seligmachers frewdenreichen Geburt 1401. Fieng Johannes Huss/ der freyen Künst Magister vnd heiliger Schrifft Baccalaureus öffentlich an/ wider das Bapsthumb in seinen gewönlichen Predigten/ die er thet in der Kirchen Bethlehemb/ so auff diesen tag noch in der alten Stadt Prag stehet/ zu Lehren vnd Predigen/ darinnen er Erstlichen straffet/ der Geistlichen hohmut/ Tyranney/ Gottslesterliches/ vnzüchtiges Leben/ verwarff die Missbreuch/ welche der Aberglauben/ der einen schein hette der Gottesfurcht/ in die Christliche Kirche geführet. Er lehret auch/ wie die Waldenser In Jahr Christi 1160. Es were der Bapst nicht höher/ als ein anderer Bischoff oder Kirchendiener/ weil vnter den Geistlichen kein vnterscheid/ der kleinest/ nach dem Spruch CHRIsti/ so hoch als der grösste were.

Das

Hußiten Krieg.

Das Fegfewer sampt dem Gebet vor die Todten verlachet er höchlichen/ vnd saget/ Es were eine Kunst den Leuten das Geld aus dem Beutel zu zaubern/ welches man sonst den vmbschweifeten Ziegäunern zumisset.

4.

Die anruffung der Heiligen/ die vnnützen Feyrtage verwarff er gantz.

5.

Die Fasten lies er wol zu/ so man sie hielt zu einer Casteyung des Fleisches/ das aber der Himmel solte dadurch erworben vnd verlohrn werden/ wolt er nicht glauben/ weil vns die guten Werck in Himmel nicht heben können nach dem Spruch Christi: So wir alles gethan/ so sind wir vnnütze Knechte gewesen.

6.

Die Firmung/ letzte ölung wolte er nicht vnter den Sacramenten dulden noch leiden/ wie auch den Chrysam in der heiligen Tauffe/ weil Christus/ Johannes der Teuffer/ die Apostel semptlichen/ mit schlechtem Wasser getauffet haben. Aber solches/ wie fast alles/ hat er gethan in der letzte/ denn im Anfang hielte er es mit den Bäpstischen/ wie zu sehen ist aus seiner Schrifften anderm Theil vber die Epistel Jacobi cap. 5. Er war auch hefftig erzürnet vber einen jungen Studenten von Prag/ der in Engelland gestudiret/ vnd ein Buch/ darinnen Wichlephs Lehr verfasset/ in sein Vaterlandt gebracht/ dem Hussen vertrawter weis geliehen/ welcher sie kurtzumb für jrrig geachtet/ denselben Studiosum ermahnet/ daß er es entweder verbrennen oder in die Muldaw werffen solt/ damit dieselben keinem Menschen/ besonders dem/ so der newen ding begirig/ in die Händt kommen möchten. Vornehmlichen fachte er an den Articul (aber nachmals hatte er jhn auch approbirt) von der Begräbnis/ Sprechend: Die Böhmen seind erst aus diesem Heidnischen Irrthumb geführet worden/ solte man nun lehren/

7.

Wenn Huß wider das Bapstumb geprediget. Tom. 2. oper, Huß. fol. 148. & seqq.

Was Huß im anfang von Wicklephs Lehr gehalten.

die Begräbnis auff den Kirchhoff ist ein vergebliche Hoffart/ vnd die Erd ist ohne vnterscheid einerley/ was würden sie dazu sagen? gemelter Student (welchen Hagecus vnrecht M. Hieronymum, der niemals in Engelland gewesen/ nennet/ sondern Faulfisch mit seinem Geschlechts Namen geheissen) sagts Hussen zu/ er wolte das Buch vnterdrucken/ welchs doch bald andere würden mitbringen.

Andere Artickel Husseus.

Das ich aber nicht zu weit von der Lehre des Hussens komme/ saget er/ die Christliche Kirche/ were die gantze von Gott gebawte Welt/ darinnen man Gott kan anruffen/ vornemlichen in der zeit der noth/ darumb nicht von nöthen/ das alles das Gebet in der Kirchen oder Klöstern geschehen müste/ so es anders von GOtt erhöret werden solt/ nach dem Gebot Christi: Gehe in dein Kämmerlein/ etc. Die Messgewändter/ Chorröck/ Casel/ Kelch/ Altar/ etc. neben andern Kirchen geräth weren nicht nötig/ sondern allein eine Zier der Kirchen/ wie denn auch die Bilder/ welche weniger zu leiden/ wenn man sie wolte anbeten.

10. Die heimliche Ohrenbeichte/ were vergebens.

11. Die Todsünde mache die Weltlichen/ fürnemlichen aber die Geistlichen zu jhren Diensten vntüchtig. Denn es solte sich ein Pfarherr fürchtē den Leib Christi in seine Gottlose Händt zu nehmen/ der mit Todsünden behafftet/ oder die vergangene Nacht were bey einer Pfaffen Köchin (wie dann damals etliche solche Pfaffen Stuten an bahren auff der Strew hielten) gelegen.

12. Die Pfarrherr solten keine Herren sein/ sondern es stünde jhnen besser an/ so sie die vnnützen Kosten wendeten zur vnterhaltung der Haus armen.

13. Den Bettel Orden der Münche hette der Teuffel erdacht/ Es were auch närrisch/ das man sich in die Klöster versper

Hußiten Krieg.

verſperrete/ ſo doch Chriſtus geſagt hat: Gehet hin in alle Welt vnd lehret/ etc.

Man ſolte das Abendmal des HErren Chriſti/ nicht in einerley geſtalt/ ſondern nach der einſetzung in zweyerley den Armen Leyen/ für welche Chriſtus eben ſo wol/ als für die Geiſtliche Cleriſey geſtorben were/ reichen. Das Brot des Sacramentes neben dem Wein werde nicht per transſubstantiationem verwandelt in den Leib oder das Blut Chriſti/ ſondern wir empfahen den wahren Leib vnd Blut Jeſu Chriſti/ mit dem Brot/ vnd mit dem Wein aus vbernatürlicher verborgener weiſe.

14.

Kürtzlichen von ſeiner Lehr zu ſagen/ ſo widerſetzt er ſich dem Bapſthumb/ ſo viel er/ wegen der zeit kont/ daher er auch den Bapſt (ob er jhn wol ausdrücklich nicht nennet/) als den Antichriſt mit natürlichen Farben abmahlet/ wie zu ſehen iſt in ſeinen Predigten vnd anatomia Antichriſti/ do es denn der günſtige Leſer ſuchen kan/ weil ich es kürtz wegen/ vnterlaſſen mus.

Op. Huſs. tom. 2.

Das III. Capitel.

Als er/ Johann Huſs/ nun auff dieſe weiſe gerüſt/ wider das Bapſtumb ſich einlies/ ſchickte jhm der getrewe Gott/ einen getrewen/ gelerten/ verſuchten/ vnd verſtendigen gehülffen zu/ M. Hieronymum von Prag/ ein Newſtädter Kindt/ welcher neben M. Iacobello von der Mieſrathen/ helffen/ vnd ſchieben thet/ auch die Sach zum höchſten befördert. Dieſes kondten die Geiſtlichen nicht leiden/ verſuchten alle mittel / durch welche Sie vermeineten das Werck zu hindern/ vnd weil Sie die Teutſchen auff jrer ſeiten hatten/ brachten Sie es Anno 1463. dahin/ das ein gantzes Conſiſtorium den 18. Maij zuſamen gefordert würde/

Huſſen Gehülff M. Hieronymus.

Die Geiſtlichen wider Huſſen.

Verdammen Wicklephs Lehr.

vnd 45. Articul des Wicklephs als Ketzerische verdammet/ dieselbe zu lehren öffentlich verbot/ durch ein Mandat des Rectoris/ bey der Straff des Fewers. Was geschicht? Es kamen Anno 1404. zween Männer aus Engelland gen Prag/ einer mit namen Jacobus/ so ein Baccalaureus der heiligen Schrifft sein wolt/ der ander hies Conradus von Kandelberg/ diese zween liessen sich bald in der Universitet

Zweyer Studenten aus Engelland vornemen.

Matricul einschreiben/ wohneten fast allen Disputationibus bey mit Opponirn vnd Respondirn/ theten an die Studiosos der heiligen Schrift viel fragen/ darunter die vornembsten: Ob der Bapst mehr macht habe/ dann ein anderer schlechter Priester? Ob das gesegnete Brot oder der empfangene Leib des HERRN/ bey des Bapsts Mess/ mehr krafft habe/ als bey eines anderen schlechten Priesters Messe? Solche vnnd dergleichen fragen suchten sie herfür: Wann sie derentwegen zur red gesetzet seind/ antworten sie: Das sie es zu dem ende theten/ damit sie desto Standhafftiger in jhrem Glauben sein köndten. Zu letzt/ als sie offt solches gethan/ auch hefftig die Sach verteidigten/ Fieng

Wird ihnen geboten zu schweigen.

M. Leonhardus Duha also zu reden an: Jhr Söhne von wannen seyt jhr her? Sie antworten: wir sind wegen Studirens aus Engelland allhier: Er antwortet: Weil jhr von dannen/ do es viel Ketzer gibet/ besorgen wir vns jr werdet solches schlages Gesellen sein/ wie es dann ewre Argumenta gnugsam beweisen/ Darumb wil Ich euch aus tragentem Ampt geboten haben/ von solchen Irrthumen/ in vnserm Auditorio zu schweigen/ wo nicht/ solt jhr wissen/ das man vermög Kaiser Carols des IV. hochlöblichster gedechtnus/ alle/ so Ketzerisch lehren/ oder glauben/ auch die Studenten/ verbrennen kan. Sie/ doch zornig/ verhischen

Jr Anhang.

stillschweigung/ aber heimlich bekamen sie vnter den Böhemischen vnd Teutschen Magistris einen Anhang/ besonders gesellet

gesellet sich M. Johann Huß zu jhnen/ vberkam durch jhre hülff die Bücher Wicklephs/ so er geschrieben de realibus universalibus, In welchen er zugleich/ von dem Geistlichen vnd Weltlichem Recht/ sonderlichen von der Rechtgleubigen Kirchen handelt.

Es hatten auch gemelte zween Studenten eine Intimation mit sich/ welche die gantze Universitet Ochsenfurth zu rettung der Ehr Wicklephs angeschlagen/ so also von wort zu wort lautet: *Intimation von des Wicklephs lehr zu Oxonien.*

Wir Cantzler der Universitet zu Ochsenfurth/ neben allen freyer Künste Magistris/ wünschen einem jeden der heiligen Christlichen Kirchen gehorsamen Kind/ glück heil vnd wolfahrt. *Op. Huß tom. 2. in fine.*

Weil man Lobwürdige Thaten/ neben der ehr/ vnd den verdienst der frommen nicht verschweigen/ sondern beydes zu einem zeugnuß/ als Exempel warhafftiger/ geschehener dinge/ bey vielen von vns weit entlegenen offenbahrn sol: Weil auch die vnergründtliche Natur/ aus sondern fleis/ es also gemacht/ das sie wider die grausambkeit der Menschen/ welche offt mit lestern vnnd bösem Leutmund/ schaden zufüget/ solche geschriebene zeugnuß gleichsam zu einem Schilt formieret/ mit welchen wir vns beschützen in fall Mündliche zeugnis nicht verhanden sey: So hat vns diese vrsach beweget vnd bewogen/ das wir/ aus sonderlicher zuneigung gegen dieser vnser Universitet gewesenen Sohn/ Iohan VVicleph, der heiligen Göttlichen Schrifft Professorem/ mit Hertz/ Mundt/ vnd Schrifft/ solches bekennen müssen/ Wie es dann sein Ehrliches Leben/ auch auffrichtiger Wandel erfordert/ Als an der Warheit selbsten ist/ Wollen auch das seine Erbare Sitten/ hohe Kunst/ vnnd guter Nahm/ desto ehe bey allen Christgleubigen zunehme/ auff das gespüret werde/ das sein mühe/ arbeit vnnd fleiß zu Gottes lob/ heil/ *Johan Wiclephs thum.*

heil/ vnd wolfart des Nechsten neben fortpflantzung Christlicher Religion gereiche. Derowegen/ fügen wir allen/ den es zu handen kommen möge/ durch dis vnser offenes Patent zu wissen/ das sein gedechtnüß Johann Wicklephs Leben vnd Wandel/ von Kindheit auff/ bis in sein Gruben/ rühmlich vnnd ehrlich gewesen ist/ das auch nicht ein einig pünctlein/ oder einiger Argwohn eines einigen Lasters/ wie das mag namen haben/ zu finden war: Sondern er ist beydes in Lesen/ Antworten/ Predigen/ vnd Schlusreden/ so verstendig/ fleissig/ gelehrt/ vnd subtil gewesen/ das er als ein fleissiger Kempffer des rechten Glaubens/ alle die/ so aus williger Armut/ Christi reine Lehr lesterten/ ausrottet/ durch Göttlicher Schrifft zeugnis. Es ist auch gemelter Herr Doctor/ niemals einerley Ketzerey vberwiesen/ viel weniger nach seiner Begräbnis ausgegraben/ oder aus befehl vnserer Prælaten verbrennet worden. Dann das sey ferne/ das vnsere Prælaten/ einen solchen frommen ehrlichen Mann/ für einen Ketzer verdammet hetten/ welcher in vnser hohen Schul von Dialecticis, Philosophicis, Theologicis, also auch Ethicis, vnd Physicis so geschrieben hat/ das ihm (wie wir vermeinen) keiner gleich ist/ oder gefunden wird/ welches alles wir zu wissen thun wollen allen/ welchen dieses zeugnis vnterhanden stossen mag/ mit höchstem fleis vnd grösten lust/ damit gemeltes vnsers lieben Herrn Doctoris guter Nam gefördert vnd ehrlich erhalten werde/ Zu Ochsenfurt den 5. Octobris Anno 1403

Als solches Huß gelesen/ hielt er noch mehr von Wickleph/ befahl seine Schrifften getrewlich M. Hieronymo/ welcher sie aussrewet/ vnd zu diesen zweyen Engelländern sich gesellet/ welche wohneten in der newen Stadt Prag/ bey Lucas VVelensky, welchen sie baten/ das er erlauben wolt/ damit sie etwas in den Saal mahlen liessen : Der Wirth

Hussen gefet Wiclephs thun

Huſſiten Krieg.

Wirth wegen ſeines Hauſes zier / iſt zu frieden: Sie aber lieſſen / auff einer ſeiten des Saals Chriſti einzug zu Jeruſalem mahlen / wie er vor jhm ſchlecht Volck vnd Kinder / mit Oelblätlein hat / Er aber ſitzet demütig auff einer Eſelin / hinder welchen ſeine Jünger barfüſſig folgeten. Auff der andern ſeiten / hieſſen ſie den Bapſt mahlen / welcher für jhme Heerpaucken / Trommeten / Soldaten / mit Spieſſen / Helleparten hette / er Ritte auff einem hohen / von Silber / Gold / Edelſtein / wolgeputzten Hengſte / hinder welchem die Cardinäl auff gleichen Roſſen in güldenen ſtücken herbrangeten. Solches gem[äl]d weiſeten die Engellender dem gemeinen Mann / es lobet es auch in ſeinen Predigten Huſſ / darumb jhrer viel auff den Saal lieſſen / es zubeſehen / daher offtermals ein zanck zwiſchen denen / die es lobeten / vnd denen die es leſterten / entſtund / wer auch den Engellendern / welche es zum Valete machen lieſſen / nicht wol gangen / wo ſie ſich nicht aus dem ſtaub gemacht. *(Der Engellender Gemälde. Die Engellender weichen.)*

Als aber die Pfaffen ſahen / das man jhnen in das Gebiß gegriffen / auch / das es jhnen auff das Armbruſt regnete / ſtunden ſie auff / ſchmeheten vnd leſterten Huſſen / ſampt denen / ſo ſich zu jhm ſchlugen / Schalten ſie für Ketzer / auffrührer / auffwiegler / friedbrüchige / meineydige Leut / der Alten Catholiſchen Kirchen abgeſagte Feinde / auch was des weſens mehr war. *(Der Pfaffen leſtrung wider Huſſen.)*

Vber dis legten ſich die Teutſchen Profeſſores / durch anſtifftung der Geiſtlichen auch drein / ſtachen auff den Huſſen vnd M. Hieronymum / mit herben / bittern ſtichworten / beides in Leſen vnnd Diſputirn / ſagten: Huſſ brechte die Anno 1403. Maij die 18. von der gantzen Univerſitet verdampten Articul ans liecht / were auch erger / als Wicklep̄h / ſo dieſelbe gelehret / ſelbſten / daher ſich ein heimlicher groll erregte / welcher von tag zu tag wuchs / auch endlichen / mit höchſten *(Die Teutſchē Profeſſores wider Huſſen.)*

B

Hussen sach kompt vor König Wenceslao.

Cromerus lib. 15.

M. Hieronymi vornemen.

höchsten schaden/der Prägerischen Vniuersitet/oder hohen Schul/ausbrach/wie gemeldet werden sol. Darumb solches durch die Geistlichen für den König bracht wurde/durch welches hülff sie vermeineten/den Hussen als balden brieff in ein anders Kloster zu geben. Aber was geschach? Der so mehr vmb andere vnnütze sachen bekümmert wer/lachet/sagend: Ey/ey/last nur in gehen/die Ganß wird mir güldene Eyer legen. Als solches M. Johan Huß innen würde/schöpffet er einen bessern muth/vermanet M. Hieronymum/das er sich auff Auslendische Vniuersiteten vnd Schulen begeben solt/welchs er willig that/Fürneme drey hohe Schulen/Heydelberg/Cöln vnd Pariß besuchet/seines Studirens vnd Disputirens fleißig abwartet/des Wicklephs Schrifften sehr zu nütz machte/mit welchen er viel/so Gelehrte Sorbonistische Philosophi sein wolten/eintrieb.

Das IV. Capitel.

Weil des Johan Wicklephi etlich mal gedacht worden/ vñ noch geschehen sol/wil sich gebüren/etwas von seiner Person/Lehr vnd Leben zu melden.

Derhalben für allen dingen wol zu mercken ist/mit was hertzlichen verlangen viel 1000 Rechtgleubige Christen auff eine Reformirung der Religion vnter der Babylonischen gefengnuß vnd rechten Egyptischen Dienstbarkeit/der Römischen Bäpste/gewartet haben vor vnd nach Hussen/von dem Jar nach Christi Geburt 1000. do man angefangen hat die reine Apostolische Lehr des Evangelij mit Menschen Satzungen/damit man Gott vergebens dienet/zuverfelschen/bis auff das Jar 1150. da Petrus Lombardus mit dem zunamen Magister sententiarum/was seine Vorfahren Lanfrancus Anno 1071. Anselmus 1094. Hugo. 1127. vnd Gratianus zusam:n/ans Bäpstischen Menschensatzungen/gekratzet hatten/

Hussiten Krieg.

ten/in einen klumpen schmiedet/vnd für gute Christliche Biblische Lehr verstach/Welches hernach so hoch gehalten worden/das in allem Disputirn/man allein auff seine Schrifften sahe/die art ja weis zu reden/nach jhme Regulirn müssen/bis es dahin kommen/das man die Göttliche H. Schrifft vnter die Banck stecket/allein sahe/was der Römische Stuel/oder Magister sententiarum lobet. Diesem sein auff dem Fuss nachgefolget/Albertus Magnus welcher ein Schwab/ein Prediger Mönch/als auch Bischoff zu Regenspurg Anno 1254 gewesen. Thomas Aquinas ein Welscher/so geborn Anno 1223. zu Pariß gelleret/vñ Anno 1274. gestorben. Ioan: Duns Scotus vnd andere mehr/so von tag zu tag die Warheit/durch zumischung falsches Gottesdienstes/verfinstert haben. Aber damit ich nicht zu weit von der Sach komme/ sol der günstige Leser wissen/das er Wickleph ein Engelländer/Professor auff der hohen Schul Ochsenfurt/im Jahr 1370. gewesen/welchem der Bapst sampt seines schwarms wesen/thun vnd lassen misgefiel (als vielen andern/darunter auch der heilige Bernhardus/welcher den Bapst mit seinen helffers helffern/Bischoffen/vnd gantzen Clerisei/ob es wol zu seiner zeit noch gülden war/so man sie hielt/gegen der Schulen lehrer/des Antichrists Diener nennet: Vnd an einem andern ort sagt er: die Prælaten seind rechte Pilati) deswegen er sich hefftig widersetzte/den Bapst den Antichrist öffentlich nennete/auch lehret/man solt in Göttlichen sachen nichts dulden/als das vnfeilbare Wort Gottes/so ein Leucht sein sol vnserer Füsse. Dieser Wickleph/so Anno 1387. auff seiner Pfarr Lutterwort/gestorben vnnd endlich aus befehl des Bapsts Martini V. ausgegraben vnnd verbrennet ist worden 41. Jar nach seinem Tode. So viel kürtzlichen von Wickleph. Wer mehr haben wil/der besehe Iohannem Foxum in commentariis rerum in Ecclesia gestarum.

Wickleph vornemen wider das Bapstumb.

in lib. ad Eugenium.

Serm. 33.

B ij   Das

Das V. Capitel.

Damit ich aber wider auff den Hussen komme/thet es jhm schmertzlichen wehe/das die Geistlichen/neben den Professoribus/das Volck wider jhn verhetzten/besonders die Studenten Teutscher Nation/ so sehr hochmütig sich wider die Böhmen setzten/welches sie mit grosser vngedult vertrugen/doch mit gefehrlizem zwispalt/ allezeit widerpart hielten. Als solches dem König vor Ohren kam/gab er zur Antwort: Wir können leichtlich zusehen/ wenn sich die Böhmen mit den Teutschen rauffen. Wie dann auch Anno 1406. geschach auff dem Naschmarck zu Prag/do ein Teutscher eins Böhmen bub geschlagen/ dessen Vater herbey gelauffen/dem Teutschen eins fur ein Ohr gegeben/dadurch ein Anlauff bewezet/zum Waffen geeilet/ 9. Personen tod/ vnd viel beschediget worden. Die Teutschen hielten es für einen Ruhm/Spotteten auch der Böhmen/das jhrer mehr/ als der Teutschen tod blieben/vnd beschediget worden/Wie sie sich dann dieses/ vnd des nachfolgendes Jahres/vernemen liessen/das sie mit jhrer gewalt/alle Böhmen/aus Prag hessen könten. Durch solchs wurden/wie zurachten/der Böhmen gemüter erhitzet/doch(wie Hagecus von dem Jar 1407. schreibet) waren sie in furchten/weil in Prag allein 1200. reiche Teusche Kauffleut/allda still für vnd für lagen/welche man Leziaken nennet/auch Stündlichen von jhren Dienern/newe Wahren zuverkauffen entpfiengen. Die Kauffleute haben auff jhren Kosten/ die Kirchen vor dem Thein/ Mariæ Himmelfahrt genant/gebawet/ vnd mit einkommen versehen. Zu dem waren Auslendische Studenten 44000. vnd noch etliche mehr drüber/ wie Hagecus/neben der Matricul der Universitet bezeuget. Diese alle miteinander/ lehneten sich wider Hussen auff/welchen sie mehr für vorwitzig

Aufflauff vnter den Studenten zu Prag.

Anzahl auslendischer Studenten zu Prag.

Die Teutsche Studenten sind wider Hussen.

als

als Gelehrt gehalten/ ob er sie wol tapffer durch die Hechell zog/ bis das M. Hieronymus (vielleicht durch bitt des Hussens) anheim kam/ sich den Teutschen widersetzte/ ihnen/ mit Hussen/ viel verdrus anleget/ bis auff das Jar Christi 1409. da die Böhmen ein newe art fürnahmen/ die Teutschen/ so gar (wie Hagecus schreibet) zu stolz/ zu vertreiben/ welche diese war: Keyser Carl. der IV. hette der Teutschen Nation/ mit welchem Namen alle auslendische genennet waren/ aus sonderlicher zuneizung 3. stimm in der Wahl gegeben/ den Böhmen eine/ deswegen zu einem Rectore/ oder aber Decano/ allzeit ein Teutscher erwehlet/ welcher dem Hussen seine Lehr/ weder durch Disputirn/ viel weniger Lehrenlies ausbreiten/ vber daß/ gab er den Auslendischen Studenten allen mutwillen nach/ darumb es die einheimischen hefftig verdros/ zusammen kamen/ sich berahtschlagten/ wie sie/ ohne Auffruhr/ der Teutschen könten ledig werden/ Nach vielfeltiger handlung gefiel ihnen/ das sie von ihrem König bitten wolten/ das er/ nach dem gebrauch der Vniversitet Bononien in Welschland/ vnd Pariss/ in Franckreich/ als Mutter der Pragerischen/ den Böhmen drey stim/ den Teutschen hergegen nur eine/ geben wolle/ was geschicht:

Der Böhmen vornemen mit den Wahlstimmen wider die Teutschen.

Als sie Anno 1408. den 11. Maij/ da man die Empter bestellen solt/ zu der Wahl in das Collegium Caroli erfordert/ beysammen sein/ Nimmet M. Iohann Huss zu sich M. Hieronymum Pragensem M. Zwikowez/ vnnd andere mehr/ Womit sie auch lang waren schwanger gewesen/ das geberen sie auff dismahl. Huss stunde auff/ vnd that in gegenwarts der Teutschen eine Lateinische Oration/ dieses inhalts: Der hochlöblichsten vnd heiligsten gedechtnuß würdige Keyser Carolns IV. hat bey der fundation dieser berühmten Vniversitet/ geordnet/ vnd ein zeitlang verlihen/ das die Teutschen Magistri/ so allhier frembdling sind/ bey

Hussen Oration von der Wahl.

Hußiten Krieg.

der Wahl eines Rectoris / desgleichen in andern handlungen drey stimmen / die Böhmen aber dargegen nur eine haben solten. Dieses aber hat der hochlöbliche Kaiser allein darumb gethan / weil die Böhmen gering an der anzahl gewesen / so an andern orten gestudiret / vnnd gradum Magisterij erlanget. Dieweil aber jetzt / Gott lob vnser eine gute anzahl / so ist es billich vnd recht / das wir drey / Ihr Teutschen aber nur eine Stimm haben solt. Als dieses die Teutschen vernommen / waren sie voll zorns / bissen die Zeen zusammen vber Hussen / widerredeten es auch in puncto / vnd beruheten auff jhren Privilegijs. Die Böhmen wendeten für dazumal von stundt an Bononien in Welschland / so 925. Jahr / vor der Prägerischen / von Theodosio dem Römischen Christlichen Kaiser / so Arcadij Sohn war / in Jahr Christi 425. ist angerichtet worden / vnd nicht wie etliche meinen von Carolo Magno / welcher eben auff den Schlag die Parisische nach Christi Geburt 791. das ist 557. Jahr / vor der Prägerischen gestifftet hat / auch dahin / aus Welschland beruffen Gelerte Männer / als Rabanum, Alcuinum, Claudium, Clementem, Scotum.

Dieser zanck weret vnter jhnen zimlich lang / aber nichts kunte gütliches ausgerichtet werden. Denn die Teutschen öffentlich sich hören liessen / ehe sie von dem / damit sie vom Kaiser begabet sein / zu weichen gedechten / wolten sie viel lieber Leib vnnd Leben zusetzen. Solches / als eine hartnäckigkeit / liessen die Böhmen an den König gelangen / zu welchem / weil er auff dem Schloss Töcznik wohnet / die Teutschen Magistri / vnd Studenten offt zogen / auch hochfleissig baten / das er sie mit einem rechtmessigen Spruch versehen wolte. Der König nimpt die Sach zu sich / setzet seinen Küchenmeister (wie Fabricius lib. 7. Hist. Misnic. bezeuget) zu einem Rectori / helt die Sach ein gantzes Jahr auff /

Der Teutschen gegenmeinung.

Der Streit gelanget an den König.

Ein Küchenmeister wird Rector.

Hußiten Krieg. 15

auff/in welchem beyde theil einander lesterten/schmeheten/raufften/offentlich vnd heimlich/also das kein parth für der andern sicher war/bis die Teutschen vnnd Böhmen beym König vmb antwort anhielten.

Vnter des kamen die Teutschen Magistri, Baccalaurei, vnd Studiosi durch antrieb M. Iohan Reineri, M. Rudberti Saltzburgensis/vnd anderer/in das Collegium Lazari, do sie M. Reinerus also anredet: Ihr lieben Söhn/ihr wisset alle miteinander wol/das die Präger Stätt/vnsere Teutschen nicht entrathen können/wenn wir hinweg sind/als dann werden vns der König/die Präger/vnd jhre Böhmische Magistri nachsenden/vnd das mehr ist/gewis bitten lassen/das wir wider kommen wolten. Wird es vns auff ihr vielfeltig bittlich schreiben gefallen/so können wir es thun/als denn wollen wir sie recht bey der Nasen nehmen/das sie nach vnserm/vnd wir nicht nach jhrem willen leben müssen. Die Magistri fangen an/verbinden sich durch ein Aydt/bey verlust der fördern zween finger/welche man dem/der bleiben würde/abschlagen solte/wo der König das Vrtheil wider die Teutschen fellen thet. *Oration M. Reineri zu den Teutschen.*

Bündnüß der teutschen Studenten.

Die Studenten welchen die newe Sach wunderlich für kam/auch vielleicht sich des Rectoris schemeten/erwarteten des Vrtheils nicht/schlugen sich zusamen/zogen (mit höchstem vnwillen der Bürgerschafft/die diese Gäst nicht all zu gern verlohren/wie aus dem zusehen ist/das sie das Collegium Theologorum nach dem gentzlichen abzug angezündet haben/) heuffig aus Prag/doch der meiste Theil/erwartet des Vrtheils. Mitler weil/als sich die sachen lange verzogen/vberkam M. Johann Huss den Keyserlichen Brieff mit der Bullā vber die Vniuersitet zu Prag/in welchem zu finden/das der Kaiser/gedachte hohe Schul/gleicher gestalt/wie die hohe Schul zu Pariss/auffzerichtet/ *Der Studenten wegzug aus Prag.*

Diesen

Diesen Brieff beneben einem Sendschreiben/ darinnen er bat/ Der König wolte die Sache wol in acht nemen/schicket er unverzüglich dem Könige/ welcher seine Rethe ließ erfordern/ und schluß den 27. Septembris Anno 1409. das den Böhmen/ gleich wie den Frantzosen/ die drey stimm gebüreten/ Solches Urtheil wurd hernacher den 13. Octobris eröffnet/ und angeschlagen/ darumb sich die Böhmen gehorsamb bedanckten/die Teutschen dargegen/laut ihrer verbündtnuß/ zogen weg/ eins theils in Meissen/ eins theils in Sachsen/ eins theils in Bayern/ eins theils an den Reinstromb. Der Polen waren damals wenig verhanden/ weil sie in irem Land ein Universitet Cracaw hatten/ Welche Wladislaus ir König gestifftet Anno 1400. den 27. Julij. Es schreibet Sylvius, das innerhalb acht tagen/ 5000. Dubravius lib 23. das 24000. Hagecus schreibet das uber die 40000. Studenten/ darunter auch Böhmen gewesen/weggezogen sein/Ob nu die rechte ursach/ wie Hagecus schreibet/ ist gewesen ihres abzugs/ das sie vermeinet die Böhmen solten ihnen nachschicken/ weis ich nicht/ Glaub viel mehr andern/ die da schreiben/es hab den Teuschen die schmach so weh gethan.

Ausspruch des Königs.

Warumb die Teutschen weggezogen.

Als die Studenten hinweg/ mercket die Bürgerschafft/ was für nutz sie gehabt hatten von inen/sonderlich die Handwercker/ darunter die grösste klag führeten die Schneider/ Schuster/ Becker/ Maltzer/ Bierbrawer/ Weinschencken/ wie Hagecus bezeuget. Sie schalten auff den Hussen hefftig/ welcher des ein Anfang gewesen/dazu ihm die andern/ wegen des Ehrgeitzes/geholffen.

Das VI. Capitel.

Als so ein grosse anzahl gelehrter Menner und junger Studenten in Meissen von Prag kommen/ gedauchte Hertzogen

Hußiten Krieg. 17

Hertzogen Friederichen/ den ersten / welcher sonsten der Streitbare genennet wird/ zeit zu sein eine hohe Schul in seinen Landen anzufangen/ darzu er Leipzig vor allen anderen Städten erkieset/ auch den 12. Novembris Anno 1409. dieselbige anfieng/ da denn zum ersten Rectore Iohann Otho Munsterbergius/ so zuvor zu Prag war Decanus gewesen/ erwehlet ist.

Die Vniversitet Leipzig gestifftet.

Der erste Rector daselbsten.

Vnter dessen/ als die Böhmen ihr thun allein hatten/ geselleten sie sich zusammen/ dörfften vmb die Wahl nicht streiten/ wehleten den 17 Octob. gedachtes Jars/ zur freundlicher Dancksagung gehabter mühe/ M. Iohann Hussen zu einem Rector/ welcher sampt seinen gehülffen seine Lehr/ sonderlich von dem heiligen Abendmal/ doch heimlich/ ausbreitet.

Huß wird Rector.

Derhalben es etliche verwundert/ das Æneas Sylvius in sein 35. Capitel/ vnd Hagecus von dem Jahr 1414 schreiben: Es hab Huß den Articul von dem Abendmal nicht herfur bracht/ sondern nachmahln sey Petrus von Dresden/ so mit andern Teutschen weggezogen/ doch wegen des Ketzerischen Irrthums/ damit er beflecket/ wider nach Prag kommen/ einen Schuldienst angenommen/ sich zu M. Iacobello von der Mies (welches ein Königliche Stadt in Böhmen ist) vnd nicht aus Meissen wie Hagecus schreibet/ gesellet/ sagend: Wurdiger Herr Magister/ es nimpt mich wunder/ das ihr/ als ein Gelehrter verstendiger Man nicht sehet/ das man den Armen Leyen auch den Kelch reichen sol. Weil der heilige Euangelist Johannes Cap. 6 saget/ aus dem Mund vnd grund der Warheit Christo selbsten: Warlich ich sage euch/ werdet ihr nicht essen von dem fleisch des Menschen Sohns/ vnd trincken von seinem Blut/ so habt ihr kein leben in euch. Welches M. Iacobellum so sehr beweget hat/ das er auff das fleissigste in den Altvätern nachschlug/ auch

Ob Huß vm von dem Abendmal gelebrt.

C   bey

bey Dionysio vnd Cypriano solches funde/das Volck in öffentlicher Predigt ermanete/das sie die niessung des Kelchs/ ohne welche niemand selig werden könte/keines weges vnterliessen. Jhm fielen alle Ketzer/sagt Sylvius/zu/vnd waren höchlich erfrewet/das sie einen Artickel im Euangelischen Gesetz gegründet gefunden/dadurch man den Römischen stuel entweder der vnwissenheit vnd vnverstandes/ oder der Boßheit vnd betrugs vberweisen könte.

 Solches schreiben Sylvius vnd Hagecus. Man lieset aber so viel in den Schrifften Hussij/sonderlichen Tom. 2. fol 12. Das er in der Passion vnsers Heylandes Christi Jesu solches gelehret. Vber das hat er in seinem Gefengnis ein tractätlein geschrieben / welches Tomo primo operum Hussij stehet/ darinnen setzet er ausdrücklich/das man den Kelch gebrauchen sol. Er schreibet auch an den Prediger in der Pfarrkirchen S. Gilgen Gallum (wie hernach diese Epistel folgen wird) ermahnet jhn/ das er ja M. Iacobello sich nicht widersetze/ der es öffentlich lehret. Vnnd ob wol Dubravius schreibet/ Huss sol gesaget haben: Jhr habt einen Kelch erfunden/darinnen mir der Todt eingeschencket ist: So ist doch solches klar/das Huss den anfang gemacht mit dem Kelch/ wie jhn dann sein ergster feind Michael de causis / in seinen Artickeln zum ersten anklaget/ das er lehre/ man sol den Leyen auch den Kelch mittheilen. Was er auch von jhrer Bäpstischen verwandlung des Brods in den Leib Christi/des Weins in das Blut Christi gehalten/ist offenbar aus der vermahnung/ so er gethan hat/ von dem heiligen Leib Christi in dem Abendmal/ da er höchlich verlachet das nerrische rühmen der törichten versoffenen Pfaffen/ die da sagen: sie/ als eine Creatur Gottes/ können erschaffen jren erschöpffer/deswegen sie höher sein/ als die Mutter Gottes/ weil sie Christum/welchen die Mutter Maria nur einmal geboren/ alle stund machen können. Aber damit ich wider auff

Huss macht den anfang mit dem Kelch.

Vide op. Hußÿ tom. 2. fol. 311.

Vide libellum de stella clericorum.

des Huſſens Leben kome/ſchaffet er den Winter/mit ausbrei=
tung ſeiner Lehr/groſſen nuß/ bracht zu wegen/das nit allein
die Bürgerſchafft/ſondern auch der Ritterſtand/neben etlichẽ
Herrn ſtandes/ſich zu jhme geſelleten/vnd ſeiner Lehr beyfall
gaben. Sonderlichen trug ſichs zu/dz vnter ſeim *Rectorat* ein
Freyherr/Herr Zdislaus von Zwirzetick Magiſter der freyẽ
künſt worden iſt/den 11. Martij/Anno. 1410.welchs nit allein
billich zu loben/ ſondern jtziger zeit notwendig zu mercken/da
man die freyen künſt verachtet/ verlachet/ vnd verwirfft. M.
Hieronymus/ſo vor den Gelerteſten ausgeſchryen/iſt auch in
gemeltem jahr von dem Polniſchen König ſein Vniverſitet
anzurichten nach Cracaw erfordert worden/da er nach ver=
richtung ſeiner ſachen/ in das Land zu Hungern zu Sigiſ=
munden/domals Vngriſchen König/der jn hören wollen/er
fordert/gezogen den 20.Martij/in beyſein vieler Geiſtlichen
vñ Weltlichen herrn/Adels vnd Vnadels Perſonen/offent=
lich zu Ofen predigt/den Wickleph trefflich lobet vnd heraus
ſtreich/welchs den Geiſtlichen vbel geſiel/die jn einen Ketzer
vnverholen nenneten/würden jn tapffer bey der Kappen ge=
nomen haben/wo er nit durch hülff des Königs/bey welchen
er ſich entſchuldiget/wegen des argwohns der Ketzerey/were
entwiſchet/auch allbereit auff Wien komen/do er (weil ſeine
widerſacher auff allen ſtraſſen vñ poſten auff jn lauren laſſen)
durch die Vniverſitet gefenglich/ aus anſtifftung der Geiſt=
lichen/welche jn lieber in Hungern ertappet hetten/eingezogẽ/
auch ſo lang gehalten/bis ſich ſeiner die Vniverſitet Prag an
nam/an den Wieniſchen *Rector* ſchrieb/vnd durch das mittel
los machete/welcher eine zimliche lange zeit geſeſſen war.

    Vnter deſſen als *Zbynco* von Haſſenberg erwehlter
Ertzbiſchoff zu Prag ſahe/das das Volck von tag zu tag dem
Huſſen hefftiger anhieng/das auch keiner vorhandẽ/welcher
der ſachen widerſtand thun wolte/beſorget er/es würde nicht
alſo ei..e geringe gefahr aus dem ſtillſchweigen kommen/
                            C ij   lieſ

Marginalia:
- Huſſ pflantzt ſine Lehr fort.
- M. Hieronymus wird in Polen gefordert.
- Kompt zu Sigiſmundo
- Iſt in gefahr.
- Wird gefangen.
- Kompt wider los.
- Des Ertzbiſchoffen vornemen.

lies den 15. Julij (etliche wollen den 14. Julij) das Capitel zusammen ruffen/ beklaget sich sehr vber allerley vnordnung/ besonders/ das des Wicklephen Ketzerey/ in das Land Böhmen gebracht/ er lies auch Johannem Hussen fordern/ straffet jhn mit worten/ wegen seiner Lehr/ mit begehr/ das er von des Wicklephen Artickeln abstehn/ vnd den gemeinen Man/ so ohne das gerne was newes höret/ nicht irr mache. Huss antwortet: Hochwürdigster Vater/ Ich Predige allein/ was der allgemeine Christliche Glaube in sich helt/ auch sonsten nichts/ man wird es auff mich anderst nicht erweisen können. Der Bischoff saget darauff: Ich bin berichtet/ das du am vergangenen Sontag solst gepredigt haben/ das ein jeglicher sich nicht allein bey der Kirchen/ sondern auch im Felde oder grünen Wald könne begraben lassen/ ohne abbruch der Seligkeit. Du weist auch lieber Sohn wol/ das S. Adalbertus das Böhmische Volck/ von den Feldbegräbnissen/ mit grosser mühe abgewandt/ dieses Land mit mancherley Bann geplaget/ welches Gott/ wegen seiner bitt/ offtermal gestraffet/ ein mahl die liebe Sonn/ das ander mahl den Regen verschlossen/ darumb das die Leute einander an geweyheten Orten nicht begraben wollen/ bis sie Anno 1039. bey Hertzog Brzetißlai zeiten sich mit Eydes pflicht verbunden/ mit allen jhren nachkommen die Christliche Religion vnverbrüchlich zu halten/ einander an darzu deputirten Orten zubegraben. M. Johann Huß antwortet: Hochwürdigster Vater/ wo fern ich etwas aus vergessenheit oder missverstand gelehret/ wider die Christliche Religion/ so wil ichs als ein gehorsamer gerne bessern. Der Bischoff sprach: Das helff dir Gott/ gehe hin vnd thue es nicht mehr.

Als sich nun Huß bedancket/ vnnd abgeschieden/ fieng der Bischoff an zu handeln/ von den Büchern des Wicklephs/ vnnd der Andern/ so jhm haben beyfall geben/
lies

Hußiten Krieg.

lies sie zween tag vberlesen/ einhellig verdammen/ vnd letzlichen offentlich in seinem Bischofflichen Hoff verbrennen/ darunter etliche des Hussij, Iohannis Miliczij, M. Hieronymi Pragensis, M. Matthiæ Parisiensis vnd viel anderer waren. *Der Ertzbischoff verbrent Wicklephs Bücher.*

Es schreiben etliche/ das der Bischoff vber 200. volumina bekommen habe/ welche auff das schönste geschrieben/ auch herrlich/ mit güldenen Buckeln beschlagen/ stattlich eingebunden/ solches alles ist wider der Böhmen willen zu Zisel verbrennet worden/ daraus/ nach dem das geschrey vnter den gemeinen Mann kommen/ bald ein gefehrliche auffruhr entstanden/ besonders erzeigten sich des Königs Hoffleute sehr auffrührisch/ wider den Bischoff vnd andern/ so zu dem rath vñ that geben/ sagten: er/ der Blättling/ hette sie allein Hussen zu trotz verbrennen lassen. *Sylvius c. 35. Auffruhr wider den Ertzbischoff.*

Huss/ wie er sihet/ das er keinen schlechten anhang hat/ wird darauff mutig/ widersetzt sich dem Bischoff dem nechsten Sontag starck/ vnter andern also sagend: Es ist liebe Böhmen/ ein seltzam ding/ das man euch die offentliche warheit/ besonders die/ so in Engelland/ vnd andern Orten scheinet/ zu offenbaren verwegern wil/ als nemlich/ das die besondere Begräbnüß vnd grosse Glocken kein andern nutz haben/ als das sie der geitzigen Pfaffen Seckel füllen. Es ist auch viel dinges/ welches sie eine Ordnung nennen/ die gröbste vnordnung in der Christenheit. Ja sie wollen euch einfeltige/ mit solcher jhrer vnordnung/ gleich wie mit Ketten binden/ werdet jhr aber Menner sein/ so könt jhr sie bald zureissen/ vnnd wenn solches geschehen/ werdet jhr eine solche Freyheit zu wege bringen/ die jr jetzt nicht gleubet/ ja es wird euch deuchten/ als seid jhr aus einem Gefengnis kommen. Es ist eine schande/ das man wider Gott/ ehr vnnd recht/ die Bücher Göttlicher Warheit verbrennet hat/ welche euch allein zu nutz *Huss prediget auff dem Ertzbischoff.*

C iij

nutz geschrieben sind. Solches als der Ertzbischoff erfahren/schnupffets jhn in die Nasen/auch weil er gnugsam sahe/das der Lermen grösser würde/bracht er es für den König/welchen er doch vergebens vmb hülff anschrey. Vber das schreib M. Johannes von Gesenitz nach einem Vrtheil an die Vniversitet Bononien in Welschland/wegen der Bücher Wicklephs/so vom Ertzbischoff verbrennet/darauff er diese Antwort/den 25. Novembris Anno 1410. bekam: Das man sie nicht hette sollen verbrennen/weil die Vniversitet Ochßenfurth in Engelland/vnd die Prägerische in Böhmen/in ein Bund miteinander stunden/damit was anders/so wegen dieser schmach zubefürchten/vermieden blieb. Hergegen liessen des Hussens feind die Sach an den Bapst gelangen/der befahl den gantzen Handel dem Cardinal de Columna/Welcher Hussen gen Rom citiret/das er auff die anklage antworte. Aber Wenceslaus Böhemischer König wurd durch sein Gemahl Königin Sophia (welche wie Aventinus schreibet/von Hussen jhrem Beichtvater sehr eingenommen) dahin beredet/das er sich Hussens annam, doch/weil er die Sach auffschub/kamen viel vom Adel zusammen/hielten neben den Präger Städten vnnd der Vniversitet bey dem König an/das er seine Legaten gen Rom schicken wolte/welches er that/vnd schicket den 14. Januarij Anno 1411. eine ansehliche Botschafft gen Rom/durch welche er begehret/das man M. Johann Hussen solte entschuldigen/vnd für einen frommen Gottseligen rechtglaubigen Christen halten/der von seinen mißgönnern felschlich angeklaget/auch wegen jhrer vielseltigen list/böser stück/tück vnnd Practicken/Persönlich zu Rom nicht erscheinen könte. Es solte auch der Bapst/so er vermeinet/das jrrige Ketzerische Lehr in dem Land zu Böhmen im schwang giengen auff des Königes vnkosten/seine Legaten abfertigen/die da alles erkundigen vnd verbeß-

Vrtheil der Vniversitet Bononien von Wicklevhs Büch. rc.

Huß wird zu Rom verklagt vnd cui. t.

lib 8. Der König nimpt sich Hussen an.

verbessern mögen/ zu welchen ihn der König allerley hülffe leisten wil/ vnd nicht zu lassen/ das Ketzer in seim Königreich nisten sollen. Es schicket darneben/ vor dem angesetzten termin/ Johann Huss seine Anwalt/ die in mit erzehlung vieler vngelegenheiten/ so ihn von der Reiß abgehalten/ neben darthuung seiner vnschuld/ entschüldigen solten. Doch weil der *Cardinal de Columna* die Sach allein in seinen händen hat/ wolt er kein entschüldigung annehmen/ erkleret M. Johann Hussen in den Bann/ als einen Halsstarrigen öffentlichen Ketzer, Welches Hussen Procuratores widerfochten/ vnd an den Bapst appellirten/ der ihnen nach vielfeltigem anhalten/ newe Richter ordnet/ *Cardinalem Aquilejanum*/ vnd *Cardinalem Venetum* neben etzlichen andern/ die die Sach bis in das andere Jahr auffzogen/ da Huss wider des Bapsts *Bullam* sich setzet/ vnd den gantzen Handel verderbet/ wie gesagt werden sol im 9. Capitel.

Warumb Huß zu Rom nicht erschienen.

Huß wird in Bann gethan.

Das VII. Capitel.

Ist gemelter Ertzbischoff/ wie er vernommen/ das sich König Wenceslaus in die Sach nicht flechten wolt/ sondern lies alles wie es gieng/ gehen/ macht sich auff/ zog in Hungern zu dem Kayser Sigismundo/ begert bittlichen von jm hülff/ mit vermelden/ das man sonsten den Ketzereyen nicht wehren köndte/ wo er nicht aus sonderer liebe gegen der Christenheit/ selbsten Persönlich in das Landt Böhmen käme/ das glimmende Fewer ausleschet: Er beklaget sich auch hoch vber des Keysers Bruder/ Wenceslaum Böhemischen König/ so alle Kayserliche Heiligthumen/ so bey der Schloßkirchen/ so wol auch in der Capellen *Corporis Christi* in den gewölbe vnter der Erden/ so mitte auff den

Der Ertzbischoff von Prag zihet zum Kayser.

Klag vber König Wentzel.

Hußiten Krieg.

den Newstädter Marck stehet/nehmen/vnd auff das Schloß Carlstein/wider der Preger willen führen/verschliessen/vnd verpetschirn lassen/ Darumb dann die Präger allbereit fleissig solicitirt/ das er jhn den nutz nicht nehme/nichts anders aber zur antwort bekommen/denn: Gehet hin ersilichen zu euren Böhmischen Magistern in die Collegia/ vnd fraget sie/wer jnen den Ehrgeitz eingegeben/ das sie zweyer stimm begierig worden sind/dagegen die Teutschen eine haben sollen/dadurch sie alle Studenten aus Prag vertrieben/deren jhr besser/ als dieser Heiligthümer genossen habt/ Dieweil sie euch denn eine vnordnung gestifftet/warumb wolte ich euch nicht die andere anrichten? Haben euch ewre Magistri das eine fürnehmste Einkommen genommen/ so könnet jhr die andern auch entrathen.

Hagecus.

Wenceslai königs e antwort.

Sigismundus vertregt sich mit König Wenceslao.

Sigismundus nimpt sich der Sachen an/ ist drüber bekümmert/hette auch gerne rath geschaffet/ wo er nit durch den Türcken Krieg were abgehalten worden. Hagecus schreibet von dem Jahr 1411. das Zbynco wegen einer andern vrsach sey von Wenceslao geschicket in Vngern. Demnach Wenceslaus mit seinem Bruder Sigismundo vertragen/ der jhn zu Wien gefangen gehalten/ sandte gedachter Kayser ein ansehliche Legation in das Königreich Böhmen/ die auff das allergeheimbste mit Wenceslao vnd weniger seiner geheimen Räthen handelten/ darauff der Böhemische König ein bedencken genommen/die antwort letzlichen durch den Bischoff/als seiner heimligkeiten Secretarien mündlich vermelden lassen. Aber der günstige Leser sol wissen/ das Zbynco/ehe solche Legation ankommen in Hungern gezogen/ auch das gemelte Botschafft nichts anders zuverrichten gehabt/dann das Kayser Sigismundus seinen Bruder ermahnen lassen/ die Ketzerey zu stilen/ welches doch vergebens abgelauffen/darüber Zbynco hefftig bekümmert/ hielt sich

Hußiten Krieg. 25

sich in Hungern/ wo er kont/ auff/ wie er dañ letzlich zu Preßburg den 29. Junij/wie Lupacius schreibet/ oder welches ich
wegen aller vmbstende besser glaub/ am tage Wenceslai in
dem Herbst/ wie Hagecus bezeuget/Anno 1411. gestorben/ *Der Ertzbi-*
wegen bey gebrachtes gisstes. Wie dann einer seiner Diener *schoff starbt*
zum Böhemischen Brodt gefenglich eingezogen/ der gütlich
vnnd peinlich ausgesaget/ er hab jhm den gisst in tranck zu
Ofen beygebracht/ auch zur besoldung von einem zu Prag
(den Hagecus nicht nielden wil) neben dem Gifft 15. gülden
bekommen Dieser Diener ist wegen seiner begangenen Missethat lebendig an gemeltem Ort gevierteilet. Der verstor-
bene Ertzbischoff ist zu Preßburg gantzer 25. Jahr verblie-
ben/ wegen des gefehrlichen Krieges/ als dann gen Prag ge-
führet/vnd in die Schloßkirchen begraben/ Anno 1436 im
anfang des Hewmonats. Lupacius.

    An des Zbynconis stell ist Albicus erwehlet/ so sei- *Albicus*
ner Geburt nach ein Mährer/ seiner Profession ein Doctor *wird Ertzbi-*
der Artzney/ Wenceslai Leib Medicus/ welcher so karg/ das *schoff.*
er keinem den Schlüssel zu dem Keller vertrawet als jhme *Vnicum ex-*
selbsten: Er schaffet auch die Köch ab/ weil sie viel liessen in *tremæ avari-*
die Küchen hawen/ nahm ein alte Vettel an/ so nichts als *tiæ barathrũ.*
Bauschnitz Suppen vnd Erbsz kochen kont. Daher als er *Sylvius ca.35.*
gefraget/ was er am vnliebsten höret/ Antwortet er: Das *Hagecus &*
knirschen der Zeene/die Beine zu beissen/ denn daraus abzu- *alij.*
nemen das.das Fleisch gefressen. Als die Prager einen solchen Seelenhirten hatten/ waren sie gutes muts/ verrichteten in Religions sachen was sie wolten/ Wie dann in dem
gantzen Königreich/ weder das Geistliche noch Weltliche
Regiment nach notdurfft bestellet. M. Hieronymus, so *M. Hiero-*
sonsten nit allzubehertzt/ wegen der schmach/ so er zu Wien *nymi handel*
von den Romanisten ausgestanden/ fienge mit hülff etlicher *mit dem Ab-*
der seinigen einen Ablaßkrämer neben zweyen Huren/ setzet *las.*

                                    D   sie

sie auff ein Wagen/lies den Bäpstischen Ablasbrieff den huren an die entblöste Brust hangen/ durch die Stad führen/
den Ablaß verbrennen/vnd den Pfaffen neben der huren lauffen. Zuvermuthen/es sey in dem nachfolgenden Jahr gesche-
hen/den 9. Junij/doch weil M. *Daniel Adami* es auff das jahr
zihet aus *Cochlæo* (so der Hußiten feind) habe ich es hier erzehlen wollen.

Hagecus & Cuthenus.
Auffruhr et-
licher Berg-
leut.

Es begab sich auch eben zu der zeit/ das von Kuttenberg
vier Berggesellen spatzieren giengen/vnd bey einem Dorff/
Schoten abriessen/vber welche der Dorff Richter kam/drey
mit seinem Trischel zu tod schlug/den vierden aber/ so wol zu
füssen war/ das geleit gab einen guten weg/ welcher doch zu-
behend entwischet/vnd der gantzen Knapschafft eine trawri-
ge post bracht/darumb sie zusamen kamen/sich beratschlagtē/
auch schlussen/ sie wolten denselbigen Bawren die Schoten
so zausen/ das er nicht ein Täschlein behalten solte/ so er sich
auch mit der Wehr was vnterstehen wolte/gantz tod zu schlagen. Was geschicht? Sie komen auff das Feld/reissen frisch
ab/ein theil/ besonders die buben/ springen in dem Acker her-
umb/trampeln alles zu bodem/Der Richter stehet auff der sei-
ten/sihet seinen jammer vnd schaden/darff doch kein wort sa-
gen/ endlich schicket er heimlich in das nechste gelegne Städlein Malin/darinnen gleich Jarmarck/lest die Bürger vmb
hülff anschreyen. Die Bürgschafft ist neben viel bezechten
Leuten auff/greiffen die Bergbursch an/werden doch bald in
die flucht getrieben/ auch bis in das Städlein gejaget/da dest
jederman von den Tächern vnnd Heusern schoß vnd wurff
vnter das Berggesindlich/viel erlegten/ es auch dahin brach-
ten/das sich keiner auff dem Marck dorfft sehen lassen. Die
Bergleute sehen den gewalt/ werden hefftiger erzürnet/
besinnen sich kurtz/ zünden die Henser an/ verbrennen vnnd
schlagen tod alles was in der Stad ist. Es melden etliche
das

Schrecklich-
er ausgang
dieser Tra-
goedien.

das in diesem Lermen in die 500. Personen/Manns vnnd Weibsbilder/auff dem Platz den 27. Julij Anno 1411. geblieben sein. König Wenceslaus erfuhr die jemmerliche that/ lies dennoch alles seinen gang gehen/hatte seinen auffenhalt auff dem Schloß Tocznik.

Den 28. Herbstmonats im Jahr wie gemeldet/(aber zu glauben es sey in dem nachfolgenden/so es war ist/geschehen) wurd zu Prag abermal von Hieronymo ein newer handel angefangen/dem er die Gebein der Heiligen herab zuthun befahl/Sprechend: Es were nicht allein ein Ketzerisch/ sondern auch ein nerrisch ding/die Gebeine der Verstorbenen anzubeten/oder mit Gold vnd Silber zuverehren. Er bekam auch zween Mönche/deren einer ein Predig Mönch/ der ander ein Carmelit war / solche vberantwortet er dem Newstädter Richter/mit befehl/er sol sie vnter andere Schelme vnd Diebe setzen/ja/so gedachte Mönche nicht einer von Adel errettet/hette sie das Volck in der Mulde erseuffet. Solches schreibet Cochlæus lib. 3. Hist. Huss. Welches Ich/wie ichs finde/erzehlen wollen/das judicium aber dem Leser lasse/ ie dann viel werden meinen/es sey von Cochlæo oder andern erdacht/vnnd der anfang genommen von dem/ das Wenceslaus die Heiligthumb nach Karlstein führen lassen. Es were in der Warheit ein freche that/so Hieronymus ohne einred des Raths vnd der Vniversitet begangen/es wil auch mit den vorhergehenden vnd nachfolgenden nicht vberein stimmen.

Hieronymi vornemen mit der Heiligen gebein.

Das VIII. Capitel.

IM folgenden Jar 1412. war zwischen dem Bapst Johanne den 23. vnd Ladislao Neapolitanischen König grosse

Streit zwischen dem Bapst vnnd Neapolitanischen König.

grosse vneinigkeit. Daß der König gab für/ das gemelter Iohannes mit dem zunahmen Coha/ sich des Apostolischen Stuels vnordentlicher weise/ weil vorhin ein erwehleter Bapst lebete/ annem/ darumb belegerte er Rom/ von welcher Stad er weggeschlagen/ welches jhn so schmertzet/ das er vff ein newes Volck annahm/ vnd schwur dem Bapst sampt der Stadt Rom zuvertilgen. Der Bapst erschret es/ gedencket: Pauli Schwert kan mir baß als Peters Schlüssel helffen/ lesset die Trummel hergegen frisch in gantz Welschland hören/ nimpt Knecht an/ auch/ damit er seine Fehdlin on grossen Kosten desto besser bekleidete/ gab er das Creutz aus in allen Christlichen Landen/ mit verheissung/ welcher jhme/ waserley hülffe es were/ leisten würde/ dieser wolle er also annehmen/ als wenn er dem Apostolischen Stuel Persönlichen beystand gethan. Sonderlichen ermahnet er die Böhemen/ die sich vor Meyland ritterlich gehalten/ darumb eine Bäpstische Bleyhene Bullen in Böhemen gebracht/ wider welche sich als balden M. Johann Huss satzte/ Prediget den nechst folgenden Sontag in der Kirchen Bethlehem/ weitleufftig dawider/ nam das Volck in Prag also ein/ das sich alle Empter eines aufflauffs besorgeten. Den folgenden Montag den 7. Junij Anno 1412. schrieb M. Iohan Huss us eine Intimation/ schluge dieselbe allenthalben an Kirch vnd Kloster thurn/ desgleichen an die Schloßkirchen/ auff Wischehradt zu S. Peter/ vnnd auff der Präger Brucken/ forderte alle Doctores, Magistros, Licentiat n/ Baccalaureos Studenten/ Priester vnnd Mönche/ welche lust mit jhme zu disputirn hatten/ dieselbizen solten in das Collegium Caroli sich verfügen/ offentliche einwürff bringen/ vnd richtiger antwort gewertig sein. In gemelter Intimation sein nachfolgende wort/ die denn Inhalt der gantzen Disputation begreiffen

Rom belegert.

Bapst gibt das Creutz wider den König aus.

Huss widersetzt sich des Bapsts Bullen.

Hussen Intimation.

Huſſiten Krieg.

greiffen ſollen / geſtanden: Vtrum ſecundum legem Ieſu Chriſti licet & expedit, pro honore Dei & ſalute populi Chriſtiani,& pro commodo regni Bullas Papæ de erectione Crucis, contra Ladislaum Regem Neapolis & ſuos complices Chriſti fidelibus approbare? Das iſt: Ob des HERRN Chriſti Geſetz / wegen der ehre Gottes / Chriſten Seligkeit vnd des Königreichs nutzes billig ſey/das die Chriſten / den Bäpſtlichen Bullen / vber den auffgerichten Bann / wider König Ladislaum zu Neapolis vnnd ſeine Beyſtende/beyfallen ſollen? Als ſolches angeſchlagen / wartet ein jeder mit verlangen auff die ernente zeit / welche als ſie kommen / lieffen die Bürger / neben den Studenten hauffen weis in das Collegium zu zuhören. Es war dazumal Rector Vniverſitatis M. Marcus / dieſer als er die groſſe menge des gemeinen Volcks erſehen / erſchricket / weil er ſich eines auffruhrs befahret / ſpricht zum Volck auff Böhmiſch: Lieben freunde / trettet ein wenig ab / es wird hie nichts / das euch angehet / gehandelt / darzu ſeind vnter euch gar wenig die es verſtehen / was man redet / geſchweig der Sachen davon man handeln wil. Das Volck höret den Rector reden / erzeiget ſich widerſinnig / mit einem groſſem getöß / welches Huß mercket / wincket jhnen mit der Hand ſtill zu ſein / fieng darauff eine Oration an / darinnen er vermeldet / warumb er ſolches angeſchlagen / bat auch / ſo einer wer / der was da wider zu reden / das er es vnverzüglich thue.

  Als er hette auffgehöret / fieng man ordentlich an zu opponiren. Erſtlichen hielt jhme Doctor Wolf / ſo ein Juriſt / harte widerſtand / vertrat den Bapſt mit den Geiſtlichen Rechten. Nach jhme widerſetzet ſich D. Gbel / welcher es mit dem Kayſerlichen Rechten vertrat. Letzlichen fieng Doctor Lewo an / alſo mit Huſſen zu reden: Die gantze Prägeriſche Vniverſitet verwundert ſich hoch / das du ein junger Mann /
             ſolche

Marginalia:
- Inhalt der diſputation Huſſen.
- Frequentz der diſputation.
- M. Marcus Rector zu Prag redet zum Volck.
- Huß thut ein oration zum Volck.
- Wie es in der diſputation abgelauffen.
- Doct. Löwe harte red mit den Huſſen.

Hußiten Krieg.

solche grosse ding fürnimmest. Meinestu/ lieber Magister/ das du der aller gelehrteste seyst? Es sind in der Warheit viel Gelehrtere/ als du/ aber keiner so fürnehmisch/ wie du bist. Las die Sache alle gegenwertige Herrn Doctores, Magistros sampt der gantzen Universitet erwegen/ so werden sie nichts als lesterung finden/ vnnd einem zuuor künfftiges/ in diesen Stödten/ auffruhrs/ Mordes/ Todschlages. Wiltu wider den Bapst disputiren/ gehe gen Rom/ sags jm ins Gesicht. Es ist vnbillich in allen Rechten/ einem der nicht hören kan/ schmehen. Vber das bistu ein Priester/ wo ist dein Priesterlich ampt anders her/ als von Bischoff/ der Bischoff/ vom Bapst? Vnd also bistu auch vom Bapst/ welcher ist dein geistlicher Vater. Der ist ein garstiger Vogel/ der sein eigen Nest beschmeisset: Auch ist der Cham verflucht/ der seines Vaters Scham entblöset. **Auffruhr vnter dem Volck.** Als solches Lewo geredet/ fieng das Volck an trefflich zu murren/ hetten auch/ wo sie Steffels Pirn gehabt/ jme gewiß ein par geschenckt/ oder etliche vorehret. Aber Huß stillet das Volck/ darauff thet M. **Hieronymus helt ein Oration.** Hieronymus eine lange schöne Oration/ darinnen er in allen puncten dem Hussen beygefallen/ als er auch auffgehöret/ sprach er: Welche es mit vns halten/ die folze vns auch nach/ ich vnd M. Johann wollen auffs Rathauß auch vorm Rath ohne schew reden/ das dieser Atlaß vnordentlich sey. Darauff schrey der gantze gemeine hauff: Es ist war/ er redet recht. **Wie die disputation abgelauffen.** Der Rector der Universitet M. Marcus aber leget sich drein/ verbot jnen auff das Rathauß zu gehen/ damit nit was ergers sich erregte. Darauff gieng ein jeder in sein Losament. M. Hieronymo geben viel Studenten/ als dem Gelertern dz geleit. M. Huß aber folzet der helle hauff des gemeinen Volcks bis gen Bethlehem/ stets anhaltend/ das er bestendig verharret.

Bündnis etlicher wider den Ablas. Den nachfolgenden tag verbunden sich etliche bey Waleck dem Weinschencken im Schmerhof in die Kirchē allenthalben

Hußiten Krieg.

halben auszuteilen/ vnd wo sich ein Pfaff mit dem Ablaß hören lies/ zu widersprechen. Den Sonnabent dieser Wochen lies der Rector bey früer tagezeit M. Johan Hussen/ vñ M. Hieronymum in dz Collegium Caroli fordern/ bat mit vermanung in beysein vieler Magister/ das sie solch ding/ so zum auffruhr gereichet/ vnterwegen lassen wolten. Die beysitzer Doctores vñ Magistri hielten gar starck an/ baten vmb Gottes vnd vmb aller Heiligen willen/ das sie jr alt grawes haupt ansehen/ daneben jr selbst jugend bedencken/ von solchem fürnemen abstünden/ ehe ein blutbad draus käm/ darinnen sie als anfenger leichtlich vmbkönnen. Sonderlich bat M. Luna mit weinendē augē/ alles so angefangē zu vnterlassen. M. Hieronymus sagt darauff: Ehrsame herrn *Magistri* vñ Väter/ Jr redet wol recht/ aber die Warheit zuverschweigen/ wie schwer es sey/ möcht jr selbst vrteilen/ dem sey doch wie jm wolle/ weil jr so so starck anhaltet/ wil ich ewren bitten stell vnd raum geben. M. Huß sprach: Liebe Väter/ ich besorg mich für mein Person selbsten eines auffruhrs/ weils ich aber zugesagt/ so darff ich one verletzung der billigkeit/ nit nachlassen/ sondern mus erweisen/ das dieser Ablaß vnordentlich sey/ doch wegen ewrer bitt/ sol es gemindert werden. Der Rector fieng an: Mein lieber Magister/ es ist dir wol bewust/ das wir neben dir wider die Teutsche Studenten gestanden sind/ doch ist keiner der vnsern darumb so sehr in der Bürger haß/ als eben du gekomen/ sie sagen ausdrücklich/ du habst sie von hinnē vertrieben/ vnd sie die Präger jrer narung beraubet. So draren vns die Teutschen auch nit so hoch als dir/ sondern lassen sich verlauten/ sie wollen dich/ wie sie nur können/ vmb das leben bringen. Vber das bistu beim Kayser Sigismundo deswegen in grossen vngnaden. Derhalben das grösser vbel verhütet/ vnd du beim leben erhalten werdest/ so stelle es bis auff ein andere zeit ein. Huß saget/ ja er wolte sich nach jrer vermanung verhalten/ dessen sie fro waren.

Huß vñ Hieronymus werden in dz Collegium gefordert.

M. Hieronymi antwort.

Der Rector redet mit Hussen.

Den

Hußiten Krieg.

Auffruhr in der Predigt.

Den Sontag frue/ als in seiner Predigt Iaroslaus Prediger in der Schloskirchen S. Viti dem Hussen zu wider Prediget/fieng Stanislaus Stasseck ein Polack/seines Handwercks ein Schuhmacher an/hieß den Pfaffen in den Hals lügen. Der Schloshauptman Marelch Kopausky lies jhn gefangen den Alt Städten vberantworten. In der Kirchen zum Thein vertrat der Pfarrherr die Bäpstische Bulla/aber einer mit Namen Martinus Krschideleo trat herfür vnnd saget: Jetzt sihet man das der Bapst der rechte Antichrist sey/weil er wider das Christliche Blut das Creutz ausgibet/ dieser ist gleichsfals gefangen worden. Bey S. Jacob im Kloster fieng ein anderer Joann Wschetetzka sonsten Hudetz von Schlan bürtig/den Mönchen an greulich aus zu ma-

Hußsti handlung wegen der gefangenen bey dem Rath.

chen/Ward ebenmessiger weis erhaschet vnd mit gefängniß verhafftet. M. Iohann Hussius, als er durch gewisse kundschafft erfahren/das den gefangenen trüb abgehen würde/ nam ein grosse anzahl Studenten an sich/ gieng auff das Alt Städter Rahthauß den 28. Junij Anno 1412. begeret ein vortrit/ welcher vergünstiget/ hielt beym Burgemeister vnd Rath an/ das man diesen jungen gesellen wegen des Ablass am Lebe nichts thete. Der Burgemeister vnterredet sich mit eim Rath ein wenig/ gaben dis zur Antwort: Lieber Magister Johannes/ es kompt vns sämptlichen seltzam für/ das du

Huß vberkompt bescheid.

dich zu löschen vnterstehest/ welches dich nicht brennet/ vnd in diesen vnsern Städten ein gefehrliche auffruhr anrichten wilst. Wir vermeinten/ du soltest dich vergnügen lassen/ das du die Univertitet zerstöret/ die Studenten verjaget/ diesen berühmten Städten vnnd der gantzen Kron Böhemen/ einen vnwiderbringlichen schaden zugefüget/ vnnd bittest dennoch für diese Gesellen/ welche gutwillig bekennen/ wie sie sich verbunden den Priestern einzureden/ auffruhr anzurichte. Du meldest auch in deiner bitt/ das wir sie wegen

des

des Ablaß nit straffen wolte/ wir wissen von dem Ablaß gantz nichts/ sondern allein von dem/ das sie den Priestern in der Predigt gefluchts/ weder der Gottesheuser noch vieler anderer ehrlicher Leut verschonet/ einen auffruhr anrichten wollen/ damit sie der Leut guter rauben/ vnd ein Blutbad anrichten möchten. Derentwegen wil es vns beschwerlich fürfallen/ das wir ein solches laster vngestrafft lassen solten. Doch machstu neben den Studenten friedlich heim gehen/ sie sollen heut oder morgen dieser deiner fürbitt geniessen. Huß bedancket sich/ gieng von dem Rahthauß/ fund auff dem Marck vber 2000. Mann des gemeinen Volckes/ zu welchen er saget: Gehet nur friedlich zu Hauß/ den gefangenen ist gnade erlanget. Die Bürgerschafft ist zu frieden/ vnter des lest ein Rath heimlich den Nachrichter holen/ vnnd den gefangenen die Köpffe abschlagen/ auff den Altstädter Rahthauß/ welches doch wie heimlich es geschahe/ durch das Blut/ so vor die thür floß/ verrathen war/ ein aufflauff in der Stad anrichtet/ in welchen der enthaubten Leichnam mit gewalt genommen/ mit grossem trawren des Volcks/ so öffentlich saget/ sie weren tewre Märterer Jesu Christi/ in schön Gewand eingewickelt/ vnd in der Kirchen Bethlehem begraben. Es schreibet Hagecus vnd Cuthenus/ sie sein auff dem Marck gerichtet worden/ welches doch nicht glaublich scheinet/ wegen der Bürgerschafft vorhergehenden vnd nachfolgenden Lärmen. Doch mag einer glauben was er wil. Des ersten Sontags hernach schweig Huß gar still von jnen/ den andern Sontag aber hat er sie hoch gelobet/ vnd vber die Märterer hoch erhaben/ welches den Rath verdrossen/ auch zu jhme geschicket/ mit ernstem gebot/ das er still schweigen vnnd Gottes Wort lehren sol.

Weil der Kirchen Bethlehem offt gedacht worden/ sie auch Huß in seinen Episteln lobet/ den Pfarherrn vñ Prägern fleißig

Die gefangenen werden entheuptet.

Aufflauff der Stad.

Huß lobt die entheupten.

Der Kirchen zu Bethlehem beschreibung.

fleißig bestehlet/wil ich/wie sie itziger zeit stehet/beschreiben. Wenn man von der Brucken auff der Altstädter Ring gehen wil/so helt man sich auff die rechte Hand/vnd kompt zu der Kirche S. Gilgen/von dannen nicht weit zu dem Collegio Lazari/darneben die gedachte Kirchen Bethlehem stehet/an welchem ein Hospital armer Leute gebawet. Es ist eine breite nicht gar hoch gewelbete Kirchen/in welcher gegen Mittag ein runder mit schönen gevierten Steinen ausgesetzter ohne gefehr 4. Klaffter tieffer Brunnen/der gar ein süsses Wasser hat/davor für etlichen Jahren gebawet worden. In dieser Kirchen werden viel Teutsche/sonderlich viel Nürnberger begraben/doch habe ich kein Antiquitet, so zu diesem meinem Proposito gehöret/finden können. Allein der Predigstuel Hussij stehet noch/der ist nicht rundt/sondern vierecticht aus Kühnföhren Holz/vnd mit einem Tuch vmbhangen/daran auff der rechten seiten/M. Hieronymus gemahlet/wie er an der Saul gebunden brennet/in der mitten stehet M. Johann Huss/do schüren die Hencker wacker an/darunter einer seine Bücher in das Fewer wirfft/der ander sein Bethgewandt. Auff der lincken seiten/sitzet S. Johannes in einem Kessel voller siedentes Oehls/dessen ein Pfannvoll der Büttel ihm auff den Kopff schüttet. Wenn man auff diesen Predigstuel steigen wil/mus man erstlichen/durch ein enges Thürlein aus der Kirchen gehen/da man denn zu der rechten hand ein Capellen hat/in derselbigen liget M. Johann Hussen Meßgewandt/so von schwartzem Sammet. Es stehet auch in dieser Capellen ein Kasten/darinnen liget in einem Särglein ein Kindlein/das Herodes/wie man das Volck berichtet/ermorden hat lassen. Der Sarg ist drey spannen lang/von einem grünen mit Golde ausgestückten Tüchlein bedecket/wenn der Sarg wird auffgemacht/sihet man das Kindlein/welches

ches gantz hart als ein Stein / auch in ein grün Seydenes tüchlein eingewickelt.   Auff dem Kopff habe ich kein einige Sutur sehen können. Der Stich so vnten / wie sie sagen / bey dem Beinlein gegen das Hertz geschehen / wird mit fleiß geweiset. Aus der Capellen wenn man gangen / steiget man eine Stiege hinauff / da kan man gehen in das Haus / darinnen der Administrator wohnet / so man es nicht besehen wil / gehet man durch eine Kammer / vnd kommet zu der Thür / die da gehet zu dem Predigstuel / darauff Huß geprediget / da findet man auff der lincken Seiten ein Bäncklein / so gar faul ist / auff welchen er gesessen. Von diesem Predigstuel schneiden allerley Nationen Spähn / vnnd nehmen sie zu einem Zeichen mit / wie er dann so zerschnitten / das man an etlichen Orthen eine Faust dadurch stecken kan.   So man aus dem Predigstuel gangen / steiget man noch höher hinauff vnnd kompt in eine Stuben vnnd Kammer / darinnen Huss gewohnet. Die Stuben ist gantz herumb getäfflt / vnnd hat gegen Morgen zwey gut altväterische Fenster / dadurch das Liecht in die Stuben gefallen.   Vnnd so viel von der Kirchen Bethlehem vnd des Hussen wohnung / welcher sonsten auch in dem Collegio Caroli quarti / Welches man das gröste nennet / gewohnet in einem kleinen finstern Stüblein / darein hat jhm zu ehren Nicodemus Frischlinus mit eigener Hand an die Thür dis Distichon geschrieben:

Frischlinus manu propria:

Hac olim hæreseos damnati crimine falso
Hußi, dum vixit, parva taberna fuit.

E ij   Das

Hußiten Krieg.
Das IX. Capitel.

Albicus verkaufft das Ertzbisthum

Er Ertzbischoff Albicus/ welcher im geitz gantz ersoffen/ sahe die auffruhren in Prage an/ lies jm grausen/ bedacht sich was zu thun were / weil er auch keinen Menschen gern fressen sahe/ machet mit einem Westphalen Conrado auffm Wischerad Dechant vnnd in dem Königreich Böhem vnter Kämmerer wegen des Ertzbischoffthums einen vertrag/ in welchem er es verkauffet vmb eine zimliche Summa Geldes/ darumb Conradus/ mit des Königes vnd des Priger Capitels bewilligung sich dessen annahm/ den 17. Januarij Anno 1413. Lies offter mals den Hussen für sich fordern/ thet jhn wegen seiner Lehr verhören/ doch wenig mit jhme/ denn das er still wer/ mit dem Ablaß/ ausrichten.

Huss wird gen Rom citirt.

Als die Teutschen erfuhren/ was Huß zu Prag mit dem Ablaß angefangen/ wurden sie hertzlich erfrewet/ kondten wol erachten/ das er sich in die höchste gefahr eingelassen/ brachtens für den Bapst/ welcher von stundt an M. Johan Hussen gen Rom laden lies vnnd allda zu antworten gebot. Der Huß so verstund/ was man/ so er sich stellet/ mit jhm anfangen würde/ hett ein Dauß/ lies es bleiben/ Prediget in allen seinen Predigten/ wider den Bapst/ saget er/ hette nicht macht jhn zu laden/ weil er eben ein schlechter Priester als er wer.

Huss predigt tapffer wider den Bapst.

Als er auch vermercket/ das es dem gemeinen Mann gefiel/ fuhr er fort/ lobet des Wicklephs Bücher/ die der Ertzbischoff Zbynco vnbillich verbrennen lassen/ sprechend: Er hette vom Bapst/ das er andern gleich sey/ recht geschrieben: Item/ von den Bildern/ das sie vnnötig: Item/ die Priester solten Arm sein/ Die Ohren beicht sey vnnütz/ Es sey nicht von nöten/ das sich einer auff den Kirchhoff begraben lasse. Die Horas zu beten/ vnd zu fasten weren MenschenSatzunge/ so keinen grund in der Schrifft hetten. Diesem seinem fürneh

Huſſiten Krieg.

fürnehmen widerſetzten ſich die Pfaffen allenthalben/leſteten den Huſſen auff ihren Predigſtůlen vber die maſſen ſehr/ welches der König wol wuſte/doch nichts ſaget/lies es gehen/ wie es wolt/enthielt ſich auff dem Schloß Tocznick/Ziebrak vnd Kohnradize/wolt nicht gen Prag/damit er in einer auffruhr nicht gefangen würde.

Den 27. Maij Anno 1413. ſchrieb Iohann Gerſon Decanus der Theologiſchen Facultet Pariß/ nochmals des Königs in Franckreich Cantzler dem Ertzbiſchoff zu Prag/ darinnen er jn fleiſſig vermanet/das er das Vnkraut aus des Herren Acker ſolte ausrauffen/(dadurch ẽ verſtanden/die Lehr ſo M. Johann Huß in Böhmen hette ausgeſeet) Er ſolte auch/ ſchreibet er ferner/den Weltlichen gewalt/neben dem Könige/ſo es von nöthen/zu hülff nehmen. Zu end ſeines ſchreibens vermeldet er/das er jme des Königs in Franckreich offenes Patent/ ſo wol der Vniverſitet Pariß ſchickte. Aber was wolte der gute Biſchoff anfahen? Die Sach war bey Adel vnd Vnadel/ auch Herren ſtandes/ſo weit kommen/ das ſie nicht kont vntergedrücket werden/ja das noch mehr iſt/dörffte der Ertzbiſchoff dem Huſſen nicht an einn Sporen greiffen/wie man pfleget zu ſagen/ſondern muſte der Sachen jren lauff laſſen. Vnter deſſen ſind von Prag viel ſchreiben/auch heimliche Botſchafften/welchen man mündtlich/ was ſie den Brieffen nicht vertrawen wollen/auszurichten befahl/nach Rom geſendet worden. Darumb der allerheiligſte Vater Bapſt/ſich eines andern beſonnen/vnd weil die vorgedachten Cardinäl Huſſen in den Bann erkleret/befahl er ſeinen des Huſſen Procuratoribus/die noch fleiſſig anhielten/ſtill zu ſchweigen/do ſie es aber nicht thun wolten/ wurden etliche in ſchwere gefängnis geleget / die andern aus Rom verjaget. Vber das verbot er/der Bapſt/zu Prag den 6. Junij gedachtes Jars allen Prieſtern Meß zu halten/

Gerſon ſchreibt dem Prägeriſchen Ertzbiſchoff.

Der Bapſt ſtellet zu Prage den Gottesdienſt ein.

oder

oder sonsten was Geistliches / als mit Begräbnis der Todten / Kinds Tauffen / vnd dergleichen sachen zuuerrichten / so lang Huß zu Prag wer / welchem er das Handwerck in Predigen / Meßhalten vnd andern sachen / so den Pfaffen zustehet / gar leget. Nach publicirung des Mandats hielten alle Pfaffen still / allein auff den Wischrad nicht / daraus dann eine newe meuterey / zanck / todschlag vnter denen / so den Hussen lobeten oder scholten / entstund.

Huß zihet von Prag.

    Der Huß sahe / was daraus / wenn er in Prag bleib / werden könt / zihet willig aus Prag / begibt sich zu seinem Erbherrn Nicolao von vnd auff Husinecz / von welchem Dorff M. Johannes seinen Namen geschöpffet. An diesem Ort schrieb er viel Bücher / so vnter seine Tomos (die zu Nürnberg in folio durch Petrum Montanum vnnd Ulricum Neuber hernach Anno 1558. seind gedruckt worden) gesetzet / er lehret auch das Volck / vnd machet jm einen mechtigen anhang. Er appelliret auch von dem Bapst zu dem gerechten Richterstuel Jesu Christi mit diesen folgenden worten: Weil der Allmechtige / ein einiger in seinem wesen / dreyfach in Personen / Gott ist ein zuflucht aller vntergedruckten / ein erhalter der Warheit in all ewigkeit / ein Richter derer die vnrecht leiden wegen der Warheit / der die gebundenen aufflöset / den willen derer / die jhn fürchten / erfüllet / die jn lieben erhelt / vnd alle halsstarrige Sünder straffet. Vnd weil Christus Jesus / warer Gott vnd Mensch in seiner grösten not / da er von den Hohenpriestern / Schrifftgelerten vnd Pharisern mit falschen Richtern vnd Zeugen belestiget / durch seinen schmählichen Tod / von der ewigen verdamnuß / die von Gott / ehe der Welt grund geleget ward / erwehlete Kinder erlösen wolt / lies er seinen Nachfolgern dieses herrliche Exempel / das sie dem allmechtigen / allwissenden Gott / jre Sach befehlen solten / also sagend: HERR sihe an mein Elend / denn meine

Huß appellirt von dem Bapst zu Gott.

Wider

Widersacher lehnen sich wider mich auff/vnnd du bist mein Helffer vnd erretter/Du HErr hast mir es kund gethan/vnd ich habe es verstanden/du hast mir gewiesen jhre Rathschläge/vnd ich war wie ein gedültig Lamb/welches zur Schlachtbanck geführet wird/vnd ich hatts nicht gemercket. Denn sie hatten jhre anschläge wider mich gemacht/vnnd gesaget: Kompt/wir wollen jhn angreiffen/vnnd jhn aus dem Lande der Lebendigen vertilgen/das seines Namens nicht gedacht werde. Aber du HERR Zebaoth der du recht richtest/vnd prüfest Hertz vnnd Nieren/nim für die Rach wider sie/auff dich habe ich mein Sach geworffen/denn jhrer seind viel die mich plagen/wider mich Rathschlagen/vnd sprechen: Der HErr hat jhn verlassen Auff: Jaget jhm nach vnd fahet jn. Sihe mich an HErr vnd bedencke es/denn du bist meine gedult/errette mich von meinen feinden/HErr du bist mein Helffer/weiche nicht von mir/denn angst ist nahe/vnd allhier ist kein Helffer. Mein Gott/Mein Gott schawe mich an/warumb hastu mich verlassen. Hunde haben mich vmbgeben/vnd der bösen Rotte hat sich vmb mich gemacht. Sie haben mit mir geredet betrieglich/mit jren gifftigen reden haben sie mich vmbgeben/vn on schaden vberwunde. Do sie mich sollen lieben/seind sie mir feind/vor guts thun sie böses/vor lieb hassen sie mich. Diesem heiligen vnd nützlichen meines Erlösers exempel nach/wil ich/der durch ein falsches Vrtheil/mit dem Bañ des Bapsts/von den Schrifftgelerten/Phariseern vnd Richtern/die auff Mosis Stuel sitzen/hart vntergedruckt bin/an meinen Gott appelliren/jhm meine Sach befehlen/wie der H. Patriarch zu Constantinopel Iohannes Chrysostomus/der von zweyen der Bischoffen vnnd geistlichen Concilijs verdammet worden/vnd auch der heilige Bischoff *Andreas* Ertzbischoff vorzeite zu Prag/vñ *Robertus* Bischoff zu Lyncon von dem Bapst zum höchsten vnd gerechtesten
Richter/

Richter/der von keiner furcht zittert/von keine gaben gebogē/ von keinem falschen zeugen betrogen wird/ demütig vnd heilsam appellireten/ als sie vnbilliger weise vntergedruckt worden. Ich wünsch auch von hertzen/ das alle Christgleubige/ fürnemlich Fürsten/ Herrn/ Ritter/ Vnterthane/ vnd andere vnsers Königsreichs Böhem wissten/ vnnd mit mir ein hertzlich mitleiden trügen/ der ich durch gedachten Bann schwerlich bin vntergedrucket/ allein durch anstifftung meiner feinde/ besonders meines grösten Widersachers/ Michaelis de causis/ mit hülff vnd Rath der Thumherrn zu Prag/ die jhn endlich von Petro sancti Angeli Romanæ Ecclesiæ Diacono, welcher von dem Römischem Bapst Iohanne XXIII. zu einem Richter verordnet worden/ herausser gebracht/ der fast zwey gantzer Jahr meinen Advocaten vnd Procuratoribus keine verhör hat mitgetheilet/ das man doch keinen Jüden/ Heyden oder Ketzer nicht sol abschlagen. Ja er hat keine richtige entschüldigung meiner Persönlichen aussenbleibenshalber gehöret/ viel weniger der Universitet zu Prag gezeugnüß vnter jhrem angehengtem Insigill/ neben etlichen Notariorum/ als Zeugen vnterschriebene bekrefftigung/ angenommen. Daraus denn augenscheinlich zu sehen/ das ich in keinem weg halsstarrig erfunden/ weil ich nicht aus verachtung/ sondern aus rechtmessigen vrsachen/ erfordert vor den Bäpstlichen Stuel nicht erschienen bin. Es war mir allenthalben hinderlistiger weise nachgestellet. Es machet mich anderer schaden klug. Es wolten sich meine Procuratores verwilligen/ das man sie verbrennen solt/ west ich nicht recht were. Mein völliger anwalt ist zu Rom/ aus keiner vrsachen/ wie ich meine/ gefenglich angenommen worden. Weil dann in allen Rechten/ beydes im Geistlichen des Alten vnd newen Testaments/ vnd auch Weltlichē vorsehen ist/ das die Richter den Ort/ darinnen die That geschehen ist/

besuch-

Hussiten Krieg.

besuchen sollen/wegen des beklagten nachfragen/bey denen/ die jn wege teglicher gemeinschafft wol kennen/vnd nit seinen feinde oder mißgönnern oder lesterern/sondern ehrliche Leuten/die GottesGebot jnbrünstig lieben. Letzlichen weil auch mir den beklagten vñ geladenen kein freyer Ort zu komen ernennet/der Richter mit sampt den Zeugen meine feinde/so kan man wol erkennen/das weil mir solche/zu meiner eigener erscheinung/gelegenheit/abgekürtzet/ich fur Gottes Angesicht/wegen der Halsstarrigkeit vnd des vnnützen vergebenen Bannes/entschuldiget bin. Diese meine Appellation vbergib ich Johann Huß meinem HErrn Jesu Christo/dem gerechtesten Richter/der erkennet/schützet/vnd richtet eines jeden Menschens gerechte Sache. Von seiner Heimath zog er Huß auff das Schloß Krakowetz/Prediget allenthalben herumb in den Städlein/Dörffern vnd Flecken/zog viel Volcks an sich/welchs jm hauffen weis nachfolget/auch seine Lehr ausbündig rühmet. *Huß ziehet auff Crakowetz.*

Es begab sich aber/das er vff ein zeit in einer Wildnuß Na Chljziowie wider den Bapst vnd Cardinal (wie er dann in all seinen Predigten pfleget) starck Predigte. Nach welcher Predigt ein einfeltiger Baurs Mann zu jhm trat vnd sprach: Mein lieber herr Magister sag vns doch auff Böhemisch/was heist ein Bapst oder Cardinal/oder hastu auch jhrer einen gesehen/das du von jhnen redest? Huß sprach: Mein Männlein/ich habe keinen gesehen/begehr sie auch noch nicht zu sehen. Der Bawer sprach: Warumb sagstu vns denn so viel von jhnen/vnd schiltest vff die/welche du weder gesehen noch probirt hast: Ich bin je ein mal zu Rom mit meinem Vater Walfarten gewest/hab den Bapst vnnd etliche Cardinäl gesehen/vermeine noch sie sind andechtige Leut/dergleichen ich niemals gesehen Huß. gab diese antwort: Mein lieber Alter/weil sie dir so wol gefallen/so *Huß helt mit einem Bawren sprach.*

F ziehe

Hußiten Krieg.

zihe wider hin vnd bleib bey jhnen. Der Bawer schüttelt den Kopff vnd saget: Lieber Meister ich bin nun alt/ kan nicht fertig gehen/ du aber bist jung/ gehe hin/ vnd was du do schwatzst/ sags jhnen ins Maul/ sie werden dir balde ein antwort geben. Da das des Bawren Edelman höret/ hieß er den Bawren stillschweigen/ nam M. Johan Hussen zu sich auff sein Schloß/ vnd tractiret jhn ehrlich.

Zwispalt zu Prag.

Damit ich aber auff Prag komme: Nach dem Huß weggezogen/ war die empörung zu Prag noch grösser/ dann der meiste hauff nach seiner Lehr ein hertzlich verlangen hatte/ die andern aber/ so dem Bapst anhiengẽ/ auch die so wegen der verjagten Teutschen Studenten dem Hussen feind waren/ wünschten er solte sein tage nicht ein fuß in Prag setzen. Weil auch in der Bull des Bapsts den Prägern/ Böhmen vnd Mähren geboten/ Wicklephs Bücher zuverbrennen/ Hussens Lehr auszutilgen/ innerhalb 9. Monden eine Botschafft zu dem Stuel vnnd Sitz Petri schicken mit vermeldung/ das in diesem vnd allem völlige gnüg neben schuldigen gehorsam geschehen/ auch verschaffen/ das der Huß gen Rom komme/ sandten die Präger/ der Böhmische Adel gelehrte verstendige Männer (denn Huß/ wie jm zu rathen gewesen/ nicht komen wolt) die den Hussen neben dem gantzen Land entschuldigen/ vnnd für jhn bitten solten. Aber der Bapst war erzürnet/ wolte nicht hören/ sondern schriebe den 10. Junij König Wenceslao/ drawet jhm ernstlich/ wo er die Lehr Wiclephs nicht vnterdrücket. Welches alles vergebens war. Der König so sich vor auffruhr des Volcks befaret/ nam sich keiner sachen an/ bis das M. Johan Huß vnd M. Hieronymus von Prag verbrennet/ die Krieg entstanden/ vnd alles bund vber gieng.

Legation nach Rom gesand wegẽ des Hussen.

Bapst schreibt der König Wenceslao.

Wunderzeichen so vor dem Hußittischen Krieg geschehen.

Ehe ich aber komme auff die erzehlung der vrsachen neben dem Krieg/ achte ich es sey nichts frembdes/ so ich etliche

liche zeichen / so vorhergangen sein / melde vornehmlichen / welches doch natürliche vrsachen / liessen sich Anno 1401. 1402. 1403. 1404. vier Cometen sehen / alle Jahr ein newer. Den 15. Junij Anno 1406. war ein solche Finsternis der Sonnen / das die Leute / so ein wenig von einander / sich schwerlich erkennen konten. Anno 1413. den 24. Novembr. ward ein solch Windgestürm zwo nacht vnnd zween tag / das dauon nicht zu sagen / in welchen dann Schlössern / Kirchthürnen / Städten / Flecken / Dörffern / sonderlich den Höltzern grosser schad geschahe. Anno 1415. den 7. tag Junij. Als die Sonne im 24. grad / geschahe zu frü eine solche Finsterniß / das die Vogel auff die Erden fielen / vnd die Sterne sich sehen liessen. Derowegen M. Laurentius schreibet in seinen Historien / das zu Costnitz kein Mess hat ohn das Liecht der Kertzen gehalten werden können / zu einem Zeugnüß / das die Sonne der Gerechtigkeit Christus in den Hertzen der Prelaten / so Hussen zu tödten entschlossen / verfinstert were. Vber das Anno 1416. den 23. Febr. hat es frü gegen dem tage ein blutigen Schnee an vielen Orten in dem Land zu Böhem geschneiet / mit welchem die Erd eines Fingers dick bedecket gewesen. Eben in gemeltem Jar den 26. Septemb. ist an dem Himmel gegen Mittag ein Purpurfarbes Creutz neben einer blutigen Schlangen vnd Schwert / von vielen gesehen worden / welches Creutz sich letzlichen in ein Schwert auch verkeret / als die Sonne wolt vntergehen. Was solche wunderzeichen bedeutet / wird der fleißige Leser aus dieser meiner Relation wol sehen. Es sind / kurtz dauon zu reden / vorboten / von Gott gesand / welcher mit der Straffe für der Thür ist.

1 Comet.
Chr. Mansfel c. 305.
2. Finsternis.
3. Windsturm.

Cramerus Funcius, Leovitius.
4. Grosse Finsternis.

Chr. Mansfel. c. 308.
5. Blutiger Schnee.

Cuthenus
6. Ein Creutz am Himmel. Schlangen. Schwert.

Hussiten Krieg.
Das X. Capitel.

Er Kayser Sigismundus/ der ein eyferiger Liebhaber der Christlichen Ordnungen war/ sahe an die vneinigkeiten in der Christenheit/ besonders zu Rom/ da nach dem Tod Innocentij VII. welcher an die stell Benedicti XIII. kommen/ so gelebet hat bis auff das Costnitzer Concilium/ grosser streit war. Denn Gregorius der zwölffte schwur ein Ayd/ von dem Bapsthumb abzustehen/ so es die Christliche Kirche erfordert/ welches er doch/ weil es jhme sanfft thet/ vnd die herrligkeit vber die massen gefiel/ nicht halten wolt/ als schon das Concilium zu Pisa begehret/ auch an seine stell Alexandrum V. erwehlet/ so nur XI. Monat regieret/ darauff gestorben/ nach welches tod Iohannes der XXIII. erwehlet ist/ der mit Benedicto XIII. vnd Gregorio XII. regieret.

Drey Bäpst auff ein mal.

Derhalben 3. Bäpst waren/ deren einer den andern in den Bann that. Der erste so zu Rom auff dem Stuel Petri saß/ war Iohannes der XXIII. sonsten Balthasar Cosa genandt/ der ander Gregorius der XII. so *Angelus de Corario* geheissen/ vnnd wohnet zu *Arimni* in Welschland. Der dritt/ so schon lengst entsetzet/ hieß *Benedictus XIII.* sonsten *Petrus de Luna*/ der hielt seinen Sitz in Hispania.

Sigismundus begehrt vom Bapst ein Concilium.

Solche trennung der Römischen Kirchen wolte Sigismundus flicken/ schreib offt an den Bapst/ das er ein Concilium an ein bequemen Ort ausschreiben wolt. Der Bapst Iohannes vermeinet es würde sein Bapsthumb in dem Concilio bestetiget werden/ ist zu frieden/ erwehlet Costnitz eine Stad in Teutschem Land.

Costnitz zum Concilio erwehlet.

Der Kayser ist fro/ durchreiset in einem gantzen Jahr Teutschland/ Franckreich/ Hispanien/ Engelland/ Welschland/ helt bey allen Christlichen Potentaten an/ das sie das Concilium besuchen sollen/ vnd sich demselbigen vnterwerffen. Es wurden auch sonderlich die Böhmen/

darunter

Hußiten Krieg. 45

darunter mit Namen M. Johannes Huß beruffen/der sich nicht saumet/kam von dem Schloß Krakowez gen Prag/hielt sich ein zeitlang da auff/als ein Privatperson. Als er aber sich auff den Weg machen wolt/schlug er an die Thum vnd all andere Kirchen/an die Collegia/an die Klöster vnd Brucken zu Prag eine Intimation vnd vermeldet sich zu stellen auff das Concilium/doselbst seiner Lehr rechenschafft zugeben/doch so es der Ertzbischoff begerete/wolte er in der nechsten versamlung aller Prælaten vnd Geistlichen zu Prag gehorsamlich erscheinen vnd jhre meinung hören. Eben denselbigen tag lies er auch ein Böhemische *Intimation* anschlagen/fast dieses inhalts/doch wegen der wort etwas scherffers/weil er seine feind hefftig angreiffet/auch meldet das sie jn lestern/vnd keines Irrthums vberweisen.

Huß wird auff dz Concilium beruffen.

Huß kompt gen Prag.

Huß schlegt ein Intimation an.

Huß wil seiner Lehr rechenschafft geben den Geistlichen in Prag.

Etliche tage hernach schreib er einen Brieff an den König vnd die Königin/vermeldet das er von dem Ertzbischoff begehrt hab verhört zu werden/vnnd seinen Ketzerischen Irrthum/wie sie es nennen/zuerkenne/weil es aber verblieben/müsse er von dem Könige bittlichen begehren/das er jhme dessen ein Zeugnüß mittheile. Vnd damit er sich noch bas verwahret/schicket er seine Procuratores zu Nicolao Bischoff von Nazareth/Ketzermeister in dem Land zu Böhmen/von welchen er begeret/das er jhm wolle andeuten/wo vnd wie er jrr/wenn er aber keinen falschen Irrthumb von jhm wüste/solte er jhm dessen ein schrifftliche Kundschafft geben. Der Bischoff höret das begeren/gab zur Antwort: Er hette in beysein vieler ehrlicher Leut vnd öffentlicher Notarien mit Hussen viel mahl geredet/vnnd befunden/das **Huß ein Gelehrter/verstendiger/frommer, Rechtglaubiger Mann were**/wüste auch nichts an jhme zu tadeln:

Huß begert vom König ein zeugnuß wider die Geistlichen zu Prag.

Der Bischoff von Nazareth gibt Hussen ein gut zeugnis.

tadeln: Allein das er in des Bapsts Bann were/dessen gab
der Bischoff Hussen ein schrifftlich gezeugnuß/vnter seinem
Sigill.

  Mittler weil wurde zu Prag in dem Kloster Jacob ein
Landtag gehalten/in welchem als die Ständ völlig versamlet
waren/Huß an die Herrn/Ritter/vnd Städt/schrifftlich be-
geret/sie wolten den Ertzbischoff/wegen seiner vnd des gantzen Landes ehr willen/besprechen lassen/ob dann der Huß
Ketzerisch lehret? Wann dann von jhme was erweiset wür-
de/wolte er sich in Böhem von dem Ertzbischoff lassen len-
cken/wo nicht/wolten sie jhme des ein Gezeugnuß schrifftlich
mitteilen. Die Herrn schicken vnverzüglich an den Ertzbi-
schoff/bekomen zur antwort: Das er dem Hussen keiner
Ketzerey bezüchtigen kan/allein das er in des Bapsts
Bann sey/daraus er sich los machen mus. Wie dz die Herrn
höreten/schreiben Herr Czenick von Wartenberg/Burg-
graff in Böhem/Boczek von Podenbrod/Wilhelm von
Wartenberg an den Römischen Kayser Sitgismundum/
begeren/das er dem Hussen ein frey sicher geleit wolle geben/
damit er sicher auff das Concilium komen/vnd von demselbigen sich wider an sein Ort machen könte. Vnter des gibet der
Böhemische König Hussen/wegen besserer verwarung herrn
Wenceslaum von Lesten (sonsten von Dueben oder Eich/
die man jetziger zeit die herrn Berken nennet/vnnd die ersten
herrn in Böhmen sein/die vom Hertzog Iaromiro jhre Privilegia in Jar 1003. bekommen/weil jhn der Howora aus
der Wrschowczen hand errettet) vñ Johannem von Chlum
zu/das sie jhn gen Costnitz führen/vnd wider in Böhem beleiten solten.   Demnach machet sich Huss den 11. Octobris
Anno 1414. zu Krakowetz neben seinen zugeordneten Ge-
ferten auff/vnd zog im Namen Gottes nach Costnitz/schrieb
                     aber

Marginalia:
- Landtag zu Prag.
- Huß begeret ein Zeugnus vom Ertzbischoff.
- Die Böhmischen herrn werben Hussen vmb ein frey Geleit beim Kaiser.
- Hussen werden geleitleut zugegeben.
- Huss machet sich auff nach Costnitz.

Hußiten Krieg.

aber vor seinem abscheid diesen Brieff an die Böhmen in seiner Mutter sprache.

Ich M. Johann Huß/ in der hoffnung/ das ich Gottes Diener sey/ wünsche von Gott dem Vater vnd heiligen Geiste im Namen Jesu Christi allen glaubigen Brüdern vnnd Schwestern/ welche Gottes Wort von mir gehöret vnd angenommen haben/ friede vnd bestendigen Trost / auff das jhr ohne fehl auff dem Weg des HErrn bleiben möget. Jr wisset liebe vnd getrewe Brüder/ das ich euch ein geraume zeit/ getrewlich gelehret/ vnd Gottes Wort/ nicht eine vnchristliche Lehre/ oder Ketzerey fürgetragen/ habe auch allezeit gesuchet/ such/ vnd wil/ weil ich lebe/ suchen/ ewrer Seelen heil vnnd wolfart. Ich hatte zwar bey mir beschlossen/ eine Valet Predigt/ ehe ich gen Costnitz zöge/ zu halten/ vnd in derselbigen die falsche zeugnuß sampt den Zeugen/ durch welche sie mich vermeinen hin zu richten/ widerlegen. Aber die zeit hat es nicht leiden wollen/ sondern mich gezwungen/ das ich es ein ander mahl thet. Derhalben solt jhr/ die das wissen/ nit glauben oder vermeinen/ das ich wegen falscher Lehre/ vielleicht etwas schweres leiden mus. Bleibet in der Warheit/ verlasset euch auff die Barmhertzigkeit Gottes/ dann Gott hat euch die Warheit gegeben/ das jhr sie durch mich/ ewren getrewen Seelensorger/ erkennen/ vnd ich sie vertretten vnd vertedigen sol / auff das jhr euch hüttet für falschen Lehrern. Ich zihe jetzund vnter einem freyen Königlichen geleit/ zu meinen vielfeltigen mechtigen Feinden/ vnnd wie jhr es in der Warheit erfahren werdet/ wird falsches gezeugnis wider mich nicht gesparet werden/ ober das/ werden viel mehr feinde in dem Concilio wider mich sein/ als wider vnsern seligmacher Christum gewesen.

Hussen Valet schreiben an die Böhmen.

Erstlichen

Erſtlichen aus den Biſchoffen vnnd Magiſtris / hernacher aus den Weltlichen Fürſten vnd Phariſeern. Aber ich verlaſſe mich auff den allmechtigen Gott / meinen Schöpffer vnd Erlöſer / welcher wegen ſeiner zuſage / vnd ewer fleiſſiges jnnbrünſtiges Gebet / mir würd Weisheit / vnd eine Gelerte Zungen geben / alſo / das ich jhnen widerſtehen kan / vnd mit hülff des heiligen Geiſtes in ſeiner Warheit bleiben / alſo / das keine Pforten der Hellen mich von jhme abſondern mögen. Er wird mir auch ohne zweiffel ſeine gnad höchlich verleihen / das ich mit frölichem ſtandhafftigen Gemüt verachte die verſuchunge / geſengnüß / vnd den ſchmehlichen tod / gleich wie wir ſehen das auch Chriſtus wegen der ſeinigen gelitten / vns zum Exempel / das wir wegen ſeiner vnnd vnſerer wolfahrt alles gedültig in Wind ſchlagen mögen. Er iſt Gott / wir ſind ſein Geſchöpff: Er iſt HErr / wir ſind Knechte: Er iſt der ganzen Welt HERR / wir ſind arme elende Menſchen: Er bedarff nichts / vns mangelt alles: Er hat gelitten / warumb wolten wir denn auch nicht leiden? Vornemlich / weil vns ſein leiden von vnſeren Sünden reiniget. Es iſt in der Warheit vnmöglich / das der / der an jhn glaubet / vnd in ſeiner Warheit bleibet / vmbkommet. Derhalben geliebte betet embſiglich / das er mir / ſo es zu ſeines heiligen Namens ehre gereichen ſol / einen Geiſt gebe / welcher mich alſo befeſtiget / auff das ich in ſeiner erkanten Warheit bleibe / vnd mich vor allem vbel erlöſet   Das er auch meinen Tod / ſo er Gottes Ehr preiſen ſol / befördere / vnd mir ſeine gnade verleihe / das ich williglich dieſes vnglück / es ſey gleich was es wolle / ausſtehe. So es aber mir vnd meiner wolfart ſolte zum beſten gereichen / vnd wider zu euch komen möcht / ſo verhilff lieber Vater / das ich ohne einigen mackel oder verletzung meines gewiſſens widerkomme / das iſt: das ich ja nicht weiche von des heiligen Euanzelij Jeſu Chriſti warheit

heit / sondern das ich diese helle seligmachende Warheit je mehr vnd mehr lerne / des Antichrists Lehr austilge / vnsern Brüdern ein schönes Exempel zur nachfolge verlasse. IR werdet mich vielleicht hinfort zu Prag nit mehr sehe/ so aber der allmechtige Gott nach seinem Göttlichen willen solches haben wolt/ wollen wir desto frewdiger in dem Göttlichen Gesetz zunehmen / fürnemlich aber wenn wir in der ewigen frewd vnnd herrligkeit werden zusammen kommen. Gott ist gerecht vnnd barmhertzig / gibt auch den seinigen hie vnd dort fried vnnd frewd. Er bewahre euch / der vns seine Schaf durch sein heiliges thewers Blut erlöset vnd gereiniget hat / welches Blut vnsers heils vnd wolfarth ein vrsach ist. Er gebe auch euch so viel gnade / das jhr erfüllen möget seinen willen / vnd nach erfüllung fried vnd ewige Seligkeit / durch Christum Jesum / welcher ist ewiger GOtt / auch Mensch / geborn aus der Jungfrawen Maria / welchem sey ehre in alle ewigkeit / neben allen die sein Gebot halten. Krakowetz / 10. Octobris. Diese Epistel so Böhemisch geschrieben / haben seine feinde vbel in Latein *transferirt* / vnd wider jhn in dem Concilio fürgelegt.

Das XI. Capitel.

DEr Bapst Iohannes vermeinet / man würde in dem Concilio / so auff den ersten tag Novembris Anno 1414. ausgeschrieben war / die andern zween Bäpst abschaffen / vnd sein Bapsthumb bestetigen / kam zeitlich vnd stattlich nach Costnitz / vnd wartet auff den Hussen mit verlangen. Dessen sach in dem Concilio solte fürgenomen werden. Aber Huß zog allgemach aus Böhmen / nach dem Schwabenland / vermeldet in allen Städten / do er durchzog / das er M. Johann Huß jetziger zeit nach Costnitz zöge / doselbs

Bapst Johannes wartet auff Hussen.

doselbsten seine Lehr zuvertedigen/ vnd kam den 22. Octobris gen Nürnberg/schlug auch nachfolgende wort Teutsch vnd Lateinisch an die Kirch Thüren der Stad. M. Johann Huß zihet jezund nach Costnitz/daselbst seinen glauben/den er gehabt hat/noch hat vnd haben wird durch hülff Gottes bis an sein end/ zuvertedigen/ daher er/ gleich wie es in dem gantzen Königreich Böhem durch seine Brief vnnd anschlagen hat vermelden lassen/das er in einer allgemeinen der Geistlichen versamlung/für dem Ertzbischoff erscheinen wolle/vnd wegen seines glaubens vor seinem hinweg reisen antwort geben: Also vermeldet er auch in dieser freyen Reichsstad/das er das mal nach Costnitz zihe/vn einem jeden/der jn Irrthums vberweisen wolle/ durch krafft vnd hülff Gottes antwort geben wil. Da er dieses angeschlagen/kamen nach der Malzeit zu jm viel Rathspersonen/Kauffleut/vnd Pfarrherrn/besonders/ begeret M. Albertus Pfarherr bey S. Sebald von Religions sache ein Privat Colloquium. Aber Huß schlug es ab/ vn saget/er wolte lieber öffentlich davon reden/das sie geschehen liessen/vnd bey vier stund von allen Materien/ darinnen Huß jrren solt/weitleufftig conferirten/endlich friedsam von einander giengen. Von Nürnberg schreib er diese Epistel an die Böhemen.

Collation des Hussen mit den Nürnbergischen Pfarrherrn.

Huss schreibet widerumb an die Böhmen.

Von Christo Jesu wünsche ich euch alles guts. Wisset lieben Brüder/das ich niemals vermummet/ sondern frey öffentlich/ von dem tage an/da ich aus Böhemen gezogen/ geritten bin/vnd ehe ich gen Bernaw komen/wartet der Pfarrherr neben dem Schösser auff mich/der mir auch/als wir waren in die Herberge komen/eine grosse Kandel mit Wein verehret/neben den seinigen meine Lehr freundlich annahm/vnd sich meinen alten doch vnbekanten freund nennet. Hernacher zur Neustad haben mich alle Teutsche gern gesehen. Als wir durch Wenden durchzogen/sahen vns jrer viel mit verwunderung

Hussiten Krieg.

derung an/vnd als wir gen Sultzbach kamen/kereten wir ein
in dem Hauß/da mann das Landgericht den tag gehalten/vnd
weil die Bürgemeister vnd Schöppen noch beysamen waren/
saget ich: Sehet/ich bin M. Johan Huß/von welchen jr one
zweiffel viel böses gehöret habt. Derhalben könnet jhr jtzt/obs
war sey/erfaren. Vñ nach dem wir viel miteinander geredet/
haben sie alles mit danck angenomen. Letzlich sind wir durch
Herßbruck gezogen/vnd vber nacht im Lauff blieben/da dann
der Pfarher ein guter Jurist/vñ der Schösser zu vns komen/
mit welchen ich mich vnterredet/die da wol zu frieden waren.
Von dannen seind wir gen Nürnberg komen/vnnd weil etliche Kauffleut vnserer zukunfft rüchtbar gemacht/waren alle
Gassen voll Volcks/schawten vns an/vnd fragten: welches
dann der Huß were? Es schicket auch zu mir vor der Malzeit
ein zettelein M. Johannes Helwel Pfarrer bey S. Lorentz/
vnd vermeldet/er wolte gerne mit mir reden. Aber ich schrieb
wider auff denselbigen Brieff/vnd hieß jn one verzug getrost
komen/welches er that. Da ich meine Intimation wolte an-
schlagen/hette es Herr Wenceslaus schon gethan/vnd zeiget
mir an/das viel Bürger vnd Pfarrherrn vor dem Losament
waren/die mit mir zu reden begerten/deswegen stund ich geschwind auff vom Tisch/gieng zu jnen/welche begerten/das
ich mit jhnen in geheim solte von etlichen sachen Conferiren.
weil ich aber saget/das ich offentlich lehre/vnd wolte dz mich
höre/wer da wol/liessen sie es bleiben/fiengen an von derselbigen stund zu disputirn in beysein der Bürgermeister vnd
Ratsherrn/bis gen Abend. Es war aber dabey ein Cartheuser Doctor/der gar schlim Argumentirt/vnd ich mercket/das
es M. Alberto Pfarherrn zu S. Sebald misgefiel/das mir
das Volck also beystel Schließlichen/alle Magistri vñ Bürger waren mit mir zu frieden. Jr sollet auch wissen/das ich
noch keinen feind gefunden habe/vnd besthl in einer jeglichen
Herberge dem Wirth zum Valet/die Zehen Gebot.

G ij Die

Die Wirth vnnd Wirthinnen nehmen mich allenthalben freundlich auff vnnd an/ es wird mir nichts verboten/ besonders lobé sie alle die Teutsche Intimation. Derhalben ich bekennen mus/ das ich nicht grössere feind als die Böhmen habe. Vnd was soll ich mehr schreiben? Herr Wenceslaus vnd Johannes halten mich ehrlich vnnd wol/ vnd seind gleichsam meine Herolden/ oder da ich recht sage/ Advocaten der Warheit. Durch welcher hülff ich nechst Gott vermeine/ es sollen alle sachen gut werden. Der Kayser ist in dem Reich/ zu welchem Herr Wenceslaus zihet/ wir aber eilen nach Costnitz/ dahin sich der Bapst auch verfüget/ wir meinen es werde dem Kayser herr Wenceslaus vber die 60. Meil müssen nachzihen/ vnd als dann gen Costnitz kommen. Gegeben zu Nürnberg.

Huss bekomt sicher gelelt vom Kaiser.

In dieser Stad bekam auch Huss das freye Kayserliche Geleit/ Teutsch vnd Lateinisch auff die weise: Wir Sigismundus von Gottes gnaden erwehlter Römischer Kayser/ zu allen zeiten mehrer des Reichs/ in Germanien/ zu Hungern/ Dalmatien/ Croatien/ vnd Selavonien/ König/ etc. entbieten allen Fürsten/ Geistlichen vnd Weltlichen/ Hertzogen/ Marggrafen/ Grafen/ Herrn/ Edelleut/ Rittmeistern/ Hauptleuten/ Befehlichshabern/ auch gemeinem Kriegsvolck/ Reutern vnd Knechten/ also auch den Vnterthanen/ Eltesten/ Vorstehern/ Richtern/ Ratsherrn/ Mauth vnd Zolleinnehmern/ vnd andern Beampten/ es sey gleich in welcher Stad/ Dorff oder Gemein/ vnd Orten es wolle/ die vns vnnd dem heiligen Römischen Reich vnterworffen vnd getrew sein/ auch die dieses schreiben sehen/ oder hören werden/ vnsere gnad vnd alles gutes. Ehrwürdige/ Hochgeborne/ Edle/ liebe vnd getrewe/ den Ersamen Herrn *Magistrum* Iohann Hussen der heiligen Schrifft *Baccalaureum*/

vnd

Hußiten Krieg.

vnd freyer Künst *Magistrum*/ der dieses auffweiset/vnd aus dem Land zu Böhem/ auff das allgemeine Concilium/ so zu Costniz sol gehalten werden/ zihet/ haben wir in vnsern/ vnd des heiligen Reichs schutz vnd schirm genommen/ befehlen auch/euch allen vnd seden/jhn zu vertedigen/ wenn er zu euch kompt/freundlich anzunehmen/ehrlich halten/auch in allem das da seine Reiß befördern vnnd versichern möchte/ es sey gleich zu Wasser oder Lande/ jhme behülfflich sein/ vnd ewren geneigten willen erweisen/jhn mit seinen seinen Dienern/ vnd allen das er bey sich hat/ friedlich durch alle Päß/ Häfen/ Brücken/ Länder/ Herrschafften/ Kreiß/ Gericht/ Städt/ Märck/Flecken/Dörffer/ vnd alle Ort/ohne Geld/Zoll vnd Tribut/ oder einige beschwerung/ durch zuzihen /da zu bleiben/ vnd herwider zu rück zihen lassen/ auch wo es die noth erfordern wil/ mit einem special Geleit jhn vns zur ehr/ vnd vnser Majestet zu ruhm versehen wollet.   Datum Speyr Anno 1414. Octobris die 18. vnserer Reich/ des Hungerischen im 33. des Römischen im 5.

Ad mandatum domini Regis proprium.

Michaël de Pazest Canonicus Uratislaviensis subscripsit.

D Oer dieses empfangen/ eylet er geschwind nach Costnitz/ kam dahin den 3. Novembris/ vnd kehret ein bey einer ehrlichen Witfrawen Fida, schicket auch dem andern tag zu dem Bapst herrn Johann von Chlum/vnd herrn Henrichen Lazenbog/ die dann bald Audientz bekamen/ vnd meldeten/ wie sie Magistrum Iohann Hussen/ vnter den freyen

Huß kompt na Costniz

Schickt an Bapst Johann.

freyen geleit des Römischen Kaysers auff das allgemeine Concilium gebracht. Derhalben sie von jrer heiligkeit begehrten/ das dieselbe verschaffen wolte/ auff das Huß ohne alle gefahr/vnd hindernuß/ zu Costniß sein möchte.

Der Bapst/ bedanckt sich ersilich gegen den Böhemen/ wegen des Gehorsams/ versprach auch/ das Huß sicher sein solt/ ob er gleich seinen/ des Bapsts leiblichen Brudern ermordet hette. Mittler weil machten sich des Hussen feind auff den Weg/ *M. Stephan Paletz*/ welchem der Huß von jugent auff viel gutes gethan hat/ vnd *M. Stanislaus* von Znim/ gesellete sich zusamen/ aber gedachter *Stanislaus* starb des jähen todes ehe er aus Böhem kam.

Hæc Lupacius de die 11. Octob.

Das XII. Capitel.

Der Paletz aber eylet gen Costniß/ daselbsten fand er *M. Michaelem de Causis*/ des Hussen Todfeind/ schlug sich zu jhm/ schrieben aus des Hussen Bücher etliche Artickel/ erdachten auch derselbigen nicht wenig/ vnd waren gentzlich dahin bedacht/ wie sie jhn möchten vmb das Leben bringen. Derowegen liessen sie alle Cardinäl/ Mönchen/ Prelaten/ Bischoffe vnd Pfaffen an/ weiseten jnen dieselben/ vnd vermaneten sie/ das man die Sach bedencken wolle vnd den Hussen in verwahrung nehmen. Was tregt sich zu? Da das Concilium zu Costniß den 16. Novembris war angefangen/ durch den Bapst Johannem den 23. (der die Väter vermahnet/ aus dem 8. Capitel verß. 16. Zach. Habet die warheit vnd Gerechtigkeit lieb vnd schaffet fried in ewren Thoren/ etc. Versameleten sie sich den 25. Novemb. wie *M. Laurentius* schreibet/ oder den 28. wie *M. Petrus de Mladonowicz*) schickte zu Mittag den Bischoff von Augspurg/ vnd den Bischoff von Trident/ neben dem Bürgermeister von Costniß/ vnd einem vom Adel/ in *M. Johannis Hussij* herberge/ liessen

Vornemen M. Ste. Paletz wider Hussen.

Die Väter des Concilij schicken nach Hussen.

Hußiten Krieg.

sen ihm anmelden/ das er vnverzüglich aus befehl des Bapstes vnd der Cardinäl zu ihnen käm/ seine Lehr vertedigte/ dann sie weren bereit ihn zu hören. Huß antwortet: Ich bin/ Ehrwürdige herrn vnd Väter nicht hieher kommen/ das ich in geheim von dem Bapst oder Cardinäl solt verhöret vnd gerichtet werden/ sondern das ich frey/ öffentlich/ in völliger versamlung des Concilij/ möge meine gerechte Sach vertedigen/ vnd mit Göttlicher hülff auff alles/ so von mir möge gefragt werden/ zu antworten. Doch weil ihr das/ aus befehl der Cardinäl/ von mir begeret/ wil ich vnverzüglich mich einstellen/ ob ich schon wol weis/ wie sie mich halten werden. Dann ich traw auff mein HErrn Jesum Christum/ der mich so stercken wird/ das ich wegen seiner ehr ehe mein leben/ als die einmahl erkante Warheit verlassen werde. Die Bischoff aber hielten gar freundlich an/ das er von stund an sich stellen solt/ vnd hatten heimlich in das Hauß/ vñ zu den Nachbarn/ wolgerüste Soldaten geleget/ das doch weder Huß noch Herr Johann von Chlum wusten/ derhalben gaben sie sich desto ehe zu frieden/ besonders Huß/ der lies sein Pferdlein herausser zihen/ kam sampt den Bischofsen/ vnd herrn Chlum/ zu den Cardinäln/ die er freundlich vñ demütig grüsset/ darauff sie als bald anfiengen: Wir hören von dir M. Johan Huß vielfeltige klagen/ so nun dem also/ werden wir es in keinem wege dulde noch leiden. Deñ es gehet dz gemeine geschrey/ dz du grobe augenscheinliche/ handgreiffliche Irrthumb/ wider die rechtgleubige Kirchē geleret/ vñ in dz Land zu Böhm ausgestrewet hast. Darumb habē wir aus wolbedachtē rath dich für vns fodern lassen/ damit wir/ wie es mit der sachen beschaffen were/ erfaren möchten. Huß antwortet: Ir solt liebe Väter/ wissen/ das mein gemüt so sey/ das ich viel lieber sterben/ als einer einigen Ketzerey/ geschweig vieler grobē/ wie ir sagt/ schuldig sein wolte. Darumb bin ich desto lieber auff dis allgemeine Cōciliū komē/ mit dem erbitē/ dz/
wo

Huß gibt antwort.

Huß kompt zu den Vätern des Concilij.

Die Väter reden mit Hussen.

Hußiten Krieg.

Hus wird verwaret.

wo an mir ein Irrthumb erfunden werde/ich denselben widerruffen vnd verschweren wolt. Darauff sagten die Cardinäl/du redest recht von der Sach/vnd giengen hinweg/liessen Johan Hussen/vnd Johann von Chlum/durch die Trabanten verwahren.

Ein Ausspeher kompt zu Hussen.

Da sie hinweg waren/kam ein verschlagener Gesell zu Hußen/so von den Soldaten vmbgeben war/gieng gar einfeltig zu jhme/vnd saget: Ehrwürdiger herr Magister/ich/als ein einfeltiger vnverstendiger Ley/habe wollen zu dir kommen/vnd von dir gerne lernen/besonders weil ich gehöret habe/das du viel dinges/so wider die Römische Kirch ist/lehren solst/das dann mein Hertz/so allwege der Warheit beygepflichtet/sehr beweget/darumb bitte ich dich/von wegen der Warheit selbsten/du wollest mich einfeltigen etwas gewisses lehren/vnd weil man saget/du lehrest/das das Brod nach der Consecration Brod bleibet/so sage mir/was du davon haltest. Huß saget: das man jme das felschlich zu lege. Mein/sagt er/ist es nicht dein meinung: Huß saget: Nein/Do er noch ein mahl fraget/verdroß es herrn Johann von Chlum vnd saget/Was hudelstu dich so? Er hat dir es ein mahl gesaget/ich mein es sey gnugsam. Der Mönch antwortet: Gnediger Herr habt mir es nicht für vngut. Ich bin ein armer Einfeltiger Ley/vnnd thue es aus wol meinendem hertzen/kehret sich herwider zum Hussen vnd saget: Mein Herr Magister was ist das vor eine vereinigung/zwischen der Göttlichen/vnendlichen Natur/mit der vmbschriebenen Menschlichen? Huß sahe jhn an/vnd saget Böhemisch zu Herren Chlum. Fürwar/der Gesell ist nit so schlecht/als er sich macht/wie er es aus dieser schweren frag zuverstehen gibt. Saget darauff zu dem Mönch: Mein Bruder/du stellest dich einfeltig/vnd bist ein fuchs in der haut. Der Mönch laugnet. Aber Huß saget: Mein
Bruder/

Huſſiten Krieg.

Bruder/du weiſt wann die Red.vnd Gemüt nit vberein ſtimmet/ſo ſtecket etwas verdecktes darunter. Nu gibſtu in deinen reden zuverſtehen/als wereſtu der aller einfeltigſte/darneben iſt dein Gemüt vnd verſtand/wie aus der frag zu ſehen/ in hohen/ſchweren/wichtigen ſachen vnd verſchlagenen fragen geübet. Doch dem ſey wie ihm wolle/ſo ſoltu wiſſen/das es ſey eine Perſönliche/vnzertreffliche/vbernatürliche vereinigung. Do das der Mönch gehöret/ſagt er Huſſen danck/vnd gieng hinweg. Da Huß des Bapſts Gwardy fraget wer er were? Sagten ſie es ſey M. Didacus, der beſte Theologus in der gantzen Lombardey/geweſen. *Wer der ausſpeher geweſen.*

Gegen den Abend vmb 4. Vhr kommen die Cardinäl in des Bapſts Saal wider zuſammen/damit ſie/waß mit dem Huſſen fürzunehmen/beſchlieſſen möchten. Weill aber Paletz vnd Michaël de Cauſis/ neben andern hefftig anhielten/wird er gefenglich behalten. Darumb Paletz vnd Michaël des Huſſen ſpotteten/ſagent: Jetzt haben wir dich ein mal/vnd du ſolt von dannen nicht herauſſer kommen/bis du auch den letzten Heller bezahleſt. Da es faſt nacht war/kam des Römiſches Hoffes Hoffmeiſter/zeiget Herrn Chlum an/das er ſich ſolte zu Hauſe machen/dann mit dem Huſſen het es ein andere gelegenheit. Da das der Herr Chlum höret/wird er entrüſtet/lauffet ſchnell zu dem Bapſt/begehret/er ſol das frey Keyſerliche geleit anſehen/vnd ſeiner wort ingedenck ſein. Der Bapſt gab zur antwort/ Es geſchehe nicht aus ſeinem befehl/beſonders ſaget er zum Herrn Chlum/warumb gebt ihr mir die ſchuld? Sehet ihr nicht/das ich in derer (verſtehe der Biſchoff vnd Cardinäl) gewalt bin. Da es Nacht war/führeten ſie Huſſen in des Cantoris der Kirchen zu Coſtnitz Hauß/vnd lieſſen ſtarck bewachen *Huß wird Gefangen.* *Herr Chlum ſol heim zihen.*

H   Das

Hußiten Krieg.
Das XIII. Capitel.

Der Kayser kompt nach Costnitz.

Je der Kayser mercket/ das er Persönlich auff dem Concilio sein mus/ vnd die streitigen sachen erörtern/ eilet er geschwind von Ach nach Costnitz/ vnd gelanget daselbsten an den 24. Decembris. Da Huß schon für vier Wochen als den 25. Novembris aus neid der Geistlichen/ vnd nicht anstifftung des Kaysers/ wie Hagecus schreibet/ ward gefangen genomen worden. Am heiligen Christage in der Früemetten hielt der Bapst das Ampt/ der Kayser war selbsten dabey/ leget seine Keyserliche zier ab/ zog einen Chorrock an/ vnd sang das Euangelium: Es begab sich das ein Gebot vom Kayser Augusto ausgieng/ etc. Vnter des muste der arme Huß verhafftet sein/ das denn die Böhmen sehr verdros/ vnd an den Kayser nachfolgende Epistel schrieben.

Die Böhmischen Herrn schreiben an den Kayser.

Wir Czenko von Wartenberg/ oberster Burgraf zu Prag/ Boziek von Kunstad/ Wilhelm von Wartenberg/ bekennen vnd fügen zu wissen/ das der Ehrwürdige Herr M. Johan Huß/ als wir in vnserer allgemeinen versamlung/ von nothwendigen sachen rath hielten/ schrifftlichen vns gebeten hat/ das wir von dem Ertzbischoff Cunrado/ der vnserer versamlung beywohnet/ erfahren solten/ ob er/ gedachter Huß/ etwas wider die rechte Christliche Warheit gelehret vnnd geprediget hat. Dann so er schuldig erfunden/ wolt er sich williglich der Straff vnterwerffen. Wo fern aber das Gegenteil auff jhn bleiben würde/ solt der Bischoff jhme dessen vnter seinem Bischofflichen Secret zeugnüß geben. Diese Sache haben wir nach erwegung auff vns genommen/ den Bischoff besprochen/ der dan öffentlich/ frey/ vngezwungen ausgesaget/ das er kein pünctlein falscher Lehre an jm erfunden/

Hußiten Krieg.

er klage jhn auch nicht an/vnd wo fern er bey dem Bapst ist
angeklagt/so sol er jhme antworten. Dessen zum Zeugnuß
haben wir vnsere angeborne Jnsiegel auffgedruckt/vnd bitten E. K. May. das sie gedachten Hussen so viel gnade wolle mittheilen/auff das er der Gefengnuß erlediget frey öffentlich verhöret werde/das er nit vnverhöret/durch falsch zeugnuß vnd lesterung seiner Widerpart/vns/vns Böhemen/sa-
gen wir/zu hohn vnd spott/möge vberweltiget werden. Wir
haben nechst Gott keine hoffnung/das solches hohes Werck/
möge glücklich von statten gehen/als E. K. M. der wir vns
nebs der billigen sach vnterthenig befehlen/Prag Anno 1414.
den Sontag nach Francisci. Da dieses Schreiben gen Costnitz kam/wurde die sach noch erger. Dann man nam M. Johann Hussen den 3. Januarij Anno 1415. aus des *Cantoris*
Haus/füret jhn in der Prediger Mönch Kloster/wurff jhn in
ein stinckend/neben dem Rein vñ einem Cloack/abschewlichs
gefengnuß/darinnen er ein zeitlang haußhielt/nicht ohne gefahr seines Lebens/wie er dann in ein tödliches Fieber gefal-
len/also das man an seinem Leben zuzweifeln anfieng. Darumb liessen sie jn heraus in ein saubers Gemach tragen/vnd
damit er ja nicht so schlecht stürb/ordneten sie Ertzt an/die jn
Curirten. Aber die Böhemischen Herrn/so Hussen waren zu
gegeben/feyreten nicht/sondern waren auff alle mittel vñ wege bedacht/jn zu erledigen/lieffen jetzt die Cardinal/bald den
Keyser an/fleheten bittlich vmb die erledigung/erhielten doch
gantz nichts/darumb liessen sie die sach an die Böheme gelan-
gē/die dem Keyser den Sontag vor Faßnacht also schrieben.

Durchlauchtigster Fürst/aller gnedigster Kayser vnd
Herr/Es sol E. K. May. wissen das M. Johann Huß/ein
gelerter *Theologus*, nach Costnitz auff das allgemeine *Concilium*
gezogen ist/nit gezwungen sondern von sich selbsten/damit er
widerlegen möge/die falsche anklagung/welche nit allein jm/
sondern vns Böhemen allen fürgeworffen wird. Er begeret

*Der Böheme
Intercession
schreiben an
den Kayser.*

H ij auch

auch von gantzen hertzen vnnd gemüt/ das er in gedachtem Concilio allerley argwohn/ lügen vnnd böses geschrey durch völlige antwort möge ableinen/ sich vnd alle Böhmen davon ledig machen/ auch letzlich seine reine lehre/ allen rechtgläubigen einzubilden. Er ist auch erbietig seine Lehr/ so sie falsch erfunden wird/ das wir doch nicht haben vermercken können/ zu verdammen vnd zu verwerffen. Vber das hat er von E. K. M. ein frey sicher geleit empfangen/ das dann nicht allein/ in Böhmen/ sondern auch Mähren jederman bekant ist/ darauff er Huß sich verlassen/ nach Costnitz gezogen/ vnd wie wir es gründtlich erfahren haben/ daselbsten in abscheuliche gefengnüss vnverhöret/ viel weniger vberwunden/ wider alle Gesetz vnd E. K. M. freyes geleit/ geworffen worden. Welche that bey vns/ vnd andern/ so erschollen ist/ das Fürsten vnd Herrn/ Reich vnd Arm sich verwundern/ warumb sich der H. Vater Bapst so weit wider alle Gesetz vnd E. Key. Mayt: geleit vergreiffen dörffen/ vnd ein gerechten vnschuldigen Mann/ ohne alle vrsach/ so hart gefangen zu halten. Wolle demnach E. K. M. solches wol bedencken/ vnd anordnen/ das M. Johann Huss wider ledig auff freyen fuß gestellet werde/ darumb wir dann auch E. M. durch Gott bitten/ auff das er frey in öffentlicher verhörung vor dem gantzem Concilio seine gerechte Sach mag verfechten/ vnd die Göttliche warheit vertretten. Wir wollen auch nicht/ das es jm/ so er vberwunden/ vnd falsche Lehr auff jhn erwiesen würde/ vngenossen solle hinaus gehen/ sondern sie mögen als denn mit jhme gebahren/ wie sie können. Allein jetzund bitten wir/ das E. K. M. nicht wolle zulassen/ das deren geleit gebrochen werde. Dann so das geschehen solt/ würde E. M. vnd dem Land zu Böhmen kein geringer schad daraus entstehen/ weil
man

Hußiten Krieg.

man einen gerechten frommen Mann/ der durch E. M. offenes geleit hett sollen beschützet werden/ allerley Plage angeleget hat. Gott/ein Hertzenkündiger/weis wol das es vns ein grosses leid sein solt/ wenn wir solten erfahren/ (das doch Gott abwende wolt) wie das etwas geschehen/ das E. K. M. nachtheilig were/ geschweig eine solche grosse vnbilligkeit/ die sie begangen. Dann diese sach gibet andern böse Exempel / als das hernach/ wer da nur wolt/ E. K. M. geleit verachtete/ wie dann allbereit ihr viel gar schendlich davon reden. Aber E. M. kan solches nach deroselben hohen verstand alles wol endern/ vnd der Sachen jren ausschlag geben. Welches dann Gott nit wird vnvergolten lassen/ besonders so. E. M. sich dieser sachen wird trewlich annehmen/ vnd verschaffen/ das die lügen nicht sey ein Meisterin der Warheit.

Laczek von Krawarz des Margrafthumbs in Mähren Heuptman. Bocziek der Elter von Kunstad vnd Podiebrad. Erhard der Jünger von Kunstad. Wilhelm von Berenstein. Johann von Lomnitz/ oberster Kämmerer der Landrechten zu Brinn. Johann von der Leippe/ des Königreichs Böhem oberster Marschalck. Peter von Krawartz. Vnd Stracznicze der Landtaffel zu Vlmitz oberster Kämmerer. Jodocus Hecht von Poschitz. Vlrich von Hlawatitz des Margrafthumbs Mähren Vnter Kämmerer/ etc. Neben den andern Herren so jetzund zu Mezeritz versamlet sein.

Dieses schreiben/ ob es wol scharff gnug gewest/ist es doch ohne frucht abgangen. Dann der Kayser ware zu sehr von den Geistlichen eingenommen. Es schreibet Cochlæus lib. 2. (das sonsten kein Scribent meldet) Huß sey den 3. Martij Anno 1415. fast entwischet. Aber es ist zuvermuten/ es sey von den Mönchen erdacht worden/ damit sie eine vrsach

Hußiten Krieg.

Auß den Barfüsser Mönchen vbergeben.

sach hetten/ ihn in ein ander Loch zustecken / wie dann geschehen / do er den Barfüsser Mönchen vberantwortet worden/ die ihn gefangen hielten bis auff den Donnerstag vor Palmarum.

In der ersten Seßion wird Bapst Johannes seines Ampts entsetzt.

Mittler weil fuhren die Väter fort/ hielten etliche Seßiones/ in welcher sie/ als in der ersten/ Bapst Johannem den 23. entsetzten/ ihm eine weiß furschrieben/ nach welcher er sich der Bäpstlichen ehr nicht mehr gebrauchen solt. Aber er wolt sie erstlichen (dann er hatte vermeinet sein Bapsthumb würde in dem Concilio bekrefftiget werden) nicht annehmen/ das die Väter verdros/ die ihn darzu zwungen.

Die andern Seßion erzehlet die vrsach.

In der andern Seßion verlas man für jederman/ wie/ auff was weis Bapst Johannes von dem Stuel Petri gestossen sey/ es saget auch gemelter Johannes mit hand/ mund vnd Eydschwur zu/ solches zu halten. Aber was geschicht? Wie er

4. vnd 5. seßion.

in der 4. oder 5. Seßion mercket/ das es mit seinem Bapsthumb gar aus sey/ vnd schon ein ander Martinus. V. gewehlet/ weil er diese ehr nicht vbergeben/ sucht allerley nichtige außflucht.

Bapst Johan verkleidet entwischet bey der nacht.

Letzlichen verkleidet er sich in ein Postboten/ hienge ein Armbrust an den Halß/ entreit bey der Nacht/ vnnd kommet/ durch hülff etlicher Schwäbischen Edelleut/ dauon.

Wird widerumb ergriessen vnd Hertzog Ludwig aus Bayern befohlen.

Weil aber das Concilium alle die so ihn auffhielten/ vnnd vorschub gaben/ in den Bann/ vnd der Kayser in die Acht erklärt/ kont er nicht fort kommen/ sondern ward gefangen Costnitz geführet/ vñ Hertzog Ludwigen von Bayern/ damit er nicht einen newen Lermen anrichtet/ befohlen/ welcher ihn lang gnug gefangen hielt/ doch zu letzt/ als er zu dem Krieg geld bedorffte/ vmb eine grosse Summa geldes *Rancionirte*.

Epitaphium des gemelten Bapsts.

Diesem Bischoff hat man ein solchs *Epitaphium* gemacht:

Balthasar inprimis vocitabor, deinde Iohannes,
Depositus rursum Balthasar ipse vocor.

Dives

Dives eram nuper, quo nullus maior in orbe,
En mihi divitias abstulit hora brevis!
Dum Cathedram Petri lustro paucisq́; diebus
Poßedi, plures procubuere mihi.
Pestis avaritia me cæcum reddidit, aurum
Plus iusto sitiens munera sacra dedi.
Heu mihi, quam duxi, sponsa Christi sine rugà
Scandala magna nimis sordida vita dedit.
Propter quæ scelera excelso synodus sacra Petri
Me velut indignum depulit è solio.
Pontifices igitur moniti sint temporis huius:
Exemplo nostro ne sacra dent precio.

Eben den tag da der Bapst die nacht zuuor außtritten/ seind des Bapsts Diener/ so Hussen bewacht/ jhrem Herrn nach gefolget. Darumb der Huß dem Bischoff von Costnitz ist v̈berantwortet worden/ der jhn bey nacht nach Gottleben in ein wolverwart gefengnuß geschicket hat/ darinnen er auch seine Osterliche feyertage halten müssen.

Huß dem Bischoff von Costnitz v̈berantwortet.

Das XIV. Capitel.

Jeses könt in dem Land zu Böhemen nicht verschwiegen bleiben/ sondern man redet ohn vnterlas von der gefengnuß des Hussens/ darunter frey viel M. Hieronymum schalten/ das er jn in der gefahr stecken lies/ da er doch wie Huß von Prag wegzihen wollen/ zugesagt Hussen in keinerley weg zuverlassen/ mit diesen worte/ Mein H. Magister/

M. Hieronymus verspricht Hussen sein beystand.

was jhr vor der zeit/wider die Hoffart/Geitz vnd Laster der Geistlichen/aus Göttlicher heiliger schrifft/gelehret vnd geschrieben habt/darauff beruhet steiff. So ich erfahr/das euch die Sach zu schwer/oder/das euch etwas solte widerfahren/wil ich als balden von mir selbsten euch zu hülff kommen. M. Hieronymus/wie man jhme damit die Ohren riebe/gedenckt seiner zusag eine gnüg zu thun/macht sich auff den Weg/kompt den 4. April. Ano 1415. zu Costnitz in die Stad. Nach dem abscheiden M. Hieronymi/so in der Fasten geschehen/als die Marterwoche/wie man sie pfleget zu nennen/herbey kommen/stunde M. Jacobellus von der Mies auff/schlug eine Intimation an/in welcher er/wie von dem Hussen er vorlangst war vnterwiesen worden/setzet/das man der Kirchen Ordnung solt hindan setzen/das hochwürdige Sacrament des Altars vnter beyderley gestalt den armen Leyen reichen. Er erforderte zu dieser Disputation alle Magistros, Baccalaureos, Studiosos, die nur ein lust hetten zu Opponirn. Das Volck vnd Studenten versamleten sich auff angesetzten Termin in das Collegium Caroli IV Do dann M. Iacobellus kam vnd also redet: Meine liebste Brüder vnd Söhne/wisset/das ich in dem Gesetz Gottes den Weg des Lebens gefunden habe/do geschrieben stehet: Werdet jr nit essen das fleisch des Menschen Sons/vñ trincken sein Blut/so habt jhr kein Leben in euch/etc. Wehe vns/die wir das von vnsern Vorfahren nicht berichtet sein/welche ohne zweiffel alle auff den weg der verdamnis seind. Was dünckt euch? Die Schrifft ist gewiß/die Wört sind des HErrn Christi selbsten: Wir wollen der Warheit stadt vñ raum geben/das Volck recht vnterrichten/damit wir nicht Gottes Straffe/Zorn vnd Vngnade/so wir es verschweigen/vns auffn halß laden. Do solches die andern Professores höreten/hielten sie starck obstat/oder widerparth/zu letzt fieng M. Elias an:
M. Iaco-

Sihet auff das Concilium.

M. Jacobelli Incimation zu Prag von beyderley gestalt im Sacrament.

Disputation vñ Oration.

M. Iacobelle du irrest weit/dann Christus redet an dem ort nicht von dem leiblichen/ sondern von dem geistlichen gebrauch. Schlug hiemit das Testament auff/verlas aus demselbigen/da stehet Joan.6.vers. 63. Der Geist ists der da lebendig machet/das Fleisch ist kein nütze/die wort die ich rede die sind Geist vnd sind Leben/etc. Er setzet auch M Elias dieses hinzu: Lieber Iacobelle/wenn es je sein solt/warumb hat er dazumal seinen Leib zur niessung nicht geordnet/oder die empfahung eingesetzet? Iacobellus antwortet: Aber nach dem Abendmal hat er es allen zumahl also zu empfahen geboten. M. Elias antwortet: Warumb empfehest du es nicht nach dem essen/ sondern frühe? Derentwegen las es jetzund anstehen/erwart/was das Oecumenicum Concilium dauon schleust. M. Iacobellus lies es dazumahl bleiben/bis auff den folgenden Donnerstag/da lehret er bey S. Michael solches öffentlich vnd sprach: Alle Evangelisten habens also beschrieben/Christus hats also eingesetzet/darumb ist daruon nicht zu weichen/weder zur Rechten noch zur Lincken. Den tag darnach redet ein ander Priester Sigismundus Rsepansky zu S. Martin viel von diesem/vermahnet das Volck Christi einsetzung zuhalten/vermeldet zu end/das Jung vnd Alt/Frawen vnd Mannen kommen solten/ er wolle es jhnen also reichen. Das Volck kompt hauffen weise/wie auch bey dem Iacobello vnd andern vielen/ so anfiengen das Abendmal zu reichen nach Ordnung vnd Einsetzung Christi: Dazumal ist dieses/so lengst an tag kommen/ ins Werck gerichtet worden. Do es aber M. Iohann Hussius im Gefengnuß erfahren/ erschrack er vnd saget: Ich sehe wol/dieses vnzeitiges fürnehmen wird mich vmbs Leben bringen. Wie nun solches zu Prag war fürgenommen fielen mancherley Iudicia/ein Theil saget/ Huß hette es auch gelehret/der ander saget nein/Ja er hette es die zeit seines Lebens mit keinem wort

2. Lehret er solches auff der Canzel.

Dergleichen thut Sigismundus Rsepansky.

Huß erfehret solches im gefengnüß.

Hußiten Krieg.

wort erwehnet. Darumb schreiben sie an jhn/ das er seine meinung erkleren wolt/ welches er willig thet/ vnd schreib ein Tractetlein im Gefengnüß/ welches stehet Tomo primo operum Hussij/ do es der/ so es lesen wil/ suchen mag. Er schrieb auch einem Prägerischen Pfarrherrn diese Epistel.

Hußi Vrtheil.

Schreiben an einen Pfarrherrn zu Prag.

Lieber Bruder Galle/ Prediger des Worts Gottes/ ich bitte/ du wollest dich nicht legen wider den gantzen gebrauch des hochwürdigen Sacraments/ Welches Christus der HErr hat eingesetzet/ vnd von seinen Jüngern auch also ist gehalten worden. Es ist kein einiger Buchstab Göttlicher Schrifft dawider/ dann allein die gewohnheit/ die aus einer nachleßigkeit/ als ich meine/ herkommen. Das Concilium so den alten gebrauch fürwendet/ hat newlich verbotten/ den Leyen den Kelch zu reichen/ vnd den/ der jhn austeilet/ als einen Ketzer/ wo er sich nicht bekeret/ zu straffen. Ich bitte dich vmb Gottes willen/ das du dich M. Jacobello nicht widersetzest/ auff das vnter den glaubigen nicht ein zwispalt/ derer sich der Teuffel frewet/ erwachse. Schicke dich auch lieber Bruder etwas zu leiden/ von wegen des Kelchs/ vnd stehe festiglich in der Warheit Christi/ ohne schendliche furcht/ mit tröstung deiner Brüder/ das sie bleiben mögen bey dem Euangelio Jesu Christi. Die vrsachen so einen bewegen sollen/ das er den Kelch empfahe/ wie ich meine/ werden sie dir geben haben/ vnd ich habe sie zu Costnitz in meinem gesengnüß geschrieben. Grüsse meinet wegen alle Christgleubige. Geben den 11. Maij an Ketten vnd banden.

M Hieronymus verruckt nach Costnitz

Damit ich aber auff M. Hieronymum komme/ nach dem er zu Costnitz angelanget/ auch mit sichtlichen augen gesehen/ das dem Hussen kein verhör zugelassen sey oder werden kan/ macht er sich den 8. tag in eil auff/ reiset nach Jberlingen/ welches ein Reichstad/ nicht weit von Costnitz gelegen/ aus welcher Stad er an den Keyser vñ das gantze Concilium geschrieben/

mit

mit begeren/das sie jhm ein frey sicher geleit/so wol dauon/ als dahin geben wolle/er sey erbötig einem jedem/wes Standes/wesen oder würden er sey/vor dem gantzen Concilio/so er shme einige Ketzerey wolte zu legen/zu antworten/besonders so er öffentlich gehöret würde.

Begert vom Keiser sicher geleit.

Der Kayser als er darumb in dem Hauß des Cardinals vom Cammerrach ersuchet wird/wendet etliche vrsachen für/ schlegt es schlecht vnd kurtz ab. Vber das/da die von dem Concilio deputirten/durch die Böhmische herrn ersucht worden/sagten sie: Wir wolten jme wol ein frey geleite geben zu komen/aber nicht wider dauon zu zihen. Diese antwort wird M. Hieronymo kundt gethan/der sich bald eines andern besonnen/lest an die Stadthor/Kirchen/Klöster/von der fürnehmen Cardinal Heuser nachfolgende Schrifft anschlagen.

Der Keyser schlegts jhm ab.

Dem allerdurchlauchtigsten/vnüberwindlichsten Fürsten vnd Herrn/Herrn Sigismundo/von Gottes gnaden/erwehleten Römischen Keyser/allzeit mehrern des Reichs/auch zu Hungern/etc.Könige/neben dem gantzen/heiligen/allgemeinen Concilio. Ich Hieronymus von Prag/der freyen künst ein Magister in der löblichen *Vniversiteten*/Pariß/Cöln/ Heydelberg vnd Prag/thu durch dieses mein offenes Schreiben jedermenniglich kundt vnd zuwissen/das ich meinen Widerwertigen/lesterern vnd betriegerischen schendern vnsers löblichen berümbten Königreichs Böhem zu antworten bereit bin/auch von mir selbsten vngezwungen gen Cosnitz komen/vnsere reine/rechtgleubige Lehr/neben meiner vnschuld rettung/nicht heimlich in winckeln/oder bey einzehliche Priuatpersonen/sondern öffentlich für dem gantzen Concilio zu vertedigen. Derhalben so vorhanden/die mich lestern/welcher Nation oder wes Standes vnd würden sie jmmer mehr sein mögen/die da wollen frey öffentlich ein einig laster/einer einigen/wie die Namen haben mag/Ketzerey/vor dem Conci-

M. Hieronymi öffentliches Patent.

Hussiten Krieg.

lio herfür bringen/ so wil ich mit meiner vnschuld gnugsam drauff antworten/ auch meine reine Lehre beweisen.
Ich erbiet mich auch/ wofern ich einer einigen Ketzerey werde vberwiesen/ gebürende straff zu leiden. Deswegen bitte
ich ire Kay. May. auch das gantze heilige Concilium durch
Gott/ sie wollen mir zu solchem ehrlichem nötigem furhaben
ein frey Geleit zukommen vnd wegzuziehen mittheilen. So
ich mich aber willig einstellet/ vnd vor erweisung etwan solt
in Angst genommen oder gefangen werden/ oder sonsten ein
gewalt leiden/ so solt als denn in der gantzen Welt offenbar
sein/ das dis allgemeine Concilium nicht mit recht vnd billig-
keit/ gegen mir verfahren/ das mich/ der ich freywillig kom-
men/ von solcher hohen billigkeit abgehalten/ wie ich doch nit
glauben kan/ das es in eim solchen heiligen Concilio von so
viel verständigen gelerten Männern geschehen solt.

Die Herrn geben M. Hieronymo in kundschafft.

Als er aber durch solch sein anschlagen/ das Lateinisch/
Böhemisch/ Teutsch/ noch kein frey Geleit bekommen ver-
mocht/ gaben jm die Herrn/ Edelleut/ Soldaten/ besonders
der Böhemischen Nation/ ein Patent vnter jhren angebor-
nen Insigeln/ darinnen sie dem Hieronymo ein Zeugnus mit-
theilten/ dessen so verloffen war/ diese Kundtschafft nam Hieronymus zu sich/ zog nach dem Land zu Böhemen/ vnter dessen hielten bey dem Concilio M. Michael de Causis, M. Stephan Palez vnd die andern Hussens feinde an/ das man M.
Hieronymum auff solch sein anschlagen Citirn solt/ wie denn
im kurtzen geschach/ vnd die Citation mit diesen worten an
alle Kirch vnd Stadthor geschlagen.

M. Hieronymi Citation auff das Concilium.

Das XV. Capitel.

Die heilige zusammenkunfft des allgemeinen Concilij
zu Costnitz in dem heiligen Geist glücklichen versam-
let/ vnd die streitende Christliche Kirche bezeiget/ Hieronymo
von

Hussiten Krieg.

von Prag/welcher sich für ein Magister/in vielen Universiteten der freyen Künst/welche doch alle das Mittel anschauen/auch nicht mehr als sichs gebüret/klüger sein. Das schreiben/so von dir sol herkommen/zu Costnitz an der Stad auch Kirchen Thüren den Sontag Quasimodogeniti angeschlagen/ist für vns kommen/in welchen du vermeldest/das du deinen Lesterern/Widersachern/Schendern/die dich eines Irrthumbs oder Ketzerey bezüchtigen dörffen/(wie du dann wegen falscher Lehr / besonders wegen des Irrthumbs Wicklephs/auch anderer Lehren/die wider den rechten Catholischen Glauben streitten/viel vnd dick bey vns in verdacht bist) öffentlich zu antworten gesinnet seyst/ wenn man dir ein frey sicher Geleit mittheilet. Weil vns aber viel daran gelegen/die Füchs/so den Weinberg des HErrn Zebaoth gedencken zu verwüsten/zuerkennen/so heischen vnd laden wir dich aus macht vnd krafft dieses heiligen Concilij/als ein/der wegen viel Irrthumbs/falscher Lehr/frevelicher Schlusreden/bey vns in grossem verdacht/auch viel mahls angeklaget ist/durch dieses offenes Mandat auff den 15. tag nach dessen Publicirung/dero wir dir fünff für den ersten/5. vor den andern/5. vor den dritten/letzten vnd endlichen Persönlichen erscheinungs tag setzen/vnd benennen peremtoriè, oder ob derselbige kein tag der Seßion ernant were/der nechsten Seßion darnach/selbsten ohne einigs anwalten/zuerscheinen/auch nach laut deines anschlagens/auff das/so dir von einem oder etlichen/wegen Glaubens sachen/wird für geworffen worden/zu antworten/in allen die Gerechtigkeit annehmen/vnd jhr ein gnüg thun/Zu welchen wir dir wider gewalt (ohne verletzung der Gerechtigkeit) frey sicher Geleit/so viel an vns gelegen/wie es der reine Glaube erfordert / nach laut dieses Schreibens

Das Concilium gab M. Hieronymo ein frey Geleit.

genug-

genugsamlich geben. Darneben mit ankündigen/du erscheinest oder nicht auff gemelten Termin/so sol doch dis heilige Concilium durch jre oder jren Commissarium nichts verhindert wider dich fortfahren. Geben in der 6. Session des allgemeinen Concilij den 17. Aprilis. vnter der vier Nationen Præsidenten Sigill.

Gumberdus Fabri Nationis Germaniæ Notarius subscripsit.

In gemelter Session ist auch die Lehr Wicklephs/welcher geschrieben/es bleibe das Brod/im heiligen Abendmal/Brod/vnnd der Wein/werde nicht in den Leib oder das Blut des HERRN verwandelt/verdampt worden. In der 7. Session gaben sie gedachten Wickleph gar dem Teuffel/nenneten jhn einen Ertzketzer/befohlen seinen Leib zuverbrennen/auszugraben. In der 8. Session sein vier Comissarij vom *Concilio* erwehlet worden/der Ertzbischoff von Ragusio als ein Welscher/der Bischoff von Fleben ein Teuscher/M. Ursinus Zalvenda ein Frantzoß/M. Guilhelmus Comes ein Engelländer/die solten des Hussen Lehr zusammen zihen.

Weil solches zu Costnitz gehandelt/zihet M. Hieronymus trawrig/dann er wol wuste/wie spöttlich die Böhemen von jme reden würden/auch weil er seinem gesellen/so gefangen/keinen beystand leisten kont/heim nach Prag/mit den gezeugnüssen/so er von der gantzē Ritterschafft empfangen/als er aber gen Hirschaw komen/wird er/durch anstifftung seiner Widerwertigen/von dem Schösser des Pfaltzgrafens Johannis/so zu Sultzbach Hoff hielt/gefangen genommen/vnd den 24. April. nach Sultzbach geführet. Diese Post kam bald

Die 7. Session erkennet Wickleph als ein Ertzketzer zum Fewer.
In der 8 Session werden 4. Commissarij erwehlt.

Hieronymus zihet trawrig nach Prag.

Hieronymus wird gefangen.

bald in das Concilium/ welches mit schreiben an den Pfaltz-
grafen anhielt/ das er jhn an gebürliche ort liefern wolle/ welches er nicht abgeschlagen/ sondern in der kürtz wird M. Hieronymus auff ein Wagen geschmiedet/ vnd nach Costnitz ge-
führet/ do er aber dahin gebracht/ gieng gedachtes Pfaltzgrafens Vetter Hertzog Ludwich von Bayern vor M. Hiero-
nymum/ so ein lange Kette an dem Arm hette/ die sehr klingelt/
auch wegen grössers spots von den Trabanten gehalten/ wie
auch geschach in dem Convent der Barfüsser Mönchen/ so
man Minoriten heisset/ dahin sich die Cardinäl/ Bischoff/
Prelaten neben der gantzen Clerisey versamleten/ sehr auff
M. Hieronymum warteten/ welcher nach dem er gefangen
vor jhnen stunde/ vnd wartet einer anklage/ fiengen sie an vñ
verlasen den Brieff des Pfaltzgrafen Johannis/ in welchem
er erzehlet/ wie ohn alles gefehr/ nicht ohne Göttliche versehung dieser Hieronymus von Prag/ von welchem allenthalben ein böses geschrey were auskomen/ auch wegen des Wicklephs falscher Lehr in grossen verdacht/ jm in die händt gera-
ten/ welchen er dem heiligen Concilio/ damit er in billige
straff genommen/ vberantwortet. Weil es sonderlich mit
grosser mühe des Kaysers were angefangen/ die Ketzerey aus-
zurotten/ wie sie dann allbereit ein grossen nutzen der gantzen
Christenheit gestifftet/ in dem sie der Kirchen ein getrewen
Hirten wider hetten fürgesetzt/ welcher ohne einrede eins an-
dern/ durch seine weisheit die Christenheit regieret/ welches
vorhin nicht hat geschehen können/ weil drey Bäpst gewesen/
deren einer Gregorius XII. willig gewichen/ der ander durch
jhren verstand dahin gebracht/ der dritte Alexander so halsstarrig aussen blieben/ gantz von der Christlichen Gemein
ausgeschlossen. Vber dis were auch jhr gröster fleiß zu sehen
in dem/ das sie die gifftige Ketzerey Wiklephs verdammet/
so zu diesem der Böhemen abfall vrsach gegeben.

Hieronymus wird nach Costnitz geführt.

Des Pfaltz-grafen schreiben an das Concilium.

Solches

Hußiten Krieg.

Solches vnd dergleichen laß man jhme aus des Pfaltzgrafens schreiben für/ darauff die vorgemelte Citation/ als es alles verricht/ fieng ein Bischoff an also zu reden: Höre du Hieronyme/ warumb bistu von dannen weggezogen? Warumb hastu dich Citirt nicht gestellet? Darauff Hieronymus antwortet: Weil ich kein frey Geleit/ weder von euch noch von dem Keyser habe bekommen können/ wie aus derer Herrn Schreiben/ welches jhr habt/ zusehen ist/ ich auch vermercket/ das viel meiner Feinde verhanden/ hab ich mich in grosse gefahr one not nit begeben wollen noch sollen. So ich aber das gewust hette/ oder die Citation empfangen/ solt jhr mir wol zutrawen/ ich wolte aus Böhemen wider heraus komen sein. Als er dieses ausgeredet/ stund ein gantzer hauff auff/ darunter einer dieses/ der ander ein anders/ mit grossem geschrey/ herfür bracht. Letzlichen als es still worden/ saget Gerson der Universitet Pariß Cantzler: Mein gesell/ da du noch zu Pariß warest/ meinestu wegen deines schwatzens/ du werest ein Engel von Himmel/ wieglest die gantze Universitet auff/ setzet öffentlich viel jrrige Schlusreden/ neben den angehengten fragen/ sonderlich de universalibus & jdeis, vnd anderer mehr/ so ergernuß gaben. Darauff antwortet Hieronymus. Ich mein Herr Magister/ gib zur antwort: Was ich zu Pariß öffentlich disputirt habe/ das habe ich auch vertediget/ als ein Philosophus vnd Magister derer Universitet/ mit Philosophischen grunde. So ich aber was geschlossen oder gelehret habe/ das nicht recht/ bitte ich/ jhr wollet mich lehren vnd dessen vnterrichten. Er hatte das kaum ausgeredet/ stund ein ander auff vnd sprach: Ja wie du zu Cöln warest/ lehrestu in deinen Thesibus auch falsches. Darauff Hieronymus: Ich bitt/ jhr wollet es sagen/ was es sey. Er aber erschrocken/ gab zur antwort: Es fellet mir jtzt nicht ein/ es sol dir darnach wol gesagt werden. Was saget

Warumb Hieronymus von Costnitz gezogen.

Gerson ist wider M. Hieronymum.

Hieronymus verantwortet sich.

saget ein ander/hastu zu Heydelberg nichts falsches gelehret/ da du ein Schild mahlest/ vergleichest die Dreyfaltigkeit nach den Personen dem Wasser/ Schnee vnd Eyß: Hieronymus antwortet: Was ich zu Heydelberg geschrieben vnd gemahlet habe/ darff ich auch allhie thun. Beweiset Herr Magister/ das es falsch sey/ ich wil gerne revocirn. Da fiengen alle an zu schreyen: Zum Fewer/ zum fewer. Hieronymus antwortet: Weil jhr je mein Leben begeret zu nehmen/ im Namen Gottes. Darauff der Bischoff von Saltzburg/ nicht also Hieronyme/ nicht also/ denn es stehet geschrieben: Ich wil nicht den Tod des Sünders/ sondern das er sich bekehre vnd lebe. Nach dem sie sich gnugsam mit jhme Hieronymo abgekampfft/ vberantworteten sie ihn den Stadtbütteln/ denen befehl gegeben/ Hieronymum zu nachts in das Gefengnüß zu werffen/ sie aber giengen in jhre Herberge.

Hieronymus ergibt sich willig in tod.

In mittelst kam Petrus notarius, so hernach M. Petrus de Mladonovviz genennet ist/ vor das Fenster/ ruffet auff Hieronymum vnd sprach: M. Hieronyme was machstu? Hieronymus antwortet: Ach lieber Bruder sey mir willkommen. Zu welchen Petrus: Mein Herr Magister seyd getrost/ vnd fürchtet euch nicht für die Warheit zu sterben/ dauon jhr viel/ weil jr ledig/ gesagt habt. Ihr saget war/ antwortet Hieronymus/ ich weis wol/ das ich viel dauon gelehret habe/ ich wil es auch mit der That erweisen. Als gedachter Petrus mehr mit jhm reden wolt/ loffen die Schirganten hin/ hiessen jhn weichen/ wo nicht/ wolten sie jm füsse machen/ darumb er jhm valedicirt/ vnd vngern dauon gieng/ nach welchen als balden ein ander Vitus genant/ des Herrn von Chlum sein Diener kam/ vnd saget: Wie gehabt jhr euch Herr Magister? Darauff er geantwortet: Gott lob noch wol. Aber es wurd dieser Diener auch gefangen/ doch bald

bald los gelassen/wie er versprochen dieses in keinem argen zu rechen.

Do es nun gegen den Abend kam/schicket der Bischoff von Riga seine Diener/so M. Hieronymum hart bunden/ Ketten vmb den Hals legten/vnd etliche stund also hielten/ bis es nacht/als denn bunden sie jhn mit allen vieren an einen Klotz/liessen denselben auffgericht hangen in einem Thurn auff den Kirchhoff S. Pauli. Es war aber der Stock wie ein Sewtrog gemacht/in das hole stiessen sie M. Hieronymum mit Ketten/das er sich weder rühren noch wenden kundt/gebunden. In gemelten Thurm ist er 11. tag vnd nacht gesessen/stehent. Zween tage hat niemand nichts von jhme gewust/den dritten kam ein Wechter zu dem vorerwehnten Petro/zeiget an/wie allda M. Hieronymus gefangen lege/würde auch nur mit Wasser vnnd Brod gespeiset. Do dieses die Böhmen erfahren/haben sie jhme teglich Speis zugeschicket/bis er tödlich kranck einen Beichtvater begeret/welchen jhm die heiligen Väter nicht wolten folgen lassen/auch schwerlich durch bitt vieler darzu bewogen sein. Aber das sie jhn von den Ketten hetten gelassen/hat man nicht erlangen können/nichts desto weniger ist seinen freunden zu jhm zukomen vergönnet das gantze Jar vber/do er in diesem Thurm gefangen gelegen.

Hieronymus wird tods kranck.

Das XVI. Capitel.

Do nun Huß von Costnitz war weggeführet worden/ wolten die Böhmischen Herrn auch nicht feyern/ schreibē es den Böhmen zu/mit vermelden: Sie können gantz nichts bey dem Concilio erhalten/weil es beschlossen/ Hussen in dem Rauch gen Himel zu schicken. Darumb komen sie zusammen neben den Mährern zu Brinn in Mähren/vnd schreiben an den Keyser das dritte mal.

Wir

Huſſiten Krieg. 75

Wir haben in vnſern vorigen Schreiben/ Allergne=
digſter Keyſer/ vnſere bekümmernis erzehlet/ welche wir we= *Die Böhmen*
gen M. Johann Huſſii eins frommen getrewen Lehrers des *ſchreibē dem*
Worts Gottes/ wie es jhme gantz Böhmen vnd Mähren *Reyſer we=*
zeugnüß geben mus/geſengnüß bekommen. Dann nach dem *gen des Huſ=*
er von ſeinen ergſten feinden/ wegen falſcher erdichter Laſter *ſen.*
oder Ketzereien iſt beleſtiget worden/ vnd nicht allein er/ ſon=
dern auch das gantze Böhmer Land/ die wegen ſeiner in ein
böſes geſchrey vnverſchuld gerathen/ hat er ſich nach Coſt=
nitz begeben/ in willens für dem gantzen Concilio ſeine Lehr
zuvertedigen/ vnd ableinen das jenige/ ſo jhme vnnd vnſerm
Königreich zu böſer nachred gereichet. Damit er aber de=
ſto ſicherer ſein könte/ hat er von E. K. May. ein frey ſiche=
res Geleit bekommen/ ob wol er ein frommer Gottsfürchti=
ger/ ehrlicher/ auffrichtiger Mann ſolches nicht bedurfft het=
te/ ſo man ſein Sache recht vnd wol betrachten wolt. Do er
gen Coſtnitz kommen/ ſeines Glaubens vnd ſeiner Lehr re=
chenſchafft geben wolt/ hat man jhme niemals vergünſtiget
frey heraus zuſagen/ was er wolt/ ſondern iſt wider Göttlich
vnd Menſchlich Geſetz/ wider alle recht vnd billigkeit/ wider
trew vnd Glauben vnverhört gefenglich eingezogen worden.
Dieſes wie ſehr es E. M. anſehen vnd Würden/ damit wir
des andern geſchweigen/ ſchmelere/ kan man aus dem ſehen/
das allerley Völcker vnd Nationen frey öffentlich ſagen/ das
man das vnverletzliche/ freye/ ſichere Geleit/ Trew vnd zu=
ſage gebrochen habe. Darumb wir/ allergnedigſter Key=
ſer nicht wenig bekümmert ſein/ das E. K. M. authoritet vnd
anſehen alſo geringert werden/ wegen des Geleits ſo nicht
gehalten worden. Hernacher weil es auch vns zum nachteil
gereicht/ als derer Erbherr E. K. M. iſt. Wir hoffeten zwar/
man ſolte M. Johan Huſſen eine beſondern liebhaber Gött=
licher ſchrifft/ wegen Interceßion. E. M. öffentlich verhören/

K ij   das

das er für dem gantzen Concilio seine vnschuld tarthet/ wider den haß vnd neid seiner Mißgönner/ vnd wider jhre erdichte Laster mit der Warheit sich beschützte/ oder so er jrrthumbs vberwiesen/ dz er offentlich/ nit heimlich seine straff ausstünde. Aber wir haben mit schmertzen erfahren müssen/ das er gebunden vnd gefangen sey worden/ ehe er ein wort zu seiner defension geredet/ besonders das er M. Johann Huß nach dem ausweisen des Bapsts von dem Bischoff zu Costnitz in ein ander Gefengnuß geführet sey/ das da nicht schwerer vnd vnleidlicher sein könte/ in welchem er zum aller vbelsten gehalten wird/ vnnd keines weges zulassen wollen/ das die Warheit jhren besondern Liebhaber beschützen möge/ welches doch wider ein Heyden nicht solte fürgenommen werden. Derhalben fliehen wir bittlich zu E. K. M. vnd begehren/ das doch E. M. die ehre Gottes vnd die Warheit/ wegen jhres tragenten Ampts/ wolle bedencken/ E. M. vnd des gantzen heiligen Reichs/ dessen wir auch ein Glied sein/ ansehen betrachten/ auff das das freye Geleit gehalten/ vnd der vnschüldige Mann nicht vnverhöret/ mit gewalt erbärmlich werde vntergedruckt. Welches so es E. K. M. thun/ werden sie lob vnnd ehr bey allen frommen vnd ehrliebenden Leuten schaffen/ vnd von Gott vngezweiffelte belohnung empfahen. Wir hoffen gentzlich/ wegen vnser dienst vnd fleiß/ die E. K. M. allzeit erfahren hat/ es werde E. M. die Sach dahin bringen/ das sie der billigkeit vnd gerechtigkeit in keinem pünctlein zu wider erfunden werde. Brinn. Den tag vor vnsers Herrn Jesu Christi Himelfart/ in der allgemeinen versamlung des Herrnstandes.

    Es war auch an dem frembden Ort dem Hussen die weile lang/ deswegen schreib er an den Herrn Chlum/ bittet vmb Gottes willen/ das er bey dem Kayser anhalte/ das man doch jhn verhöre/ weil er es jhme zugesaget/ das er doch vielleicht/

leicht/wie sein freyes Geleit/halten wil. Er beklaget sich auch
sehr vber den Kayser/ das er wider Zusage ihn also lesset ge=
fenglich plagen/ wünschet auch in dem Brieff/ das er lieber
wolte zum Fewer gehen/ als also in dem Gefengnüß er=
stöcket werden. Dieses schreiben schicket Herr Johann von
Chlum in Böhemien/ mit vermelden/ wie die Böhemen auff
dem Concilio so veracht worden/ das auch die allerschlech=
sten sie öffentlich verhöhneten vnd verspotteten. Auch damit
sie nichts an ihrem fleis erwinden liessen/ vereinigten sie sich
mit dem Polnischen Adel/ so auff dem Concilio waren/ vnd
schrieben an die Väter dieses den 14. Maij. Anno 1415.
Ehrwürdige Väter vnd Herrn/die Edlen der Böhemischen
vnd Polnischen Nation hie entgegen/ geben in ewer gegen=
wart zuverstehen. Nach dem der Durchlauchtigste Fürst vnd
Herr/ Herr Sigismundus erwehlter Römischer Kayser all=
zeit mehrer des Reichs/etc. auch zu Hungern/Croatien/Dal=
matien/etc. König/erfahren hat/das etliche Streit im Lande
zu Böhem sind fürgefallen/so hat er desselbigen Königreichs
ehr betrachtet/ dahin bedacht/ wie er der Sachen helffen
möcht/ auch endliche vnter einem freyen Geleit/durch Herrn
Wentzel von Duben/ vnd Johan von Chlum/ so hie zu ge=
gegen M. Johann Hussen auff das heilige allgemeine *Con=*
cilium zu Costnitz holen lassen/ das er der Widerpart re=
chenschafft seines Glaubens gebe/welches gedachte Herrn
neben M. Johann Hussen gehorsamlich vollbracht.   Als
aber Huß vnter dem freyen Geleit hieher kommen/ ist er vn
verhört in ein schwer Gefengnüß geleget worden/vnd das bis
auff Dato in Ketten vnd Banden/mit hunger vnnd Durst
ausstehen mus. Vñ ob wol auff dem Concilio zu Pisa Anno
1410. die verdampten Ketzer frey/ vnd sicher in dem *Concilio*
gewesen/auch vnverletzt heimgezogen/ so hat doch vnser Herr
M. Johannes Hussius solches nicht erlangen können/ son=
dern

Hussen gleits leut schriebē an die pa= tres des Conciln.

dern er ist weder vberwunden noch verdammet / sondern vnverhöret gefangen worden. Da noch keines Königs / Fürsten / oder einigen hohen Schul Gesandte ankommen waren / auch als der Kayser neben diesen hie gegenwertigen vom Adel von euch offt vnnd dick begeret / das jhr seine ehr vnd sein freyes Geleit wollet in acht nehmen / M. Johan Hussen verhören / seines Glaubens bekeintnuß öffentliche Rechenschafft fordern / vnd wenn er vberwunden were / das er wider die heilige Schrifft gelehret hat / das er es nach gutdüncken des Concilij verbessere / haben wir es doch nicht erlangen können / sondern es ist offtgedachter Huss in herter Gefengnuß vnd banden gehalten worden / schlecht gespeiset / also abgemörgelt / das zu befahren / es werde auch sein verstand mit seinen krefften / mercklich abnehmen.

Vnd ob wol die gegenwertigen Herren bey den Böhmen möchten ein bösen Namen bekommen / weil sie sehen wie man mit dem Hussen vmbgehet / vnd doch bey dem Kayser die Sache nicht dahin bringen / das sein Geleit gehalten werde / auch den Widersachern nicht gestattet / darwider zu handeln / weil es gerathe zur verachtung der hochlöblichen Kron Böhmen / welche von anfang der Christlichen Religion niemals von dem gehorsam der Römischen Kirchen gewichen / haben sie doch solches alles mit grosser gedult getragen / bis auff diese stund / damit nicht vrsach gegeben würde / dieses heilige Concilium zu turbirn. Derhalben Ehrwürdige Väter vnd Herrn / haben die gedachte vom Adel aus Böhmen bey E. H. supplicando embsiglich vnd steiff anhalten wollen / das jhr wegen des freyen Geleits / der Ehr des gedachten Königreichs / auch zur vermehrung ewers selbeigen lobs / die Sach M. Johann Hussij desto schleuniger fürnehmet / (weil durch ewren verzug jm ein mercklicher schad entstehen möchte) vñ pormittelst Göttlicher hülff glucklich enden / wie sie dann zu euch

euch ein ſonderlich vertrawẽ tragen. Vber das weil gedachte
Herrn in erfahrung kommen / das etliche Leſterer Böhmi=
ſcher Nation ausgeben / wie etliche in Böhmen das heilige
Sacrament des Bluts Chriſti ſolten in entheiligten Gefäſ=
ſen tragen: Item / das Schuſter ſolten beicht hören / vnd das
heilige Abendmal Chriſti austeilen. So bitten gedachte
Herrn / ihr wollet ſolchen Leſterern keinen glauben geben /
weil ſie als Schandbuben ein falſch gezeugnuß wider offt er=
wehntes Königreich ausgieſſen. Ir ſollet mehr liebe Väter
ſehen / das ſolche verleumder vnſers Königreichs nichtige
Perſonen ſein / welchen wir / ſo es erfordert wird / alſo wollen
ihre kale / nichtige Leſterung widerlegen / das ſie ſich für ihrer
K. M. vnd euch E. V. ſchemen müſſen.

    Do dieſes in dem Concilio verleſen wurd / rühret ſich
von ſtund an die Wachtel im Korn / dann Biſchoff Lytomy=
ſtius ſtund auff / begeret vor den Vätern / das ſie ihm vergön=
ſtigten ſich zu verantworten / weil er aus dem letzten punct
mercket / das er damit gemeinet. Deſſen waren die Väter zu
frieden / vnd ſatzten den 17. Maij / da ſie die Böhemiſchen
Herrn zugleich auch beantworten wollen. Da nun der ange=
ordnete Termin kam / leget erſtlich Biſchoff Lyſiomyſtius ſei= *Biſchoff Ly=*
ne entſchuldigung ſchrifftlich ein / vnd widerholet erſtlich den *tomyſtius /*
letzten Punct / aus der Böhmen ſchreiben / Darnach vermel= *verdechtig /*
det er / mit was ſchmertzen er geſehen habe / das des Wicklephs *purgirt ſich.*
Lehr ſey in Böhmen ausgebreitet / auch das Mann vñ Wei=
ber das Abendmal vnter beyderley geſtalt empfiengen / dar=
umb er nit allein ſchlieſſen können / ſondern auch von glaub=
würdigen Leuten erfahren habe / dz man den geſegneten Wein
in Gefäſſen / gleich wie den Leib Chriſti in einer Büchſen / be=
ſonders zu krancken trüge. Er hette auch nicht ausgebracht /
ſondern von andern gehöret / das ein Weib einem Pfarrher=
ren die Hoſtiam aus den henden geriſſen / vnd ſie empfangen:
Drumb würde ſie im zeugniß geben / das er es nit ausgeben.

                                              Zu

Zu letzt bittet er/das Concilium wolle wider diese Ketzerey eine heilsam Artzney erfinden.

Antwort auf der Böhmen schreiben.

Wie Lytomistij schreiben verlesen war/stund ein ander Bischoff auff vnd antwortet auff der Böhemen schreiben/mit diesen worten: Ihr habt zu nechst in völliger Session vor Johann Hussen/dieses heiligen Concilij wegen rechtmeßiger vrsachen gefangenē/supplicirt/das er auff freyen fuß gestellet/vnd öffentlich verhört werden sol. Darauff haben die Väter des Concilij nach wolbedachtem Rath geschlossen/das man dieses keines weges thun sol/vnd mir euch kürtzlichen zu antworten befohlen: Vnd weil jhr erstlich dringet auff das frey Geleit/so antwortē die Väter/das dasselbige keines weges gebrochen sey worden/weil solches Huss do mahls noch nicht gehabt/sondern den 15. tag/nach dem er gesenglich angenommen worden/bekommen/wie sie es von glaubwirdigen Leuten gehöret haben/vors erste. Zum andern/nehme es die Väter wunder/das die Böhmen schreiben dörffen/er sey noch nicht gehöret werden/vnd demnach vnverdampt gesenglich eingezogen/dann es ist jederman bewust/welcher gestalt er von dem Bapst Alexandro sey gen Rom Citirt worden/do er halsstarrig aussenblieben/allein seine Procuratores geschicket die verhöret/vnd weil er falsch erfunden/verdampt ist/vnd in dem Bañ gethan/darinnen er bis auff diese stund trotziglich blieben/vñ also für ein Ertzketzer zu halten sey/der trotziglich allhie in dieser Stad noch hat predigen dörffen. Es können sich die Väter nicht darein richten/was jr meinet/do jhr schreibet/es seyen auff dem Concilio zu Pisa verdampte Ketzer sicher gewest. Vielleicht meinet jhr der Bäpst Legaten/die wegen verhoffentlicher einigkeit seind gelitten worden. Oder vielleicht meinet jhr/man sol auch/wegen solcher einigkeit/andere verdampte Ketzer frey in solcher versamlung erscheinen lassen/Welches

ein

ein vngereumbt ding were / an einem solchem heiligen Ort dis jhnen zugestatten. Letzlichen / damit die Herrn scheinbarlich sehen mögen / das der Huß jhrer vorbitte geniesse / wollen sie seine Sach auffs aller eheste für die hand nehmen.

Da dieses der Bischoff hat fürgebracht / baten die Herren zween tag fristung / nach welchen sie darauff antworten wollen / das jhnen vergünstiget / darauff sie den 19. Maij dieses zu gegen red anbrachten: Weil zu nechst von euch / Ehrwürdige Väter / etwas auff die bitt der Böhmischen vnnd Polnischen Herrn vnd Adelspersonen ist geantwortet worden / sie aber gehöret / das jhr vbel seyd vnterrichtet / so haben sie diese gegen antwort thun müssen: Nicht der meinung / das sie euch darumb wolten anklagen / sondern damit jhr besser vnterrichtet werdet / vnd von der sachen recht Vrteilen können. Darumb geben sie auff den ersten Punct diesen bericht: das man E. H. vbel hat berichtet / weil Er M. Johann Huß gar zeitlich / ehe er gen Costnitz kommen / das freye Geleit empfangen hat / besonders kan es Herr Johann Chlum / hie zugegen / erweisen / welcher als er von dem Bapst in bey sein fast aller Cardinäl gefragt / den tag da Huß gefangen worden / ob er ein frey Geleit hette? Hat er geantwortet: Ja. Vnd solchs das ander mal gefraget / bestetiget / vnd hette dessen ein Vidimus auffgeweiset / wo es wer begert worden. Daher er dann andern vnd dritten tag sich darumb hoch bey dem Bapst beklaget hat / das man jhn vnter dem freyen Geleit gefangen nehme / erweiset auch jhren vielen des freyen Geleits Original / wie jhme dessen Grafen / Herrn / Edelleut vnd viel vornehme Bürger zeugnuß geben können. Er ist auch Vrbietig eine straff / es sey gleich was es für eine wolle / auszustehen / wo er es nicht richtig erweisen kan. Vber das beruffen sie sich auff etliche Churfürsten / Fürsten / Bischoffe / vnd

Gegenschrifft der Böhmen vnd Polen.

L Notarien

Notarien die bey jhrer May. gewesen/ wie er sonderlich befohlen jhm ein freyes sicheres Geleit mit zutheilen. Daraus könnet jhr augenscheinlich sehen/ das die Herrn bessern bericht von dem freyen Geleit geben/ als die/ die E. H. falsch berichtet/ auch nicht allein jhrer K. M. deren Cancellisten/ als auch den Böhmischen Adel/ gleichsam hetten sie das freye Geleit betrüglich gestolen/ beschuldigen. Sie bitten auch/ es wollen E. H. solchen Glaubwirdigen Leuten keinen glauben geben/ sondern auch den Gegentheil hören/ vnnd die sach also recht erfahren. Belangend das ander stück/ wissen die Herrn wegen des Bannes nichts/ das er aber Persönlich nit erschienen sey/ haben sie von ehrlichen Leuten gehört/ dz auch der Böhmische König Wenceslaus/ neben allen vom Adel bezeugen können/ wie er sich gerne stellen wollen/ wo man nit gesehen hette/ das man jhme allenthalben heimlich nachstünde. Vber das als seine Procuratores zu Rom jhn vertratten/ seind jrer eins teils gefangen/ die andern vbel tractiret worden. Den Bann hat er nit halsstarrig/ sondern vnter einen offentlichen appellation vor nichtig gehalten/ wie er sich das beruffet auff die Acta seine Sach betreffend/ die jr sehen köstet aus dem protocollirten schreiben/ das wir euch vbergeben haben. Das man aber sagt/ er sol allhie geprediget haben/ sagen sie drauff/ besonders Herr Chlum/ der allzeit bey jhm hie in Costnitz gewesen/ das wer das saget/ das Huß/ weil er in Costnitz gewesen/ geprediget/ solches mit vnwarheit von jhme ausgiesset/ vñ Herr Chlum wil sich verwilligen ein jede straffe/ es sey gleich an Leib oder gut/ auszustehē/ wo die/ so euch also vnterrichtet/ es erweisen werden. Weil jhr euch auch nicht könnet/ laut ewer Antwort/ drein richten/ was wir mit den verdampten Ketzern in dem Concilio zu Pisa meinen/ vnd vns zweyerley Ketzer Namhafft gemacht/ so solt jr wissen/

Hußiten Krieg.

wissen / das wir sie alle beyde verstehen / vnnd begehren nicht mehr / dann das M. Johann Huß auch die freyheit haben möge / welcher auff dieses Concilium kommen / das er seines Glaubens bekentnuß / vnd seine Lehr der heiligen Kirchen vnterwerffe / welche jhme wo er gejrret habe / weisen sol / damit es gebessert werde / vnd er die andern / die auch dieses lehren / dauon abhalte / auch auff diese weise / das löbliche Königreich Böhmen aus dem bösem geschrey / damit es beladen / bringe. Schließlichen / weil E. H. auff den Hauptpunct freundlich geantwortet / das jhr auff das eheste durch Gottes hülff des Hussen Sach wollet erwegen / so bedancken sich die gegenwertige Herrn zu dem allerhöchsten dieser gegebene antwort / vnnd wollen auch solches / so es durch Gottes hülff wird zu einem gewündschten ende gebracht werden / nicht allein allhie / sondern auch in dem Land zu Böhmen rühmen / vnd E. H. grossen danck dauor erweisen. Da die Böhmen nun nach versprechen des Concilij keinen ausgang der sachen sehen kundten / schreiben sie noch ein mahl an das Concilium / vnd legen mit ein das Zeugnüß des Bischoffs von Nazareth der bekennet / das er kein Ketzerey an dem Hussen finden oder spüren können, Die Copia des Schreibens ist diese:

Ehrwürdige in Christo Väter vnd Herrn / Es haben zu nechst die Herrn vnd Ritter der Böhmischen vnnd Polnischen Nation an E. H. suppliciret vnd begeret / das jr bedenckt solt / wie des Hussen widerpart euch falsch / vnrecht / mit offentlicher vnwarheit berichtet von dem freyen Geleit vnd andern Artickeln / die wir zu nechst in vnser verantwortung erweiset. Weil wir aber noch kein antwort drauff bekommen / so erscheinen gedachte Herren vor Ewer Heilig. mit bitt / die Sache zuerwegen / vnnd sie zu beantworten. Besonders auch bedencken / das man dem Hussen solches aus neid /

Ein ander schreiben der Böhmen an die Patres Concilij.

L ij wir

wir in vnserer verantwortung zuersehen/zuleget/welches wir
auch mit diesem erweisen wollen/das allen Herrn/Edelleu-
ten/Bürgern/Geistlichen vnd Weltlichen wissend ist/wie gedachter M. Johann Huß/in allen seinen Schulen vnd Kirchen Actis/besonders in seinen Predigten öffentlich protestiret hat/das er auch ohn einige That/die das gegentheil erweisen möchte gehalten/wie dann diese Protestation/so er in
erörterung einer hohen frage hinan gehencket/genugsamlich
beweiset/vnd ist diese.   Weil ich für allen dingen die Ehre
Gottes/vnnd fortpflantzung der Kirchen suche/auff das ich
ein rechtes Gliedmas sey meines Herren Jesu Christi/der
das Haupt ist seiner erworbenen Braut der Christlichen
Kirchen/so wil ich/wie ich zuuor offtmahls gethan/jetzt offentlich Protestirn/das ich nichts halsstarrig gelehret habe/
oder lehren wil/das der Warheit zu wider were. Letzlich weil
ich die Warheit allzeit gehalten habe/vnd zu halten hertzlich
begehre/so wolt ich ehe mit Gottes hülffe ein schmählichen
Tod aussstehen/als einen Irrthumb/so Gottes Wort zu wi-
der/verfechten. Ja ich wolte mein elendes Leben für das Gesetz Christi willig dahin geben/ehe den ich dessen kleineste stücklein so aus rath der H. Dreyfaltigkeit/durch den heilige Geist
Gottes/vns Menschen zu nutz geben ist/vbertretten wolte.
Ich glaube auch alle Artickel des Göttlichen Gesetzes/mit
dem verstandt/den die hochgelobte Dreyfaltigkeit geboten
hat zu glauben. Derhalben gleich wie ich in antworten in allem thun/beydes in den Schulen vnd in den Predigten/mich
offtmals dem Göttlichen Gesetz vnterworffen habe/also thue
ich es jetzt vnnd wil es allzeit thun/auch zu revociren willig
vnd bereit sein/so ich werde vnterwiesen werden/das es falsch
sey.   Aus welcher Protestation/wie auch andern des M.
Johannis Husßij zusehen ist/wie er es meine vnnd gemeinet
habe/

Hußtten Krieg.

habe/ das er als nemlich in seinen Büchern/ tractetlein/ leh-
ren/ offentlichen Predigten/nichts habe wollen schreiben/ sagen oder schliessen/das er wissentlich wüste irrig/ ergerlich/
auffrührisch/ Gottfürchtigen hertzen zu wider/ oder gar Ke-
tzerisch/ ob es wol jhme seine feinde vergebens schuld. ge-
ben/ sondern es ist seine meinung je vnd allweg gewesen/ alle
Punct/*Conclusiones* vnd Artickel die in seinen Büchern vnd
Lehren gefunden werden/ auff die grundfeste Evangelischer
Warheit/der heiligen Kirchen Lehrer auslegung vber die heilige Schtrifft zubawen/ neben dieser gewöhnlichen protestation. Vnd wenn irgend einer/ der nicht völlig/ Artickel gefunden würde/ oder so er von andern nicht recht verstanden/
so wil ich jhn/ wenn ich recht vnterweiset/ erfüllen/ corrigirn/
erkleren vnd ausführlicher an tag geben. Auch keinen Artickel wider die heilige Römische Kirchen/ vnnd den Catholischen Glauben halsstarrig beschützen oder behalten. Weil
aber die en/ Ehrwürdige Väter/ allen entgegen/ seine Wi-
dersacher/ aus vnglaublichem haß vnd neid/ etliche Artickel/
aus M. Johannis Hussif büchern gestimpelt vnd gekriffelt
zusammen geschrieben/ den beweis darauff/ neben angezoge-
nen Zeugnüssen aussen lassen/ die distinctiones nicht anse-
hen/ auch viel Artickel wider jhn erdichten/ allein zu dem en-
de/das sie ohne ansehen einiger liebe/ jhn vmb seine ehr vnd
Leben bringen möchten/ wider das freye Geleit/ des Durch-
leuchtigsten Fürsten vnd Herrn Sigismundi Römischen vnd
Hungerischen Königs/das er jhme wegen rechtmessiger vnd
guter meinung williglich geben hat/damit sich Huß wider aller seiner Mißgönner feindseligkeit entschuldigen/jhre vnnütze anklage beyde des Hussens vnd des löblichen Böhmischen
Königreichs zu nichte mache/vnd stille dergleichen Mißgön-
ner/die sich in Böhmen vnnd andern Orten aufflehnen/den
der Römische Keyser/ als ein Herr vnd Erbe der Chron/

L iij   begeret

begeret allezeit/ das man solchen gefehrlichen zwispalt in Böhmen nicht dulden oder leiden solt. Darumb supplicirn gedachte Herrn noch ein mal an euch/vnd begeren/das jr dessen so gedacht worden/ vnnd auch die schmach Böhmischer Nation wollet bedencken/ewer Ampt in acht nemen/auch art vnd weis fürschreiben/nach welcher M. Johann Huß durch hocherleuchte/in Gottes Wort erfahrne Männer ordentlich gehört werde von allen Artickeln/ die ihm entweder auffgelegt sein/ oder noch werden/ das er auch sein Gemüt vn meinung erklere/der Kirchen Lehrer/welcher Zeugnuß er zum beweis eingeführet widersinnigen verstand eröffne/ vnnd das falsch so man darinnen begehen möge/erweise. Wie dann in diesen zweyen seine feinde sich am hefftigisten bemühen/ vnd mit Zeugen darthun wollen/ die da lange zeit des Hussens Todfeinde gewesen sind/ vnd dafür halten/ das sie durch antrieb seiner feinde/ die Sach dahin bringen wollen/das der gefangene Huß erbärmlich vnverhöret verdammet werde. Dieses könnet jhr/ liebe Väter / nicht abschlagen/weil jhr durch seine verantwortung vnterrichtet werden könnet/ vnd weil er Huß bereit ist/ sich dem rechten Vrteil des Concilij zu vnterwerffen. Denn jhr/ liebe Väter/ seid von seinen feinden berichtet worden/ das M. Johann Huß ein lange zeit gefehrliche Artickel gelehret habe/ das jhr als dann falsch zu sein klerlich erfinden werdet.   Vnd dessen zum Zeugnüß vbergeben wir euch das Zeugnüß des Ehrwürdigen in Christo Vaters vnd Herrn *Nicolai Episcopi Nazarethensis* Ketzermeisters des Präger Kreises/so sonderlich durch den Apostolischen Stuel darzu verordnet worden/ welches jhr mit fleiß sollet betrachten/ vnd M. Johann Hussen der noch nicht vberwunden/ oder verdampt ist/ des Gefengnuß vnd der banden erledigen/vnd jn etlichen Bischoffen oder Commissarien so darzu von dem Concilio mögen erwehlet werden/ vertrawen/

trawen/damit sich M. Johann Huß seiner kräffte erholen/ vnd desto bas von den Commissarijs examinirt werden möge. Vnd dessen zu mehrer versicherung wollen gedachte Herren vnd Edelleut solches verbürgen mit Leuten/ die nicht der gantzen Welt Ehr oder Gut nehmen/ ihr Trew vnd Zusage brechen/ welche es auch also verbürgen werden/ das er nicht entrinnen kan aus der Bischoffe hände/ in derer er gegeben wird werden / bis zu ausgang der Sachen. Derhalben/ bedencket liebe Väter in dieser gantzen handlung wol den namen vnd die ehr des löblichen Königreichs Böhmen/ neben dem freyen des Römischen Keysers Geleit. Letzlichen damit die feind Böhmischer Nation vnnd gedachter Herrn Lesterer jhnen nicht was möchten zulegen/ als solten sie vngereimbte vnbillliche ding begehret haben/ so bitten sie/ damit man jhnen begegnen möchte/ das jhr/ liebe Väter/ solche vnsere bittschreiben / durch ewren Notarium in ein Instrument verfassen/ vnd vns zustellen lasset.

Wie dieser Brieff gelesen worden/ antwortet wegen des Concilij der Patriarch von Antiochia gar kurtz auff alle Punct/ vnd erstlichen. Ob des Hussens Protestation sey war/ oder sein ernst gewest/ wird der ausgang der Sachen wol erweisen. Das seine feind die Artickel falsch aus seinen Büchern geschrieben/ wird man als denn auch wol sehen/ denn so das auff sie wird erwiesen werden/ werden sie de facto aller Ehr entsetzet sein. Das sie aber Bürgen/ vnd wann jhrer schon tausent weren/ wegen eines solchen Mannes solten annehmen/ das können sie gantz nicht thun/ weil man jhm/ dem Hussen/ weder trawen noch glauben darff. Doch wollen sie verschaffen/ das er den 5. Junij gen Costnitz wider gebracht/ vnd öffentlich verhöret werde.

Antwortung des Concilij.

Eben

Eben den tag schreiben auch die Böhmische Herrn an den Römischen Keyser/erzehlten erstlich/wie sie (das als nemlich so erzehlet ist worden) an das Concilium ein schreiben gethan hetten/vnnd widerholeten dasselbe von wort zu wort. Darnach bitten sie/er wolle doch sein frey Geleit bedencken/die ehre vnd den Namen des Königreichs Böhmen betrachten/vnd sein authoritet bey den Vätern des Concilij einlegen/damit er von der Gefengnuß erlediget/vnd offentlich verhöret werde. Zu letzt bitten sie er wolle jhnen diese jhre Schreiben Vidimirn.

Der Böhmischen Herren Schreiben an den Keyser.

Das XVII. Capitel.

Als nun der 5. Junij kommen war / versamleten sich fast alle Cardinäl/ Bischoffe/ Prelaten/ neben der gantzen Clerisey in dem Convent der Barfüsser Mönche/ vnd befohlen/ das man den Artickel vnd Zeugnuß/ehe Huss fürgeführet würde/ verlesen solt/ da es geschehen/wolten sie jhn/do er doch nicht entgegen wer / oder ein Wort zu seiner verantwortung geredet/verdammen/das höret M. Petrus de Mladonovvitz, so auch mit war hierein gegangen/ vnd eylet geschwind zum Herrn Wenceslao von Duben/vnd Johann von Chlum / mit vermelden/ das sie Hussen vnverhöret verdammen. Darumb gehen die Herrn geschwinde zum Keyser/vnd beklagen sich darob hefftig/brachtens auch dahin/das der Keyser Hertzog Ludwigen aus Bayern/vnd Marggraf Friederichen Burggraffen zu Nürnberg zum Concilio schicket/ vnd gebieten lies/ das sie mit Johann Hussen still hielten/ bis er gegenwertig vnd freundlich verhöret werde. Er begeret auch durch sie das die Cardinäl alle Artickel die sie jrrig sein vermeinten/jhme dem Keyser vbersenden solten/ der sie

sie auch gelerten Männern geben/vnd jhr Iudicium dauon hören wil. Das Concilium muß mit dem ersten zu frieden sein/vnd mit der Execution still halten. Aber den letzten Punct schlugen sie dem Keyser rund abe. Mittler weil giengen die Böhmischen Herrn zu den Cardinälen/vnd gaben jhnen die Bücher des Hussens/daraus die Artickel genommen waren/doch mit dem beding/das sie dieselbigen/wenn sie wolten/wider abfordern möchten. Da die Bücher vberantwortet wurden/vnd Huß vorgebracht/giengen die Fürsten hinweg. Aber Huß wurd von dem *Concilio* gefraget/ob die Bücher sein weren/vnd er sich darzu bekennete? Da besann sich Huß/vnd begeret/man solte sie jhn sehen lassen. Do es geschehen/saget er dazu: Ja sie weren sein/vnd bereit/wenn man einen einigen jrrthumb aus denselbigen erweisen würde/das er es verbessern wolt. Darauff fieng man an/die Artickel wider jn zuverlesen. Es gieng aber so zu/das wenn man ein Artickel verlase/vnd wenig Zeugen darauff nahmhafft machet/auch Huß antworte wolt/so wurd ein solch geschrey/ das keiner sein eigen wort hören kundt/sondern man (wie M. Petrus Mladonovviz/der Persönlich dabey gewesen/schreibet) hette vermeinet/es weren lauter wilde Thier/so mit einander stritten/geschweig gelehrte Männer/die von solchen wichtigen sachen vrteilen solten. So es etwas still wurd/ vnd Huß die heilige Schrifft anzog/oder die *Patres* allegiret/so schryen sie alle: Es dienet nichts zur Sach/etliche lesterten jhn darauff/die andern spotteten jn hönisch aus/also das er gantz still schweigen wolt. Darumb meineten sie/sie hetten schon gewonnen. Aber es war ohne den Wirth abgerechnet. Denn wie sie alle schrien: gelt/gelt/er kan jtzt schweigen/da sihet man/das er diesen Ketzerischen Artickel gelehret hat/saget Huß: Ich habe vermeinet man solte mich hören reden/weil ich aber das nicht erlangen kan wegen des grossen geschreyes/

Wird verhindert.

Hussen werden seine Bücher vorgehalten.

Bekennet sich darzu.

Des Concilij vnbilligkeit.

geschreyes mus ich schweigen/das ich sonsten nicht thun wil/ wenn man mich richtig hören wird. Do er das saget/gefiel es etlichen/so was verstendiger waren/vnd hiessen die Sach auff einen andern tag auffschieben/do sie solt von anfang wider fürgenommen werden. Wie denn geschach. Weil aber die Böhmischen Herrn sahen/wie man in der verhör mit jhme vmbgieng/kamen sie zum Keyser/erzeletē den gantzen Proceß vnd baten/das er selbsten da sein wölle/vnd das es ordentlich ohn ein geschrey zu gieng/verschaffen wolt. Welche mühe dann der Keyser auff sich nam/vnd den 7. Junij sich in das Convent der Barfüsser Mönche verfügte.

Der Keyser kompt in das Convent der Patrum Concilij.

Huß wird von patr. b9 Examinirt.

Do nun der gantze hauff der Geistlichen versamlet war/ liessen sie Hussen durch viel wolgerüster Trabanten holen/ vnd vorstellen/darauff verlaß man ersilichen: Dieser Johannes Huß hat zu Prag in der Kirchen Bethlehem vnd andern Orten viel Irrthumb beyde aus des Wicklephs büchern/ vnd von jhm erdachte Ketzereyen/welche er halsstarrig vertediget hat/gelehret. Erstlichen lehret er/das nach der Consecration oder Segenung in dem Abendmal des HErrn bleib ein natürliches Brod/welchs gehöret hat Johannes Protiwa Prediger bey S. Clemens in Prag/ Johannes Pecklo Prediger zu S. Egidij/ Beneß Schloßprediger/ Andreas Broda ein Thumherr vnd andere Geistliche mehr. Hierauff antwortet Huß: Ich ruffe Gott zum Zeugen an/das ich es niemals geglaubet/viel weniger gelehret habe. Das gestehe ich/sagt er/das ich gelehret habe/man kan Christum wol ein Brod heissen/ob es schon der Bischoff zu Prag verboten. Weil Christus sich selbsten Johan am 6. heisset ein Brod der Engel. Das ich aber dazumal von einem materialischen Brod sol geredet haben/geschicht mir gros vnrecht. Darauff nam der Cardinal von Camerach einen Zettel in die hand/

hand/vnd saget. Er hette jhn vorgestern von einem gelerten
Doctore der heiligen Schrifft bekommen/ daraus laß er die=
se wort: Johannes Huß helteſtu dauor/ das die Vniuerſalia
oder die allgemeinen Naturen sein de parte rei/ oder ein
theil der ding/ deren sie sein ein allgemeine Natur? Huß sa=
get. Ja dañ der heilige Anshelmus vnd andere mehr haben es
geleret. Da fuhr der Cardinal fort/ vnd saget: So folget
vnwiderleglich/ das nach der recitirung der Wort der einse=
tzung/ ein materialisch Brod bleibe. Das wil ich so erweisen:
Nach dem die *Conſecration* ist geschehen/ wenn das Brod ver=
wandelt wird/ oder transſubſtantionirt in den Leib Chri=
sti/ wie du sagest/ so bleibet daselbsten entweder die allgemeine
Natur oder nicht. Gestehestu das erste/ so sihet man das du
leyrest/ das ein materialisch Brod bleibet. Nimestu das an=
der an/ so folget/ das mit der sonderlichen Natur die allge=
meine vntergehe. Huß gab hierauff zur antwort: Weil diese
transsubſtatiation bleibet/ so mus die allgemeine Natur in
diesem singulari vntergehen/ wider die Natur/ aber in dem
andern mus sie bleiben. Da er das gesaget/ stund ein Engel=
linder auff vnd saget: Wenn alle andere singulares naturæ
die algemeine oder Vniuerſalem behalten/ so mus es auch da
geschehen. Da saget Huss: Das ist ein Kindisch Argu=
ment/ welches auch die Knaben in der Schul wissen. Wolt
jhr ein Theologus sein/ vnd nicht wissen/ das ein grosser vn=
terscheid sey vnter den Göttlichen vbernatürlichen/ vnd na=
türlichen sachen/ vnnd wenn jhr es wissen/ warumb wolt jhr
zwo vnterschiedliche materien zusammen mengen? Da
wolt jhn ein anderer Engelländer rechen/ vnd saget: Wenn
das materialische Brod nicht bleibet/ so mus es verschwin=
den/ welches doch nicht geschicht. Johann Huß antwortet:
Ob wol das materialische Brod bleibet/ so wird es doch

Diſputation des Huſſen mit etlichen de vniuerſali= bus.

M ij auff

auff eine verborgene weise transsubstantionirt in den Leib Christi. Da das ein ander Engelländer höret/ fieng er also an: Huß redet eben wie Wickleph/ der alles/ wie der Huß/ zu-kies vnd doch dafür hielt/ das nach der Consecration ein Natürlich Brod bleibe. Vber das hette er/ der Huß/ in seinen Schrifften/ das gantze Capitel/ des Wicklephs/ das er von der materien geschrieben/ in die Böhmische Sprache gebracht. Da aber Huß es hoch beteuret/ das er recht heraus redet/ wie es jm vmb das Hertz were/ fraget der Engelländer. Ob er davor hielt/ das der Leib Christi gantz vnd wesentlich in dem Sacrament des Altars were? Huß antwortet: Ja/ ich gleube es von hertzen/ das der Leib/ der geboren ist/ von der Jungfrawen Maria/ gelitten hat/ ist gestorben/ begraben worden/ aufferstanden vnd gen Himmel gefahren/ auch jetzt sitzet zur rechten Hand seines himlischen Vaters/ warhafftig vnd wesentlich in dem heiligen Abendmal sey. Da sie aber viel von den Universalibus fürbrachten/ fieng der Engelländer an/ der erweisen wolte/ das ein natürlich Brod bleibe/ weil es nicht verschwinde/ vnd saget: Was ist dis nütze zur Seligkeit/ wenn man gleich lang von den Universalibus disputiret/ Er/ wie ich höre/ ist recht in dem Artickel von dem Abendmal. Da fieng ein Engelländer Stockes mit Namen an vnd saget: Da ich zu Prag war/ hab ich ein Tractätlein/ das dein sein sol/ gesehen/ darinnen du es lehrest. Huß antwortet: Ja/ mit ehren zu melden/ es ist erlogen. Da sie nun aus all seinen reden nichts zwingen konten/ drungen sie auff die Zeugen. Do aber Huß es nicht gestehen wolt/ saget der Cardinal von Florentz. Weil du ein Magister bist/ so wirst wissen/ das in andern vnd dritten Mund alle Warheit bestehe: Nu siheftu da vber die 20. gelehrte/ verstendige/ ansehlig Männer/ die es aussagen. Huß antwortet: Gott vnd mein Gewissen ist es mir Zeuge/ das es mir niemals in Sinn kommen

men/viel weniger/das ich es gelehret habe. Darauff saget der Cardinal von Camerach. Nach deinem gewissen können wir nicht vrteilen/wir richten vns nach dem/das die Zeugen aussagen. Sie Zeugen auch dieses von dir aus keiner feindschafft oder haß/sondern legen solche vrsachen ein/das wir müssen content sein/auch an ihrem Zeugnuß keinen zweiffel tragen. M. Stephan Palez/sagstu/sey dir vor andern gehesig/der listiger weis etliche Artickel aus deinen Büchern gezogen/ welche hernach sollen fürbracht werden. Aber in der Warheit du thust ihm vnrecht. Nach meinem verstand hat er sie viel seidlicher/vnd so getrew ausgeschrieben/als sie immermehr in deinen Büchern mögen gefunden werden. Ich höre auch/das du der gleichen von andern vortrefflichen Männern solst ausgeben/vnd vber alles den Cardinal von Pariß/ D. Gerson/des Mannes gleichen nicht in der Welt/vor verdechtig halten. Sihe/da er antworten wolt/laß man den andern Artickel: Johann Huß hat auch gelehret/die Ketzerischen Artickel des Wicklephs in dem gantzen Land zu Böhmen/da antwortet Huß: Er habe keinen Irrthumb weder des Wicklephs oder eines andern gelehret. So Wickleph je so irrig in seiner Lehr gewesen sey/kan man es an den Engelländern/so sich hören lassen/mercken. Do er das saget/ stund sein Widersacher auff vnd saget. Sehet/heilige Väter/er wil es laugnen/vnd hat öffentlich allen denen/die Wickleph verdammet/beydes zu Rom/in dem Bäpstlichen Rath/zu Prag in dem Consistorio der Universitet vnd des Bischoffs widersprochen. Huß antwortet: Ich gestehe das ich diesem vnzeitigen Vrteil mich widersetzet habe/das da lautet/als solten alle Artickel wider die recht Catholische Religion simptlichen irrig/Kerisch/vnd ergerlich sein. Besonders weil der Artickel mit verdammet worden/das Con-

Der ander Artickel Huß sol Wickleph lehr gelehret haben.

M iij stantinus

stantinus vnd der Bapst Sylvester geirret haben/in dem sie der Kirchen solche freyheiten mitgetheilet. Desgleichen das ein Bapst oder Bischoff der mit einer Todsünde behafftet ist/weder das Abendmal recht austheilen noch Tauffen kan. Diesen letzten Artickel habe ich also limitirt/das der in Todsünden bis vber die Ohren stecket/vnwürdig das Abendmal austeilet vnd Tauffet. Do er das saget/waren seine Widerwertige alle auff/sagte er hette den gantzen Artickel von wort zu wort aus Wicklephs büchern in dem buch wider Stephanum Paletz geschrieben/sie erwiesen es auch mit viel Zeugen. Da aber Huß saget: Ich wil mein Leben zum pfand setzen/wo es also/wie ich gesaget/darinnen nicht stehet/dringen die Böhmischen Herrn darauff/man solt seine Bücher für legen/da das geschach/fand man die wort/wie sie Huß hatte angezogen. Darauff saget Huß: Vber dis hab ich auch dis Vrtel nicht wollen billigen/weil es auch den Artickel verwirfft/do Wickleph saget: Der Zehende sey ein Almosen. Was/saget der Bischoff von Florentz/ist das nicht jrrig? Schaw die Almosen werden frey ohne alles gebot oder schuldige pflicht gegeben: Der Zehende wird nicht frey/sondern aus einem gebot vnnd schuldiger pflicht gegeben. Darumb ist der Zehende kein Almosen. Huß antwortet: Ehrwürdiger Vater/die erste Propositio in der Schlußrede ist falsch. Dann Christus selbst saget Matth. 25. Do er die sechs werck der Barmhertzigkeit erzehlet/das die Reichen diese Almosen geben sollen nicht freywillig/sondern bey verlust jhrer Seelen seligkeit. Wie? saget der Bischoff aus Engelland/so höre ich/das wer diese sechs Werck der Barmhertzigkeit nicht thue/der sey verdampt/wo bleiben nu die Armen/die sie nicht thun können? Müssen sie dann verdampt

dampt sein? Huß antwortet. Ich habe allein von den Reichen/ wie auch Christus/ vnd die es vermögen/ geredet/ nicht von dem Armen. Vber das ist des Herrn Cardinals andere Proposition auch falsch. Denn im anfang sein die Zehenden frey gewesen/ aber hernach hat man es vor eine gerechtigkeit angenommen. Do er dieses wolt erweisen/ hieß man jhn still schweigen. Er erzehlet auch mehr vrsachen/ warumb er nicht hat wollen eingehen in die verdammung der Artickel Wicklephs. Schließlichen saget er/ er hette keinen Artickel Wicklephs approbirt/ er hette sie auch nicht verdammen wollen/ weil noch keiner aus Gottes Wort were falsch erwiesen worden. Welches nicht allein ich/ sagt er/ sondern auch die andern der Universitet Prag Magistri gethan haben. Vber das alles/ der Ertzbischoff Ibiniek begeret/ man solt alle des Wicklephs Bücher/ so in Prag weren/ jhme vberantworten/ hab ich selbsten etliche Bücher/ die ich hatte/ jhme gegeben/ vnd darneben gebeten/ das wenn er ein Irrthumb darinnen finde/ das er jhn fleißig annotire vnd mercke/ so wol ich jhn auff öffentlich verwerffen. Aber der Ertzbischoff hat keinen Irrthumb erweiset/ sondern allein alle zusammen getragene Bücher neben den meinen verbrennet/ welches er doch vom Bapst Alexandro den V. keinen befehl hatte/ sondern durch list einer Bull von dem Bischoff von Sarepta Jaroslaum bekommen/ mit welcher er vermeinet den Böhmischen König/ vnd die andern Stände zu vberpochen/ das sie in die verdammung der Bücher Wicklephs verwilligen wolten die jrrig weren/ ob erwol keinen Irrthumb erwiesen hatte. Aber es gieng anders hinaus dann er vermeinet. Vnd ob er wol etliche Theologos lies zusammen ruffen/ geschahe es aber nur darumb/ das die sach solte ein besser ansehen bekommen.

Hußiten Krieg.

Do es aber die *Vniuersitet* erfahren/ suppliciret sie an den König/ das er das furgenommene Werck solte hindern/ welches der König gethan/ etliche zu dem Bischoff geschickt/ die die sach erfahren solten. Aber der Bischoff saget/ er wolte nichts ohne des Königs willen furnehmen wider die Bücher Wickleps/ vnd ob er wol sie den andern tag verbrennen hat lassen wollen ist doch solches/ weil er sich fur dem König befahret/ vnterwegen blieben. Als aber der Bapst Alexander V. gestorben/ gedacht der Ertzbischoff seiner Bulle krafft were mit ein scharret worden/ darumb lies er den Bischoff hoff schliessen/ mit gerüsten Männern wol verwaren/ vnd die Bücher verbrennen. Weil nun nicht allein die vnbilligkeit vorlieff/ sondern auch der Bischoff bey dem Bann verbieten lies/ das keiner in der Kirchen mehr Predigen solt/ hab ich an den Bapst Appelliret/ vnd wie er gestorben/ an seinem Nachfolger Iohannem XXIII. Weil aber meine Procuratores fast gantzer zwey Jahr nicht gehöret worden/ hab ich an den obersten Richter Iesum Christum provocirt. Als Huß das saget/ fragten sie/ ob er von dem Bapst were absolviret worden? Huß sagt: Nein/ Sie fragten weiter: Ob man auch Christum provocirn oder appellirn könt? Da sagt Huß: Ja/ vnd das sage ich fur euch allen/ das keine gerechtere, vnd mehr wirckliche/ als diese ist. Dann gleich wie man lieset in der Rechten/ so ist ein appellation/ wenn man auff ein höhern Richter sich berüfft: Nun was ist für ein höher Richter? Wer kan gerechter vnd billiger als Christus vrteilen? Do er das saget/ ist er von dem gantzen Concilio ausgelachet worden.

Der dritte Artickel das er Wickleph gerühmet vñ seiner Seelen gleiche ruhe gewüntschet.

Nach diesem verlaß man/ das Johannes Huß/ damit er ihme bey einfeltigen Leuten ein anhang mache/ vnd den Wickleph herausser streichen möchte / sol offentlich gelehret

lehret haben/ das in Engelland etliche Geistliche wider den Wickleph in einer Kirchen disputiret haben/ aber Gott hat es nicht leiden wollen/ sondern mit Donner in die Kirchen geschlagen/ das seine feind kaum entrunnen sein. Item: Er hab auch/ das seine Seele komen möge an den Ort/ da des Wicklephs were/ gewünschet. Darauff antwortet Huß. Das erste stück/ so von mir eine erdichte Fabel ist/ habe ich niemals gedacht/ auch höre ich es zum ersten mal diesen tag. Auff das andere Stück sage ich. Nach dem etliche Philosophische Bücher des Wicklephs vor 12. Jahren waren in Böhmen bracht/ vnnd sie mir vber die maß gefielen/ ist mir ein mal die red entfahren: Ich höre das der Wickleph ein ehrlicher Mann/ vnd eins auffrichtigen wandels gewesen sey. Darumb macht es mir ein gute hoffnung/ er sey ein Kind der Seligkeit/ ob ich wol an seiner Seligkeit noch zweiffele/ doch wüntsche ich/ das meine Seele zu jm kommen möge.

Darauff lachten vnd spotteten sie jhn wider aus/ vnd liessen einen newen Artickel lesen: Johannes Huß hat auch dem gemeinen Man den rath gegeben/ das sie nach dem Exempel Mosis allen/ so jhrer Religion zu wider weren/ mit dem Schwert einen billigen widerstand theten. Darauff als bald angeschlagen wordē/ es sol ein jeglicher sein Schwert angürten/ auch keiner seines Brudern/ Freundes/ oder Nachbarn schonen. Huß saget: Es geschehe jhme gewalt/ vnd vnrecht von seinen feinden. Denn er allzeit das Volck gelehret hette/ das sie mit dem Helm des Glaubens/ vnd dem Schwert der Gerechtigkeit sich rüsten sollen/ vnd nicht mit einem materialischen leiblichen Schwert. Aber von dem anschlagen/ vnd dem Schwert Moysis wüste er kein wort nicht.

Der Vierd Artickel beschüldiget Hussen des auffruhrs.

Do er auff das geantwortet/ laß man: Johann Huß hat mit seiner Lehr viel ergernüß geben/ den Geistlichen vnd Welt-

Der Fünffte Artickel Huß hab die hohe Schul zu Prag verwüstet.

Weltlichen stand zusammen gehetzet. Daraus ein verfolgung vnd beraubung der geistlichen vnd Bischoffe erwachsen/vnd die Prägerische berühmte hohe Schul vntergangen. Huß antwortet/das er an der keinen kein schuld hette Den was anlanget den ersten theil dieses Puncts/ so were die vneinigkeit zwischen den Geistlichen vnd Weltlichen daher kommen. Als Gregorius XII. in seiner wahl hatte zugesaget/ das er/ wenn es den Cardinálen gefallen würde/von dem Bapsthumb wolte abstehen/vnnd wider König Wenzel in Böhmen/der dazumal Römischer Keyser war/Hertzog Robertum aus Bayern zu einem Römischen Keyser bestetigte/ aber nach wenig Jahren/als es die Cardinäl haben wolten von Bapsthumb abzustehen sich widerte/ schrieben die Cardinäl an den Böhmischen König/ vnd begerten das er dem gedachten Bapst keinen gehorsam leisten solt/vnd wenn er das verrichtet/ könt es sich wol zutragen/ das er von dem newen Bapst das Römische Keyserthumb wider bekäme. Das dann der König angenommen vnd sich für einen Neutral erkleret/das ist/ das er weder Gregorium noch Benedictum/der auch Bapst sein wolt/erkennet für einen successorem Petri. Da sich aber der Ertzbischoff Zbiniek dawider leget/ auch etliche Geistliche den Gottesdienst vnterwegen liessen/sahe der König auch durch die finger/das man etlicher Güter einzog. Besonders/weil der Ertzbischoff das Grab Wenceslai beraubet/vnd dauon zog. Aus welchen dann klar/ das Huß an dem kein schuld treget. Da er das gesaget/ stund einer auff mit namen Naso vnd sprach: Deshalben haben die Geistlichen ihr Ampt nicht verrichten wollen/ weil man sie ihrer Güter beraubet hat/ vnnd nicht/weil sie dem Königlichen befehl nicht pariren wollen. Jetzt/ saget darauff der Cardinal von Cammerach/ felt mir auch was ein.
Dann

Dann als ich das jahr da dieses in Böhmen fürgeloffen ist/ zu Rom ausritt/ bekamen mir etliche Böhmische Prelaten/ die ich fraget/ was sie gutes newes mitbrechten? Aber sie sagten. Man were schendlich mit jhnen vmbgangen/ vnd hette die geistlichen jhrer Güter beraubet. Aber Huß saget/ es were keine andere/ als diese vrsach/ man solt nur fleissig nachforschen. Wei er weil man jhn beschuldiget/ als solte er die Universitet zerstöret haben/ gab er diese Antwort/ vnnd saget es geschehe jhme vnrecht. Dann als der Böhmische König/ nach form der fundation/ den Böhmen 3 stimmen den Teutschen hergegen/ nur eine zuerkennet/ haben sie sich mit Eydschwur verbunden/ ja bey verlust ehr vnd gut/ wo einer in Böhmen bleiben/ oder wider darein kommen würde. Ich gestehe auch/ das ich auff fleissige bitt der meinigen die Sach bey dem König getrieben habe/ vnd meines Vaterlandes ehre in acht genommen. Vnd damit jhr mir glauben könnet/ so sitzet allhie vnter euch Albertus Warentrap. Der damals der Philosophischen facultet Decanus gewesen/ vnd mit jhnen weg zuzihen geschworen hat/ der kan die gantze Sach/ wo er anders will/ recht erzehlen. Da dieser Albertus auffstund/ hies man jhn schweigen. Aber Naso fieng an vnnd saget: Der gantze handel ist mir wol bewust. Dann ich war zu der zeit an dem Königlichen hoff/ als die drey Nationen, die Beyrische/ Sächsische/ vnd Schlesische/ bey dem König anhielten/ vnd eine glimpfliche antwort bekamen. Weil aber Huß vnd Hieronymus stettig den König anlieffen/ war der König ein mal erzürnet/ vnd saget: Ihr machet mir beide viel zu schaffen/ lasset jr nicht abe/ vnd thun die/ so ich die sach befohlen nicht dazu/ so wil ich jr mit fewer abhelffen. Daraus könnet jr/ Ehrwürdige Väter/ sehen/ wie günstig der König diesen Männern ist/ welche so künn gewesen/ das sie mich/ der ich in des Königs geleit war/ haben dürffen plagen.

N ij   Darauff

Darauff fieng Paletz an: Ja Ehrwürdige Väter/ sie haben nicht allein die Ausslender/ sondern auch viel Böhmen/ so gelerte Männer sein/ vnd in Mähren das Exilium bawen/ vertrieben. Huß antwortet: Wie kan das war sein/ das ich sie vertrieben hab/ bin ich doch schon nicht mehr zu Prag gewest/ als sie haben wegzihen müssen.

Huß dem Bischoff von Riga vbergeben.

Dieses ist den tag fürgeloffen/ als es aber fast nacht war/ vbergab man den Hussen dem Bischoff von Riga/ der auch M. Hieronymum gefangen hielt. Ehe er aber weggefüret ward/ saget zu ihme der Bischoff von Cammerich: Höre Johann Huß/ da du das erste mahl vorstundest/ hastu dich hören lassen/ wenn du nicht frey hettest wollen auff das Concilium kommen/ so solt dich weder der Keyser noch der König/ viel weniger das Concilium dazu gebracht haben. Huß saget: Ja ich habs gesagt. Dann es sind viel Herrn in Böhmen mir so gewogen/ das sie mich wol hetten heimlich auffhalten können. Da erzürnet sich der Cardinal vnd saget zu dem Keyser/ da sihet man/ wie vnverschämpt der tropff sey/ vnnd weil ein gemürmel entstunde/ fieng der Herr von Chlum an vnd saget: Er hat recht geredet/ dann ob ich wol ein armer Herr bin/ so wolt ich ihn doch ein gantzes Jar/ mit Gottes hülff/ wider den Kayser vnd König beschützet haben/ geschweig anderer reicherer Herrn/ die mehr vnd schöner festungen haben. Der Bischoff antwortet: Wir wollen das vnterwegen lassen. Aber dir Johann Huß sage ich/ das du dich/ wie du in der Gefengnüß zugesaget hast/ dem Concilio vnterwerffest/ wo du das thun wirst/ wird es dir zu nutz kommen.

Der Keyser redet Hussen an dz er sich dem Concilio vnterwerffe.

Darauff fieng der Keyser an Hussen mit diesen worten zuvermahnen: Ob wol etliche sagen/ du soltest den 15. tag allererst nach deiner Gefengnüß von vns das freye Geleit entpfangen haben: So können wir doch mit Fürsten vnnd vielen fürtrefflichen Leuten darthun/ das du es bekommen/

ehe/

ehe/also du von Prag weg gezogen bist/vnd wir haben dir
auch eine freye verhör zugesaget/welches die Ehrwürdige
Herrn Cardinäl Bischoffe/ etc. gethan haben. Ob wol ihr
viel es dafür halten / das man sich keines annehmen sol/ so
Ketzerisch ist / oder für einen gehalten wird. Darumb
geben wir dir eben den Rath/den der Cardinal/ vnd wollen/
das du dich im Concilio vnterwerffest/wirstu es thun/ so wollen wir die Sach wegen vnser/vnsers Herrn Bruders/Böh-
mischen Königs/ vnd der löblichen Kron Böhmen/dahin
bringen/dz du mit einer leidlichen buß absolution erlangest/
vñ friedlich von dannen gelassen werdest: Wo nit/werden die
Väter wissen mit dir zuuerfahren. Wir wollen warlich weder dich noch deinē Irrthumb beschützen/sondern viel ehe mit
diesen händen ein fewer anschüren dich zuuerbrennen/ als se-
hen/das du so halsstarrig seyest. Derhalben ist vnser vnd des
Concilij Rath/das du annehmest/was das Concilium schliessen wird. Huß antwortet: Ich sage E. K. May. höchsten
danck wegen des freyen Geleits. Vnd weil Herr Johann
Chlum sahe/ das er sich aus schrecken nicht verantwortet/
In dem ihm der Keyser Halsstarrigkeit fürwarff/ gieng er
zu ihm/vnd erinnert ihn dessen. Da saget Huß: Allergnedigster Keyser/ich ruffe Gott zu Zeugen an/ das ich niemals
in meinem hertzē beschlossen habe/ etwas irriges vñ halsstarrig zuvertedigen/sondern bin herkommen/ das ich mich bessern wolt/wenn man mir es besser weisen würde. Als er das
geredet/lies man ihn hinweg führen.

In dieser Session ist mir denckwürdige Historien mit
eingelauffen/welche Dubravius lib. 25. vnd Sylvius lib. 4.
Comment. in res gestas Alphonsi, beschreiben: Als der
Keyser in die Verhör des Hussens gehen wolt/ beleiten ihn
etliche Herrn/ Edelleut/ vnd Doctores. Wie sich aber der
Keyser gesetzt hatte/ gieng ein jeglicher zu seines gleichen
standes

Ein denck-
würdige Hi-
storien von
D. Fiscellio
zu einem E-
delman ge-
macht.

standespersonen. Nun hatte der Keyser vor wenig tagen einen Doctor der Rechten Georgium Fiscellinum erhaben/ vnd zu einem vom Adel gemacht. Dieser stund still/wuste nit/ wo er hinzehen solt. Zu letzt lies er die Doctores sitzen/ vnd gieng zu den Edelleuten/ dessen der Keyser höchlich lachet vnd saget: Du bist mir ja ein seltzamer Kopff/ der du den Adel der Kunst fürzihest. Weissestu nicht/das ich in einem tage 600. Bawren könte befreyen vnd zu Adelichen Ehren erheben/ aber die tage meins Lebens aus deren keinen gelerhten Doctor machen?

Das XVIII. Capitel.

Newe Session.

Es andern tages/ welches war der 8. Junij kamen sie alle wider zusammen/ der Keyser/ die Cardinal/ Bischoffe/ etc. Da man aber Hussen herfür gefüret. Verlaß man erstlich wider jhn 39. Artickel so in seinen büchern stehen solten. Zu welchen er sich zum theil/ so sie sein waren/ bekennet/ zum theil/ weil sie falsch Citirt worden/ wie derer dann ein gute anzahl waren/ verwarff/ zum theil weil sie nicht konten gewiesen werden/ gar nicht annahm. Diese Artickel wil ich erzehlen/ damit der Leser sehen mag/ warumb sie jhn verbrennet haben/ vnd wie sie jhn mit Gottes wort vberwiesen.

Weil aber die Artickel/ so falsch Citiret sein/ aus dem Buch de Ecclesia, item cōtra Stanislaum & Stephanum Paletz/ geschrieben worden/ hab ich die antwort des Hussens kürtz wegen/ auslassen wollen/ vnd den verstendigen Leser weisen auff den Tomum primum operum Hussij. Do er der Huß in seinem Gefengnüß dieselben zusammen geschrieben/ vnd in Böhmen geschicket hat. Damit ich aber zur sachen komme/ als man den ersten Artickel verlas: Huß hat gelehret/

Artickel so Hussen vorgehalten.
1.

lehret/es sey nur ein heilige/Christliche/allgemeine Kirchen/ welche ist eine versamlung aller/ so zu dem ewigen Leben vorsehen seind/ saget Huß: das gestehe ich/ weil es auch der H. Augustinus gelehret hat. Da liessen die Cardinäl solches jre Notarien auffzeichnen.

 Der ander Artickel: Paulus ist niemals ein Glied des Teuffels gewest/ ob er wol gesündiget hat. Desgleichen ob wol Petrus durch ein schweren fall gesündiget hat/ist er doch ein glied der Kirchen gewesen/ vnd ist solcher fall von Gott zugelassen worden/ das er desto kecklicher möchte auffstehen. Huß saget: Dieser Artickel ist gnugsam in den Büchern erwiesen worden aus Augustino.   2.

 Der dritte Artickel: Kein Gliedmas der rechten Kirchen ist von jhr abgewichen/weil die lieb der Prædestination, so sie bindet/ nicht weichet. Huß antwortet: das gestehe ich: vnd beweise es aus der 1. ad Cor. 13. vnd Rom. 8.   3.

 Der vierde Artickel: Wer von Gott ist erwehlet worden/ der ist ein Glied der heiligen Kirchen/ ob er wol damals nicht in der gnad Gottes/ wegen seiner grossen Sünde ist. Huß antwortet: Das verstehe ich nicht von allen die erwehlet sind/ sondern von denen die noch nicht sein zu dem Schafstal Christi kommen.   4.

 Der fünffte Artickel: Kein Ehr/ Würden/ Dignitet/ Menschliche wahl/ oder ein ander sichtiglich zeichen/ machet einen zu einem Glied der Kirchen. Huß saget: das ist war.   5.

 Kein Vnglaubiger ist ein recht Gliedmaß der Christlichen Kirchen: Huß saget: Es ist war.   6.

 Judas ist kein rechter Jünger Christi gewesen: Huß saget: Ich gesteh es.   7.

 Die versamlung derer/ so zum ewigen Leben versehen/ sie sein gleich in gnad oder nit/ist die Christliche Kirche/ vnd das ist ein Artickel des Glaubens. Dann die ist/ welche hat keinen mackel   8.

mackel/runtzel/oder des etwas/vnd welche der Herr Christus heisset seine Braut. Huß saget: Das gestehe ich/doch so man wol achtung gibt auff das wörtlein/Christliche Kirch/welche in der heiligen Schrifft viel bedeutung hat.

9. Petrus ist nichte das Haupt der Christenheit. Huß saget: So es Christus ist/kan es S. Peter nicht sein.

10. Wenn Christi Vicarius oder Stadhalter Christum in der Lehre vnd Leben nachfolget/so ist er Christi Stadhalter. Wo er aber anderst lehret oder lebet/so ist er des Antichrists vorbot/Christo vñ Petro zu wider/Ja Judas Stadhalter. Huß saget: Das lehre ich. Da er das saget/sahe ein Cardinal den andern an/schüttelten die Köpff vnd lachten.

11. Alle Geitzhälß/vnd lästerliche Pfaffen halten nichts von den 7. Sacramenten. Huß antwortet: Dieser Artickel ist gestümpelt/vnd wie man das Buch auffschlug/befand sichs also.

12. Die Bäpstliche Würde/kommet von dem Keyser her. Huß saget: Ja/denn Constantinus hat die Lehr jhme geben/weltlicher weiß/sonsten kommet sie von Christo her. Do er das saget/fieng der Cardinal von Cammerach an vnd saget: Ist nicht auff dem Concilio Niceno dem Römischen Bischoff die oberste stell eingeraumet worden/welches hernach ehrentwegen Constantino ist zugeschrieben? Warumb nimmestu sie dann dem Concilio? Huß antwortet: Ich rede von dem der die schenckung gethan hat.

13. Es kan keiner ohne sonderliche offenbarung wissen/ob er ein Glied der Kirchen sey. Huß saget: Es ist war. Denn Christus saget Luc. 17 wenn jhr alles gethan habt/so sprecht/jhr seyd vnnütze Knecht gewesen.

14. Es kan keiner wissen/ob der Bapst sey zu einem Haupt der Christenheit von Gott erwehlet. Huß saget: das das war sey/ist klar aus dem Exempel Agnetis/die Bapst worden.

Des

Des Bapsts gewalt ist nichtig/ wo er nicht Christo vnd Petro gleich ist. Huß saget: Das gestehe ich/ vnd als er es erkleret/ sagten die Cardinäl/ wo stehet diese Gloß in deinem Buch. Huß antwortet: In dem Tractetlein wider Stephanum Paletz. Da sahen sie wider einander an vnd lachten.

15.

Der Bapst ist nicht der Allerheiligste/ weil er auff Petri Stuel sitzet/ sondern weil er grosse gaben hat. Huß saget: Das ist falsch Citirt/ vnd als man nachschlug/ fand sichs so/ dann es stund: Darumb ist der Bapst der heiligste/ weil er Christo nachfolgt in der Demut.

16.

Wenn die Cardinäl nicht tretten in den Fußstapffen der Aposteln/ so seind sie nicht rechte Nachkömlinge der Apostel. Huß saget: Ich gestehe es/ das ichs also gemeinet habe/ ob ichs wol in meinem Buch nicht mit solchen worten gesetzet. Da man seine wort aus dem Buch laß/ vnnd man kam auff die Wort (sondern sie/ die Cardinäl/ gehen nicht durch die Thür des Schaffstals/ welche ist Christus/ weil sie als Dieb vnnd Mörder anderswo hinein steigen) Da fieng der Cardinal von Cammerach an sein gewönlich Epiphonema dazu zusetzen/ vnd saget: Warlich die die Artickel haben zusammen geschrieben/ haben sie viel leichtlicher fürbracht/ als sie gefunden worden in dem Buch. Huß/ Huß/ du hast in deinen Predigten vnd Schreiben gar keine maß halten können. Soltestu dich nicht richten nach deinen zuhörern? Was hat es für einen nutz gehabt/ wann du bey dem gemeinen Mann auff die Cardinäl gescholten? Du hettest es jhnen sollen ins gesichte sagen/ Huß antwortet: Ehrwürdiger Herr Vater/ weil in meinen predigten Priester vnd gelerte Leut waren/ habe ich dieselben für den falschen Cardinälen warnen müssen. Der Cardinal saget: du thust aber vnrecht/ in dem das du der Christlichen Kirchen einigkeit gedenckest zuverstören.

17.

18. Man sol keinen Ketzer der weltlichen Obrigkeit ehe vberantworten/am Leben zu straffen/ehe dann die Christliche Kirche von jhm noch nicht hat geurteilet/ vnd jrrig befunden. Huß saget: Das ist gnugsam in meinem Buch erwiesen worden. Da man aber das Buch laß/ funden sie darinnen diese wort: Dann die/ so einen vnverhöret der weltlichen Obrigkeit vberantworten/ seind wie die Phariseer die da sagten/ sie dürffen keinen tödten/ vnd vberlieferten Jesum Pilato/ der nach den wort Christi / nicht so grosse Sünde / als die Phariseer begienge. Wie sie dis höreten/ war ein grosses getöß/ vnnd fragten Hussen: Wer ist den Phariseern gleich? Huß antwortet: Die einen vnschuldigen der weltlichen Obrigkeit vbergeben am leben zu straffen. Die Cardinal sagten: Nein/Nein/du redest hie von den Doctoribus. Besonders saget der Cardinal von Cammerach seinem gebrauch nach: Er hats vberall gröber in seinen Schrifften vnd Predigten gemacht / als man in die Artickel gesetzt hat.

19. Die Weltlichen sollen die Geistlichen dahin halten/ das sie jr ampt recht verrichten. Huß sagt: das ist billich.

20. Die Pfaffen haben den Kirchen gehorsam ohne einen einigen befehl oder Buchstaben der heiligen Schrifft erfunden. Huß antwortet: Man hat meine wort gestümmelt. Daß ich dreyerley gehorsam gemachet: Den Geistlichen/ der in Gottes Wort gegründet/vnd zu thun schuldig. Den Weltlichen den wir leisten sollen: Den Kirchen gehorsamb/ welchen die Pfaffen erdacht.

21. Wenn einer vom Bapst wird in den Bann gethan/ so mag er wol an Christum appelliren/ damit er sein Ampt verrichten/ vnd jhme der Bann nichts schaden kan. Huß saget: Dieses gestehe ich nicht / sondern ich habe mich in allen meinen Schrifften beklaget/ das ich keine verhör zu Rom bekommen können/ vnnd weil ich an ein Concilium als ein vngewisses

wisses ding/ zu der zeit/ nicht konte appelliren/ habe ich an Christum der höher ist/ meine Sach gelangen lassen. Darauff saget der Cardinal von Cammerach. Wiltu höher sein als Paulus/ der an den Römischen Keyser/ vnnd nicht an Christum appelliret? Huß saget: Wann ich gleich zu erst hette an Christum appelliret/ were ich dann darumb ein Ketzer? Vber das hat Paulus vber einer weltlichen vnnd nicht geistlichen sachen/ aus befehl Christi/ der saget/ fürchte dich nicht/ du must zu Rom vor dem Keyser stehen/ auff den Keyser sich beruffen. Do er das sagte/ lachten sie jn aus/ vnd liessen seine *formam der Appellation* lesen. Da sie aus war/ fragten sie jhn/ ob sie sein were/ Huß lacht vnd sagt: ja sie ist mein.

22.

Ein Sünder thut lauter Sünd/ vnd ein Christ/ Christliche Werck. Huß antwortet/ Was ist dis für ein Ketzerey/ der Cardinal von Cammerach saget: Stehet nicht geschrieben/ wir sind alle Sünder? Huß antwortet: Es ist war/ aber die Schrifft redet dort von Sünden/ welche können vergeben werden/ welche die Christlichen tugenden drengen/ aber nicht austreiben. Darauff fieng an *M. VVilhelmus Anglus/* vnd saget: Aber diese Sünd können gar nicht sein in einem Christen. Huß warff jm für den Spruch Augustini vber den 146. Psalm. Aber sie sagten/ es dienet nicht zu der sach.

23.

Wann ein Priester sein Ampt recht verrichtet/ sol er sich durch des Bapsts Bann/ von seinem Ampt nicht stossen lassen: sondern dasselbige Ampt trewlich verrichten. Huß sagt/ Das ist recht/ vnd ein solcher Bañ ist eins getrewen Christlichen Lehrers Segen. Wie? sagte die Bischoffe/ ist er ein Segen. Huß antwortet/ Ja/ denn es stehet geschrieben: Ich wil segnen/ die dich segnen/ vnd fluchen die dich verfluchen. Der Cardinal von Florentz sagt: Stehet doch in den Rechten: Man sol sich auch für einen vnbilligen Bann fürchten. Huß saget: Ich weis acht vrsachen/ warumb man sich für
ein

ein Bann fürchten solle. Seind ihrer nicht mehr? fraget der Cardinal weiter/ Huß antwortet: Es mögen ihrer wol mehr sein.

24. Ein jeglicher Priester/ wenn er geweihet wird/ bekompt den befehl/ das er sein Ampt verrichten sol/vnd keinen Bann nicht fürchten. Huß saget: Ich habe von einem vnrechten Bann geredet.

25. Der Römischen Kirchen zwang ist Antichristisch/ vnd von den Pfaffen erdacht/ damit sie alle/die ire schalckheit entdecken/verfolgen/vnterdrücken/ ausrotten. Huß sagt/ Es siehet nicht also von wort zu wort in meinem Buch. Vnd da man das letzte Capitel/vnd das 23.des Buchs *de Ecclesia* laß/ funden sie es hin vnd wider. Darumb saget der Cardinal von Cammerach. Was sage ich allzeit? Es stehet erger in seinen Büchern.

26. Man sol wegen eines Ketzers nicht einem gantzen Lande den Gottesdienst verbieten. Huß antwortet: Ist dann dis auch eine Ketzerey? Hat denn Christus seinen Jüngern/ wegen Johannes des Teuffers vnnd seiner/ auch den Gottesdienst verbotten?

27. Wenn ein Bapst/ Bischoff oder Prelat in Todsünden ist/ so ist er weder Bapst/ Bischoff noch Prelat. Huß saget: Das lehre ich nicht allein/sondern es habens gethan Augustinus/ Hieronymus/ Chrysostomus/ Gregorius/ Cyprianus/ Bernhardus. Vnd wie wenig ein Keyser vor Gott ein Keyser ist/wenn er sich in Todsünden welzet/ als auch ein Bapst. Weil sie dis vorhatten/ sahe der Keyser mit dem Pfaltzgraffen vnd Burggraffen von Nürnberg zu eim Fenster hinaus/ redet von Hussen/ vnnd saget er were der ergeste Ketzer. Do aber Huß das hatte gesaget/ liessen sie den Keyser holen/ vnd Hussen seine wort repetirn. Wie er es gethan/

gethan/Antwortet der Keyser: Nemo sine crimine vivit. Das ist: Wir sind alle gebrechliche Menschen. Aber der Cardinal von Cammerach saget zornig: Ist es dir nicht gnug gewesen/das du den Geistlichen Stand durch deine Schrifften vñ Predigten gedachst vnterzudrücken/du hast dich auch vber den weltlichen machen müssen? Paletz saget: Was? solt ein solcher nicht ein König sein? Wolt doch David seine händ nicht an den Gottlosen König Saul legen/weil er ein gesalbter des HErrn war. Huß saget: Was schreibet denn Cyprianus? Der ist nicht recht ein Christ/so er nicht Christlich lebet. Paletz antwortet: Sehet wie nerrisch er ist/darff anzihen das sich nicht reumet vñ wol weis das ein König sey ein Namen eines Ampts/vnnd ein Christ ein Namen eines verdiensts. Huß saget: So Johannes der 23. ist ein rechter Bapst gewest/warumb habt jhr jhn abgesetzet? Der Keyser sagt: Ja es sein die Cardinäl der meinung/das er ein rechter Bapst gewesen/aber abgesetzet worden/wegen seiner grossen mishandlung.

28. Die gnade der ewigen versehung zu dem ewigen Leben ist das band/so die Christliche Kirch eignet. Huß saget: das ist recht.

29. Der Bapst so Gottlos/ist ein Dieb vnd Mörder wie Judas vnd nicht ein Haupt der Kirchen.

30. Gottlose Cardinäl vnd Bischoffe seind reissende Wölffe. Huß saget: Ich habe es nicht so schlecht geschrieben/vnd do man es verlesen/stund ein feister mit Seyden bekleydter Mönch auff vnd saget: Ihr Väter gebet wol achtung/das euch der Huß mit betriege. Denn ich habe mit jm dauon geredet/vnd gesaget das/wenn er also geredet/so were es recht/jetzt hat er mein meinung in sein Buch geschrieben. Huß antwortet: Sihestu nicht/das das Buch geschrieben gewest/ehe ich gen

gen Coſtnitz kommen/vnd das es recht ſey/beweiſet der Bapſt
Johannes der 23. Da er das ſaget / ſahen die Cardinäl einander an/ vnd ſagten: Iſt er doch ein rechter Bapſt geweſen.

§1. Der Bapſt ſol nicht genennet werden/ der allerheiligſte / auch nicht wegen ſeines Ampts / anders müſte man die
Könige / ja Hencker/ vnd Teuffel heilig heiſſen. Huß ſaget:
das wird man anderſt (wie dann hernach geſchahe) finden.

§2. So der Bapſt Chriſto zu wider lebet/ wenn er ſchon
richtig iſt erwehlet worden / ſo ſteiget er doch anders wo in
den Schaffſtal Chriſti / vnd kommet nicht zur rechten Thür
hinein. Huß ſaget: Das hab ich gelehret. Paletz antwortet: Sehet nur wie nerriſch vnd vnſinniger iſt: Er lehret
Judas ſey von Chriſto zum Apoſtel erwehlet worden/ vnnd
ſey dennoch anderswo als durch die Thür des Schafſtalles
hienein kommen. Huß antwortet: Das kan wol war ſein.
Paletz ſaget: Kan nicht einer ordentlicher weiß zu einem
Bapſt erwehlet worden/vñ Chriſto zu widerleben/ Aber deswegen ſteiget er nichts anders wo hinein? Huß antwortet:
Ich ſage noch/ welcher Biſchoff oder Bapſt des Intents iſt/
das er durch Gaben in ſein Ampt kommen/ vnd darinnen in
wollüſten/ ſtolz vnnd hoffart leben möge/ der ſteiget in den
Schaffſtall/ iſt ein Dieb vnd Mörder.

33. Man hat die 45 Artickel Wiclephs vnrecht verdam-
met/ es haben auch die Doctores falſch geurtheilet/ das ſie alle Ketzeriſch/ irrig vnd ergerlich weren. Huß ſaget: darauff
hab ich zuuor mich gnugſamlich erkleret. Da aber der Cardinäl von Cammerach ſaget: Ich habe gemeint/ du wolleſt
des Wiclephs Irrthumb nicht vertedigen. Jetzt ſehe ich/ das
du ſie offentlich lehreſt. Huß antwortet: Ehrwürdiger Va-
ter/ Ich habe es geſazet/ doch mit der bedingung/ das ich
mit guten gewiſſen ſeine Lehr/ ſo recht iſt/ nicht verwer-
ſen kan.

Es

Es ist einer nicht darumb ein Bapst / wenn er von den Cardinäln erwehlet wird / sondern wann an jhme erfunden / was man an einem Bapst suchet. Huß saget: das es war sey / sihet man an der Agnes die zum Bapsthumb erhöhet / vnd Johannes geheissen worden. 34.

Ein erwehlter Bapst / ist nicht ein Haupt der Kirchen. 35.

Es ist nicht von nöten / das man ein Haupt der Christenheit in geistlichen sachen habe. Huß saget / das ist war / daß was solt dis für ein gleichnis sein: Gleich wie der Böhmische König ist ein Haupt der Böhmen / also der Bapst der Christenheit / weil Christus das Heupt sey 36.

Christus könte wol durch seine rechte Jünger / ohne solche vngehewre Köpffe sein Kirche regieren. Huß approbirets. 37.

Petrus ist nicht gewest ein Haupt der Christenheit / viel weniger sol es der Römische Bapst sein. Huß saget: Ob es wol war ist / so stehet doch der letzte punct nicht in meinen Schrifften. 38.

Die Apostel vnd jre Jünger haben die Kirche regieret ehe ein Bapst auff der Welt gewesen / das würden sie auch thun wenn gleich keiner wer. Da sagten die Cardinäl / sehet der Huß ist ein Prophet. Huß saget / das es war sey erweiset jr mit ewrem Exempel / dann jhr habt jetzt kein Bapst / noch dennoch sagt jr / das jhr die Kirchen regiret. 39

Da nun diese neun vnd dreißig Artickel / von welcher wegen / Huß als ein Ertzketzer ist verbrennet worden / verlesen waren / fieng der Cardinal von Cammerach also an zu reden: du hast / Johannes Huß / gehöret / wie schwer vnd sehr / auch wie offt du geirret. Nun stehet dir zu / dich zubedencken / was du thun wollest. Zween wege werden dir von dem Concilio gewiesen / auff deren einen mustu bleiben. Erstlich soltu dich dem Concilio vnterwerffen / vnd was durch einhelliger Stimm beschlossen würd / das soltu gedültig tragen. *Des Cardinals Cammerachs red zu Hussen.*

Wo

Wo du das thun wirst/wollen wir wegen des Allergnedigsten Römischen Keysers/hie entgegen/vnd wegen jhrer Mayst. vielgeliebten Herrn Bruders Böhmischen Königs ehr/auch deines selbst eigen heils vnd wolfahrt/mit gebürender freundtigkeit/vnd geneigten willen/gegen dir verfahren. Wo du noch etliche Artickel/so gelesen worden/gedenckest zu vertedigen/sol es dir nicht gewehret werden. Aber bedencke dich/du sihest allhie so hoch erleuchte Männer/die so wol gegründte Argumenta wider dieselbe werden fürbringen/das ich gewis Glaub/du werdest darauff nicht gnugsam können antworten/vnd so du es thust/das es dir zu deinem höchsten schaden gereiche. Dieses sag ich dir nicht als ein Richter/sondern als ein guter freund/der dich warnet. Dieses haben auch fast alle Cardinäl gethan/vnd Hussen gewarnet/denen er vnterthenig geantwortet.

Hussen antwortung.

Ehrwürdige Väter/ich habe offt gesaget/das ich frey sey heraus kommen/nicht das ich etwas halsstarrig wolle verfechten/sondern wann ich recht vnterwiesen werde von euch zu lernen. Derhalben bitte ich jhr wollet mich weiter hören/mein Gemüt zu entdecken/dann wo ich nicht die Sach werde gnugsam erweisen/wil ich gerne euch folgen/vnd ewre vnterweisung annehmen.

Do er das geredet/sagtē etliche mit grossem geschrey: Sehet/wie listig er redet/er saget ein vnterweisung/nit ein reformirung/oder end Vrteil. Ja/saget Huß/wie jhr wollet/ein vnterweisung/reformirung oder Endvrteil/ dann ich ruffe Gott zum Zeugen an/das ich von hertzen rede. Darauff sagt der Cardinal von Cammerach. Wenn wiltu dich dem Concilio vnterwerffen? das ist von 50. der H. Schrifft Doctoribus/derer etliche sind weggezogen/an welcher stell die von Pariß kommen sein/beschlossen worden/vnd von keinem in dem gantzen Concilio widerredet/Erstlich/das du dich dem Concilio

Des Cammerachs gemein.

Hussiten Krieg.

Concilio vnterwerffest/ mit demütigem hertzen/ das du geirret hast/ bekennest. Zum andern/ das du verschwerest/ solches wider zu lehren/ oder zu glauben. Letzlich/ das du sie alle widerruffest.

Als solches jhr viel riehten/ saget Johann Huß: Ich sage noch ein mal/ich wil mich vnterweisen lassen. Aber ich bitt darneben vmb Gottes willen/ das jhr mich nicht zu einem ding zwinget/das ich nicht thun kan/beydes wegen meines gewissens/ vnd auch der ewigen straff/die ich mir auff den halß lüde/wo ich alle diese Artickel vertedigte. Dann ich habe in dem *Canone* gelesen/ verschweren ist nichts anders/ als den vorigen Irrthumb verlassen: Weil derhalben ich vieler jrrthumb beschüldiget bin/ die ich niemals gelehret/ wie kan ich sie verschweren? Die aber mein sein/ kan ich nicht verlassen/ es sey denn sach/ jhr vnterweiset mich eins bessern. *Hussen antwort.*

Da fieng der Keyser an vnd saget: Warumb kanstu nicht ohne gefahr alle Irrthumb verschweren/ ob sie dir wol durch falsch gezeugnuß seind zugeleget? Ich wolte alle Jrrthumb verschweren/vnd man konte nicht draus zwingen/das ich falsch gelehret hette? Allergnedigster Keyser/ saget Huß/ E.K.M. nemen das wort verschweren anders auff/ als es gebraucht wird. Da das der Cardinal von Florentz mercket/ sagt er: Es sol dir geschrieben/ eine geringe vnd leichte form gegeben worden/ darumb bedencke dich/ ob du sie wilt annemen. Der Keyser saget auch: Du hast einmal gehöret/ das dir zween weg gewiesen sind: Erstlich/ das du von deiner verdampten Lehr abstehest/ dem Concilio dich vnterwerffest/ welches dir wird zu statten kommen. Wo du aber fortferest/ dein meinung zu beschützen/werden sie wol wissen/ wie sie mit Recht gegen dir verfahren sollen. Huß antwortet: Ich schlage nichts aus/ was von dem Concilio wider mich beschlossen wird werden. Allein das begere ich das jhr mein Gewissen *Der Keyser redet mit Hussen.*

P   frey

frey lasset/vnd mich ferner/besonders von der Geistlichen ho=
heit höret reden. Da man jhme aber das andere wider vor=
hielt/vnd er auff seiner meinung steiff beharret/ sagt der Key=
ser: Du bist alt gnug/verstehest wol/was ich heut vnd gestern
gesaget habe. Wir müssen dem gezeugnuß glauben/ weil in
zweyer oder dreyer Mund alle Warheit bestehet/ wie viel
mehr in so viel hoher Männer. Bistu klug/so nim von dem
Concilio die Buß auff vnd an/vnd verschwere die Artickel/
wo nicht/wissen sie schon/ was zu thun sey. Da fieng ein al=
ter Bischoff aus Polen an: Wir wissen wol/wie man mit
Ketzern sol vmbgehen. Huß saget/erweiset/das ich falsch leh=
re: Sihe/sagten die andern/wie halsstarrig er ist.   Da auch
einer saget/man solt jn nit schweren lassen/weil er sagt: Der
Mund/aber nicht das Hertz schwüre/ Antwortet Huß: Das
ist mir felschlich zugeleget worden.

        Da sie nun dessen viel hetten zugebracht/welches doch
alles ein Geigen war/ schweig jederman still. Da entschul=
digten sich M. Stephan Paletz/ vnd M. Michael de caulis,
das sie solches aus keiner feindschafft gethan hatten/ sondern
wegen jhres Eydes/ das sie geschworen wie sie geistlich wor=
den sind. Huß saget. Ich befehl es alles Gott. Da fieng der
Cardinal von Cammerach an: Wir alle können vns alle nit
gnugsam verwundern vber die Gottesfurcht/vnd freundlig=
keit dieser Männer/ die sie wider diesen in den Artickeln er=
weiset haben/welche viel gröber in seinen Büchern stehen.

Huß ward weggeführet vnd vber jn vom Kayser das Vrteil gefellet

        Nach diesem liessen sie Hussen wegführen. Da fieng
der Keyser an vnd saget: Was dieser Mann für Irrthumb
gelehret hat/habt jhr Väter des Concilij gehöret/welche alle/
nach meinem verstand/Ja ein jglicher des Todes würdig ist.
Wird er sie nicht verschweren/ so last jhn verbrennen/ ver=
schweret er es/ so lasset jhn auff kein Cantzel mehr kommen/
auch

auch nicht in das Land Böhmen/ denn er wird seinen Irrthumb nicht verlassen/ sondern durch hülff der seinigen/ noch mehr Artickel aussehen. Darnach meine ich/ man sol seine Artickel widerleget in Böhmen vnd Polen schicken/ mit dem befehl/ das man sie ausrotte/ vnnd also diese schedliche Lehre gantz vertilge. Letzlich mus man seine anhenger/ besonders Hieronymum/ ernstlich straffen. Da der Keyser dieses sagte: antworten sie: Wenn man den Lehrmeister straffet/ wird es der Jünger schon wolfeiler geben. Da sie dis gesaget/ giengen sie davon.

Den siebenden tag gemeldes Monats/ schickt der Keyser die vier obgemelte Bischoffe/ neben Herrn Chlum vnnd Wenceslao von Duben/ zu Hussen/ zu erfragen: Ob er diese Artickel/ so schon beweiset/ wolte halsstarrig beschützen/ oder gutwillig verschweren. Als sie aber in das Convent der Barfüsser Mönche kommen/ vnd Huß herfürgebracht/ fieng der Herr von Chlum also anzureden: Lieber Herr Magister/ wir/ als vngelerte Leyen/ können euch in der Sach kein Rath geben. Ihr müsset wissen/ was euch zu thun ist. Ob ihr dieser Irrthumb/ welcher wege euch das Concilium anklaget/ euch bewust seid oder nicht. Seyd jhr schuldig/ so beschewet euch nicht zu weichen/ vnd den Irrthumb zuverlassen. Ist aber ewer gewissen ewer vnschuld ein zeug/ schawet zu/ das jr wider euch selbsten nicht etwas thut/ vor Gottes Angesicht zu eim lügner werdet/ oder zulasset/ das euch eher die Warheit/ als das Leben genommen wird. Darauff fieng Huß an bitterlich zu weinen/ vnd saget: Wolgeborner gnediger Herr/ Gott sey mein Zeug/ so ich was wüste/ dz ich wider das Wort Gottes oder die rechte Kirchen gelehret hette/ geprediget oder geschrieben/ so wolte ich gerne weichen/ vnd revociren. Ja ich begere noch heut zu tage besser aus heiliger Schrifft vnterweiset zu werden/ wo sie auch eine bessere

Lehr

lehr/ als ich bishero gehabt/ haben/ vnd solche erweisen/ wil ich gerne von dieser abstehen/ vnd die andere von hertzen annehmen.

  Da er dieses redet fieng einer an: Sihe da/ wiltu gelehrter als das gantze Concilium sein? Darauff Huß: Ich bitte euch vmb Gottes willen/ gebet mir einen/ auch den geringsten aus dem Concilio/ der mich aus Gottes Wort ein anders lehret/ Ich wil ihme gerne beyfall geben/ geschweig dem gantzen Concilio. Darauff die Bischoff: Sehet nur wie er in seiner Ketzerey so halsstarrig ist. Da dieses vollzogen/ giengen sie hinweg/ befohlen den Hussen in das gefengnüß zu werffen.

Das XIX. Capitel.

ES hat aber gedachter Huß sonderliche Brieff/ so wol zu lesen/ Böhmisch in sein Vaterland geschrieben/ diese sein von andern wol verteutschet worden. Darumb ich sie dem günstigen Leser hieher setzen wollen/ wie es von ihnen vertiret ist.

Copia des ersten Sendbrieffes
M. Iohann Hussij.

Sendschreiben Hussen an seine Böhmen aus dem gefengnuß.

ICh M. Johann Huß/ in der hoffnung/ das ich Gottes Diener sey/ wüntsche allen gleubigen Böhmen/ so Gott von hertzen lieb haben/ die gnade Gottes. Ich habe daran gedacht/ meine liebe Brüder in Christo/ das es von nöten sey: euch zuerinnern/ das ihr nach dencket/ wie meine Bücher/ so ich Böhmisch geschrieben/ im Concilio zu Costnitz/ welches wol Hoffart/ Geitz/ vnd allerley grewel ist/ vor Ketzerische Bücher verdampt sein/ die man doch weder gesehen noch

noch geleſen hat/ vnd ob man ſie ſchon geleſen/ hette ſie doch
niemand verſtanden.   Dann auff dieſem Concilio ſind eitel
Wahlen/Frantzoſen/Spanier/ Engellãnder/Teutſche/vnd
anderer Sprachen Leut/ Es were dann das es Biſchoff Jo=
hann Lytomyſtius verſtanden hatte/ der in derſelbigen ver=
ſamlung war/ ſampt etlichen andern Bo̊hmen vnd Pfaffen
von Prag/die am erſten geſchendet vnd verklaget haben bey=
des Gottes Warheit/ vnd vnſer Bo̊hmer Land/ welches ich
doch achte/vnd zu Gott trawe/das es voll frommer Chriſten
ſey. Sintemal man Gottes Wort/vnd alle Erbarkeit lieb
vnd werd darinnen helt. So jhr nun ſelbſt zu Coſtnitz gegen=
wertig geweſt weret/ wurd jhr ſolche/ des Concilij (das heilig
geheiſſen vn̄ dauor wil gehalten ſein/als kõnte es nicht jrren)
grewel vnd ſchendliches weſen geſehen haben. Dann auch die
Schwaben ſelbſt/ wie ich von jhnen geho̊rt habe/ ſagen/ das
jhre Stad Coſtnitz in dreißig jahren ſolche Sünde alle nicht
wider verſo̊nnen ko̊nnen/welche in dieſem Concilio ſchendlich
begangen ſind/ In ſumma jederman ergert ſich an ſolchem
Concilio/vnd thut den Leuten weh/ das es ſo ſchendlich alles
zugehet. Da ich am erſten in ſolchem Concilio fürſtunde/
das ich mich verantwortet wider meine Widerſacher/ vnd
ſahe/ das es ſo gar ohne alle Ordnung zugienge/ vnnd ſo
ein gros getümmel vnd geſchrey vber mich war/ ſprach ich:
Ich hette mich verſehen/es ſolte in dieſem Concilio ehrlicher/
beſſer vnd ordentlicher ſein zugangen.   Da fuhr mich der
oberſte Cardinal an vnd ſprach: Leſſeſtu dich hier alſo ho̊=
ren? Im Schloß haſtu beſcheidener geredet. Aber ich ſprach
zu jhm: Im Schloſſ war kein ſolch geſchrey vber mich. Jetzt
aber ſchreyet jhr allzumal. Weil nun ſo gar keine ordnung
in dieſem Concilio gehalten/ vnd mehr arges dann gutes da
rinnen angerichtet/ ſo laſt euch nu/meine liebe Chriſten/ vnd
Brüder/ das Vrteil nicht erſchrecken/ das wider meine

P iij   Bücher

Bücher ergangen ist. Ihr werdet sehen vnd erfahren/ das sie werden zerstrewet werden wie die Motten/ vnd ihr Lehr vnd Vrteil bestehen/ wie die Spinnweben. Sie versuchten wol an mir/ ob sie mich von der Warheit Christi könten abschrecken/ aber sie konten Gottes stercke in mir nicht vberweltigen. So haben sie es nie wagen dörffen/ das sie sich in der H. Schrifft mit mir hetten eingelassen/ wie solches etliche wolgeborne herrn/ Herr Wenzel von Dueben/ vnd Herr Johann von Chlum/ (dann diese zween hat Keyser Sigismund mit in das Concilium gelassen) zeugen werden/ welche vmb der Warheit Christi bewogen/ alle schmach zu leiden willig worden/ vnd bey mir gestanden. Darnach da ich saget/ ich wolte mich weisen lassen/ so ich etwan geirret hatte/ haben ehgedachte Herrn gehöret/ dz der oberste Cardinal geantwortet hat/ vnd gesaget: Wiltu dann dich weisen lassen/ so mustu zuuor alle deine Lehr widerruffen/ wie die funfftzig *Doctores Theologiæ* (es waren tolle Sophisten) solches werden vorsagen. Wie düncket euch vmb das? Heist das nicht vnterrichtet. Eben auff diese weiß lesen wir von der heiligen Jungfrawen Catharina/ da sie die Warheit/ vnd den Glauben an Christum verlaugnen solt/ darumb das funfftzig Meister wider sie stunden. Aber die fromme Jungfraw wolte nicht/ sondern hielt an dem Glauben Christi bis an den Tod/ vnd bekerete noch dieselben funfftzig Meister zum glauben. Ich aber konte diese nicht bekeren. Dieses alles/ lieben Brüder/ habe ich euch darumb schreiben wollen/ das ihr wisset/ das man nit mit heiliger Schrifft noch ander gebärlicher weis/ sondern allein mit schrecken/ vnd drewen an mich gesetzt hat/ das ich widerruffen sol. Aber der barmhertzige Gott/ des Wort ich herrlich vnnd gros geachtet habe/ ist bey mir gewesen/ vnd noch/ vñ wird auch ferner bey mir sein/ wie ich das vertrawen zu ihm habe/ vnd mich mit seiner gnade erhalten/ bis in den Tod.

Catharinen der Jungfrawen bestandhafft wird gepreiset.

Tod / Amen. Geben am Mitwoch nach *Iohannis Baptistæ* im Gefengnüße / da ich des Todes warte / wiewol Gott sein Vrteil so heimlich helt / das ich nicht sagen darff / das dieses mein letztes schreiben sey. Denn der allmechtige Gott kan mich noch wol erretten / Amen.

Copia des andern Sendbrieffes.

JCh M. Johann Huß / in der hoffnung das ich Gottes Diener sey / wünsche allen glaubigen die Gott vnd sein Wort lieben / erkentnüß der warheit vñ die gnade Gottes. Lieben Brüder / ich habe euch vermanen wollen / das jhr euch nicht dafür entsetzet noch erschreckt / das meine Widersacher meine Bücher zuverbrennen beschlossen haben. Sondern dencket / wie solches dem Propheten Jeremie von seinem Volck auch begegnet / vnd dennoch seine Predigten damit nit sind vnterdrucket. Dann als sie es verbrennet hatten / gebot Gott / das man es wider vnd völliger schreiben solt / wie dann geschehen. Dann als er der Prophet Jeremias im gefengnüß lag / hatte er seine Schreiber Baruch bey sich / der solche Predigten aus seinem Munde wider verzeichnet / wie man dann liefet in der Prophecey Jeremie entweder am 35. oder 45. Capitel. So stehet auch im Buch der Maccabæorum / wie man die Bibel verbrennet / vnnd die / bey denen mans gefunden / erwürget hatte. Dergleichen findet man auch in den Historien / das die Tyrannen nach Christi Geburt die Heiligen sampt den Büchern verbrennet haben. Item etliche Cardinäl haben viel Bücher S. Gregorij verbrennet / vnd hetten gar keines vbergelassen / wo es nicht Gott durch Petrum den Diener Gregorij verhütet hette. Item / den heiligen Lehrer Chrysostomum haben zwey Concilia als ein Ketzer verdammet / vnd dennoch ist jhr falsches Vrteil nach absterben des heiligen Mannes zu letzt an tag kommen.

Solche

Solche historien lasset euch eine warnung sein / das ihr nicht aus furcht meine Bücher entweder nicht leset / oder meinen Widersachern zuverbrennen gebet / sondern dencket an das Wort vnsers Seligmachers / vnd stercket euch damit / do er saget Matth. 24. Es wird für dem Jüngsten tage ein groß trübsal sein / als auch nit gewesen ist von anfang der Welt / bis hieher / vnd als auch nicht werden wird. Das wo es müglich were / auch die ausserwehlten verführet würden in Irrthumb. Aber vmb derselbigen willen werden die tage verkürtzet werden. An diese vermanung dencket lieben Brüder / vnd seyd vnerschrocken / denn ich trawe zu Gott / das des Antichrists Stuel sich vor euch fürchten / vnd euch wol zu frieden lassen wird / vnd das Concilium zu Costnitz wird schwerlich bis in Böhmen kommen. Vnd ich acht es sein ir viel darauff / welche eher sterben werden / ehe sie meine Bücher euch nehmen. Ja sie werden von diesem Concilio / wie die Storchen / hin vnd wider verjagt werden / vnd im Winter erfahren / was sie im Sommer gehandelt haben. Sehet sie haben jr Haupt den Bapst vmb etlicher grewlicher Sünde willen zum Tod vervrteilet. Wo sind nu des Bapsts Prediger? Lasst sie hie zu antworten / die auff der Cantzel schreyen: der Bapst sey ein Gott auff Erden / er möge das heilige nicht verkauffen / als die Juristen sagen: Er sey das Haupt der H. Christlichen Kirchen / dann er regiere sie / Er sey das Hertz der Christlichen Kirchen / dann er mache sie geistlich lebend / Er sey der Brunne / do alle tugend vnd alles guts aus quelle / Er sey die Sonne der heilige Christlichen Kirchen / Er sey der einige Schatz / dazu alle Christen ein zuflucht haben sollen. Sihe / dis Haupt ist durchs Schwert abgehawen / der jrrdische Gott ist gebunden / vnd seine Sünd sind offenbar am tage / Dieser Brunn ist verstegen / diese Sonne ist erloschen / das Hertz ist aus dem Leib gerissen / vnd weg geworffen / das niemand hinfort

Hußiten Krieg.

fort kein zuflucht zu jhme haben sol. Sie haben den Bapst auch darumb im Concilio verdampt / das er Ablaß / Bistumb / pfründen / vnd dergleichen vmbs Geld verkauffet hat. Aber viel sind an solchem Vrteil gesessen / die selbsten vom Bapst dergleichen erkaufft / vnd andern verkaufft haben. Deß Bischoff Lystomystius (der auch verhanden) hat zweymal das Bipsthumb zu Prag kauffen wollē / aber andere sind jhm zuuor kommen. Sind nun das nicht entwichte Buben? den Balcken zihen sie nicht aus jhren augen / so doch jhr eigen Recht saget: Wer ein Prelatur mit Geld erkauffet / dem sol sie genommen werden. Es kauffe nun oder verkauffe oder handele darzwischen wer da wolle / sollen sie öffentlich verdammet sein. Auff diese weis / verdammet vnd verbannet Petrus den Simon / da er wolt vmb Geld den Heiligen Geist kauffen. Darumb ists hie in diesem Concilio so ergangen / das der Bapst darumb verdampt vnnd verbannet ist worden / das er solch Kauffmanschafft getrieben hat. Sie aber / die es von jhm gekaufft / vnnd solche handlung geschehen lassen / gehen ledig aus. Ja eben im Concilio sind sie mit solcher Gremplerey vmbgangen. Denn hie zu Costnitz sind jrer zween / der eine hat sein Bistumb verkauffet / ein ander hats kaufft / der Bapst aber hat Geld von beyden genommen / vnd solchen kauff bestetiget. Dergleichen wisset jhr das es in Böhmen auch geschicht. Wolte aber Gott das in solchem Concilio Gott gesagt hatte: Wer vnter euch ohne Sünde ist / der felle das Vrteil wider den Bapst Johannem. Es würde ohne zweiffel einer nach dem andern sich ausgedrehet haben. Warumb haben sie für dieser zeit sich für jhme gebeuget? Jhme sein Fuß geküsset / vnnd den allerheiligsten geheissen? Weil sie doch gewust vnd gesehen haben / das er ein Ketzer vnd Mörder / ja verdampter Sünder were / wie sie solches alles öffentlich auff jhn gebracht haben. Ja warumb haben die Cardinäl ein solchen erwehlet / da sie

Q

wusten /

wusten/das er den vorigen Bapst hatte vmbbracht? Warumb haben sie es jhm gestattet/da er schon Bapst war/so ein Kauffmanschafft mit den Heiligen anzurichten/vnd zu treiben? Dann darumb sie ja seine Räthe sind/das sie jhme das beste sagen/vnd dazuhalten sollen/weil sie es aber nit thun/ seind sie eben so wol schuldig als er. Sonderlich aber/weil sie jhm selbsten zu vielen geholffen haben/Warumb hat jht keiner jhme solches ehe dann das Concilium angangen/fürwerffen dörffen? Sondern als dem allerheiligsten gehorchet: Nun aber weil das weltliche Regiment/aus schickung vnnd verhengnuß Gottes/jhn gefenglich hatte angenommen/helffen sie alle aneinander/das man jhn tödt. Ich meine ja/man sehe an Bapst vnd andern auff diesem Concilio/das des Antichrists grewliches schendliches wesen an tag komen sey/vnd die fromme Christen werden ohne zweiffel jetzt verstehen/was Christus damit gemeinet habe/do er saget: Wenn jhr sehen werdet den Grewel der verwüstung/dauon Daniel gesaget hat Matth. 24. Wer das lieset der mercke darauff. Ich meine ja die vber grosse hoffart/Geitz vnd Simoney sey der rechte grewel der verwüstung vnter den Prelaten/da man weder frömmigkeit/noch demut/vnd ander tugend spinnen kan. Ich hette gute lust/wenn ich zeit gnug hette/das ich euch diese Schalckheit vnnd büberey alle schrieb/die ich jetzt vnter den Leuten erfahren habe/das sich die frommen Christen desto bas wüsten zu hüten/aber **Ich trawe zu Gott/er werde**

Prophecey **nach mir andere erwecken/die es statlich thun werde/**
Hussen. wie dann schon etliche sind/die des Antichrists büberey klar an tag bringen/vnd jhr leben in den Tod vmb der Warheit vnsers HErrn Christi willen gerne geben werden/welcher HErr Christus mir vnnd euch das ewige Leben wird geben/ Amen. Gegeben am Tage *Iohannis Baptistae*. Im gefengnuß

vnd

vnd in Ketten / mit den gedancken das der H. Johannes im
gefengnuß / vmb das Wort Gottes willen geköpfft worden.

Copia des dritten Sendbrieffes.

Jch M. Johann Huß / in der hoffnung / das ich Gottes
Diener sey / wunsche allen glaubigen Böhmen / die
Gott lieben / das sie in der Gnade Gottes leben vnnd
sterben / vnd endlich ewig selig werden / Amen.
Jhr gewaltigen / Reichen vnd Armen / ich bitte euch / vermane
auch / das jhr Gott gehorsam seyd / sein Wort gros achtet / vñ
darnach auch lebet. Ich bitte euch / das jr bleibet in der War=
heit Gottes / welche ich euch aus seinem wort vnd den heiligen
Lehrern geprediget vnd geschrieben habe. Ich bitte auch so
jemand vnter euch in der öfentlichen Predigt / oder sonsten
von mir was gehöret / oder in meinen Büchern was gelesen
hat / das der Warheit Gottes entgegen / das ers nicht wolle
annemen / wiewol mir nichts bewust ist / das ich irgend solches
geschrieben oder geredet hette. Ich bitte auch so jemand eine
leichtfertigkeit an meinen worten oder wandel jemals ge=
mercket hat / das er mir solches nicht nach thue / sondern Gott
für mich bitte / das er mir solche leichtfertigkeit zu gut halte.
Ich bitte das jhr die Priester / welche sich ihrem Stande nach
wolgehalten / lieb vnnd werd haltet für ander / sonderlich
aber die in Gottes Wort arbeiten. Ich bitte euch / hütet euch
für den bösen / sonderlich aber für den Gottlosen Pfaffen / do
der HErr von gesaget hat / das sie in Schaffskleidern einher
gehen / inwendig aber sind sie reissende Wölffe. Ihr Herrn /
ich bittet euch fahret schön mit ewren Vnterthanen / vnd hal=
ter gut Regiment. Ihr Bürger ich bitte euch / das ein jeder
in seinem Stand so lebe / das er ein gut gewissen dabey habe.

*Das dritte Sendschrei=
ben Hussii.*

Q ij   Ihr

Ihr Handwercker / ich bitte euch / arbeitet trewlich / vnd gewinnet ewre nahrung mit Gottes furcht. Ihr Knechte ich bitte euch dienet trewlich ewren Herrn. Ihr Schulmeister / ich bitte euch / lasset euch die Jugend befohlen sein / das jhr ein Erbar Leben führet / vnd sie fleissig vnd trewlich lehret / Zum ersten das sie Gott fürchten vnd für augen haben / darnach sie mit allem fleiß studirn / nicht vmb Geitz oder zeitlicher ehre willen / sondern Gott zu ehren / dem gemeinen nutz zu gut / vnd jhnen selbst zur Seligkeit. Ihr Studenten in der Universitet zu Prag / vnd alle andere Schüler / ich bitte euch / seyd ewern Magistern gehorsam in allem das chrlich vnnd löblich ist / vnnd folget jhren guten Wandel / vnd Studiret fleissig / auff das GOttes ehre durch euch gemehret / vnd jhr sampt andern Leuten dadurch gebessert werdet. Zu letzt bitte ich euch alle / das jhr den Wolgebornen Herrn / Herrn Wentzel von Duben / vñ Johann von Chlum / Herrn Heinrich Blumblaw / Herrn Wilhelm Hasen / Herren Niclaß vnd andern Herrn aus Böhmen / Mähren vnnd Polen fleissig dancket / vnd euch jhren fleis gefallen lasset / daß sie haben sich mehrmals wider das gantze Consistorium gesetzt / vnd die Warheit Männlich vertediget / vnd mit aller macht an sie gesetzet / mich ledig zu machen. Insonderheit Herr Wentzel von Duben vnd Herr Johann von Chlum denen möget jhr wol glauben geben / in allem bericht / daran sie von dieser handlung thun werden. Dann sie sind etlich viel Tag dabey gewesen / da ich mich vor dem Concilio verantwortet habe / vnnd wissen / wer die Böhmen sind / die mich so vnbillig vnd beschwerlich haben anzeben / vnd wie die gantze versamlung wider mich geschryen / vnd ich auff alles geantwortet habe / das man gefragt hat. Ich bitte euch auch / das jhr mit ernst für den Römischen vnd ewren König sampt seinem Gemahl ewer Königin Gott bittet / das der Barmher-

tzig

tige Gott bey jhn vnd euch hie vnnd dort ewig sey / Amen. Diesen Brieff habe ich geschrieben im Gefengnüß / an den Ketten / vnd harre Morgendes tages des Vrteils vom Concilio / das man mich verbrennen sol. Ich habe aber ein gantzes vertrawen zu Gott / er werde mich nicht verlassen / noch zugeben / das ich seine Warheit verlaugne / oder die Irrthumb durch das verschweren bekenne / die durch falsche Zeugen mir mit vnwarheit seind zugemessen. Wie freundlich aber Gott mein HErr mit mir handele / vnd in wunderlichen anfechtungen bey mir stehe / werde ich dann erfahren / wenn wir in die frewd des künfftigen Lebens durch die hülffe Christi wider einander sehen werden. Ich höre von meinem lieben gesellen M. Hieronymo nichts / dann das er schwerlich gefangen lige / vnd des Todes gewartet gleich wie ich vmb des Glaubens willen / den er gegen die Böhmen redlich bewiesen hat. Aber sie die Böhmen vnsere ergste feinde / haben vns in anderer feind gewarsam vnd gefengnüß gegeben. Ich bitte euch / bittet Gott für sie. Vber dis bitte ich euch zu Prag sonderlich / das jhr die Kirche zu Bethlehem (also genandt) lieb habt / vnd fleiß ankeret / als lang Gott gnad dazu gibet / das Gottes Wort darinnen geprediget werde. Dann der Teuffel ist derselbigen Kirchen sonderlich feind / vnd hat dawider die Pfarrherrn vnd Thumpfaffen erreget. Dann er mercket / das seinem Reich sehr dadurch wird abgebrochen. Ich aber hoffe zu Gott / er werde dieselbige Kirche erhalten / so lang er wil / vnd sein wort durch andere mehr darinnen lassen zunehmen / dann durch mich armen Menschen geschehen ist. Ich bitte euch habt einander lieb / vnnd wehret die Warheit niemand / vnd habt achtung darauff / das die frommen nicht werden vntergedruckt. Geben an Montag zu Nacht / vor S. Veits Tag / durch einen rechtschaffenen Boten.

Copia

Copia des vierdten Sendbrieffes.

Das Vierdte Sendschreiben Hussi.

GOtt sey bey euch/ mein allerliebsten in Gott. Ich habe viel vrsach gehabt/ das ich gedachte/ der Brieff/ so ich nechst geschrieben/ würde der letzt sin/ darumb das mir das Ziel des Todes so nahe war. Nun aber weil ich höre/ das es sich verzeucht/ ist es mir ein frewde/ das ich euch mehr schreiben sol/ vnd schreib jetzt noch einmal/ das ich mich gegen euch/ als danckbar erzeige. So viel aber meinen Tod belanget/ weis Gott wol/ was die vrsach ist/ das ich vnd mein lieber Bruder M. Hieronymus noch nicht gerichtet sind/ welcher als ich hoffe/ heilig vñ gantz vnschuldig sterben wird/ vnd weis/ das er jetzt viel behertzter ist zu leiden vnd sterben/ als eben ich armer Sünder. Gott hat vns aber darumb so lang im Gefengnüß halten lassen/ das wir vnsere begangene Sünde desto bas bedencken/ vnd desto getröster die berewen mögen. Vnd hat vns zeit gnug geben/ das die langwirige vnd schwere anfechtung die grossen Sünde austilget/ vnd der Trost desto leichter würde. Item/ er hat vns auch deshalbe zeit gnug gebē/ das wir desto besser die schendliche schmach vnd den grewlichen Tod/ vnsers lieben Königs des HErren Christi bedencken könten/ vnd desto getröster würden zu leiden/ vnd also lerneten/ das man zur ewigen frewde nicht möge kommen durch frewde dieser Welt/ sondern das die heiligen durch viel trübsal vnnd angst in das Himmelreich gedrungen sind. Dann jhr etliche sind zerstücket worden/ etliche gespisset/ etliche gesotten/ etliche gebraten/ etliche lebendig geschunden/ lebendig begraben/ gesteiniget/ gecreutziget/ zwischen Mühlsteinen gemahlen/ vnd hin vnd wider gezogen/ bis sie gestorben sind: Etliche hat man erseuffet/ verbrennet/ gehencket/ zerrissen/ vnd ehe sie gestorben sind/ hat man schmehlich vnd jemmerlich im Kercker mit jhnen gehandelt. Aber

wer

wer wolt sich vnterstehen/ allerley marter vnnd pein zuerzeh
len/ die man den Heiligen in dem alten Testament / vnd her
nach hat angeleget / sonderlich die wider die Geistliche sich
geleget/ vnd jhre schalkheit offenbaret haben? Darumb wer
es wunder / so man diesen jetzund auch nicht alles vnglück
anleget/ die das vbel straffen/ sonderlich aber die Geistlichen/
die da wollen vngestraffet sein. Zwar ich frewe mich/ das sie
meine Bücher haben müssen lesen/ in welche ich jhre schalck
heit ziemlich habe abgemahlet/ vnd weis das sie es viel fleis
siger gelesen haben/ als das heilige Evangelion/ allein das sie
etwas finden/ das sie können tadeln. Geben am Donnerstag
vor S. Petri Kettenfeyer.

Copia des fünfften Sendbriesses.

Das fünffte Sendschreiben Hussit.

VOn Christo Jesu wünsche ich euch heil vnd wolfart.
Ihr sollet/ gute freund vnd gönner/ wissen/ das mir
Palecz gerathen hat/ die schand des verschwerens nicht
anzusehen/ sondern auff den nutz mercken/ der daraus kom
men möge. Diesem habe ich geantwortet/ das ich mich für
der schand nicht furchte/ weil es viel ein grössers sey/ verdam
met vnd verbrennet werden/ als verschweren. Doch saget
mir ewre meinung/ was wollet jhr thun/ wann jhr wisset/ das
jhr der Irrthumb keinen gehabt hettet/ die man euch zuleget/
wolt jr in verschwere? Da hat er geantwortet: Es ist schwer/
vnd hat geweinet. Wir haben viel miteinander geredet/ das
ich nicht billigen können. Michael (verstehe, günstiger Leser/
de caussis) ist etlich mal mit den Commissarijs in meiner ge
fengnüß gewesen/ vñ weil ich mit den Commissarijs geredet/
hat er zu meinen Wechtern gesagt : Wir wollen/ ob Gott
wil/ diesen Ketzer bald verbrennen/ der mich vmb so viel Du
caten gebracht hat. Jr solt aber wissen/ das ich das nit schrei
be/ das ich Rach von jhm begehre/ Ich habe sie Gott heim
gestellet/ vnd bete für jhm hertzlich.

Ich

Ich vermahne euch noch / das jhr gute achtung auff die Brieffe gebet / denn Michael hat es dahin bracht / das man keinen mehr zu mir ins gefengnüß lesset / auch der Wechter Weiber nicht. Mein Gott / Mein Gott / wie starck ist die Gewalt vnd Tyranney des Antichrists. Aber ich hoffe das sie noch sol von den Glaubigen entdecket / vnd verkürtzet werden. Gott der Allmechtige wird gewisslich die hertzen seiner Glaubigen / die er vor der Welt grund erwehlet hat / stercken / das sie die vnverwelckliche Kron der ehren empfangen werden. Der Antichrist mag wüten vnd toben / so wird er doch nichts wider Christum ausrichten / der jhn mit dem Geist seines Mundes wird tödten / wie der Apostel redet / vnd als dann wird die Creatur von dem Dienst der vergengligkeit in die freyheit der ehren der Kinder Gottes verwandelt werden / vnd wir vntereinander seufftzen / vnd warten auff die erlösung der Kinder Gottes vnnd jhre freyheit. Es tröstet mich sehr der Spruch vnsers Seligmachers: Selig seid jhr / so euch die Menschen hassen / vnd euch absondern vnd schelten euch / vnd verwerffen ewren Namen / als ein boßhafftigen vmb des Menschen Sons willen. Frewet euch als denn / vnd hüpffet / denn sihe ewer Lohn ist gross im Himmel. Luc. 16. Ein guter vnd köstlicher trost / aber schwer beydes zuuerstehen / vnd auch zu vollstrecken / vnd vns in denen trübsaln zuerfrewen. Doch hat diese Regel wol verstanden der H. Apostel Jacobus der saget: Meine lieben Brüder / achtet es eitel frewde / wann jhr in mancherley anfechtung fallet / vnd wisset das ewer Glaube / so er rechtschaffen ist / gedult wircket. Die gedult aber sol fest bleiben bis ans ende / auff das jhr seid vollkommen vnd gantz keinen mangel habet. In der Warheit es ist schwer vnbestürtzet sich frewen vnd frölich sein in anfechtungen. Es ist wol leicht zu sagen /
aber

aber schwer zu erfüllen. Sintemal der aller gedültigste vnd hertzenhafftigste held Christus/der doch wuste/das er am dritten tage solt aufferstehen/vnd durch seinē Tod alle seine feinde vberwinden/vnd die ausserwehlten vom ewigen Tod erretten/nach seinem letzten Abendmal ist im Geist betrübt gewesen/vnd gesaget: Meine Seele ist betrübt bis in den Tod. Es schreiben auch die Euangelisten/das er habe angefangen zu trawren/zittern vnd zagen/also das jhn ein Engel vom Himmel trösten müssen/do er mit dem Tode rang/vnd sein Schweiß wie Blutstropffen auff die Erde fielen/doch saget er in seinen höchsten nöthen zu seinen Jüngern: Ewer Hertz erschrecke nicht/fürchtet euch nicht für der grawsamkeit ewer feinde/dann jhr habt mich allzeit bey euch/auff das jhr der feinde boßheit vberwinden möget. Daher haben die lieben Apostel jhren Hertzog vnd König der ehren angesehen/vnd grosse trübsal ausgestanden. Sie sind gangen durch Fewer vnd Wasser/vnd jhre Seele hat genesen/vnd haben die Kron der ehren von dem HErrn jhrem Gott empfangen/von welcher Jacob redet in seiner Epistel: Selig ist der Mann/der die anfechtung erduldet/denn nach dem er bewehret ist/wird er die Kron des Lebens empfahen/welche Gott verheissen hat denen/die jn lieb haben. Diese Kron/wie ich festiglich glaube/wird mich vnd euch/als eyferige Liebhaber Jesu Christi/welcher für vns gelitten hat/vnd vns zur nachfolge ein Exempel gelassen/der HErr der Ehren teilhafftig machen. Er hat müssen leiden/darumb müssen wir seine Glieder mit dem Haupt auch leiden/besonders weil er saget: Wer wil mein Junger sein/der verlaugne sich selbsten/nehme sein Creutz auff sich vnd folge mir nach. O gütiger HErr Jesu nim vns schwache zu dir/denn wo du das nicht thust/können wir nicht folgen. Gib vns ein starcken Geist/das er bewerth sey/obwol das fleisch schwach/alles anzufahen/zu mitteln vnd zu vollenden.

den. Denn ohne dich können wir nichts thun/oder aber des bittern Todes macht ausstehen. Gib vns ein willigen Geist/ getrostes hertz/rechten Glauben/starcke hoffnung/rechtschaffene lieb/das wir wegen deiner vnser Leben mit gedult vnnd freud auffopffern/Amen/Amen. Geschrieben in meiner schweren gefengnuß/an Ketten vnd banden/den tag vor S. Johannis des Teuffers/welcher im gefengnuß/weil er die boßheit gestraffet/ist geköpffet worden.

Johannes Huß in gewisser hoffnung
Gottes Diener.

Diese/günstige Leser/sind die fürnembsten Brieffe/so M. Johann Huß in seiner schweren gefengnuß/trübsal/Angst vnd Noth/an Ketten vnd banden/in sein liebes Vaterland Böhmen geschrieben. Daraus man wol sehen kan/was er für ein Mann gewesen sey. Damit ich aber melde/was als bald nach dem Vrteil/so wider die Böhmen vñ Mährer ergangen/den 15. Junij/da sie alle für Ketzer sind verdammet/gefolget/so ist zu wissen/das in gantz Böhmen vnd Mähren erschreckliche auffruhrn angangen sein. Dann ein Theil wolt das Vrteil *exequiren*, das ander wolt es kurtzumb nicht annehmen/wie dann den 29. Junij jhrer zween/so von etlichen Studenten/als Ketzer angeklaget/verbrennet sein zu Olmitz.

Böhmen vñ Mähren ist nach des Concilij Vrteil auffrührisch.

Das XX. Capitel.

Letzter Proceß mit Hussen.

DEn 6. Julij (etliche schreiben falsch den 6. Junij) wurd die letzte handlung mit M. Johann Hussen fürgenommẽ/auff diese weiß: Da es zwo stund auff den tag war/ kam der Bischoff von Riga in das Kloster der Minoriten/ ließ Hussen aus dem gefengnuß holen/führet jn zu der Thumkirchen/

Hußiten Krieg.

kirchen/da die Cardinäl/Bischoff/Prelaten/Pfaffen/ Mönche / vnd viel des gemeinen Volcks/ so zusehen wolt/versamlet waren.	Da sie für die Kirche kamen/ lies er jhn in dem vorhoff bleiben/ damit er/ als ein Ketzer/ vnter der Meß den Gottes dienst nicht entheiliget. Da die Meß verrichtet/muste er in das geschwerm/welches sich wie die Bienen/auff hohe Stüel/ so geringst an den Wenden herumb auffgebawet/ gesetzet.	Der Keyser selbsten saß vnter der güldenen Kron auff einem Königlichen Stuel. Neben welchem Hertzog Ludwig aus Beyern den Apffel mit dem Creutz hielte.Auff der andern seiten der Burggraff von Nürnberg mit ein blancken Schwert stund. Mitten in der Kirchen war ein Tisch zimlich hoch auffgebawet/darauff ein Meßgewand lag/ mit welchen sie Hussen entweiheten. Für solchen Tisch stelleten sie Hussen/der da niderkniet vnd lang betet. Vnter des stieg der Bischoff Landinus/ sonsten der Mönch genant/ auff den Predigstuel/ von welchem sie jhre Decreta pflegten zu lesen / machet einen langen Sermon her/aus dem 6.Cap.des Apostels Pauli zun Römern/da er saget: Was wollen wir hie sagen? Sollen wir dann in der Sünde beharren? In dieser Predigt lehret er weitleufftig/ was für schaden die Ketzerey anrichtet/die Christliche Kirch zerstöre/die Leut Christo entführe/dem Teuffel in den rachen stecke. Er sagt auch/ das es der weltlichen Obrigkeit zustünde/ solche vnter zudrucken/derer anfenger aber aus dem Mittel zu reumen. Denn solche Ketzer seind viel erger als ein Tyrann/ er sey gleich wer er wolle. Derhalben ist es billich vnd gehöret E. Key. Mayest. vnuberwindlichster Keyser/ diesen halsstarrigen Ketzer/ weil er in vnsern händen ist/ hin zurichten/ mit welchen Ewr. M. ein vnsterblichen Namen erlangen wird/ in dem er ein solche herrliche Gott wolgefellige That vollbringet/ bey Jungen vnd auch Alten/ weil die Welt stehen wird.

R ij	Als

Als dieser ausgeredet/steig einer/mit Namen Heinricus des Concilij Orator, hinauff/vnd vermahnet die gantze versamlung/sie solten die sach wol bedencken/nicht ruhen oder nachlassen/bis sie den verstockten Ketzer verbrennet/weil er so halsstarrig in dem verdampten Irrthumb verharret. Nach diesem stund ein Bischoff auff/gieng zu dem Pult/ auff welchen sie jhre Decreta sonsten verlesen hiessen / welcher erzehlet/ was Huß mit dem Ertzbischoff zu Prag vorgehabt/neben den Herrn des Capitels. Er verlaß auch alles/ so sie mit jhme gehandelt/zu end ward gelesen/was jhn die Zeugen bezüchtiget vnd dergleichen sachen. Da aber erstlichen gelesen: Huß lehret/ es sey eine heilige Catholische Kirche/ welche ist ein hauff aller rechtglaubigen zu dem ewigen Leben von Gott verordnet/ welches Ketzerisch ist. Antwortet Huß mit lauter stimm: Ich zweiffel gantz nicht/ es sey eine H. Christliche Kirche/welche ist eine versamlung aller ausserwehlten beydes in der/ als auch in jener Welt. Darauff der Cardinal von Cammerach: Halt das Maul / so es gelesen ist/ so antworte drauff. Waß/ sagt Huß? Woltet jhr mir das Maul auch jtzt verbinden? wie kan ich auff alles antworten/ welches so viel ist/ das ich es nicht behalten kan? Als er auff ein anders/ welches gelesen/ wolte antworten/ saget der Bischoff von Florentz (so einer von den Richtern) Schweig du Ketzer: Befahl den Scherrganten/das sie jhn dazu zwingen solten. Da sieng Huß an/ hub seine hände gen Himmel/ vnnd saget mit heller stimm: Ich bitte euch vmb Gottes willen/ höret mich nur wegen derer/ so herumb stehen/ auff das ich mich entschuldige vnd den argwohn möge aus jhrem hertzen nehmen. West das geschehen/ so fahret mit mir/ wie jhr könnet. Da er noch nicht kont verhör erlangen/felt er auff seine Knie/hebt die augen vnd hände gen Himmel/befihlt Gott die Sache. Dieses weil man laß/hat er offt gethan. Da man laß/was die Zeugen

Huß verantwortet sich im Concilio.

Hußiten Krieg. 133

gen ausgesaget / (vnd damit vmbgiengen / das es Gott hette erbarmen mögen / weil kein Mensch wissen kondt / wer es gezeuget: Als zu ein Exempel / so sie einen Artickel gelesen / satzten sie dazu: Solches haben zween Canonici zu Prag gehöret / zween Pfarrherrn / ein Caplan vñ ein Doctor) schweig er bis verlesen: Huß hat gelehret / das nach dem die Wort der einsetzung vber das Brod gesprochen / so ist vnd bleibet es ein natürliches / wesentliches Brod / welches Ketzerisch ist. Item / das ein Pfarherr der mit Todsünden beladen / weder das Sacrament des Altars austeilen / oder Teuffen könne / welches Ketzerisch. Da konte sich Huß nicht halten / vnd wolte antworten: Aber der Cardinal von Florentz hieß jhn schweigen / das er nicht thun wolt / sondern saget: Ich bitte euch doch vmb Gottes willen / lasset mich nur reden wegen der vmbstehenden / auff das sie nicht glauben / ich habe solches gelehret. Denn erstlichen gestehe ich nicht / das ich geglaubet / viel weniger gelehret habe / das das gesegnete Brod schlecht natürlich Brod sey. Zum andern sage ich / das alles das / so von eim Priester / der mit Todsünden behafftet ist / vollbracht wird / vor Gott ein grewel vnd abschew sey. Wie man laß: Huß hat gelehret / es sein 4. Personen in der Gottheit / vnd solches hat ein Doctor gehört / welches Ketzerisch: Fieng Huß an: Man nenne mir den Doctor. Solches wolt der Bischoff / so es laß / nicht thun / saget: Es ist jetzt nicht von nöten. Darauff Huß: das sey ferne / das ich arme elende Creatur / die vierdte Person / solte in die heilige Dreyfaltigkeit einsetzen. Es ist mir solches / welches Gott weis / die zeit meines Lebens / nie in den sinn kommen / viel weniger habe ich solches gelehret / der ich allzeit ein einig Göttlich wesen in drey Personen / Gott Vater / Gott Sohn / Gott Heiligen Geist bekenne / vnd darauff sterben wil. Da satzten sie zu den vorigen

Große vnbilligkeit der Concilij.

R iij Artickeln

Artickel dieses: Huß hat hier für männiglichen zu dem Richterstuel Gottes appelliret/ welches Ketzerisch. Saget Huß: Schaw HErr Christe/ dieses Concilium helt dein Gesetz vnd Gebot für Ketzerisch/ der du doch selbst von deinen feinden vberweltiget/ deinem himlischen Vater dem gerechten Richter deine Sach befohlen hast/ vns armen elenden/ schwachen Menschen ein Exempel verlassen/ damit wir in vnserm Creutz vnnd nöten sollen zu dir flihen/ als zu einem gerechten Richter/ vnterthenigest hülff zu suchen. Ich aber sage gewiß/ das die sicherste vnnd aller gewisseste Apellation sey zu dem HErrn Christo/ welchen niemand mit gaben bestechen/ oder mit falschen Zeugen betriegen/ oder durch einige list entflihen kan/ er allein gibt rechte belohnung aus. Letzlichen verdammeten sie jhn/ das er des Bapsts Bann verachtet Darauff Huß: Nicht ein meid habe ich jhn veracht/ sondern öffentlich für ein Richter appelliret. Vber dis habe ich dreymal an den Bapst solche geschicket/ so meinet wegen haben sollen antworten. Dann wegen groswichtiger vrsach ich zu erscheinen nicht vermocht/ mit welchen/ wie kundt vnd offenbar/ man nicht allzuwol ist vmbgangen. Etliche seind in die gefengnüß geworffen/ etliche nicht gehöret/ etliche sonsten geplaget worden. Derhalben ich bey zeiten auff dieses Concilium komen/ mit eim freyen sichern geleit des Römischen Keysers/ welcher hie zugegen ist/ der gentzlichen hoffnung/ es solte mir kein gewalt geschehen/ sondern das ich allein mein vnschuld erweisete. Wie er dieses saget/ sahe er den Römischen Keyser stracks an/ welcher blutrot wurde. Da dis verrichtet/ stund der Bäpstliche Richter/ ein Alter Mann mit einer Glatzen/ sot sten ein Welscher/ auff/ verlaß das Vrteil vber Hussen/ welche Puncten Huß vermeinet zu widerlegen/ wie er dann gewißlich gethan/ wo es die Scherganten nicht verhindert

Das Vrteil ergehet wider Hussen zum fewer.

hindert hetten. Doch da man laß/ wie er halsstarrig viel Jahr in diesem Irrthumb verstocket blieben/saget Huß: Ich gestehe solches nicht/ weil ich allzeit/ auch noch heut begehr/ mit grössern grund der Schrifft zu vnterwiesen werden/ wolte auch Gott das ein einiger Buchstab in Göttlicher Schrifft verhanden/ich wolte gern revociren. Wie sie seine Bücher/welche er von der Christlichen Kirchen/ neben allen so er Lateinisch vnd Böhmisch geschrieben/ oder durch andere in andere Sprachen zu Costnitz vnnd an mehr Orten/ verdolmetschet/zu verbreiten geboten/antwortet Huß: Wie könnet ihr mit Recht meine schrifften verdammen/ weil ich allzeit begeret habe/ ein bessern bericht zu haben/so bis Dato noch nicht geschehen/ viel weniger ist ein einiger falscher Buchstabe aus denen erweiset. Vber das/ warumb sollen/ ewren befehl nach/ meine Bücher vertilget werden/ welche ihr niemals gesehen/ oder so ihr sie gesehen/ doch nicht verstehet/weil ihr nicht Böhmisch könnet. Nach dem er solches gesaget/vnd man mit dem Vrteil fort procediret/kniet er nieder/sihet gen Himmel/ vnd betet also: HErr Gott/ ich bitte dich hertzlichen durch deine grundlose Barmhertzigkeit/ du wollest solches meinen feinden verzeihen/ dann du wol weist/ das ich falsch angeklagt/durch falsche Zeugen/ mit erdichtem Irrthumb/auch vnbillich verurteilet bin. Derhalben bitte ich dich durch deine vnaussprechliche barmhertzigkeit/du wollest es ihnen nicht zulegen: Do er dieses laut saget/sahen ihn die Pfaffen/sonderlich die Bischoffe schlim an vnd lachten. Darnach aus befehl der sieben Bischoffe/ so in entweihen solten zog er das Meßgewand an/ gleich als solte er Meß halten/ do er aber die Alben anzog/sprach er: Mein HErr Christus/ als er zum Pilato vom Herode geschicket/ ist auch in eim weissen Kleide verspottet worden. Nach dem er den gantzen blunder angeleget/ vermahneten ihn die Bischoffe/ das er die Irrthumb bey zeit erkennet/ verwürff/ verschwere.

Hussen gebete vor seine feinde.

Er aber keret sich gegen das Volck/ vnd saget mit weinen also: Sehet/ diese Bischoffe vermahnen mich/ das ich die Irrthume sol verschweren. Aber ich fürchte mich solches zu thun/ damit ich nicht ein lügner für dem Göttlichen Angesicht erfunden/ der ich mich Irrthumbs falsch schuldig gibe/ mein Gewissen neben der Göttlichen Warheit verletze/ weil ich niemals solche Artickel/ die mir durch falsche Zeugen felschlich werden zugeleget/ gelehret habe. Vber das darff ichs nicht thun/ damit ich nicht die frommen hertzen meiner Zuhörer/ die ich recht geleret/ versehre/ vnd von der Warheit neben andern getrewen Dienern des Worts abführe. Do er ausgeredet/ fiengen die Bischoffe vnnd gantz Clerisey an zu schreyen: Jetzt sehen wir wie halsstarrig er ist in der boßheit/ vnd verstocket in der Ketzerey. Steige herab vom Tisch/ steige nur herab. Als er herab gestiegen/ fiengen die Bischoffe an jhn zu entweihen/ auff diese weise: Erstlich namen sie jhm den Kelch vnd sagten: O du verfluchter Juda/ welcher verlassen den Rath des friedens/ vnd Rath gehalten mit den Jüden/ schaw wir nehmen von dir diesen Kelch/ darinnen das Blut Jesu Christi auffgeopffert wird zur vergebung der Sünden. Huß aber saget: Ich habe die hoffnung neben dem vertrawen zu meinem Gott/ vnd Heyland/ das er den Kelch des heils von mir nicht nimmet/ beharre darauff/ das ich jhn durch seine hülffe/ heut in seinem Reich trincken werde. Sie aber haben jhm das ander geschirr vnd geretlich nach einander genommen vnnd zu eim jeden die gemelten Wort des fluchs gesprochen. Darauff Huß: Ich leide dis alles von hertzen gern wegen der Warheit vnd des Namens des HErren Jesu Christi. Endlichen/ wie er aller Meßkleider beraubet war/ wolten sie auch die Platten auff seinem Kopff schenden/ da sie aber darüber wolten/ fieng sich ein newen zanck an vnter den Bischoffen vnd Pfaffen. Dann etliche
wolten

Huß wird entweihet.

Hußiten Krieg. 137

wolten es mit eim Scheermesser thun/ die andern sagten/ es were gnug so es mit einer Scheer geschehe. Dieweil sie sich so sehr vntereinander zanckten/ wendet sich Huß zu dem Keyser vnd saget: Ey die Bischoffe können nicht eins werden/mich gnugsam zuverspotten. Do sie nu eins worden/ machten sie mit einer Scheer ein Creutz in die Platten/ vnd sagte darauff: Das heilige Concilium zu Costnitz wirfft Johann Hussen aus dem heiligen vnnd herrlichen Stande der Priester/darinnen er gewesen ist/ vnd zeiget damit an/ das er sich von der Christlichen Kirchen abgesondert hat/vnter welcher gewalt er forthin nicht ist/ sondern vnter der weltlichen. Ehe sie ihm aber die Papirne Kron auffsatzten/ sagten sie: Wir befehlen deine Seel den Teuffeln. Huß schlug seine hände zusammen/sahe gen Himmel vnd saget: Ey so befehl ich sie meinem HErrn Jesu Christo. Do er aber die Kron sahe/sprach er:Mein HErr Jesus Christus hat für mich armen sündlichen Menschen viel eine schwerere Dörnere Kron bis zu dem schmehlichen Tode des Creutzes getragen. Darumb ich armer Sünder diese/ so viel leichter ist/ willig trage/ob man sie wol zu meinem spott gemachet.Diese Kron war ohn gefehr einer halben Ellen hoch/ wie ein Hewschober/daran drey grosse abschewliche Teuffel gemahlet mit der Vberschrifft: Dieser ist ein Ertzketzer. Bald nach diesem fieng der Keyser an/ sagt zu Hertzog Ludwig: Gehe hin vnd vberantworte jhn den Büttela. Der Hertzog gehet beseit/ leget sein Fürstlich Ornat/ darinnen er dem Keyser auffwartet/ab/ vnd vberantwortet jhn/ thet jhn auch bis zur Wahlstat/da er verbrennet/ beleiten.

Man schreibet/das des Keysers Cantzler Graf Caspar Schlick/ ein gelehrter/ verstendiger witziger Mann/ der dreyer König/ darüber sich Sylvius cap. 52. hoch verwundert/

Dreßerus. Caſ. Schlick protestirt wider des Hussen verdamnůs.

S

dert / Cantzler ohne ein einigen druck des glücks gewesen / vnd von alle schöne Städt / als Passawn / Weisenkirchen (dauon sich dann die Herrn Grafen Schlicken noch heut zu tage schreiben) Elnbogen / Gräz / in Steyermack geschenckt bekommen / als er das Vrteil gehört / aus der Kirchen gangen sey / vnd öffentlich protestiret / das er bey einem solchen geschwinden Vrteil mit guten gewissen nicht sein könne.

Huß gehet mit freidigem hertzen auff die Wahlstad.

Nach dem der verdampte Huß mit der Papirnen Kron / aus der Kirchen zu dem Scheiter hauffen gieng / gefüret von dem Hencker / ward er frölichs muts / wie solches auch seine feinde von jhme vnnd M. Hieronymo schreiben besonders Sylvius (so hernach Bapst worden) cap. 36. gleich als solte er zu einer frölichen Malzeit / oder wie man in dem gemeinen Sprichwort saget / zum Tantz gehen. Wie er aber seine

Sihet seine Bücher verbrennen vnd lachet.

Bücher sahe verbrennen auff dem Kirchhofe / stund er still vnd lachet. Vnter dem gehen vermahnet er das Volck / das sie nicht glauben solten / das er Irrthumbs wegen verbrennet würde. Dann etliche wenig Artickel weren durch falsche Zeugen seiner Todfeinde auff jhn gebracht / die er doch nie gelehret / die andern weren noch nicht erwiesen / das sie falsch weren / ob ich es wol hefftig begeret. Das Volck aber / das mit gieng / war alles gerüstet / besonders die Bürgerschafft / so dazu erfordert. Wie sie nu an den Ort kommen sein / do er solt verbrennet werden / da fiel Huß auff seine Knie / faltet seine hände / so nicht gebunden / zusammen / sahe gen Himmel vnd betet den 30. auch den 50. Psalm Davids / Sonderlich

Huß befihlet Gott seinen Geist.

widerholet er offt den versiculum: In deine hände befehl ich dir meinen Geist / du hast jhn erlöst du getrewer GOTT. Da das etliche des gemeinen Mannes höreten / sagten sie: Was dieser Mann zuuor geleret oder geprediget / können wir nicht wissen / jetzt hören wir lauter heilige wort von jhm. Die andern sagten / man solte jhm ein Beichtvater
geben.

ben. Aber ein fetter Pfaff saß auff eim Roß / bekleidet mit
eim grünen Rock / darunter ein rothes vnterfutter / saget /
Man sol den Ketzer nicht hören / man ist auch nicht schuldig
jhme ein Beichtvater zu geben. Aber Huß hat sieben tage /
vor seinem Tode einem Mönch / so jhme vom Concilio zugeben / gebeichtet / vnd die Absolution empfangen. Die Kron /
so vnter dem Beten Hussen war abgefallen / satzten sie jhme /
so höchlich lachte / wider auff / aus befehl etlicher die da sagten: Man solte die Teuffel neben des Teuffels Diener verbrennen. Als er aus befehl des Henckers auffgerichtet stund /   *Bittet für*
fieng er vber laut also an zu beten: HErr Jesu Christe / die-   *seine feinde.*
sen grewlichen schmehlichen Tod wil ich wegen deines H.
Evangelij vnd deines Göttlichen Worts willig ausstehen /
du vergib meinen feinden diese jhre missethat. Darauff führet
jhn der Hencker herumb die Leut zugesegnen / die er sehr bat /
sie solten nicht glauben das er einigen Irrthumb / der Gottes   *Valedicirt*
Wort zu wider were / geleret hette. Letzlich bat er seine Wech-   *seine Hütern.*
ter / die in seiner Gefengnuß bey jhme blieben / noch ein mal
anzusprechen / wie er zu jhnen kompt / sagt er: Lieben Brüder / ich sage euch grossen danck wegen der wolthaten / so jhr
mir in meiner langwirigen gefengnuß erzeiget habt. Jhr seid
nicht meine Hütter / sondern Brüder gewesen / auch solt jhr
wissen / das ich noch bestendiglich glaub mit meinem Selig-
machenden Heyland / welches Namens wegen ich diesen Tod
aussteh / heut zu herrschen. Darauff gieng er frölich one eini-
ges des zagens zeichen / zu dem plock / so in die Erden war ge-
graben / daran jhn der Hencker mit den händen hinderwerts
band / mit sechs stricken. Solches aber hatten die Hencker nit   *Wird an den*
recht ausgerichtet / weil sie sein Angesicht gegen den Morgen   *pfal gebun-*
gestellet / darumb sie jn / ein Ketzer / gegen Abend wenden mu-   *den.*
sten. Vmb den halß letzten sie jhm eine alte rostige Ketten /
S ij   gleich

Hußiten Krieg.

gleichsam als wer er keiner newen werd/ welche als er sie gesehen hat/ mit lachendem Munde darauff gesaget: Mein HErr Christus ist mit einer viel hertern Ketten meinet wegen gebunden worden. Warumb wolte ich mich dann schemen/ mit einer solchen alten rostigen Ketten gebunden zu werden? Vnter seine füß/ daran noch die Stieffel/ neben sein Fussfesseln waren/ legten sie zween Püschel Reisig/ vmb jhn viel Holtz/ stroh vnd Reisig bis an den Hals. Ehe es aber die Hencker ansteckten/ ritt hin zu jhme Hertzog Ludwig von Beyern neben einer Reichsstad Marschalck/ theten jhn vom Irrthumb (wie sie es nenneten) abzustehen/ seine Lehr/ auch Predigten zu verschweren/ vermahnen. Do fieng er in dem Holtzhauffen an mit heller stimm: Ich ruff Gott zu einem Zeugen an/ das ich das/ so sie mir durch falsche Zeugen haben auff den Halß geladen/ nicht gelehret oder geschrieben habe/ sondern ich habe alle meine Predigten/ Lehr vnd Schrifften/ dahin gerichtet/ das ich die Leut möge von Sünden abwenden/ Gott in sein Reich führen. Diese Warheit so ich gelehret/ geprediget/ geschrieben vnd ausgebreitet habe/ als die mit Gottes Wort vberein stimmet/ wil ich behalten/ auch mit meinem Tode versiegeln. Wie sie dis höreten/ schlugen sie die hände zusammen/ vnd ritten dauon. Bald zündeten die Hencker das fewer an/ welches geschwind angieng/ weil viel stroh zwischen das Holtz geleget. Darumb M. Johan Huß/ so den Rauch sahe/ deutlich sang: **Christe du Sohn Gottes erbarm dich mein:** Als er aber wolt zum dritten mahl sagen: Christe du Son Gottes/ von einer reinen Jungfrawen geboren/ schlug jhme die Lohe vnter das Gesichte/ benam jhm die Sprach/ das er nicht sagen kont: Erbarm dich mein/ sondern er betet vnd knappet mit dem Kopff/ so lang als einer ein Vater vnser ausbeten kan/ darnach starb er. Wie nun das Holtz verbrunnen/ der Tode aber doch mehr als halb verbren-

Huß singet im fewer.

Stirbt bald.

Hußtten Krieg.

verbrennete Leichnam noch am Pfal hieng/stieffen jhn die Hencker mit stangen vber ein hauffen/wurffen mehr holtz zu/ zuschlugen mit stangen die Gebein/damit sie desto eher verbrennen solten/ besonders zerschmissen sie sein Kopff/das Hertz aber/ so vnter dem Jngeweid gefunden/ steckten sie an eine spitzige stange/theten es also braten. Do man Hertzog Ludwigen auch anzeigte/ das ein Henckersknecht Hussens Mantel/Gürtel/vnd andere mehr Kleider hette/gebot er solches alles zuverbrennen/ sonsten (wie gewiß auch geschehen were) möchtens die Böhmen für ein Heiligthumb halten. Der Hencker wegert sich des erstlichen/ doch da man jm eine genante Summa geldes versprach/ warff ers ins fewer. Letzlichen do alles zu ziesell verbrennet/luden sie die Aschen neben der Erden/ die sie etlich schuch tieff ausgruben/auff Karren/ vnd wurffen es in den Rein. Der ort aber do solches geschehen/ist zwischen den Gärten der Vorstad/ neben dem weg do man nach Gottleben gehen wil. Es sagen etliche/ die an dem Ort gewesen/das an derselbigē stell bis auff den heutigen tag kein Graß wachse. Ob es war/weis ich nicht.

Die Asche wird in Rein geworffen.

Aus diesem Proceß ist zusehen ob es war sey/ was Sylvius cap. 36. schreibet: Huß sey gnugsam verhöret worden/ vermahnet vom Jrrthumb abzustehen/ ja durch die heilige Schrifft vberwunden. Denn aus erzehleten/ das etliche Notarien beschrieben/ ist es offenbar das sie mit jhme nicht haben disputirn wollen/ sondern allein zwingen/ seine Lehr zuverschweren. Hat er nicht den 15. Junij höchlich gebeten/ man sol jhm nur den geringsten Mann geben/ der jhn was aus heiliger Schrifft lehret/ das seinen Schrifften zu wider. Aber von dem gnug/ der Leser wird selbsten wol judicirn/ so anderst billigkeit bey jm raum findet.

S iij   Jhme

Hußiten Krieg:

Jhme M. Johann Hussen zu Ehren hat M. Matthæus Colinus dieses geschrieben.

Carmina manibus Hussiacis pientissimis decantata.

HUssius ætherei sincerus servus Jesu,
    Boiemi populi pastor Apostolicus.
In Constantensi synodo est exustus iniquè,
    Cœlū animam, cineres ossaq́; Rhenus habet.
Ille renascentis Verbi sine labe fidelis
    Præco, bonus vita, dogmatibusq́; bonus.
Christe Bohemorum genti concede, perenni
    Vt studio cantus Anseris huius amet.

Aliud Carmen Elegiacum & satis jucundum, in quodam manuscripto legi; quod lectori literato ascribere volui.

Manes Hussi gloriæ Christi vindicis, tutoris Testamenti
ejusdem, & Martyris Bohemici.

Quisquis ades, gressus paulum retineto viator,
    Qui fuerim, exiguas, disce, videq́; notas:
Ille ego, defuncti cuius timet hactenus umbram
    Turba mitratorum cornigerumq́; Patrum.
Corporis exsuvias terrâ nec in aëre quære:
    Excepit cineres Rhenus ab igne meos.
Talem ego, Christe, tuà retuli pro laude coronā;
    Sic tuus Antistes te tuaq́; ornat, amat.

Miror

Miror, quì stimulos ego pectore figo virorum
    Mortuus? Ipsa modò nominis umbra super.
Tisiphone tantum colubris armata flagellat
    Censoris pectus, si minus æquus erit.
Non cadit in Synodū hoc: regitur quia numine
    Tartareo nisi tunc recta sit illa duce. (sacro:
Parcite, sævitum in corpus: non longius itur?
    Ringimini, supra stat mea fama rogos.
Tuq́, etiam in civem ò Civis male grate Bohe-
    Et libertatis proditor ipse tua; (me,
Ecce tibi ad cælos spinis tribulisq́, remotis
    Expedii magnâ dexteritate viam!
Obstruis hanc iterū, larvam Papæ induis ultrò,
    Et rursum prudens das tua colla iugo.
Triticea siliquas pro messe atq́, eligis ervum,
    Próq́, uvis tribulos infatuatus amas.
Proditor ò Patriæ Christi desertor & osor,
    Quo te gloriola? quo trahit æris amor?
Tam vili precio Christus iam prostat, & ipsa
    Relligio in quæstu pro meretrice sedet.
Non est in nostro pietatis sita nomine; templis
    Eiice doctrinam, tunc abolere potes.
Non, Evangelium Christi quia desinit esse,
    Amborum pariter terminus unus erit.

Nulla

Nulla apud ingratos si constat gratia facti;
Hussus apud gratos vivet eritq́ȝ super.

Das Jar des Hussens Tod hat in ein schön *Distichon* bracht *M. Iohannes Rosinus*, welches dieses:

VItaM heV ConstantI ConstantIa Vt abstVLIt HVsso.
ReLLIqVIisqVe VstI RhenVs VbIqVe VIget.

Das XXI. Capitel.

Das Concilium schreibet in Böhmen.

NAch dem Huß verbrennet/ schrieben eben dem tag die Väter vnter dem Sigill des Concilij an die Böhmen vnd Mährer/ darinnen sie vermeldeten/ das sie Johannis Wicklephs Lehr eins Engelländers/ vnd Johann Hussens eins Böhmen rechtmessiger vrsach wegen verdammet hetten/ vermahneten auch die Böhmen/ das sie von diesem des Hussens Jrrthumb abstehen/ dargegen getrewe Kinder der Römischen Catholischen Kirchen verbleiben solten. Da dieser Brieff ins Land kam/ war das vbel erger. Der gemeine Mann fieng in den Prägerstädten allen vnwillen/ Auffruhr/ vnd Mord an/ sonderlich bey nacht/ da schryen die Bäpstischen vnd Hußiten einander an/ ein teil ruffet: Wickleph/ Huß/ die andern sagten (welches sich Böhmisch fein reimet) der Bapst fraß *et cætera* ein Stück (Kuß.)

Auffruhr in Prag.

König Wentzel war darüber in grossen sorgen/ wolte nicht zu Prag bleiben/ weil er sich befahret/ man möchte jhn noch einmal gefangen nemen/ bleib bisweilen auffm Schloß Tocznik/ bisweilen zu Ziebrak/ bisweilen Konradicze. Die Landherrn/ so seine vnachtsamkeit gnugsam gelernet/ kamen zusammen/ sandten zu dem König/ begerten das er ein Landtag ausschreiben solt/ darinnen anordnung gethan/ damit nicht

Hußiten Krieg.

nicht ein auffruhr daraus entsprünge. Da der König die gesandten auffm Schloß Ziebrak gehöret/antwortet er also: Saget den Landherrn dieses: Sie mögen ein Landtag anstellen/wie/wann/vnd wo es jhnen gelegen/ich habe deren gnugsam/darein sie gewilliget/ausgeschrieben/Jetzt wil ich einmal mein willen drein geben. Wie dis die Herrn höreten/ kam es jhnen wunderbarlich für/versamleten sich/neben den Mährischen Herrn/zu Prag in dem Septemb. Anno 1415. rathschlagten erzlichen wegen der verurteilung Hussens/vnd Hieronymi/den sie verbrennet vermeinten. Schlussen letzlichen dem Concilio ein Antwort zu geben/wie den 2. Septembris geschahe. Da sie ein scharffes vnd hartes Schreiben sandten/in welchem sie schrieben/das sie diese zween gelerte verstendige/vnschuldige Männer/wider Gott/ehr vñ recht/ vngeraumter weise/allein zu schmach vnd hohn den Böhmen vnd Mähren/verbrennet hetten. Diesem Schreiben haben vnterschrieben neben jhren Sigilln: Czenick von Wescla vnd Wartenberg/ Oberster Burggraff zu Prag. Laczek von Crawarz/des Marggraffthums Mährn Hauptman. Bocziek der eltere von Kunstad vnd Podiebrad. Johann von der Leippe/des Königreichs Böhmen Oberster Marschalck. Peter von Krawarz vnd Straznicze der Landtafel zu Vlmitz Oberster Cämmerer. Johann von Lommitz Oberster Cämmerer des Landrechten zu Brinn. Wilhelm von Zwierzetitz. Johann der elter/ von Neuhauß. Heinrich von Wartenberg/Burggraff zur KöniginGrätz. Wilhelm von Bernstein. Mickesch von Bodtstein vnd Schambach. Heinrich Schkopek von der Taub. Vlrich von Neuhauß. Johann der Jünger von Poczna. Waneck von Boskowitz vnd Schwartzenburg. Johann von Bitowa. Alesch von Kunstad. Bawor von Bernstein. Senil von Sternberg. Hiniek Kruschina von Lichtenberg.

Landtag zu Prag.

Die Landstände schreiben an das Concilium.

Bocziek

Hußiten Krieg.

Boczick der Jünger von Kunstad. Johann Pusska von Kunstad. Jaroslaw von Sternberg vnd Wesela. Erhard der Jünger von Kunstad. Herman von Landstein. Jan von Rosenthal. Sigismund von Milota gebrüdern von Bazyzanczowa. Peter von Skrzknicze. Orzslair von Zwierzetitz. Wock von Waltstein. Wenzel von Zwierzeticz. Wilhelm von Bodtstein. Ernst Richenberg. Peter von Zwierzetitz. Joann von Wlaschimie. Johann von Landstein. Zdeniek Medek von Teinitz. Zdeniek von Rosenthal. Kuniek von Drachobutze. Steffan von Wartenberg. Dobesch von Zimburg. Milota von Tworkowa. Heinrich von Waltstein. Ozor von Bozkowitz. Heinrich von der Leipp. Nicol von Waldstein. Peter von Janowitz vnd Chlumez. Arkleb von Witierzowa. Zbyniek von Daubrawitze. Zbyniek von Strzilek. Mikulasch von Minchowa. Jan von Miliczin vnd Kostelez. Jan von Kaschberg. etc.

  Diese vnd viel andere mehr/ haben an das Concilium geschrieben. Nach dem man aber gedachten Brieff an der der offentlichen Session verlesen/ machet er den Vätern seltzame gedancken/ wusten auch nicht/ wie sie es mit M. Hieronymo/ so in dem Thurm bey dem Kirchhoff S. Pauli gefangen lag/ anfahen solten. Es verdros sie das schreiben/ hetten jhm gern den heiligen Abend geben/ weil sie aber merckten/ das es die Böhmen nicht würden vngerochen lassen/ damit sie eine vrsach hetten/ jhre sachen zu bemänteln/ liessen sie jhn den 17. Septembr. aus dem Thurm/ da allbereit seine füsse hatten angefangen zu faulen/ herfür zihen/ vberdreweten jhn mit dem Tod/ vnd hielten doch allewege mit an/ seine Lehr zu verschweren/ den Tod des Hussens zu billichen/ das er endlich/ aus Menschlicher schwachheit/ fürnemlich/ damit er desto eher möchte dauon komen/ nach jhrem willen/
                nach

Hussiten Krieg. 147

nach laut einer fürgeschriebenen Forma/in der Thumbkirchen öffentlich/in einer offenen Session/auff diese weiß mit Eydschwur thet.

Jch Hieronymus von Prag/der freyen Kunst Magister/Bekenne eine rechte Catholische Kirchen vnnd Apostolischen Glauben/verdamme alle Ketzereyen/vornemlichen die/vmb welcher wegen ich angeklaget bin worden/so von Johann Wickleph vnd Johann Hussen/in jren gewönlichen Predigten zu dem Volck/vnd geistlichen geleret vnd geschrieben sein/darumb sie/wegen gedachtes grossen Irrthumbs vnd falscher Lehr/durch dis heilige Concilium rechtmessiger weise verdammet worden. Ich halte auch von grund meines hertzens/neben allen rechtgleubigen/so solches bekennen/mit der heiligen Römischen Kirchen/Apostolischen Stuel/vnd diesem heiligen Concilio/in allen stücken/sonderlich vom Ampt der Schlüssel/von den Sacramenten/von dem Beruff der Priester/von jhrem Ampt/vom Vrteil der Christlichen Kirchen/vom Ablaß/von dem Heiligthumb der verstorbenen Bein/von der freyheit der Christlichen Kirchen/von den Ceremonien vnnd Kirchengebreuchen/neben andern/so zu der Christlichen Religion gehören/wie die heilige Römische Kirche/der Apostolische Stuel/vnd dieses heilige Concilium bekennet. Insonderheit/weil in diesen Artickel sind etliche Irrthumb/deren ein gut theil Ketzerisch/von den alten Kirchenlehrern verdammet/die andern Gotteslesterlich/ein Theil irrig/oder ergerlich/zum theil Gottsfürchtigen hertzen verletzlich/oder sonsten frech vñ auffrürisch/auch sambtlich von dem Concilio verworffen/vnnd allen Christen obberürte Artickel zu leren oder predigen vnter der straff des Banns verboten. Desgleichen ich obgemelter Hieronymus/weil ich in etlichen freyen Künsten habe erweisen wollen/das sey *vniuersalis natur realis separata ab omnibus specificis.*

M. Hieronymus revocirt.

T ij

specificis, ut specifica ab individua, quemadmodum alia natura est hominis & alia Hieronymi, Ambrosij, Augustini &c.
Auch weil ich solches zuerweisen ein Triangel gemahlt/denselben den Schild des Glaubens genennet/so sage vnd bekenne ich/weil etliche darinnen jrren/vnd ergern möchten/das ich in keinem wege/zu dem ende der Triangel gemahlet/oder den Schild des Glaubens genennet/das ich die meinung von den *Vniversalibus* so hoch wolt erheben vber andere/das sie were ein Schild des Glaubens/das ist/ohne welche der rechte Catholische Glaub nicht kan beschirmet werden/oder/das ich jhr halsstarrig anhangen/vnd nicht allein aus gemelter figur lehren wollen/das das Göttliche wesen dreyen Naturen vnterworffen sey/Als Gott Vater/Gott Sohn/Gott Heiliger Geist/welcher Artickel der heiligen Dreyfaltigkeit ein vornemer Schild des Glaubens vnnd der Catholischen Warheit ist. Damit auch jederman wisse/warumb man gemeinet/ich hange dem Hussen an/so bekenne ich/das nach dem ich jhn offt Predigen/auch in der hohen Schul lehren gehöret/jn einen frommen ehrlichen Mann/der der Christlichen Kirchen in keinem Punct zu wider/zu sein geglaubet. Ja welches mehr ist/da man mir in dieser Stad aus seinen selbst eigen Schrifften gezogene Artickel weiset/wolte ich nicht glauben/das sie sein/des Hussens/waren/bis es etliche gelerte Doctores der heiligen Schrifft/vnd Magistri bestettigten: Da begeret ich die Manuscripta Hussij/darinnen ich aus seiner eigene handschrifft/die ich so wol als mein kenne/gesehen/ das eben die/vnd des schlags/nach welchen sie verdammet. Deswegen ich nicht vnbillig seine Lehr/als auch jhn/durch das Concilium verworffen begreiff/vnd oben eingefasset habe/jetzt aber öffentlich vnd hell herauß sage/(der ich gnugsamlich von dieser Lehr durch das Concilium vnterrichtet) ohne alle Condition mit der heiligen Catholischen Kirchen/wider
die

die Lehr vnd die Personen Wicklephs vnd Hussens bekenne. Desgleichen ich obgedachter Hieronymus so von den Ehrwürdigen in Gott Vater/Vätern/Herrn Cardinäln/Herrn Prelaten/Doctoren/vñ andern Ehrwürdigen Personen dieses heiligen Concilij/an diesem Ort meine meinung erkleren wolt/ teilet ich von mir selbsten aus freyem willen die Christliche Kirche in drey Theil/das etliche/wie ich hernach erfahren habe/ so verstanden/ als wolte ich sagen/ es were auch in der Triumphirenden Kirchen ein Glaub/ das ich doch nicht gemeinet/ weil ich gentzlich dafür halt/ das dis ein sehlich anschawen sey/ nicht durch gleichnüß/ sondern Gottes von angesicht zu angesicht.   Schließlichen was ich dazumal oder zuuor gesaget/ das alles vnterwürff ich mit demütigem Hertzen dem heiligen Concilio zu Costnitz. Vber das so schwere ich bey der heiligen Dreyfaltigkeit/vnd bey seinem H. Euangelio/ das ich allezeit ohne zweiffel in der Warheit der Catholischen Kirchen verbleiben wil/ verdamme darneben alle/ so da wider jemals gelehret / auch so ich eins mals (welches doch Gott gnediġ verhüten wolle) darwider leren oder schreiben wolte/ das ich nicht allein ewiger straff würdig/ sondern das man mit Recht gegen mich verfahren sol. Solches mein Bekentnüß vbergib ich freywillig dem allgemeinen Concilio/ wie ich mich auch mit eigener hand vnterschrieben/ vnd dieses alles zusammen geschrieben habe. Als solches geschehen/ haben sie jhn/ doch nicht so hart als zuuor/ gebunden/ in den Thurm geleget/ vnd mit gnugsamer wach versehen.

Das XXII. Capitel.

Weil solches zu Costnitz gehandelt wird/ gehet allmehlich der handel in Böhmen an/ es war tzglich Mord/ Raub/ Blutvergiessen. Eine Partey schalt auff die andere/

andere / besonders hatte wegen des Hussens der gemeine Mann vnnd Volck eine grosse klag. Jan Herczmanowa Miesteczky ward durch dieses / vnd fürnemlich den Raub / beweget / kompt selb dritt in das Kloster Opatowitz / so nit weit von KönigGrätz ligt / geritten / spricht den Abt *Petrum Laczur* vmb ein Nachtfutter an / welches der Abt verheissen. In einer stund hernach kommen drey andere des Miesteczky Diener / bald zehen vnd endlich 20. das also aller 36. gewesen sein. Da die letzten in das Kloster kamen / schlugen sie / wen sie antraffen / zu tode / das gar wenig Mönche durch die flucht sich salvirten / den Abt aber lies der Miesteczky grawsamlich peinigen / vnd fragen / wo die Schätze des Klosters weren / da doch der gute Abt alles lied / vnd die harte Pein gedültig ausstund / vnd gantz nichts saget. Darumb sie die gemeine Barschafft 5000. vnd Kleynodien der Kirchen 20000. gülden werd genommen / die vntersten Schätze doch allda lassen müssen. Der gemarterte Abt ist 9. Wochen hernach gestorben. Miesteczky hergegen lies Frawenzimmer neben seiner Bursch zusammen fordern / hielt vom gedachten Raub 16. tage Panckét / kauffet von dem Rest / das Schloß Opoczno. Der König / so es erfahren / citirt den Miesteczky / welcher nicht kam / bis Graß druber wuchs. Dieses Kloster ist von Wratislao dem ersten Böhmischen König im Jar Christi 1089. erbawet worden / aus diesen vrsachen: Es war ein fürtrefflicher Ritter Beneda genant / in des Königes Wratislai vngnade gefallen / darumb er aus dem Lande vertrieben / zum König in Polen Boleslaum geflohen bey welches Gemahl der Königin Wischeslawa er lange zeit gedienet / bis er endlich in sein Vaterland Böhmen kehret / der meinung es solte dem König der zorn vergangen sein. Do er aber ankompt / helt er vergebens bey Wizeberto des Königs Eydman an / der ihme doch den rath mittheilet / das er sich solt einweil in

die

die Stad Meissen zum Bischoffe Bennoni begeben/ vnter
dessen wolt er versuchen/ob er was köndte ausrichten. Der
König Wratislaus aber/ der die schmach/ die sein Sohn
Bretislao vorm Jahr/ so in der Elb nicht weit von Meissen
vbel gebadet/weil die Meißner vber jhn kommen/ auch viel
Böhmen erschlagen/begegnet/rechnen wolte/ nimbt Knecht
an/zihet in Meissen/ do er erfehret/das Beneda beym Ben-
none/sendet er jhm ein frey Geleit/welchs er annimbt/kompt
zum König der jn vom Heer auff ein besonders ort füret/vn-
ter dem Schein/als wolle er sich mit jhme vnterreden/ aber er
wird listiglich betrogen vnd Todgeschlagen. Dieses erzürnet sehr den Bischoff Jaromirum/ sonsten Gebhardum ge-
nant/ der dann dem König hefftig zuredet/ offt in bey sein
des Königs die Meß nicht halten wolte/ weil er ein solchen
frommmen Hertzhafftigen Ritter vnter dem Geleit ermorden lassen/welches den König erzörnet/ besonders/ weil jhme
zu trotz der Bischoffe seine Caplän einsetzen lies/ darumb er
vom Bapst Vrbano erlanget/ das er eine Kirchen auffn wischerad bawet/ in Namen *Petri & Pauli.* Diese befreyet der
Bapst so hoch/ das sie dem Böhmischen Bischoff nit vnterthenig were / auch das sie am tag der Böhemischen Pa-
tronen/ die da seind: Vitus/ Wenceslaus/ Adalbertus/ Si-
gismundus/ Procopius/ vnd Ludomilla: vnter den Bischoff-
hüten stehen solten. Ja der König selbesten machet ein
Gesetz/ das der Probst dieser Kirchen/ der gegenwertige oder
künfftige/ ein Cantzler in Böhmen sein solte. Diese trennung des Bischoffs vnd Königes gab viel ergernüß/ groll/
haß/ widerwillen. Den König erhub der weltliche pracht/
seinen Bruder erhitzet der Ehrgeitz/ doher es kam/ das wann
der König wolt forne hergehen/ so wolt sein Bruder Jaromir Bischoff nicht nachfolgen. Letzlichen erwehlet der Kö-
nig/ seinem Bruder zuwider/ einen Wenceslaum genant/ zu
ein Bischoff in Mähren/ das wolt Jaromir nicht zulassen/
weil

wil zum Bapst Urbano / do er auffm wege ist / kehret er umb zum König Wladislao in Hungern / durch welches hülff er vermeinet desto ehe zum Bapst zu kommen / aber er wird kranck und stirbt in Hungern zu Gran. Da dis sein Bruder der König in Böhmen erfehret / gehabt er sich ubel / vermeinet es Gott abzubitten / lest gemeltes Kloster bawen / mit grossem Reichen gestifft und Einkommen versehen / daher es uber die maß reich worden. Dieses sey gnugsam von der fundation oder erbawung des Klosters. Damit aber der Leser wissen möge / wie der Misteczky von den Schätzen erfahren / wil ich eine lustige (ob sie wol sich hieher zur sach wenig reimet) Historien erzehlen.

Carolus der vierdte begeret den schatz gemelten Klosters zubesichtigen.

Im Jahr nach Christi Geburt 1359. bekompt der Keyser Carol der IV. ein sonderlichen lust zu schawen die Schätze des Klosters Opatowitz / darumb lest er dreißig Diener beruffe / gleichsam wolt er spatzieren reiten / ziehet nach der Stad KönigGrätz / den folgenden tag frue für tage nimpt er zween seiner getrewen Hoffleut zu sich / hawet starck zu nach dem gemelten Kloster / wie er ankompt / grüsset er den Abt / neben dem gantzen Convent / setzet sich von stund an hinder den Tisch / der Abt verwundert sich / sihet wol / das es ein ansehliche und ohn zweiffel mechtige Person sein mus / tractiret ihn deswegen desto stattlicher. Nach vollbrachter Malzeit / bitt der Abt den Keyser sein Namen zuvermelden / welchen es der Keyser zusaget / so er zuvor zween der Eltesten Convents Brüder / die er auch die vertrewlichsten zu sein vermeinet / zu sich nehm / und in die Kirchen gieng. Der Abt verbringet es willig / wie sie in die Kirchen kommen / beten sie ein wenig / darnach fangt der Keyser an zusagen: Würdiger Abt / auff dein begehren mein Namen zuvermelden / soltu wissen / das ich Carolus der Römische Keyser / König in Böhm ewer Herr bin. Der Abt erschrickt / und Antwortet: Aller

berümpter

berümster Keyser vnd Herr/ich habe michs bedüncken lassen/ doch weil ich keine Diener bey euch gesehen/habe ich/ nicht ohne Gottes willen/ euch recht nicht erkennen können. Der Keyser antwortet: Meine Diener habe ich in der Stad Grätz alle wolbedacht gelassen/ damit ich mit euch/ lieben Väter/ desto notdürfftiger reden kan/doch saget mir an/ ob das die eltesten vertrewlichsten Brüder des Klosters heimligkeiten Secretarien sein? Der Abt saget: Ja. Darauff der Keyser: Nun wil ich euch an Gottes stad die vrsach meiner zukunfft vermelden. Ich bin berichtet worden/das jhr ein köstlichen Schatz in diesem Kloster haben solt/ so nun dem also/ so ist mein begeren an euch/ jhr wollet es vor mir/ als ewren Keyser vnd Schutzherrn nicht bergen. Ich verheische euch bey meinen Keyserlichen trewen/ das ich euch weder durch mich selbsten/ noch durch andere Personen/ keinerley erdachten weiß/etwas entfrembden wil/ vnd begehre nichts mehr als den Schatz zusehen. Do das die *Fratres* höreten/ stunden sie vorm Keyser bestürtzet/zu letzt baten sie/ sich zu berathschlagen/dessen der Keyser zu frieden. Wie sie sich lang berathschlagen/ gehet der Abt zum Keyser vnd sprach: Allergnedigster Keyser vnd Herr/Nach dem E. K. Mayst. nach vnsers Klosters Schätzen fragen: So sollen E. M. allergnedigst wissen/das jetzt/ ausserhalb vnser dreyen/allhier 55. sind/ deren keiner das geringste/dauon wissen. Es ist ja allhie ein Schatz/ dauon wir drey hie zugegen wissen/sonst kein Mensch. Auch so durch den willen Gottes einer von der Welt abgefordert wird/ so thut mans einem andern zu wissen/ das also niemals mehr als drey sein/welche mit einem schweren Eyd verbunden/solchen Schatz keinem so lebet/zu offenbaren. Vber das/ so ist hierzu ein gefehrliche/vnd E. May. ein vngebürlicher zutritt. Der Keyser lies etliche Punct fürvber rauschen/ begeret allein/ das sie jhn zu dieser
wissen-

wissenschafft vnd heimlicher vertrawung/ den vierdten Mal
sein lassen wollen/ er sey Vrböttig dergleichen Eydespflicht
zu leisten/vnd bey sich die Sach in geheim zu halten. Da hielten
die verschlagenen Mönch auff eine verschlagene antwort
wider ein rath/ des Ausspruch dieser war: Allergnedigster
Keyser vnd Herr/ Es wil sich gantz nicht geziemen solches zu
thun/ viel weniger euch/ als vnsern Schutzherrn solches zu
verbergen. Es mag darumb E. K. May. aus zweyen eins
thun: Wir wollen entweder euch den Ort zeigen/ do der
Schatz liget/ aber den Schatz nicht: Oder den Schatz zeigen
aber den Ort nicht melden. Der Keyser besahn sich vnd
antwortet. Weiset mir den Schatz/ so bin ich gantz zu frieden/
sie sprachen: So ja E. K. May. das auserlesen/ so mus

Der Keyser begert den Schatz zusehen.

sich E. May. nach vnserm willen verhalten. Der Keyser
sprach: Liebe Väter/ mein Leben stehet in ewren händen/ was
jhr mir befehlet/ dem wil ich also nach leben. Die Mönche
nehmen den Keyser bey der hand/ führen jhn in ein finster
Gewölb/ so von Ziegel gepflastert/ zündeten zwo wächsene
Kertzen an/ nahmen ein Monchskutten/ verkehreten sie/ stiffens
also dem Keyser an/ der nichts sehen könt/ (als einer der
den blinden Kuntzen spielet) deñ allein vnter sich/ do er gewar
wurde/ wie sie etliche Zigelstein entblöseten/ darunter ein
loch/ in welches er an einer Leittern/ oder wie es die Bergleute
nennen/ fahrten/ steigen must sehr tieff. Da sie auff den
grund kamen/ namen sie den Keyser beim Kopff/ dreheten jn
etlich mahl herumb/ bis er dürmlich würde/ da griffen sie zu/
nahmen jhn bey den Armen/ leiteten jhn in ein stollen oder
gang/ ohn gefehr zwey gewend weges lang/ als denn zogen

Die Mönche zeigen den Schatz.

sie jhme die Kappen ab/ weiseten jhme ein weites Gewölb
von Silber Kuchen. Darnach führeten sie jhn/ den Keyser/
in ein anders/ welches in Thon vnd Letten gehawen/ darinnen
vnzehliche Goldkuchen. Zu letzt kamen sie in ein Gewölb/

Hußiten Krieg. 155

wölb / darinnen zeigeten sie jhme künstliche mancherley güldene Creutz / Pacifical, vnd dergleichen Kirchen Kleynodien / mit köstlichen Edelgesteinen versatzt. Das sie dis gesehen / sagt der Abt zum Keyser: Allergnedigster Herr / diese Schätz sämptlich sind E. May. werden auch E. May. löblichen ordentlichen nachkommen zum besten behalten / Darumb mag E. M. dauon / was deren wolgefellig / nehmen. Der Keyser trat zu rück vnd saget: Dafür behüte mich Gott / das ich das geringste von den Kirchen Schätzen verrücken solt. Der Abt / so ohn zweiffels / nicht vergebens das gesagt / antwortet: So wer es auch nicht ehrlich E. K. M. mit ledigen händen aus diesen Schatzkammern zu lassen / damit E. Mayst. gantz kein gedechtnüß dauon bringet / nam also ein Ring / darinnen ein köstlicher heller (wie dann in feuchten orten allezeit die Gestein ohn bestand schön werden) Diamant war / steckt jhn dem Keyser an den Finger / der jhn zu danck annahm / darauff kehreten sie auff den rück weg / legten dem Keyser die Kappen an / dreheten jhn herumb das er das Gedechtnüß verlieren solt / wie sie nun in das Gewölb / do der Keyser zu erst gewesen / kamen / zogen sie jhm die Kappe ab / der Keyser kniet für dem Altar / saget Gott danck / darauff sprach er zu den Mönchen: Lieben Väter / ich nehme es zu sondern gefallen an / das jhr euch so gutwillig erzeiget / mir diese Schätz gewiesen / auch getrewlich gegen mir verhalten. Ich bitte ferner / mich zuberichten / ob ich getrewen freunden vertrawen darff / das ich ohne meldung des Orts / sagen kan / wie in meinem Königreich ein solcher vnseglicher Schatz sey? Sie sprachen: E. er Keys. Mayst. wolle in diesem fall / als vnser gnediger Herr / dero willen nach leben. Hiemit nam der Keyser sein abschied / vnnd sprach vnter andern: Jhr sollet wissen / das mir dieser Ring von hertzen lieb sein soll / wil jhn auch an meinem Finger

Der Abt verehret dem Keyser ein Ring.

V ij die

die zeit meines Lebens behalten/ auch an meim letzten end gebieten/ den Ring daran zu lassen / vnd neben mir zuvergraben/ wie auch geschehen.   Da der Keyser gen König Grätz kommen / saget er vber Tafel/ wie er ein mechtigen Schatz gesehen. Die Officirer fragten die zween Kämmerling/ die referirten/ sie weren in dem Kloster Opatowitz gewesen/ darinnen der Keyser lang/ neben dem Abt/ vnd zween alten Mönchen verharret/ also war die Sach verrahten/ darumb diesen Schatz der Miesteczky durch marter vom Abt erkündē wolle. **Dieser Schatz ist vom gemelten Keyser in die vierzigmal hundert tausent gülde hoch geschetzt worden.** Solchs hab ich/ ob es wol zur sach gantz nit gehöret/ dem Leser erzehlen wollen/ der mich entschuldiget halte.

Summa des Klosterschatzes.

Das XXIII. Capitel.

DA die Mönch zu Prag/ bey S. Marien Schnee erfahren / wie es jhren Brüdern in dem Kloster Opatowitz ergangen/ auch durch gewisse Bottschafften berichtet/ das M. Hieronymus widerruffen/ betrachteten sie mit allem fleiß den gefehrlichen erbärmlichen stand des Böhmer Landes/ wusten auch wol/ das es vber jhre hälß hinaus gehen würde/ so Hieronymus loß gelassen/ der dem Volck den gantzen handel/ wie es das *Concilium* mit jhme gespielet/ gewislichen erzehlen vnd auffruhr wider die geistlichen anrichten würde. Darumb zogen sie gen Costnitz/ schlugen sich zu M. Stephanum Palez vnd Michael de cautis, brachten wider Hieronymum newe klagen auff die Bahn/ vermahneten die Väter/ das sie ja Hieronymum nicht loß liessen. Aber die/ von dem *Concilio*/ erwehleten Richter/ mercketen leichtlich den possen/ das dieses die Mönche aus lauter haß vnd bitterer

Präger Mönche bringen falsche anklag wider Hieronymum auffm Concilio.

ter feindschafft theten/ darumb kehreten sie/ sonderlich der Cardinal von Cammerach/ allen fleiß an/ jhn los zu machen/ wie er dann in voller versamlung wider die feind des Hieronymi beydes Teutsche vnd Böhmen/ seine erledigung vergebens begeret. Dann do er es fürbrachte/ schryen alle: Ey was sol man thun/ solt er los werden/ der mit seiner *revocation* allein zu entwischen gesinnet ist/ wie aus seinen reden zu hören? Besonders stund ein *Doctor Naso*, genennet/ auff/ vnd saget zu den Cardinälen: Es befrembdet vns höchlichen/ Ehrwürdige Väter/ das jhr vor ein solchen heilosen Ketzer bittet/ von welchem wir in Böhmen so viel/ wie auch euch noch von jhme geschehen möcht/ gelitten. Wir lassen vns schon traumen/ das jhr vom Böhmischen König oder sonsten von den Ketzern geld genommen/ vnd jn zuerledigen versprochen. Da sie dieses höreten/ stunden die Richter auff/ baten das gantze *Concilium* das man von jhnen das auffgetragene Ampt nehmen solt/ das dann geschach/ vnd Hieronymi feinden vbergebe ward/ als einem titulirten Patriarchen von Constantinopel/ einem Teutschen *Doctor* vnd andern mehr/ die als bald die Sach mit ernst angriffen/ zu Hieronymo in das Gefengnüß kamen/ mit jhme zu handeln. Aber Hieronymus do er sicht/ das er gantz nicht los werden kan/ besinnet sich in puncto eines andern/ wil kein wort antworten/ begeret doch allzeit sein Gemüt zuerkleren in einer öffentlichen zusammenkunfft des gantzen *Concily*. Die Præsidenten der vier Nationen erfahren es/ können jhnen keine andere gedancken machen/ denn das er seine *revocation* vernewern vnd zubekrefftigen gesinnet sey/ Setzen den 25. Maij des lauffenden 1416. Jahrs/ welcher tag als er erschienen/ führeten sie Hieronymum aus dem Gefengnüß/ zu der öffentlichen verhör/ in die Thumkirchen/ in welche sich das gantze *Concilium* verfüget. Da er vnter jhnen stund/ verlaß man wider jhn

Der Cardinal von Cammerach wil Hieronymum los haben.

Die Commission wird Hieronymi feinden vbergeben.

Hußiten Krieg.

ihn 107. Artickel/ so die Zeugen/ die alle mit einander seine feinde bekrefftiget. Da solches geschehen/ wurd begeret darauff ordentlich zuantworten/ aber M. Hieronymus schlug es ab/ denn ich sagt er/ mus eher von meiner Person was reden/ darnach wil ich richtig antworten. Dieses verdros die Väter des Concilij/ befohlen auch/ das er ohn verzug antworten solt. Darauff Hieronymus sprach: Mein Gott/ was ist das für ein vnbilligkeit? Gantzer 340. tage habt ir mich in der schwersten/ erschrecklichsten gefengnüß/ da nichts denn vnflat/ gestanck/ koht/ vnd fußfessen/ neben höchstem mangel aller nodürfftiger ding gehalten. Meinen feinden gebet ihr gnedige Audientz. Mich wollet ir nicht ein kleines hören. Es ist sich nicht zuverwundern/ das meine ergeste widersacher vnd Todfeinde/ dē ewre Ohren immerdar offen stehen/ euch vberredet/ das ich sey der ergste Ketzer/ so jemals auff der Welt gewesen/ ein feind des Glaubens/ verfolger der kirchendiener/ vñ wz des wesens mehr ist. Was geschicht mir armen gefangenen Mann dagegen? Ich kan zu meiner defension nicht die geringste gelegenheit/ durch hochfleißiges vnterthenig bitten/ erlangen. Ehe ihr auch erfahren/ wer ich bin/ habt ihr schon geschlossen/ ich sey ein solcher gottloser Mensch. Ihr solt bedencken/ das ihr Menschen vnd nicht Götter seyd/ das ihr straucheln/ irren/ ja betrogen vnnd verführet werden könnet. So ir allhie Liechter der Welt/ verstendige Männer genennet werdet/ ey so sehet zu/ das ihr nichts vnbedachtsam wider die gerechtigkeit thut. Ich zwar bin ein Menschigen/ welches haut es gilt. Ich sag auch dieses nicht/ der ich sterblich bin/ meinet wegen. Das verdreust mich/ das ihr/ als weise verstendige Männer wider alle billigkeit ein Vrteil fellet. Als er in diesem wolt fort reden/ wurd ein gereusch vnd gros gemurmel/ das er zuschweigen gedrungen. Da dis gestillet/ geboten

Handlung des Concilij mit Hieronymo.

Hieronymus klagt vber sein schwere Gefengnüß vnd vnbilligkeit des Concilij.

Es wird ein getümmel wider Hieronymum.

Hussiten Krieg.

geboten jhme die Väter kurtzumb erstlichen zuantworten/verhischen doch/er solt nach der antwort genugsamlich/was er reden wolt/gehöret werden. Daraus verlaß man ein Artickel nach dem andern/fragten jhn auch bey einem jedem/ob er sich darzu bekenne/oder was er darauff sagen wolle. Es schreiben an diesem Ort beydes die Catholischen vnd Hussiten/das sich zuverwundern sey/vber der verschlagenen gnugsamen antwort/die er gegeben auff die Puncten so sein gewesen/wie er hergegen/ was nicht sein gewesen/schlecht gantz vnd gar verworffen/vnd gesagt: Es were felschlich erdacht. Da man vnter andern aber verlas: Er wer ein lesterer des Apostolischen Stuels/ein feind des Römischen Bapsts/ein Widersacher der Cardinäl/verfolger der Prelaten vnd aller geistlichen: Fieng er an: Wo sol ich mich/jr Väter des Concilij/nun hin wenden? Welches hülff sol ich anruffen? Welche sol ich bitten? Euch? diese meine ergste verfolger haben durch dis mittel ewr gemüt von mir abgewendet. Recht haben sie gemeinet: Was wollen wir mit jhme machen? Alles so wir wider jhn auffbringen/ist schlecht/es bringet jhme den Tod nit. Hart/Wir wollen es also angreiffen/die Cardinäl werden jhn durch jhr Vrteil fein aus dem wege reumen Nun was sol ich machen? Des HErrn will der geschehe. Do er gefraget ward: was er von dem H. Abendmal hielt? sagt er: Ehe man die Wort drüber spricht/ists ein Brod/darnach der ware Leib Christi nach dem glaubē. Da etliche sagten: Gehet doch von dir das gemeine geschrey/das du lehrest/es sey ein schlecht Brod. Darauff sprach er: Ja bey dein Becker ist es ein schlecht Brod. Als jn aber ein Prediger Mönch anfuhr vnd sagte: Waß? Wiltu es laugnen? da sprach Hieronymus: Mönch/du heuchler halt das maul. Wie sich die sach also verzog/auff dem tag/vnd allein 40. Artickel verantwortet wurden/(c auch offt die Pfaffen so höflich bezahlet/das es ein frisches gelechter gabe/besonders schreibet *Pogius*/dz er einen seiner

Hieronymi verschnitzte verantwortung auff die fürgelegene Articel.

Verantwortung der andern Artickel wider auffgeschoben.

seiner feind allzeit ein Hund oder Esel geheissen) schuben die Väter die handlung auff den 29. tag gemeltes Monats/ an welchem er die hinderstelligen Artickel verrichten solte/ vnter des muſt er in seiner gewöhnlichen Herberg in den Thurm vor gut nehmen.

Das XXIV. Capitel.

Hieronymi antwort auff die hinderstelligen Artickel.

AM angesaßten Termins tag muſt Hieronymus wider vor/ auff die anklag antworten. Welches er nach seiner gewonheit mit grossem verwundern seiner Widerpart verrichtet/ da er als bald ein Schluploch fand/ dadurch er entwischet/ so geschwind/ das er offt den zuhörern zu lachen machet/ offt tapffere Kappen ausgabe/ als dem Mönch der saget: Ich kan mit meinem gewissen sagen/ das er es gelehret: Dem antwortet er: Höre Mönch/ wenn du es nicht weist/ so ist dis die beste weiß einen zubetriegen.

Hieronymus kompt auff sein Person.

Do er aber alles ordentlich verrichtet/ fieng er an von seiner Person zu reden/ Bat Gott den allmechtigen zum ersten/ das er jhme ein solch gemüt/ neben den krefften/ geben wolt/ so da dienet zum heil vnd wolfart seiner armen Seelen. Nach diesem erzehlet er/ das es kein newes/ sondern ein Uralter schendlicher gebrauch were/ fürtreffliche Männer durch falsche Zeugen vberwinden/ verdammen/ tödten. Beweiset es mit dem Tod Socratis, gefengnüß Platonis, der flucht Aristotelis, mit der Pein Zenonis / dem Elend Rupilij, vertreibung Camilli, Scipionis, vnd anderer/ derer Boetius gedenckt. Darnach zog er die Bibel ein/ erzehlet die vnschuld Josephs/ das schmehen Mosis/ die flucht Helix/ den Tod Esaix vnd aller Propheten/ die als verächter Gottes/ auffrührer/ zerstörer gemeines Landfriedens hingerichtet sein. Er setzet hinzu das Exempel Johannis des Teuffers/ der Apostel/ Christi selbsten

selbsten/ vnd sonderlich des heiligen Stephani/ der von dem
Consistorio der geistlichen zu Jerusalem vmb sein Leben/
nicht wegen falscher Lehr/ sondern durch ein falsches Vrteil/
ist gebracht worden. Das alles erzehlet er so schön mit lieblichen worten/ anmutigen geberden/ gebürlicher stimm/ das
jederman ein erbarmung mit jhme zu haben anfieng/ sonderlich wie er erweiset/ das den Zeugen/ die es ausgesaget/ als sein
Todfeinden/ kein glauben zu geben were. Er saget auch dieses: Lieben Väter/ ob es schon war/ das ich in allen mit euch
nicht vberein stimmete/ were ich dañ als ein Ketzer zuverbrennen? Wisset jhr nicht/ das bey dem allerheiligsten/ aus
Menschlicher Schwachheit/ dieser gebrechen gemein ist/ das
sie in etlichen Orten widersinnig vnd zweiffelhafftig sind/ ob
sie wol die fundamenta recht behalten? Vnd solches geschi-
het nicht von jhnen/ das sie die Christliche Religion wollen
vnterdrücken/ sondern das sie dieselbige auffs beste sie können/
möchten fortpflantzen/ wie an Petro vnd Paulo/ Augustino
vnd Hieronymo zu sehen.

Es wartet aber ein jeglicher mit verlangen/ wenn er sei- *Hieronymus*
ne Irrthumb (nach jhrer meinung) würde verschweren/ *wil nichts*
vnd vmb gnade bitten/ aber er saget dürr heraus/ das er nicht *von einigem*
geirret/ weil aus heiliger Schrifft nichts wider jhn erwiesen/ *Irrthumb*
welches er begeret/ doch allein dis zur antwort bekommen: *wissen.*
Bistu nit vnterweiset/ so die Bischoffe sagen/ verschwer dein
Irrthumb? Endlichen lobet er Wicklephen/ besonders Hus-
sen/ den er ein frommen/ gerechten/ heiligen Mann nennet/
so vnschuldig von jhnen verbrennet/ getödtet/ da er in dem
fewer als Elias gen Himmel gefahren/ sie die Patres für *Hieronymus*
Gott dem himlischen Vater anklaget/ vor dem gestrengen *wil nichts*
Richterstuel Jesu Christi citirt/ heischet/ fordert vnnd ladet. *revociren/*
Ja er glaube auch alles/ was der heilige Mann Huß wider *sondern lobt*
die Pfaffen/ vnd der geistlichen hoffart/ vnzucht/ Gottes- *Hussen.*
X   lesterliches

lesterliches Leben/ Tyranney/ vnwiderleglich geschrieben.
Vber das/ nage vnd plage jhn keine Sünde die er von
Jugend auff gethan / so hart/ als die er auff diesem
Pestilentzischen Stuel begangen/ do er lobet das vn-
billige Vrteil/ so vber den heiligen Martyrer Hussen
ergangen/ seinen getrewen Lehrer/ aus zagheit vnd
furcht des Todes/ verfluchet. Derhalben ich eben an der
stell hergegen/ durch hülff/ trost/ beystand Gottes des heiligen Geistes/ frey offentlich/ mit hertz/ Mund vnd stimme bekenne / das ich mein feinden zugefallen sehr vbel gethan/
auch gröblich gesündiget hab. Bitt darneben Gott vom
grund meines hertzens/ mit inniglichem hertzlichem seufftzen/
das er mir solches/ aus gnaden verzeihen wolle/ aller meiner
missethaten/ darunter diese die grösste/ nicht gedencken/ nach
dem tröstlichem Spruch: Jch wil nicht den Tod des Sün-
ders/ sondern das er sich bekere vnd lebe. Da er das saget/
gieng es allen durchs hertz/ bissen die Zän vbereinander vnd
sagten: Jetzund verurteilet er sich selbsten/ was dörffen wir
viel wesens machen/ man sihet augenscheinlich den halßstarri-
gen Ketzer. Was? saget Hieronymus/ meinet jhr ich fürchte
mich für den Tod? Jhr habt mich ein gantz Jar in einer
abschewlichen/ die mir schwerer als der Tod gewesen/
gefengnüß angeschmiedet/ erger als einen Türcken/
vnd Jüden/ oder Heyden gehalten. Schawet/ mein
fleisch an meinem Leibe hat zu faulen angefangen.
Noch klag ich solches nicht / sondern verwundere mich vber
die vnmenschliche/ damit ich nicht sage/ vnchristliche that. Do
er das saget: Da schalten alle miteinander auff jn. Aber Hieronymus schweig bis sich einer allein hören lies/ als dann gab
er behend/ vnerschrocken/ so frölich antwortet/ als wann jn
nichts drumb were. Er stopffet vielen das Maul/ machte viel
schamrot/

Hieronymi kummer / das er des Hussen tod approbirt.

Die Väter beissen die Zän vber Hieronymus zusammen.

Vnmenschliche vnbarmhertzigkeit der gefengnüs Hieronymi.

Hieronymus macht seine feind zu schanden.

Hußiten Krieg.

schamrot/offt/so jr viel schryen/machet er sie aus/bat bisweilen/das man jn auch solt reden lassen/denn er wol wust/das sie jn nicht mehr hören würden. Letzlichen must er in die vorige gefengnuß kriechen/härter als zuuor sich an gewöhnlichen Pfal lassen anbinden.

In dieses gefengnuß kamen zu jm viel Cardinäl/Bischoffe/liessen jhn heraus zihen/theten jhn vielfeltig vermahnen/er solt seins Lebens verschonen/die Lehr verschweren/Hussens Todt billigen. Aber er antwortet allzeit: Ich wil es thun/wenn jhr aus heiliger Schrifft erweiset/das es falsch ist. Da sie jn fragete/ob er seinem Leben so feind wer? Gab er zur antwort: Was saget jhr/solt mir das Leben so lieb sein/das ich es wegen der Warheit/oder meins Herrn Christi/der seines wegen meiner hat auffgeopfert/nit solt in die Schantz schlagen? Seid jr Cardinal oder Bischoffe? Wisset jr nicht/was Christus saget: Wer nit meinet wegen sein Leben verleuret/der ist mein nicht werth. Weichet von mir jr versucher. Da waren sie her/gaben jhm vmbsonst ein guten vnd derben filtz/liessen jhn wider in das Loch hinein stecken.

Die Cardinäl vñ Bischoffe vermanen Hieronymum.

Hieronymi antwortung.

Am allerletzten kam der Cardinal von Florentz zu jhm/gebot/das man jhn herfür führet. Darauff sagt er: Mein Hieronyme/du bist ein gelerter Mann/der freyen kunst ein Magister/hast von Gott grosse gaben/die du nicht zu deim verderben/sondern zu nutz der Christlichen Kirchen gebrauchen solt. Das gantze Concilium hat mit dir ein mitleiden/sihet es vngern/das du wegn deiner hohen gaben zu dem fewr must. Du köntest zu ehren kommen/in der Christlichen Kirchen grossen nutz schaffen/so du dich mit Petro vnd Paulo recht bekehren woltest. Die Christliche Kirche ist nicht so wild/das sie dir alle gnad solt versperren/so du allein in jhr zu bleiben bedacht/wie ich das zusage/so bald wir sehen werden/das du es hertzlich/ohne falsch/meinest/wollen wir dir alle förderung/geneigten willen/vnd gutes erzeigen.

Der Cardinal von Florentz redet mit Hieronymo.

X ij   Bedenck

Bedenck dich weil es zeit ist / schone dein vnd deines Lebens/ vnd erkler dich gegen mir / wie es billich ist. Darauff Hieronymus: *Hieronymi antwort.* Was ich allzeit begeret habe / das begehr ich noch / ists sach/ das ich aus H. Schrifft kan vberwunden werden / wil ich von hertzen vmb verzeihung bitten: wo nicht/ wil ich nicht weichen/ auch nich einen schritt. Der Leib/ der das schwere gefengnuß ausgestanden/ kan auch das fewr wegen der reinen Warheit/vnd Christi bekentnuß erleiden. Mein Hieronyme/ antwortet der Cardinal/ wiltu klüger sein als das Concilium? Mit nichten/ saget Hieronymus/ ich begehr vnterricht. Wer aber von eim vnterricht begert/der wil warlich nicht klüger sein. Der Cardinal saget: Wie sol man dich denn vnterrichten? Hieronymus sprach: Mit heiliger schrifft / welche ist ein Leucht vnserer füsse: Mein/Mein/ antwortet der Cardinal/ mus es alles aus der Schrifft geurteilet werden? *Hieronymus wil allein bey der H. Schrifft bleiben.* Wer kan sie verstehen? Mus man nicht die Altväter zu einer auslegung gebrauchen? Was hör ich da? antwortet er/ sol das Wort Gottes falsch sein oder vrteilen? Sol es nicht allein gehöret werden? Sollen die Menschen mehr gelten / als das heilige Wort Gottes? Warumb hat Paulus sein Bischoffe nicht vermahnet die eltesten zu hören/ sondern gesaget: die heilige Schrifft kan dich vnterweisen? Sehet da jhr Schrifften der Propheten/ geschrieben durch den heiligen Geist/ die jetzigen seind mehr dann jhr: Nein/ nein/ das nimb ich nicht an/ es kost mein Leben/ Gott kans wider geben. Da sahe jhn der Cardinal greßlich an/ vnd saget: Du Ketzer/ es rewet mich/ das ich so viel deintwegen gethan habe. Ich sehe wol/ das der Teuffel dich regieret/ damit du jhme nicht entwischest. Ihr Knechte führet jhn hin / also must er widerumb in den Thurm.

Das

Hussiten Krieg.

Das XXV. Capitel.

DEn erften tag des Brachmonats/ bot man die gantze Stad Coftnitz auff/ das fie in der Rüftung wer/ wenn man M. Hieronymum verbrennet. Der Bifchoff von Riga furet jn in die Thumkirchen/ darinnē wurd er vermanet zu widerruffen/ befonders das/ so er vnlengft geredet. Da fieng er vnerfchrocken an zu reden/ vnd faget: Ich ruffe Gott zum Zeugen an/ ich bezeug auch euch/ das ich alle Artickel des glaubens mit der Rechtglaubenden Kirchen halt/ aber darumb fol ich verbrennet werden/ das ich nicht wil bewilligen in den Tod des heiligen Mannes/ der vnschuldig verdammet allein das er ewer Leben geftraffet. Darauff recitiret er den Chriftlichen Glauben/ die bekentnuß Athanafij vnd der verfamlung zu Nicea. Es verwunderten sich alle vber feiner beredtfamkeit/ es giengen viel mehr hinzu/ vermaneten jhn/ das er folt zu rück gehen/ man würde jhme bald ein ander formular der revocation reichen/ aber er wolt kurtzumb nicht. Darumb ftund der Bifchoff von Lugdun auff/ hielt ein Sermon aus dem letzten cap. Marci/ da ftehet: Zu letzt da die eilffe zu Tifch faffen/ offenbaret er fich/ fchalt jren vnglauben/ vnd jres hertzen hertigkeit/ das fie nicht geglaubet hetten denen etc. darauff faget er: Gleich wie diefes heilige Concilium zu Coftnitz verfchienener zeit Johan Wickleph vnd Johann Huffen verdammet hat/ alfo verdammet es auch jhren nachfolger Hieronymum/ ein halsftarrigen/ ehrgeitzigen/ frechen/ in feiner boßheit verftockten Menfchen/ damit die andern ein Exempel an jhme haben/ vnd fich daran ftoffen/ auch verhütet werde/ das folches hinfüro nicht gefchehe. So aber fe hervor wollen/ die mit dergleichen Ketzerey die Kirch Gottes beflecke/ fo fey gewalt gegeben wider fie zeugen zu füren/ fo aller Miffethaten jhnen bewuft fein/ oder offentlich gefchendet worden/

Hieronymus wil nicht revociren.

Der Bifchoff von Lugduni verdammet Hieronymum aus des Concilij befehl.

X iij als

Hußiten Krieg.

als mörder/ huter/ huren/ büttelen/ schelmen/ vnd dieben/ auch so solches nicht kan erwiesen werden/ sol man sie peinlich fragen/ den Irrthumb erforschen/ verbrennen/ doch so sie Buß thun/ das Leben schencken. Aber von dir Hieronyme/ ist solches mit nichten zuverstehen/ weil du deine vorige revocation/ gleich eine hund/ wider hinein geschlucket/ nicht on ergernüß/ vnd hoher schand dieses Concilij. Derhalben was für ein Vrteil auch von dem Concilio vber dich fallen wird/ das ist all zu fast vñ billig. Do er auff diese weiß außgeredet/ antwortet Hieronymus: So mir vnbewust/ das jr andern gelerten/ verstendigen/ heiligen Männern es also mitgespielet/ so must ich gedencken/ ich hette es verschuldet/ weil jhr/ vber alle maß/ wider mich/ ohne vrsach/ wütet vnd tobet. Es weiß weder ich/ noch ihr/ einen einigen punct/ darinnen ich Ketzerisch gewesen/ oder gelehret/ oder anders/ als die Christliche Kirch/ gesinnet bin: Vielleicht meinet jr/ das sey eine Todsünde/ so ich lobe/ das gelerte Männer/ die stoltze/ hoffertige/ geitzige/ gottlose Pfaffen gestrafft haben. Aber ist das eine rechte vrsach/ mich zu tödten? Ir gebet mit dem gnugsam zuverstehen/ das jr falsche Richter seid/ auch nit werth/ welchen man glauben solt/ weil ihr alle proceß wider mich vnbillich angestellet. Da er endlichen sahe/ das er sterben must/ fieng er an: Ir habt beschlossen/ ehe an mir was thätliches erfunden/ mich falsch vnd vnbillig zu tödten/ Wolan/ ich wil nach meinem tod ein stachel in ewrem hertzen vnd nagenden Wurm/ in ewren gewissen lassen: Ich appellir auch zu dem gerechten Richterstuel Jesu Christi/ das ihr nach hundert Jahren mir darauff antwortet. Es wollen etliche/ deren manuscripta allein fürhanden/ es habe es Huß gethan/ aber es ist falsch. Etliche sagen/ es habe Huß dergleichen/ da er den Pfal gegen Mitternacht gesehen/ geprophezeyet/

Hieronymi verantwortung auff sein verdamnuß.

Hieronymi Prophecey.

Hußiten Krieg.

eyet/ vñ gesagt: Heut bratet jhr ein Ganß/ vber hundert Jahr wird ein weisser Schwan kommen/ den werdet jhr nicht tödten können.   Dem sey nu wie jhm wolle/ so ist doch gemelte Prophecey nicht Hussens/ sondern allein die letzte/ (so sie sein anders ist vnd von jhme also geredet) dawider ich nicht streite.

Des Hussen prophecey von dem weissen Schwan.

Damit ich aber zur sach komme/ als solches verrichtet/ verlaß man wider Hieronymum das Vrteil/ welches so viel begreifft: Das heilige Concilium zu Costniß/ welches folget der Lehr Christi/ der saget: Wer nicht in mir bleibet/ sol hinaus geworffen werden/ vnd verwelcken: verdammet Hieronymum von Prag/ der freyen kunst ein Magister/ wegen seines Irrthumbs/ falscher Lehr/ auch weil er vorhin widerruffen/ vnd zu mercklichen vnehren dieses Concilii/ sein gifft/ den er heraus gespeyet/ wider hinein geschlucket. Schlüssen darneben/ das er/ als ein dürrer Ast/ sol abgehawen werden/ damit man mit jhme/ als einen verfluchten/ vnd vermaledicten Ketzer/ handeln kan. Es vbergibet jhn der Weltlichen Obrigkeit/ welche jhn nach gebühr straffen sol/ bittet darneben/ das die straff/ doch/ das er mit dem Leben nicht dauon komme/ gemiltert werde.

Vrteil des Concilij vber Hieronymum.

Darauff war jhme ein Kron/ wie Hussen gebracht. Er aber/ M. Hieronymus/ nam seinen Mantell warff jhn mitten vnter die Pfaffen/ weil sie sich sonst für jhm geschewet/ mit jhm nicht reden wollen/ setzte die Kron selbsten auff/ auch als er hinaus geführet/ sang er mit heller stimme/ frölichem Geist/ den Glauben vnd andere Christliche Geseng/ bis er zu dem Ort kam/ darauff Huß verbrennet/ da er vor den Pfal gestellet/ daran er solt gebunden

Hieronymus gehet mit frölichem mut vnd singender stim zum fewer.

gebunden werden/betet er lang kniend dauor heimlich/bis jhn der Hencker auffrichtet/ da zog er sich aus/ stellet sich selbsten an die Seul/lies sich anbinden. Da er ersahe einen einfeltigen Bawrsman holtz zu tragen/lachet er/vnd saget: O du heilige einfalt/wer dich betreuget/der hat es tausentfeltige Sünde. Letzlichen als er mit holtz bis an den Hals verschlichtet/auch der Hencker/das holtz/von hinden wolt anzünden/damit er desto weniger erschrecke/sprach Hieronymus: Was machestu? Da gehe her/vnd zünde an/wenn ich mich für dem fewer hette geschewet/were ich an die stull nicht gebunden. Als er aber anfieng zu brennen/schrey er Böhmisch: Mein HErr Gott/ erbarm dich mein/vnd vergib mir meine Sünde/du weist das ich deine Gebot allezeit geliebet habe. Vñ darauff HErr in deine hende befehl ich dir meinen Geist. Do aber das fewr vberhand nam/betet er bey sich bey einer gutē halben viertelstund/vnd starb. Wie dis geschehen/verbrenneten die Hencker/was er bey sich in der gefengnuß gehabt/als Beth/stroh/ ludens auff Karren/vnd schütteten es in den Rein/wie fast vor eim Jahr/ebener gestalt/mit M. Johann Hussen geschehen/damit nicht dieses dē Böhmen fur heiligkeit hielten/ welche gleich wol hernach die Erden/darauff solches geschehen/in Böhmen getragen vnd auffgehoben haben.

Hieronymi Gebet im fewer.

Das XXVI. Capitel.

Nach diesem verrichten / fuhren die Väter auff dem Concilio den Sommer vber fort/nach jrem gebrauch. Dieweil aber in dem gantzem Land Böhmen nichts war/dann auffruhr/Mord/Todschlag/besonders wegen des Hussens. Denn es die Herrn Ritter/vnd Bürgerstand
hefftig

Böhmen ist auffrührisch.

hefftig verdros / das man jhre Magistros verbrennet / auch dz gantze Land in den Bann gethan. Vornemlich ist in diesem Jar einer JAN TYSTA genant / welcher vorzeiten aus der Wrschoweze̔n geschlecht in dem Land / auff dem Schloß Frawenberg gewesen / dieser fuget dem gemeinen Man auff der Strassen / vnd in den Dörffern / besonders den Königstädten in dem Pilsner Kreys / grossen schaden zu. Man kondte jhm auch kein abbruch thun / weil er sich in eim festes Schloß salviret. Darumb sandte der König Wentzel des Königreichs Vnterkämmerer / Jan von Lesikowa. Dieser nam des Königs Diener / vnd andere Reisigen in die tausent Pferd zu sich / befahl jhnen / das sie sich zu theilen / vnd vnter Frawenberg in ein Holtz zusammen stossen solten / wann es ein stund in die Nacht were. Dann er erfahren / das die Reuber ein guten muth zu haben gesinnet. Da das geschehen / fallen sie in das Städtlein / bey eitler nacht / mit grossem geschrey / finden die Reuber alle toll vnd voll / etliche tantzen / etliche spielen / etliche schlaffen / darumb sich keiner zu der Wehr satzte / sondern sich gefangen gaben / in die 330. derer Roß / Raub / sampt allen beweglichen Gütern / die Knecht nahmen / vnd vnter sich teileten / die Reuber aber gen Prag geführet / wurden auffgehencket / darunter drey leibliche Brüder / schön von gestalt / welche grosse fürbitt hatten. Der Jan Tysta war auff dem Schloß / höret den Lermen wol / dorffte aber den seinigen / weil er sich eins gewalts befahrte / nicht zu hülffe kommen / darüber er erzürnet / noch grössern schaden im Land stifftet / bis er in nachfolgendem Jahr auff dem Schloß solte belagert werden / welches er nicht erwartet / sondern sich mit dem Könige vertrug / vnd von der Rauberey abzustehen verhiesch. Dieses Schloß Frawenberg (damit der Leser ein vnterricht haben mag) ist auff einem vberaus hohen felsigten Berg / aber zu vnser zeit gantz öde / eingefallen vnd verlassen. Man sihet noch

Jan Tysta ein vornemer Rauber.

Der König lest den Tysta vberziehn.

Die Reuber werden vberfallen vnd geschlagen.

Tysta thut in dem Land grossen schaden.

Vertregt sich mit dem Könige.

Beschreibung des Schlos Frawenberg

noch vnter dem Berg gegen dem Städlein viel grosse schantzen/ auch einen langen vnnd weiten Lauffgraben von dem Schloß/ so sehr verfallen/ doch an vielen orten noch zween Mannes tieff. Die Schantzen alle sind gemeltem Schloß von den alten zu gut gemachet worden. Den man es sonst an keinem Ort mit sturm angreiffen kan/ man kan es auch ohne Bogenschuß nicht beschiessen/ man lägere sich gleich/ an welches ort man wolle. Ehe man in das Schloß kommet/ ist eine hohe/ zum theil eingefallene Mawer/ die ein kleinen platz begreiffet/ der gegen Morgen das Thor zu der einfahrt/ gegen abend einen Stall hat. Von diesem Platz mus man an eim rauchen felsen in das Schloß fast klettern/ das dann mit einer vberaus hohen starcken Mawer befestiget/ aus lauterm Zeug/ welche viel Jahr ohn Tach gestanden/ dadurch ein enges Thürlein/ welches in den Hoff des rechten Schlosses gehet/ da ein zimlicher Platz/ in welches mitten ein schöner Brun/ mit kleinē Werckstücken rund vmbfasset/ darinnen ein schön/hell/lauter Wasser ist/das es einer mit der wehr erlangen kan/ Sommer vnd Winters zeit. Gegen Morgen ist ein vberaus fester hoher Thurm von zwey klaffterichten Werckstücken/dessen Mawer 2. klaffter dick. Man kan aber (weil die stiegen weggefaulet) ohne Leittern nicht mehr hinein komen. Nach mitternacht/ sihet man von der Mawer vber den felsen hinab/ das eim das Gesicht vergehet. Nach abend sind etliche gebew zu sehen/ darinnē die Herrn von Schwanberg gewohnet. Ohn gefehr eins Steinwurffs von dem vorschloß/ nicht weit von dem Ort/ da Albertus die Werckleute verbrennet/ist ein feiner Brunnen/daraus ein zimliches flüßlein herflisset. Dieses alles habe ich dem günstigen Leser/ der an den Orten nicht bekant/ erzehlen wollen/ daraus er lernen kan/ wie Gott der beste Röhrmeister/ Wasser aus einem sehr hohen Berg zuführen vermag. Es ist ja gemelter Berg hö-

her/

her/als alle so herumb auff viel meil wegs sind/dann man von dannen/bis gegen Prag sehen kan/dennoch ist ein lebendiges Wasser auff diesem Berg/der so voll felsen/das man jn nicht vntergraben kan.

Es möchte aber ein Curiosus fragen/wer dieses Schloß erbawet? Darauff/ob wol diese Historien sich zu der sachen nicht reimet/gieb ich aus Hageco/der von dem Jahr 1009. schreibet/diese antwort: Die Teutschen Chronicken melden/ das Keyser Heinricus/dieses Namens der erste/sonsten der Vogelsteller (*Auceps*) genant/eine schöne Tochter gehabt/ die Helena geheissen. Diese hat hertzlichen lieb einen Grafen von Aldenburg Albertum/der sie hinwider sehr liebet/auch zu solcher brunst durch jhre Liebe gereitzet wurde. Der Grafe gedacht zwar wol/er müste des Keysers Tochter vergeblich lieb haben/so er es nicht anderst anfieng/darumb wird er mit jhr der sachen eins/sie zu entführen. Weil sie aber des Vaters gewalt befürchteten/saget er/sie wolten in ein Wildnüß zihen. Was geschicht? Der Grafe/so an des Keysers Hoff lang gedienet/verkaufft sein Väterlich Erbe/die Graffschafft Aldenburg dem Keyser/begibt sich in die Böhmische Wildnüß/suchet ein gelegene ort zu einem Schloß/erwehlet dieses/ samlet viel Werckleut/nimbt sein bahr geld zu sich/zihet an ermeltes Ort/lest ein theil die Wäld ausreuten/die andern Steinbrechen/etliche Kalch brennen/die besten die Mawer aufführen/Thürn bawen/schöne Zimmer bereiten. Er versahe dis Schloß auch mit Proviant damit er sich selb zehen/ hundert Jahr/erhalten köndte. Darnach lies er schöne Wehren/Spieß/Geschoß/holen/in die Festung legen/vnd dieses wol verwaren. Da dieses alles verrichtet/beruffe er seine Arbeiter/Bawleute/vnnd ander Gesinde zusammen/befihlet ein Hauß vnter das Schloß zu bawen/welches sie verrichteten/in demselbigen helt er sie zu Gaste/

Von erbawung des Schlosses Fraweberg.

lest

lest sie etlich viel tag frölich sein/ gibt jhnen zu sauffen genug-
sam/ da sie aber einsmals gar voll sind/ zündet er das gebew
an/ vnd verbrennet sie allesampt miteinander erbermlich/ aus
vrsachen/ das keiner das auffgebawete Schloß verrathen konte. Da diese erschreckliche That verrichtet/ zihet er wider an
des Keysers Hoff/ helt sich hurtig vnd Reuterisch/ hat doch
allzeit ein glimmenden zochen der Liebe/ gegen des Keysers
Tochter/ weis doch kein mittel/ sie dauon zu bringen/ bis endlichen machet er mit jhr ein heimlichen verstand/ das sie neben
etlichen Jungfrawen spazieren gehen solt vor das Schloß/
da der Keyser hoff hielt. Da kam lieb zu lieb/ hielten wenig
gesprech/ satzten sich auff die Roß/ renneten beyde/ denen das
Hertz wacker puffet/ mit Spornstreich dem Böhmer Wald
zu. Der Graff führet das Frewlin bey sich auff dem Roß/
welches jhn zu schneller eil instendig ermahnet. Da sie nun in
den Wald lang herumb geritten/ kamen sie endlichen frühe
gegen dem tage zu dem Schloß/ giengen hinein/ vnd lebeten
in frewden. Dieses alles geschach im Jahr 925. da Wenceslaus der heilige in Böhmen regierete. Da funff Jahr ver-
flossen/ hielt der Keyser zu Regenspurg sein Hoff/ nach dem
Sieg/ den er wider die Hungern/ (wie in *Dressero Millena-
rio V. de Imperatoribus Occidentis*, so einer *Paulum Constanti-
num & Achillem Garserum* nicht hat zusehen) erlanget.
Weil er aber allzeit lust zu der jagt/ begab er sich in die Böhmischen Wälder/ setzet einem schönen stück Hirschen nach/
verleuret die Spur/ die gegend sampt dem wege/ weis weder
aus noch ein. Auff die letzt sihet er einen Rauch auffgehen/
hewet fort mit seinem Gaul/ welcher vbels wegen des gemö-
sigten/ steinigen/ bergichten weges/ voller hecken vnd stauden/
fort kont/ vber das fiel ein Nebel ein/ das also der Keyser mit
mühe gegen dem Abend an das Schloß kam. Das wandel-
bare glück muste durch diesen vnfall den zweyen liebhabenden
ein

Albertus ein Grafe von Aldenburg entführet Henr. Aucupis des Keysers Tochter.

Hussiten Krieg.

ein tück beweisen/ darinnen es ein sonderlich spiel vnd lust anrichtet/ den Keyser in grosse noth führet. Daß da er vor das Schloß kam/ fand er alles beschlossen/ stund davor/ klopffet wacker an/ vnd kund niemand erruffen/ zu letzt kam Albertus vor das Brücken Thor/ fraget wer da were? Was er suchet? Der Keyser saget: Ich bitte euch gebet mir Herberge/ vnd ein bissen Brod/ denn ich mich verirret/ auch in dreyen tagen wie dann wahr/ nichts gegessen. Die Helena/ so ein grossen lust hatte/ eins mahls ein Menschen zusehen/ dann sie in fünff Jahren dieses Lebens vberdrüßig worden/ bittet sehr ihn zu beherbergen/ welches er thut/ liesse den Keyser/ den sie schon nicht mehr kandten/ hinein. Die vrsach aber/ das er so bald vnkentlich worden ist/ das er in denen Jahren/ darinnen sein Tochter verlohren/ kein haar auff sein Kopff oder Bart abschneiden lassen. Da der Keyser in das Schloß kam/ zündeten sie ein Liecht an/ da erkennetet er seine Tochter vnd Eidman/ erschricket/ weil er sich in der gewalt seines feindes sihet/ mus sich alles vnfahls befahren/ darumb verendert er die Sprache/ auffs beste er kan. Die Helena so ein grosse frewd hat/ an dem/ das sie ein Menschen sihet/ bringet mildiglich/ was sie in der Küchen vnd Keller hat/ hervor/ heisset den Gast frölich sein/ vber der Mahlzeit/ fragen sie ihn/ von wannen er were? Der Keyser saget/ er sey ein Ritter aus Hungern/ der Ritterschafft nachgezogen/ hette sich verzehret/ auch auff dem wege verirret/ do er in sein Vaterland gewollet/ welches er einmal zu sehen ein gros verlangen hette. Darauff fieng die Helena an: Ich bitte euch tugendreicher Ritter/ was höret ihr guts von Keyser Heinrichen? Der Keyser antwortet mit listen: Waß? wisset ihr nichts? ist er doch vor eim Jahr allbereit gestorben. Das höre ich gern/ sprach Helena/ O wie gute zeitung bringet ihr vns/ ich wil mit meiner hand euch zu lohn ein schönes sanfftes Betth bereiten/

Keyser Heinrich findet seine entführete Tochter.

Y iij das

das jhr sanfft ruhen solt. Ich gönne es dem Keyser gern/ sehe es auch von hertzen/ das all mein Geschlecht dahin were. Deñ darnach bekäme ich/ vnd mein allerliebster/ eine freyheit/ die so hoch zu schetzen/ als wann wir von newen an die Welt geborn würden. Der Keyser sagt: Ach er ist schon vorlengst/ wo der liebe Gott sein seele haben wil. Aber saget mir tugentsame frawe/ wann jhr den Keyser in ewren henden hettet/ als mich/ was wollet jhr mit jhm thun? Die Helena platzet/ wie die Weiber pflegen/ heraus: Ich wolte es mit mein liebsten dahin bringen/ das er den kommenden tag nicht erleben solt. Da sie nun viel vnd kurtzweilig gesprech verrichtet/ weiseten sie den Keyser zu Bett/ der dann frühe auffstund/ von Wirth vnd Wirthin sein abschied nam/ vñ dahin zog. Weil auch der tag was hellers/ mercket er die gelegenheit wol/ lendet sich gegen Mittag/ kam auch frisch vnd gesund zu Regenspurg an/ do dann jederman wegen seiner ankunfft erfrewet/ besonders kamen etliche Fürsten zu jhm/ jhn zu empfahen/ denen er dancket/ auch hoch bat/ das sie jhm zugefallen ein Feldzug thun wolten.

Der Keyser Heinrich vberzihet seinen Eydam.

Es wird bewilliget/ der Keyser bestellet viel Holtzäxte/ oder Hacken/ wird selbst Heerführer/ da sie an das Ort/ da die grösten Wäld waren/ kamen/ lies er die Bäum niderhawen/ vnd ein weg bereiten/ bis zu gedachtem Schloss/ als deñ hies er stille halten. Die Fürsten/ Grafen/ Herrn vñ Ritter/ so dem Keyser zugefallen mitgezogen/ fragten jhn/ was er für ein feind in der Wüsteney hette? Do sagt der Keyser: Ir sollet wissen/ das darauff mein vnzeitiger Eydman vnd vngehorsame Tochter ist/ die mir so viel sorg vñ grawer haar gemachet. Derhalben greifft an/ vnd nehmet sie gefangen. Die Knecht sein des bereit/ lauffen an/ wie sie vor das Schloß kommen/ schreyet Albertus heraus: Was da? Was da? Sie antworten: Der Keyser Heinrich/ der vnlengst bey euch gewesen/ hat befohlen euch entweder Tod oder Lebendig zu bringen.

Hußiten Krieg.

bringen. So wil ich mich / antwortet Albertus / wehren / greifft zu sein Bogen / aber die Sehnen waren verfaulet. Darumb must er sich mit steinen wehren. Die Helena laufft auff die vmblauffende wehren an der Mawer / vnd schreyet: Ihr solt wissen / das ich nach meines Herren / des Graffens Tod / nicht eine stund leben wil / Bringet mich niemand vmb / so wil ich es selbsten thun. Die Ritter vnd Fürsten erbarmen sich vber sie / bitten den Keyser / das er die grosse liebe ansehen wolle / jnen dz Leben schencke / vnd zu gnaden auffnemen. Der Keyser besahn sich vnd saget: O *Amor*, wie hastu so viel vnd mancherley fälle. Es geschehe ewer bitt. Darauff ward ein Accord beschlossen / das Schloß den Keyserischen geöffnet. Albertus vnd Helena giengen dem Keyser entgegen / theten jhm ein fußfall / baten vmb gnade / die sie erlangeten. Darnach gruben sie jhre Schätze / so sie vnter die Thür vor dem Saal vergraben aus / zogen mit dem Keyser nach Regenspurg / also blieb dieses Schloß öde eine gute zeit / dann dieses geschahe Anno 930. Hernach in 1009. Jahr zog Hertzog Udalricus aus Böhmen (der eine Bawersmagd aus dem Dorff Perutz zur Ehe hat genommen) auff die Jagt / neben einen seiner Wladyken (diese waren die nechsten nach dem Hertzogen / vnd hatten dem andern gemeinen Volck zugebieten / vñ von dem gebieten / hies man die Wladyky / dañ Wladartz oder Wladyka / heisset ein Regent) der wohnet auff dem Schloß Drschtka / da er aber ein mahls auff der Jagt war / vnd einem schönem Stück nachsetzet / verirret er sich / weis nit wo er hin sol / zu letzt bindet er sein Roß an ein Baum / steiget auff eine Fichten / so auff eim hohen Berge stund / wird eines Schlosses gewar / dahin er sich lendet / wie er aber dar wil / kan er mit seinem Roß nicht fort kommen / sondern mus absteigen / vnd mit seinem Schwert ein weg machen.

Der Keyser verzeihet aus vorbitt der Fürsten seiner Tochter.

Wie

Wie er zum Schloß kommen/klopffet er an/kand niemand erruffen. Darumb nimbt er ein stamm holtz/setzet jhn an ein gewölbt Fenster/an welchen er in das Schloß kroch/darinnen er die Schloßbrücken fand auffgezogen/das jhme gros wunder bracht/er gieng fort/fand in dem Schloß viel fässer mit Wein/etliche Harnisch/vnd vermoderte Kleyder/das er dann fleißig besehen/zum fenster hinaus gekrochen/sich der gelegenheit/darauff er das Schloß ersehen/nachrichtet/auch so lang gegen auffgang geritten/bis er zu nacht mit grosser mühe widerumb auff das Schloß Dischtka zu den seinigen kam/die so hoch wegen seiner frischen widerkunfft erfrewet/wie sehr sie zuuor wegen seines abwesens betrübt waren. Der Hertzog so müde/setzet sich als bald hinder den Tisch/nimpt das Abendmal ein/fraget den Wirth mit namen Wepuzik/ ob er etwas von einem in der Wildnuß wüsten Schloß wüste? Der Wirth saget: Nein/darauff erzehlet er vber der Tafel allen seinen zustand/dessen sie sich höchlich verwunderten. Besonders suchet den Hertzogen durch bitt Przym sein Diener gehorsamlich an/das er jhme das Schloß solte schencken/das der Hertzog/ als ein kostfreyer Fürst/williget/ daher nach dem Przym dieses Schloß bis auff den heutigen tag Przymda genennet wird/von den Teutschen aber Frauenberg. Diese weitleufftige relation von dem Schloß Frawenberg habe ich an diesem Ort allhie/dem Leser zu gut/setzen wollen.

Das XXVII. Capitel.

Landtag zu Prag gehalten.

Damit ich aber wider zu der sachen kome/als die Herrn vnd Stände in Böhmen genugsam jhres Königs vnachtsamkeit spüreten/kamen sie in der Fasten zu Prag zusammen/berathschlagten sich/was zu thun were/weil von

den

Hußiten Krieg.

dem Concilio verbotten/ vnter beyderley gestalt das Abendmal zu empfahen. Vber das war das Land mit Rauberey erfüllet/das es nicht erger sein könte. Diese zween Punct erörterten sie also: Weil das erste Geistlich were/ vnd die Seel belanget/ so wolten sie es jhren Gelerten heimstellen/ die daß was zu thun were/ schliessen solten/ bey diesem solt es auch bleiben. Das ander belanget/ sahen sie für gut an/das sie es an den König liessen gelangen. Darumb erwehleten sie aus jhrem Mittel zu dem end besondere Personen. Da die Sach für die Professores kam / berathschlagten sie sich lang/ endlichen schlug M. Iohann Cardinalis Rector der Vniuersitet Prag/ nachfolgende Intimation an:

Allen vnd jeden Christgleubigen wünschet Iohannes Cardinalis der freyen kunst Magister vñ Decretalien Baccalaureus, neben andern Magistris der hohen Schul Prag/ heil/ wolfart/ in der Warheit bestendigkeit vnd in der furcht des HErrn sein fleiß. Viel Rechtgleubige Christen so wol hohes/ als nidriges Standes/ begeren von vns mit höchstem fleiß vnsere meinung von dem heiligen Abendmal: als nemlich ob dasselbige von Rechtgleubigen genommen /vnd vom Priester ausgetheilet werden sol/wo fern wir Kinder der ewigen Seligkeit zu sein begeren? Weil dann von vns allen erfordert wird des Nechsten bestes zu suchen/ auch jhn/ wo wir nur können/zu befördern/was wil denen/ die in höhern ehren vnd gewalt/ als andere sind/ gebüren? Sollen sie nicht allezeit dahin bedacht sein /die gefahr des schadens/ der durch der Vorsteher nachleßigkeit gemeiniglich ergehet/ abzuwenden? Derentwegen wir aus noth vnsers tragenden Ampts/nichts freches/ vergreiffliches/ oder halsstarriges/ wider die heilige Catholische /Apostolische vnd Römische Kirche schliessen/ viel weniger eine newrung einschieben/ sondern/ neben einer trewen vnd rechtmeßigen Protestation/ allein von dem glauben

Intimation der Vniuersitet Prag/ von dem hochwirdige Abendmal das man es vnter beiderley gestalt sol empfahe.

Z

ben/der in vns ist/einē jedem der es begeret/vnterricht tmit zu=
teilen gesinnet sein/ damit wir jrem billigen begeren raum vñ
stat geben/ der glaubigen hertz/ so vielleicht in zweiffel gesetzet/
nicht betrogen werde / oder zwischen dem guten vnnd bösen
hin vnd her wancke / auch endlichen/ das sie vns nicht dafür
halten/ als wolten wir aus einerley schand oder furcht / diese
warheit (wider den Spruch des weisen Mannes/ der da sa=
get: Schenne dich nicht die Warheit zu sagen wegen deiner
Seele) vnter die Banck stecken. Weil dann fürnemlich das
Concilium zu Costnitz gestehet / das Christus der HErr das
heilige Abendmal in zweyerley gestalt habt eingesetzet/ das es
auch in der ersten Kirchen lange zeit sey im brauch gewesen/
so geben wir mit gutem bedachten Rath dieses zur antwort/
welches auch vnser bekantnüß ist: Nach dem Christus vnser
Heyland in seinem angenommenen fleisch sein Ampt völlig
verrichtet/ vnd von dieser Welt zu seinem himlischen Vater
gehen wolt/ nach verrichtung vnd erfüllung aller figuren vnd
Vorbild des Gesetzes des alten Testaments/ verlest er vns
dieses gedechtnüß/ das dienet zu sterckung vnsers Glaubens/
vnd der guten Werck. Auch damit wir das rechte gelobte
Land/ darinnen wir Bürger vnd Einwohner sein sollen ewi=
glich/ erlangen mögen/ vnd keines weges müde nachliessen/ so
gibt er willig dieses Osterlamb/ neben dem Manna des ge=
heimnuß/ das heilige vnd hochwürdige Sacrament des Al=
tars/ allen Christen aus sonderlicher vnergründlicher freyge=
bigkeit/ nicht vnter einer/ sondern zweyerley gestalt. Ob nun
wol Christus gantz in dem Brod/ gantz in dem Wein empfa=
hen wird zu vnserer sterckung / zu erfüllung des Abendmals/
zu vermehrung des hohen vnbegreifflichen verdienstes: doch
ist er vnter beyder gestalt zu geniessen/ als vnter dem Brod
vnd vnter dem Wein. Weil er es also eingesetzet/ auch mit
seinem schwur vns dazu zwinget. Er gebeut auch seinen
Jüngern

Jüngern solches/ als Dienern/ zuverrichten. Dann durch das Mittel verkündiget man den Tod des HErrn/ bis er kommet/ wie aus dem heiligen Euangelio augenscheinlich zu sehen/ neben der Altväter/ die in der ersten Christlichen Kirchen gelebet haben/ schrifften/ die das so beweisen/ das kein furcht/ viel weniger kleinmütigkeit verhanden bey vns sey/ solches gründlichen zuerweisen. Derhalben so einer Christlich/ recht vnnd nützlich wil vnterrichtet sein/ wil selige dinge fördern/ ehrliche jhme gefallen lassen/ letzlichen/ so er ein heilsame Artzney wider die Menschliche schwachheit vnnd gebrechligkeit begeret/ so er die inbrünstige liebe des Herrn/ die er erweiset in seiner Menschwerdung/ bittern leiden vnd sterben/ erzehlen/ so er mit jhme leiden/ auch endlichen ein Miterb des ewigen Lebens begeret zu sein/ so bitten wir jhn vnd alle/ durch die vnaussprechliche barmhertzigkeit Jesu Christi zu dem höchsten/ das sie sich dieser Lebmachenden doppelten hoffnung/ doch eines glaubens Sacraments/ in welcher aller vnserer Seelen geistlicher nutz/ aller vorzug der gnaden/ alle zunehmung des Glaubens/ mit allen dem/ das die Seel belustiget/ oder die vnsterbligkeit erbawet/ aus vnerforschlichen göttlichem rath wunderlich sind eingeschlossen/ vor Menschlicher vernunfft vnergründlich/ zusammen getragen/ befleissigen/ auch für allen dingen/ die hoffnung/ durch die empfahung vnd niessung/ offt vnd viel mal begeren sollen/ vnd so viel man wegen Menschlicher schwacheit kan jm zueignen/ sich in dieser seligen/ seligmachenden/ hohen/ liebliche/ nutzen/ glückliche Arbeit exerciren/ auff das wir durch das heilsame Manna oder Himelbrod vnd von dem reinen Wasser des felsens/ welcher ist Christus/ gestercket/ mögen in das himlische gelobte Land kommen/ es einnehmen vnd ewig besitzen.

Es möchte aber einer fragen/ was von vnsern vorfahrern/ die den gantzen gebrauch vnterlassen/ was zu vnser zeit nicht allein

allein von krancken/ sondern auch von gesunden/ die durch vn-
wissenheit/ einfalt/ oder durch ein andern fall wissentlich/
doch nützlich/ solches vnterlassen zu halten sey? So meinen
wir es werde Gott jhre einfalt/ oder den mangel ansehen/ sich
jhrer erbarmen/ vnd solches zulassen. So aber dieser heiligen
einsetzung/ ein Menschensatzung zu wider/ die aus Gottes
Wort weder erwiesen/ noch erweiset werden kan/ so einiger
gewalt drewen/ das vns möcht abschrecken/ob es gleich ein
Engel vom Himmel/ der durch öffentliche oder verborgene
list ein anders/ als vnser Lehrmeister Jesus Christus/ ein anfenger vnd Lehrer dieses Opffers/ gelehret vnd befohlen hat/
wolte abführen/ so ist ein solche Lehr/ als ein fundt Menschlicher vernunfft/ der reinen Euangelischen Warheit zu wi-
der/ auch in keine wege anzunehmen/ sondern allezeit fleissig
zu sehen auff die Warheit der authoritet Christi, welche
höher ist vber alle befehl/ gewonheit vnnd erfündnüß/ diese
authoritet sollen wir allein fleissig erhalten. Gegeben Prag
den 10. Martij Anno 1417. in versamlung aller Magistro-
rum vnd mit vnserm Jnsigill bekrefftiget.

Die Böhmi-schen Herrn zihen zu Kö-nig Wences-lao.
Da dieses zu Prag gehandelt zihen die Herren gar
starck auff das Schloß Tocznik/ zu ihrem König Wenceslao
ignauo, der dann ihrer bald gewar worden/ das Schloß auff
das beste beschliessen lies. Die Herrn/ die dieses merckten/
fertigten zween Böhmische Herrn Georg von Hradeck vnd
Jobst von Cziastalowitz ab/ die begeren solten/ das man sie
einließ/ welches sie verrichteten/ auch wegen ihrer Schnee-
weissen haupter sampt den Bärten vnd Gravitetischen ansehen es bey dem furchtsamen König dahin brachten/ das er
zusaget/ sie solten auff das Schloß Ziebrak sich begeben/ so
wolt er bald bey jhnen sein. Die Böhmen seind des zu frie-
den/ stellen sich gehorsamlich ein/ werden auch von jrem König herrlich tractiret. Da die Malzeit ein ende hat/ wird
jhnen

ihnen Audientz gegeben / das Herr Wilhelm von Risenberg auff die meinung fürbracht: Berümbter König vnd Herr/ die Gemeine der Herrn vnd des Ritterstandes haben mir befohlen / zum vnterthenigsten eine frage an E. K. M. gelangen zu lassen / welche diese: Warumb E. Mayst. jhre Wonung nicht zu Prag haben wollen / wie Ewer lieber Herr Vater Keyser Carl. IV. hochlöblichster gedächtnuß / neben allen Böhmischen Hertzogen vnnd Königen vor euch gethan / sondern sich in diesen Schlössern / gleich wie ein Steinmarter in den Felsen verkriechet / da doch viel besser / wann E. König. Mayst. in der Hauptstad des Landes Hoff hielt / do dann jedermänniglichen seine notdurfft fürbringen vnnd bescheid erlangen mögen. Es kommet jhnen auch wunderlich für / das sich E. K. Mayst. des gemeinen nutzes nicht annimmet / sondern den Reubern allen mutwillen gestattet / darumb sie jetzt sämptlichen zu gegen / mit der erbittung / wo fern E. K. M. solchen vnrath abzuschaffen gesinnet / so wollen sie E. K. M. mit Leib / Gut / Ehr vnd Blut ohne Vorteil getrewlich beystehen. Do er die rede angehöret / Sprach er: Du meldest Wilhelm lieber freund / das sich die Stände verwundern / das ich mich nicht zu Prag / sondern in diesen Steinfelsen auffenthalte? Darauff soltu wissen / das ich mich für der Schpinka (das ist ein Gefengnuß auff der Altstädter Rathhaus / darinnen er funfftzehen wochen lang gefangen gewesen / jetzund setzet man die Weiber drein) fürchte. Das ich mich verberge / ist kein wunder / ich habe es vorhin auch gethan / bin dennoch vor euch weder in dem Kloster Königsaal bey Beraun / noch in dem Königlichen Hof sicher gewesen. Darumb meine ich es sey zu Ziebrak besser zu wohnen / als auff dem Thurm zu Wien. Darauff antwortet Wilhelm von Rosenberg: Gnediger König vnd Herr / wir bitten E. M.

Frage der Böhmen an König Wenzeln.

Z iij sämpt-

Königs Wenzel zihet auff dem Wischerad.

sämptlichen/ sie wolle mit vns nach Prag/ wir versprechen beydes für vns vnd alle andere bey vnsern trewen/vnd ehren/ sich gegen euch trewlich vnd recht zuverhalten. Da das König Wentzel gehöret/ hiess er Satteln/ anzeumen/ ritt auch von stund an mit den gesandten nach Prag/ auff das Schloß Wischerad/do sie den frölich lebeten. Nach etlichen tagen/ kamen zu jhme die Gesandten der Stad Prag neben etlichen Herrn vnd Edelleuten/die begerten von dem König mit grossem bitten/ das er jhnen etliche Kirchen vergünstigen wolle/ in welche sie beyde das Volck nach jhrem willen lehren/ vnd die Sacramenta nach Christi einsetzung austeilen möchten. Das sie dan vom König erlangeten.

Die Böhmen feyren den tag Hußij vñ Hieronymi.

Daraus sie beschlossen jährlichen das gedechtnüß M. Iohann Hussij vñ M. Hieronymi Pragensis den 6. Iulij feyerlich zubegehen/ auch dem Concilio nicht zugehorchen.

Keyser Sigismund verschenckt die Marck Brandenburg.

Weil das in Böhmen geschicht/schencket der Keyser Sigismundus den 18. Aprilis Anno 1417. die Marck Brandenburg/ so Jodoco Marggraffen in Laußnitz versetzet/ Friderico dieses Namens dem ersten/mit dem beding/ das er jhm wider die Böhmen/ so er sie durch Schwertzwang zu dem Römischen glauben zwingen müste/ trewe bestendige hülff leistet. Da dieses die Böhmen erfahren/seind sie gantz entrüstet auff den Keyser/weil die newe Marck/wie auch Laußnitz/ der Kron Böhmen zustendig/ einem frembden/ zu dem ende das sie solten vntergedruckt werden/geschenckt. Sie liessen diese sach offt an den König Wenceslaum gelangē/ doch allzeit vergebens. Dann er vorgab/ er müste ehe das Land von den Reubern reinigē/darunter er allbereit Hyniek Jablonsky abgefertiget/der sie von dem Schloß Hassenstein/Lomnitz vnd Bradlzschon weggetrieben hat.

Es

Hussiten Krieg.

Es begab auch die entwendung der Marck Brandenburg auff dem Concilio ein gefehrlichen Lärmen. Dann Hertzog Ludwig aus Beyern (sonsten von Ingolstad) so allezeit bey dem König war/ hatte einen heimlichen groll wider Hertzog Heinrichen von Landshut/ aus vrsachen. Es waren etliche vom Adel/ deren Namen Iohannes Aventinus in seinem 8. Buch erzehlet/ die machten wider Hertzog Heinrich ein Bund/ wegen jhrer freyheit. Dise gelegenheit nam Hertzog Ludwig in acht/ sprach sein Vettern Hertzog Heinrichen an wegen einer theilung. Dann Hertzog Friederich/ Hertzog Heinrichs Vater/ hatte seine Brüder/ Hertzog Steffan vnd hertzog Hansen/ in der teilung sehr vervorteilet/ also dz er das gantze Niderland/ welches besser/ als das Oberland war/ behielte/ den andern zweyen Brüdern allein das Oberland gelassen/ sich darein zu theilen. Doch versprach er jährlichen 8000. Thaler jnen zustewren/ welche stewer in die 24. Jahr nicht gereichet worden. Darumb wolt Hertzog Ludwig eine gleiche theilung neben der verfallenen schuld vnd nutzung von seines Vaters Hertzog Steffans Bruders Sohn Hertzog Heinrich haben. Zum andern weil Keyser Sigismundus die Chur Brandenburg Marggraff Friederichen geschenckt/ welcher mit Heinrichen sich durch Heyrathen befreundet/ so meinet Hertzog Ludwig/ er wer ein neherer Erb dazu. Denn Keyser Carl IV. Sigismundi Vater hat solch Land Hertzog Ottoni abgekaufft/ doch so liederlich/ das er kaum die strick an Glocken bezahlet. Dieser Otto/ der sechste genennet/ ist Hertzog Ludiwigs Anherrn Bruder/ wie Hertzog Heinrichs gewest. Vber das hette Georg von Gundelfing Hertzog Ludiwigen abgesaget/ den lies Hertzog Heinrich zu Waldstein/ so offt er seinen Vettern ins Land fallen wollen/ aus vnnd einreitten. Wegen dieser dreyen vrsachen verklaget er Hertzog Heinrichen vor dem Keyser vnd gantzen Concilio/
begeret

Zwispalt Hertzog Heinrichen vnd hertzog Ludwigen aus Bayern.

H. Ludwig verklaget H. Heinrichen beym Keiser.

begeret seinen gleichen theil/ geld vnd verfallene geldschuld/ nennete öffentlich Hertzog Heinrichen ein freueler des gemeinen friedens/ einen auffenthalter der Mörder vnnd Reuber/ einen Bluthund. Weil er seine Bürger zu Landshut/ wie in Aventino lib. 8. zu sehen/ ermorden lassen. Hertzog Heinrich ein kleiner von Angesicht (wie er zu Landshut im Predigerkloster an einer Tafel abgemahlet ist) brauner vnd frischer Herr/ lest sich nichts mercken/ das es jhm schmertzlich wehe thet/ begeret ein auffschub sich zu verantworten/ den er erlanget. Vnter des leget er den 20. Novembris Anno 1417. seine Rüstung an/ lest jhme vier Roß satteln/ nimpt drey getrewe Wehrhaffte Diener zu sich/ lauret auff sein Vetter Hertzog Ludwigen/ so mit Keyser Sigismundo bey dem Bischoffe von Passaw/ Georgen Graffen von hohen Lohe/ Ertzbischoffen zu Gran in Hungern vñ Keyserlichen Cantzlern/ zu Gast war/ auch im weggehen allein 3. Edle Knaben zu sich genommen/ nach seiner Herberg gangen (weil seine Diener noch assen) vnd vnter wegen seinem Vettern in die hind gerathen/ der jhn angesprenget/ mit seinen Dienern an vier orten verwundet/ für tod auff die Erden gestürtzet/ liegen lassen/ vnd dem Stadthor zugeeilet/ Aber er war kaum hinnaus/ wird ein aufflauff in der Stadt/ jederman greifft zur wehr/ der Keyser schickt Graff Günthern von Schwartzenburg/ des Keyserliches Hofes obersten Cammer Richtern/ das er jm nacheilen solt/ zog auch selbsten hinach/ doch vergebens/ denn Hertzog Heinrich durch hülff Conrad von Reisach vnd Georgen von Burgaß/ auch anderer schwäbischer vom Adel entrunnen war/ demnach wurd der Käyser durch Zorn bezwungen/ vnd erkennet Hertzog Heinrichen neben dem Concilio in den schweren Bann/ Acht/ vnd Oberacht/ hette es auch öffentlich gesprochen vnd vollzogen/ wo nicht Marggraff Friederich sich dazwischen geleget/ vnd ein anstand

Hertzog Ludwig wird verweg wattet.

Hußiten Krieg.

stand erlanget/bis Ludwig heil wurde. Do der Termin verflossen/vnd der newe Bapst Otto ein Columneser erwehlet/ Martinus V. geheissen/führet jhn Keyser Sigismund neben Marggraffen Friederichen in die Thumkirchen/ da fiel dem Bapst Hertzog Ludwig zu fuß/vnnd begeret Rach/ erlanget doch nichts/dann das jhm der Bapst den Segen gab. Mittler weil wurde die Sach auffgeschoben/bis sie nach verrichtung des Hußiten kriegs in Böhmen zu eim offnen Krieg geriet/den *Aventinus libro citato* nach der leng beschreibet. Darin Hertzog Ludwig wenig glücks/ wie in allen seinem thun nach dem Tod des Hussens/dabey er gewesen/ gehabt/ auch letzlich von seinem eigenen Son Ludwig dem höckerichten zu Neuberg Anno 1443. vmb Johannis gefangen/ in welchem Gefengnuß er Anno 1447. gestorben ist zu Burghausen.

In diesem Jahr haben die Hußiten Herrn Czienick vnd Vdalricum Herrn von Rosenberg dahin gebracht/ das sie zusagten/jhre Religion anzunehmen. Also erforderten sie alle jhre Pfarrherrn gen Krumaw/ da stund der Herrn Caplan Jan Biskupez in der Kirchen auff den Stuel/ dauon man die Heiligthümer dem Volck weiset/ vnd redet auff die meinung: Die Herrn von Rosenberg wollen vnd gebieten/ das alle Pfarrherrn auff jhren gründen das hochwürdige Sacrament vnter beyderley gestalt sollen austeilen/ vnd die Artickel die M. Johann Huß wider den Bapst gelehret/halten/wo nicht/sollen sie jhrer dienste innerhalb 6 wochen müssig stehen. Wie sie still schwiegen/befihlet der Herr/das sie zu jhme zur Malzeit komen solten. Nach gehaltener Tafel redet gemelter HerrnVater/Herr Lopota/die Priester noch ein mal an/darinnen er vermeldet/ sie solten sich als balden resolvirn.

Herr Czinick vnd Vlrich von Rosenberg stellen ein reformation an.

solvirn. Der Abt aber von Trzebno beredet sich mit den andern Priestern/ bat vmb ein Termin Monatsfrist/ darunter sie sich bedencken/ vnnd ein richtige antwort geben wolten. Die Herrn sind dessen zu frieden/ doch liessen sie mitler weil M. Wischine von Swinow/ so wol auch den Pfartherrn Weleschin vertreiben/ vnnd die Pfarren mit Hußiten bestellen.

Das XXVIII. Capitel.

Die Väter schicken den Böhmen ein frey Geleit auff daz Concilium zukomen.

DA die Väter auff dem Concilio den zustand des Böhmerlandes vernommen/ auch sahen/ das sie das Fest Hußii vnd Hieronymi (wie *Sylvius* in sein *Chronicis Vniversalibus* schreibet) so hoch/ als Petri vnd Pauli zu Rom feyerlich begiengen/ mit den Monstrantzen von einer Kirchen zur andern/ die sie von dem König erlanget/ vmbgiengen/ auch das die Herrn eine Reformation angerichtet: Sendeten sie den Böhmen den 11. Julij ein frey sicher Geleit/ neben des Keysers/ auff das Concilium zu kommen. A-

Die Böhmen wollen nicht trawen.

ber sie wendeten den vnschuldigen Tod M. Johan Hussens für/ vnd schlugen es kurtz ab. Doch beweget dis die Herrn von Rosenberg/ das sie die angefangene Reformation einstelleten auff eine gelegene zeit/ auch hielt sich daz gantze Volck still/ bis in das nachfolgende Jahr/ vnnd hoffeten vergebens ein gute antwort des Concilij. Weil sie aber das geringste nicht erfahren/ viel mehr berichtet werden/ das sie die Böhmen Ketzer heissen/ gehen sie in dem nachfolgenden Jahr den

Die Böhmen begere mehr Kirchen vom König. *Videatur Sylvius c. 36.*

16. Aprilis gerüst auff das Schloß Wischerad/ schicken zum König Nicolaum von Hußinetz (welcher einer vom Adel M. Johann Hussij gewesener Erbherr vnd nicht ein Präger/ der Newstad Bürger/ wie Hagecus wil) der vmb mehr Kirchen/ weil sich das Volck mehrete/ anhielt. Der König erschricket/

Hußiten Krieg. 187

erschricket/ vnd weil er sich eines andern/ (das er nicht das dritte mahl gefangen würde) befahren mus/ gibt er gute wort aus/ heisst sie in 8 tagen wider kommen/ vnter des schicket er zu Hußinecz/ lest jhm sagen) er habe ein Lotten wider jhn angebawnet/ daraus wolle er einen Strick machen/ vnd zur dancksagung jhn damit hencken lassen. Welche Bottschaffte Hußinecz so sehr erzürnet/ das er das Volck wider den König anhetzet/ doch/ wegen besserer gewarsam/ macht er sich von Prag aus dem staub/ nam auch/ so viel er vermocht/ volcks an/ besonders die den Bäpstischen gar feind waren. In mittels langet das Volck teglich bey dem König vmb antwort an/ welche sie auch durch des Königs Räthe/ Herrn Wilhelm von Boßkowitz vnd Martinum von Rotok empfiengen: Der König nehme es noch im bedencken/ wer aber auff einem guten weg/ welchen sie bald verderbet/ weil sie mit gewerter hand solches gleichsam abpochen gewolt. Darumb er auch wil/ das sie jhre wehren alle/ als Harnisch/ Pantzer/ Armbrust/ Spieß/ Schwerter/ Sudlytzen vnd Flegel/ auff das Schloß tragen vnd vor jhme niderlegen solten. Da dieses ein Rath vernommen/ erschracken sie sehr/ dann im fall des vngehorsams/ des Königs Tyranney/ dargegen/ so sie gehorchten/ ein auffruhr der gemein/ jhnen für augen schwebete. Darumb suchten sie Rath/ wie die Gemein in fried erhalten/ vnd des Königs befehl ausgerichtet würde. Es war eben das mahl bey einem Bürger (oder/ wie Hageceus will/ Rahtsherrn) der Newenstad/ mit Namen Barthel Fleischer/ einer von Adel zu Gast Johann von Troßnowa oder Trautenaw/ welches ein kleines Dörfflein/ jetzt dem Herrn von Rosenberg zustendig/ derwegen des einen auges/ so er in dem Streit verloren hatte/ gemeiniglich Zischka/ dessen offtmals in folgender *Narration* sol gedacht werde/ genennet. Dieser sprach seinem Wirth/ so wegen der leidigen antwort

Die Bürger sollen ihre wehren aufs Schloß tragen.

Aa ij des

Zischka gibt den Prägern ein guten rath.

des Königs (den ein jeder vermercket / das er die Stad Wehrlos machen wolte) sehr trawrig / getrost zu / vnnd saget vnter andern: Seid jhr nicht Kinder / ich der etlich zeit zu Hoff vmb den König gewesen / kenne jhn wol / weis auch gewis / so jhr euch gerüstet *præsentirt* / vnd die Wehren an ewrem Leibe traget / das er sie euch ehe schencken als abfordern wird. Barthel Fleischer fasset diesen rath zwischen die ohren / erzelet jhn seinen Raths mitverwandten / die jhn der Gemein erzehleten / vnd annahmen / erschienen auff den tag Marci / die Altstädter so wol als die Newstädter / vor dem König in dem Schloß Wischeradi / denen Zischka aus bitt eines Raths / in einem schönen Harnisch fürgieng / bis sie in des Königs Angesicht kommen.

Zischka der Präger führer.

Da sprachen die Bürger Zischka an / das er reden solt / welches er also thet: Berümbter gnediger König vnd Herr / wir deine gehorsame getrewe Vnterthanen / stellen vns allhie in vnserer Rüstung nach E. K. M. befehl / vnd warten wider welchen Feind vns E. K. M. zu schicken gesinnet / wider den wir wegen E. G. Leib vnd ehr / so lang wir vns regen können / männlich zu streiten / zusagen. Der König saget zu jhm: Guter Bruder / du redest recht / kehre nur mit dem Volcke zu rück / das sie gehorsamlich verrichteten.

Dem Zischka felt dz Volck sehr zu / der diesen Anlas in acht nam.

Also bekam der Bruder Zischka eine grosse gunst bey allem Volck / auch ein grossen anhang / durch welches hülff er verhoffet die schmach zu rechnen / so jhm ein Geistlicher (der seine Schwester / wie etliche wollen / doch zweiffelhafftig geschwengert) zugefüget. Derwegen er (wie etliche wollen) bey dem König sol angehalten haben / das er jhme vergünstige / diese schmach zu rechnen / das jhme der König / so seine angenommene einfalt / wahre armut / vnd geringe freundschafft angesehen / aus einem gespött vergünstiget / vber dis mit angehengtem Sigill bekrefftiget / das er genommen / vnd jhm einen heimlichen anhang gemacht.

Das

Das XXIX. Capitel.

AM heiligen Pfingstage / welches war der 15. Maij des 1418. Jahrs / bekam das Concilium zu Costnitz vnter dem newen Bapst Martino V. ein loch / so vnlengst M. Johann Hussen / M. Hieronymum verbrennet / Wickleph verdammet / den Kelch den Leyen verbotten / also auch ander ding mehr gestifftet / welches ich auch hie vnterlassen wil / vnd sein hinfüro nicht mehr gedencken / sondern allein bey den Böhmen in meim Vaterlande bleiben. Darein als bald der Bapst eine newe hummel oder Legaten schicket / der durch vorschub Conradi des Ertzbischoffs den 4. Junij die Arch / so vber dem Altar / in der Königlichen Stad Schlan / stunde / abgeworffen / die newe reformirung / nach schluß des Concilij angerichtet / ein Pfarrherrn neben einer andern Privat Person lies verbrennen. Welches den Böhmen ein grewliche schnupffen machte / auch zu folgender erschrecklichen auffruhr gros vrsachen gab / wie's denn auch etliche in Schlesien zu Breßlaw theten / so des Hussens Lehr liebten / vnd sich befahrten / das nicht bey jhnen eine schnelle gestrenge execution ergieng / ein Auffruhr / doch wegen anderer sachen / wider den Rath anrichteten. Darumb sie Anno 1420. vom Keyser Sigismundo seind gestrafft worden. Vnter des zog Zischka allerley Volcks gutes vnd böses / was er nur bekomen kund / an sich / weil er aber mercket / das jhme ein Poß / so er one eine Stad / auff welche er sich zuverlassen / in dem Land hin vnd wider streiffet / widerfahren möchte / erwehlet er einen von Natur festen Ort / so von den Böhmen Hradistie genennet / darauff vor zeiten eine Festung gestanden / doch durch vielseltige Krieg zerstöret worden. Diesen Ort nennet er Thabor / weil da gut wohnen war. Er gebot auch seinem Volck / das ein jeglicher / wie sein Quartir domals war abgestochen /

Concilium zergehet.

Des Bapsts Legat richt ein Reformation in Böhmen an.

Zischka nimbt viel Volck an vñ bawet die Stad Thabor.

gestochen/solt auffbawen den 21. Februarii gemeltes Jahrs. Etliche/vnd wie ich glaub/schreiben recht/es sey im folgenden 1419. geschehen. Dann der Zischka still lang im Lande herumb geschweiffet hat/auch am Gründonnerstag Anno 1418. Nicolaum der Kron Böhmen Müntzmeister/so jhn mit tausent Pferden vberfallen wollen/in dem Dorff Wozicze/ geschlagen/die Pferde/so erobert/neben der Rüstung/den seinigen geschencket/sie im reiten in der Ordnung vnterrichtet/ damit sie besser als zuuor/mit jhren Palitzen vnd Böhmischen (wie man saget) Ohrlöffeln/gegen dem einfeltigen feinde zu stehen vermöchten. Vber das beweisen es nicht allein die Historischen geschicht/die da folgen/sondern *Fulgentius lib.3.cap.2.* setzet es nach dem Tod Wenceslai. Damit ich aber in dem Historischen bericht fortschreyte/als Zischka mit etlichen der seinigen/aus anstifftung Nicolai Hußinecz/in Prag ankommen/wird er berichtet/das König Wentzel/aus Weibischer furcht/von dem Schloß Wischerad gen Kunradize geflohen/vnnd seinem Bruder/Keyser Sigismundo/ vmb hülff geschrieben/doch durch bitt zuuor von einem Rath der Newstad Prag erlanget/das sie verbotten den Wahrleichnam herumb zu tragen. Dem Zischka gedaucht damal eine rechte zeit sein/etwas höhers anzufahen/vermahnet die seinigen/das sie mit einem gewalt/was jhnen verbotten worden/verrichten solten/das sie gehorsamlich anzunehmen zusagten/auch den 30. Julij am Fest Abdonis mit der Monstrantzen in der Newstad gewapnet/aus der Carmeliten Kirchen zu S. Stephan giengen/darauff ein Pfaffen/welchen Zischka (weis nicht warumb/vielleicht mus er/so was daran ist/wie dann Dubravius lib.24.zweiffelhafftig dauon schreibet/seine Schwester zu fall bracht haben) sonderlich feind/ auch nicht ehe/als datzumal hat in die Haar kommen können/das Pfarrhauss stürmeten/den Pfaffen erschlugen.

Darauff

Marginalia:
- Zischka thut mit dem Müntzmeister ein treffen.
- Richtet sein Volck ab.
- Zischka kommet gen Prag.
- Zischka richtet einen tumult an zu Prag.

Hußiten Krieg.

Darauff die Rahtsherrn besuchten vnd zwischen 13. vnd 14. (welches gar frühe/ nach der in Böhmen gewönlichen/ gantzen Vhr) jhrer 13. neben dem Stadrichter zum theil tod/ zum theil lebendig vom Rathaus geworffen/ welche dann die/ so herunter gestanden/ auff jhre Knebelspieß/ Hewgabel/ vnd dergleichen wehren gefangen/ vollends gantz tod geschlagen. Solchen erschrecklichen Tumult vnd jämmerlichen Lärmen wolte der Cämmerer stillen/ fiel mit 300. Pferden aus dem Schloß. Als er aber die gantze Stad auffrührisch/ auch den gemeinen Pöfel so hauffe weiß sahe/ sich dazu zu schwach befand/ retrahiret er sich zu rück/ auff dz Schloß/ lies dem gemeinen Man sein willen. Da dann einer/ so ein groll auff den andern hatte/ jhm/ wie er wust/ bey kam/ also das viel bluts vergossen wurd. Den andern tag/ welches der 31. Julij/ gesellet sich das auffrührische Gesinde zusammen/ fielen in das Kloster Zderad/ fraßen vnd soffen/ was sie ertappeten/ besonders gefiel jhnen der Mönche altes Bier vnnd Wein wol/ darumb sie gleichsam Kirchweih gehalten. Es waren dazumal vber der Mühlwehren sehr viel Holtzflöße ankommen/ das man darauff bis auff die ander seiten gehen kundte/ da das der gemeine Mann ersehen/ loffen sie in ein ander hummeliteß/ vberfielen das Cartheuser Kloster vber den Augesd gelegen/ zu vnser lieben Frawen genant zeitelten den Bienstock wie den ersten/ namen die Mönche gefangen/ zuschmireten vnd zerpleuheten sie tapffer/ führeten sie doch gefangen zu letzt auff die Altstad/ mit grossem spott/ dann sie jhnen Krintze mit Dörnern auffgesetzet. Da sie aber auff die Brück kamen/ wolten etliche/ das man sie in das Wasser werffen solte/ die andern wolten es nicht zugeben/ wehreten so lang/ bis sie sich selbsten darüber raufften/ das also jrer viel beschedigt/ vnd jrer zween tod auff der Brücken ligen blieben. Hage-

Das gemeine Volck berauben zwey Klöster.

Hussiten Krieg.

Hagecus gibet dieses rumors wegen grosse schuld/ Jan Bradaty der alten Stad Bürgermeister. Er schreibet auch das ein Lohgerber/ Marzik genandt/ wohnhafftig in der Newstad/ ein Meßgewand angezogen/ ein Kelch genommen/ vñ wunderlich vor den Mönchen gegauckelt habe/ darumb jhn ein Rath gefenglich einzihen/ auch wider gemeltes Bürgermeisters wille/ bey nacht köpffen lassen. Die Mönche/ schreibet dieser Hagec/ sein von Gott aus dem Gefengnüß gezucket worden. Aber ich glaub mehr/ das diese Fabel von einem Rath erdacht sey/ damit sie sich bey dem Volck entschuldigen/ auch die Mönche beym leben erhalten könten.

Das XXX. Capitel.

Von erbawung der gedachtẽ zwey Klöster.

Von fundation dieser zweyer Klöster/ finde ich dieses. Als Wratislaus/ der erste König in Böhmen/ wider seinen Bruder Cunradum/ Marggraffen in Mähren/ gezogen/ sich in der Stad Brinn gelagert/ ordnet der König einen jeden Herrn/ an das Ort da er wolte. Nun stunde neben dem König sein Sohn Hertzog Brzetislaus/ den er sihet Herr Zderad/ vnd wincket dem König/ sagend: Hochlöblichster König/ ewren Sohn Brzetislao must jr ein Ort neben dem Wasser geben/ weil er so gern badet. Solches redet er darumb/ weil er Anno 1087. nicht weit von Meissen in der Elb gebadet/ da er von den Meisnern vberfallen/ viel der seinigen in stich gelassen/ auch selbsten verwundet worden. Da dis Hertzog Brzetislaus höret/ erzürnet er sich hefftig/ schweig doch/ weil der Vater zugegen/ wie er in sein Gezelt kommen/ wil er weder essen noch trincken/ aus lauter zorn/ doch besinnet er sich/ lest den Herrn Zderad auff ein vnterred allein beruffen/ vnnd von sein Dienern Todschlagen/ der dann gen Prag geführet vnd in die Capelln Petri vnd Pauli geleget

geleget worden. Bald hernach hatte des ermordten Zderads Sohn Ladislaus ein Traum/ wie jhn sein Vater gebeten/ das er jhn bedecken wolt/ diesen Traum erzehlet er seinem Pfarrherrn/ der legt jhn aus/ das er ein Kloster an dem Ort/ da sein Vater begraben lege/ bawen solt/ welches der gute einfeltige Herr gethan hat/ vnd Zderad nach seinem Vater genennet.

Das Cartheuser Kloster aber hat König Johannes der blinde/ Keyser Carl des IV. Vater/ vnter dem Berge Prtrzin aus freyem willen gebawet. Diese zwey schöne Klöster haben die Auffrührer nicht allein geplündert/ sondern gantz im Rauch gen Himmel geschicket/ do sie sagten/ es were nicht werth/ das ein solch Nest darinnen die Mönche/ als des Teuffels Mastschweine gemestet/ solte stehen bleiben.

Da die Prager jhre Klöster also zeitleten/ schreibet man es dem Könige Wentzel/ der von zorn vnd schrecken fast vnsinnig ward/ bezeret allezeit seines Bruders Keysers Sigismundi/ war auch so bestürtzet vnnd verwirret/ das er sein Kellner (so allein saget: Ich habe mir lengst/ das es so zugehen wird traumen lassen) beim Haar erwischet/ zu bodem wirfft/ vnd so die vmbstander jhn gelassen/ gewiß erstochen hett. Darauff traff jhn auch der Schlag/ das er den 16. Augusti Anno 1419. (wiewol jhrer viel doch vnrecht Jahr vnd tag verendern) gegen Abend mit grossem töben vnd brüllen/ auff dem Schloß Cunradicze gestorben/ in dem 58. Jar seines alters. Er ist 23. Jahr Römischer Keyser gewest/ doch wegen faulheit/ schlafferigkeit/ tregheit/ auch wegen anderer viel Laster Anno 1400. abgeschaffet worden. In Böhmen hat er nach seines Vaters Tod 41. Jar regieret. Alle Scribenten schelten jhn/ sagen er sey der ander Sardanapalus/ Margites/ oder Thersites gewesen. Zwey mal ist er im Gefengnis gehalten worden/ erstlich zu Prag/ auff der Altstädter Rathaus/

König Wentzel stirbt am Schlag.

Rahthaus/das ander mahl ist er den 8. Febr. Anno 1408
in dem Kloster KönigSaal/bey Beraun/gefangen genommen/ von dannen nach Prag geführet/in ein Thurm geworffen/ darnach nach Krumaw/ so Herrn Gunthers von
Rosenberg gewesen/ vnd letzlichen nach Wien/da er 40. wochen/oder wie andere wollen 24 gefangen/ doch durch hülff eines Fischers/ so Hanß Gründel geheissen/ wie Hageeus wil/ oder eines Priesters/wie Cuthenus schreibet/oder eines Creutzherrens/ der hernach zu Manodin Pfarrherr worden/wie andere anzeigen/ loß worden. Dresserus schreibet, das er durch
hülff Joannis/Hertzogen in Lausnitz/vnd Procopii/ Marggraffens in Mähren/ erlediget worden. Doch ist zu wissen/
das gemelte Fürsten mit einem ansehlige Kriegsvolck gen
Prag kommen sein/ des vorhabens/ das sie das Schloß
Wenceslai/darauff der Wentzel in ein Gewölb/ welches in
weisen Thurm ist/ vber dem Thor no man in das Schloß
gehet/auff der lincken hand/gefangen/ belagern wollen. Wie
sie aber vernommen/das er zum Herrn Heinrich von Rosenberg/auff das Schloß Przibenitz geführet/folgen sie behends
fuß hernach/ auch weil er in die Stad Krumaw gebracht/
wollen sie diese Stad mit gewalt eröbern/ vnd König Wentzel loß haben/ den die Krumawer in Osterreich verschicket/
darumb sie/ die Fürsten/ sich für Budweiß lägerten/welche
Stad Herr Heinrich von Rosenberg entschütten wolt/mit
seinem Volck/das er in eil auffgebracht/sich zwischen Budweiß vnd Wodinan niderließ/die Stad Wodinan gewahn/
vnd das Schloß Kukelweit zerschleiffet/aber ehe er dem feind
vnter augen gezogen/ haben sie sich aus dem Land gemackt/
Anno 1394. Der König Wentzel ist nach seinem Tod ohne
stattlich gepräng (dann wegen des Auffrührischen Pöfels
kont man nichts verrichten) aus befehl Königin Sophie/
so ein Hertzogin aus Beyern/erstlichen in die Capell Sanct
Wen

Hußiten Krieg!

Wenceslai verstecket/ hernach in das Kloster KönigSaal/ darinnen er bey lebzeiten jhme ein Grab machen lassen/ geschicket/ da er mit schlechten Ceremonien begraben worden/ doch weil das Kloster/ wie gemelt sol werden/ hernach zerstöret ist/ hat jhn ein Fischer/ Muscha genant/ genommen/ in seiner hütten heimlich verhalten/ bis er nach end des Kriegs/ gesuchet/ da hat jhn gedachter Fischer herfür gezogen/ vnd 20. Ducaten von Keyser Sigismundo zum tranckgeld bekomen/ als dann ist er ehrlich eingescharret. Gantzer 18. Jahr nach seinem Tod/ ist ein solcher Lärmen in dem Land Böhmen gewest/ das es geheissen hat: Wer böß kan/ der thue böß: Wer den andern vermag/ der steck jn in Sack: Vnd gieng also durch einander/ ohn alle ordnung/ wie dann geschicht/ wo kein haupt/ kein gehorsam ist/ do zugehet Land vnd Leut/ vnd verweset Land vnd Reich/ wie der Leib ohn Seel.

König Wenceslai Leichnam ligt lang vnuergraben.

Das XXXI. Capitel.

Als des Königs Tod zu Prag vermeldet worden/ bekompt der vnsinnige Pöfel ein frisches hertz/ lauffen in allen Kirchen/ Pfarrheuser/ Klöster etc. Den 17. Augusti/ gibt alles/ was er antrieffet/ preiß/ machet den Pfaffen vnd Mönchen behende füß/ als wenn sie sonsten auff der gassen geschwentzet sein. In den Kirchen/ werffen sie die Bilder herunter/ die steinern in den Wänden/ wie noch heutiges tages zusehen/ zerschlugen vnd zerhackten sie mit Spiessen/ stachen jhnen die augen aus/ hieben jhnen Nasen vnd Ohren ab/ die Orgel zerbrachen sie/ die Crucifix beworffen sie lesterlich mit kohtt/ wie auch die grossen Tafeln an den Wänden. Dieses alles ist aus befehl Bruder Zischken geschehen.

Die Prägische gemein hausst vbel mit den Klöstern vñ Kirchengüttern.

Es

Hußiten Krieg.

Es war dazumal das Land Böhmen voller wolerbaweter Klöster / das Sylvius schreibet / es sey kein Land in gantz Europa / wegen mehrer / schönerer / reicherer Klöster / Böhmen zuuergleichen gewesen. Darumb sich die Bäpstischen hoch beklagen / das die Casel / stolen / etc. den Auffrührern gute Hembder vnd Bloderhosen gegeben / oder zur schönen Fahnen tüglich worden. Der Klöster Schatz / als Silberne vnd güldene Götzen / Crucifix / Monstrantzen / Kelche / Pacificaln / etc. kam in den Rappuß / den andern Geschmuck / vberaus köstlich / verschleppeten vnd verzogen sie / das niemand / wo er hin kam / wissen kont. *Iohannes Aventinus* schreibet im achten Buch seiner Bayrischen Historien vom Concilio zu Costnitz / das Zischka mit seinen gehülffen in die 550. Stifft oder Klöster zerbrochen habe / Sebastianus Francus schreibet in Chronic. Hæret. Rom. lit. O. Das die Thaboriten ihre Religion mit dem Schwert verfochten / mit dem Chrisam die Schuh geschmieret haben.

Wie viel Klöster Zischka zerstöret.

Da die Städ Pisek vnnd Modinan höreten / was die Präger angerichtet / gefiel es ihnen wol / liessen alle vnter einerley gestalt aus ihren Städten schaffen. Besonders vberfielen den 20. Augusti auff den Abend die von Pisek ihre Mönche / Dominicaner Ordens / wolten sie nöthigen eine Mess zu halten / vnd vnter zweyerley gestalt das Abendmal auszutheilen / do es abgeschlagen wurde / ermordeten sie alle Mönche / verbrenneten vnd zerschleiffeten das Kloster. In summa das gantze Land ward voll auffruhr / also das niemand wer Bischoff oder Bader war / wissen kund. Den 29. September versamlet sich ein gros Volck aus der Präger Gemeinen / vnd andern Städten / auff ein grossen schönen weiten Platz / so von den Böhmen Kritzky heut zu tag noch genennet wird /

Hussiten Krieg.

wird/ vnd nicht weit von Ladwey/ zwischen Prag vnd Benischau liget/ daselbst in bey sein etlicher Priester/ vnd Präger Magistern/ sonderlich M. Wenceslai Corandæ/ Pfarrherrs zu Pilsen/ M. Jacobelli/ M. Cardinalis/ vnd Matthiæ Toczenicze/ sie ein gemeines Gebet gehalten/ das Abendmal des HErrn auch in zweyerley gestalt austeilen lassen/ den Zischka zu eim Hauptman erwehleten. Es schreibt Hagecus/ das Matthias Toczenicze ein Tischblat bringen lassen/ habe es auff drey leere Bierfaß gesetzet/ darauff eine Meß gehalten/ ohne allen Ornat/ vnd Menniglichen das Hochwürdige Sacrament ausgetheilet. *(Zischka zum Hauptman erwehlet.)* Ich habe ein Brieff des Zischka bekommen/ denn er in dem Jahr an die Stad Tauß geschrieben/ welcher Brieff/ neben eim Böhmischen gesanz/ das die Thaboriten domals gebrauchet Anno 1541. ist auff dem Rahthauß gefunden worden/ Er lautet aber auff Teutsch also: Dem Gestrengen Hauptman/ vnd der gantzen Gemein der Stad Tauß/ meinen liebsten Brüdern. *(Zischkens schreiben an die vö Tauß.)* Das jr in Gott liebe Brüder/ zu der vorigen Liebe kommet/ die guten Werck verrichtet/ das gebe Gott der HErr. Ich bitte euch durch Gott/ das jhr in der Gottesfurcht/ als seine allerliebsten Kinder/ bestendig bleibet/ vnd euch/ wenn ihr von jhme gestrafft werdet/ nicht leid gedencket. Schawet an die Arbeiter vnsers Glaubens/ wegen des HErrn Jesu Christi/ darnach die grosse boßheit der Teutschen/ so euch jetzt bezegnet. Stehet wider sie bestendig/ gleich wie ewre Vorfahrer die alten Böhmen/ die jhre Bhanicy vnter die Stiefel gestecket/ nicht allein von wegen Gottes/ sondern auch jhrer selbsten. Wir aber/ lieben Bruder/ schawen an das göttliche Gesetz/ den gemeinen nutz/ vñ sind deswegen viel höhern fleiß anzuwende schuldig/ also/ wer nur ein Messer in der hand halten/ ein stein auffheben/

Bb iij   oder

oder Prügel tragen kan/das er auff sey. Derhalben/füge ich euch liebe Brüder zu wissen/ das ich allenthalben volck wider die feind Göttlicher Warheit/ vnd verheerer Böhmischer Nation/ samle/ auch von euch begere/ das ihr ewren Pfarrherrn dahin halten solt/ das er in all sein Predigten das gemeine Volck zu einem Rechtmessigen krieg wider den Antichrist vermahne/ das Volck dahin bringe/ das jung vnd Alt/ allezeit auff sey. Ich wil auch/ das/ wenn ich möchte zu euch kommen/ ihr mir vnd meinem Kriegsvolck Brod vnd Bier/ nahrung vñ futter verschaffet/ euch mit Waffen versehet. Die zeit ist hie nicht allein wider frembde/ sondern viel mehr ein hemische zu streitten. Gedencket an ewre vorige Schlacht/ da ewer wenig wider viel/ kleine wider grosse/ vngerüste wider gerüste/ hertzenhafftig gestritten habe. Gottes hand ist noch vnverkürtzet/ derhalben seid getrost/ gerüst/ bereit. Gott stercke euch. Datum **Worlick** F.6. post nativitatis Mariæ Anno 1418.

Johann Zischka von Kelch/ Hauptman in der hoffnung Gottes der Thaboriten.

Zischka zihet mit den seinigen nach Prag.

Zischka/ so ein erwehleter Hauptman worden/ gebeut am tag Michaelis/ das sie auff sein sollen/ vnd mit ihme nach Prag zihen/ das sie gehorsamlich verbrachten/ setzen die Hostiam in eine hölzerne Monstrantzen/ zogen 4000. starck fort/ kamen beim Abend zu Prag/ mit Fackeln brennete Strosche=ben/ kynen Schleissen/ an/ lagerten sich in das Kloster S. Ambrosij/ daraus die Präger vnlengst/ die Mönche vertrieben/ frassen auff/ soffen auch aus/ was noch verhanden war. Auff den Morgen schickt inen die Pragerstadt viel Proviant zu/ vnd handelten mit ihnen/ das man die Schlösser Wischerad vnd das Schloß Wenceslai zerstören solt/ auch zu ewigen zeiten keinen König annehme. Aber etliche fried=
liebende

Hußiten Krieg.

liebende Leut legten sich darein/ vnd wolten es nicht zugeben. Der Zischka/ welchem das Volck/ wie die Bienen/ zu flohe/ stercket sich von tag zu tag/ legert sich mit etlichem Volck vor Wischerad/ in willens es zugewinnen vnd es zerstören/ aber er begibet sich/ durch rath vnd antrieb Wenceslai Corandæ/ mit dem halben Volck gen Pilsen/ da er viel seiner Religion/ wie Sylvius Cap. 38. bezeuget/ gefunden/ derer Hauptman er worde/ vñ durch jre hilff Herrn Bohuslao von Schwanberg grossen schaden durch sein vielfeltiges streiffen gethan/ darauff sich in Pilsen salviret. Vnter des lagen die Thaboriten/ vnd Hußiten/ vor den Schlössern/ vermeinten gentzlich solche zugewinnen vnnd verwüsten/ aber es wurd durch verstendiger Leut rath ein friedstand zwischen den Prägern vnd denen auff den Schlössern/ bis auff Georgi des künfftigen 1419. Jahrs gemachet. Darauff verliessen sie die Schlösser/ vnd wolten das Kloster S. Hieronymi/ zu Slowan genant/ besuchen/ aber der Abt/ Paulus/ gieng mit seinen Brüdern jhnen entgegen/ mit einer herrlichen Procession/ fiel zu füssen/ vnd bat des Klosters zu schonen/ er sey erböttig vnter beyderley gestalt das Sacrament des Altars zu reichen. Da er das saget/ begerten sie er solte es von stund an thun/ seine zusage mit der That erfüllen/ das der Abt williget/ vnd 20. Thaboriten/ die mit Armbrusten/ spiessen/ vnd keulen hinzutratten/ solches reichet. Durch dis Mittel ist das Kloster der Slovaken bis auff diesem tage gantz verblieben.

Zischka köpt gen Prag.

Warumb der Slovaken Kloster vnzerstöret geblieben.

Von erbawung dieses Klosters finde ich so viel in den Historijs. Als Keiser Carl der IV. Anno 1348. die Newstad Prag am tag Marci/ den 30. Maij angefangen/ gedacht er sie mit schönen gebewen/ Kirchen vñ Klöstern/ zu zieren/ fürnemlich lies er in der Newenstad neben der Capellen S. Cosmæ vnd Damiani ein Kloster/ im Namen Hieronymi bawen/ darein setzet er Schlavonische Priester/ S. Benedicti Ordens/

Von erbawung des Klosters.

diese

diese erlangeten bey dem Bapst/ durch willen vnd bitt Caroli/ das sie den Gottesdienst Slavonisch verrichteten/ wie es dann den Schlovaken nachgelassen allzeit/ an allen jren Orten gewesen/ dessen zum zeugnuß/ hat man diesen Mönchen den Brieff gegeben/ den Alexander Magnus/ seinen getrewen Kriegsleuten/ den Slovacken mitgetheilet. Diesen Brief erzehlet gantz Hazecus/ ist auch von eim Compendiatisten/ der Böhmischen Historien/ an die Landsordnung gedrucket vnd repetiret worden/ stehet vber das Lateinisch in gemelten Kloster/ das man sonsten Emaus nennet/ an der Wand angeschrieben/ deswegen nit von nöten/ solchen zu widerholen. Es nimpt mich sehr wunder/ dz der Vater Bapst dem Carolo dis zugelassen/ welches doch kein Bapst keiner Nation gethan hat/ es haben auch die Böhmen zu der zeit Wratislai/ im Jar Christi 1079. darumb angehalten/ doch nichts erlanget. Diese des Bapstes (weil er die vrsachen warumb man den Gottesdienst in vnser Muttersprach nicht verrichten sol/ anzeiget) antwort/ wil ich dem Leser zu eim nachdencken hieher schreiben.

Der Bapst Gregorius wil dem Hertzog Wratislao nicht zulassen/ den Gottesdienst in seiner sprach zu halten.

Gregorius Bischoff/ ein Diener aller Diener Gottes/ entbeut Wratislao dem Hertzogen in Böhmen sein gruß vnd Apostolischen segen. Deine hoheit thut vnter andern bitten/ an vns gelangen/ das wir vnsern willen darein (hiemit bey euch der Gottesdienst nach dem gebrauch der Schlawonischen Sprach gehalten/ würde) geben wolten. Wisse lieber Sohn/ das wir hierinnen auff dein begeren keines weges willigen können. Deñ nach dem wir zum öfftern mal die H. Schrifft erwogen/ befinden wir so viel/ das es dem Allmechtigen Gott also wolgefallen/ das dieselbe heilige Schrifft in geheim/ vnd nicht also von jederman/ besonders aber von den einfeltigen hin vnd her geworffen werde. Dann wann sie also in gemein vnnd augenscheinlich von Münniglichen gesungen

Hußiten Krieg.

gesungen vnd gehöret werden solt / so möcht sie vielleicht dadurch in eine verkleinerung vñ verdrießligkeit gerathen. Oder aber / do fern sie von den Albern nicht recht eingenommen / durch deren vielfeltige anhörung / betrachtung vnd mißverstand / etwa grewliche Irrthumb letzlich vnter dem gemeinen Mann einschleichen vnd erfolgen / welche nachmals aus der Menschen hertzen schwerlich gereuttet werden möchten. Es sol allhie keine vorwendung gelten / das zur zeit die geistlichen hierinnen dem einfeltigen auffrichtigen Volck bey der ersten Christlichen Kirchen hierinnen viel nachgelassen. Aber es ist viel böses vnd Ketzerisches dinges draus entstanden / da dann nachmals solche Irrthumb (als die Christliche Ordnung zugenomen / vnd die Christliche Kirch allbereit befestiget / vnd man spüret / das aus dieser Wurtzel der bewilligung solche Ketzereyen entstanden) mit grosser mühe vnd arbeit man hat einstellē müssen. Derwegen sol dz jenige / was also von ewrem Volck vnbedechtig begeret / nicht paßirn. Dann wir es durch Gottes vnd des H. Petri krafft verbieten / vnd dich vmb die ehre des allmechtigen Gottes vermahnen vnnd gebieten / das du einer solchen lautern furwitzigkeit allerseits widerstehen sollest vnd wollest. Datæ Romæ Anno 1079.

Das zuuor gedachte Kloster liget in der Newstad Prag / nicht weit von dem Carlhoff / vnd wird sonsten genennet Emaus / hat einen wunder schönen Creutzgang. Es lizet in gemelter Kirchen auch die grosse Schleuder / mit welcher die Präger das Schloß Carlstein beschossen / weil sie aber zerleget / vnd wie zuuermuten / etwas dauon komen / ist noch keiner funden worden / der sie wider hette können zusammen setzen. Wenn mann in die Kirchen gehet / findet man vber den Weykessel diese wort: Hæc Ecclesia monasterij Slovanensis Catholicorum sub utrâque (diese wort sein was ausgeleschet

geleschet worden) unà cum Cæmiterio vitiata quondam hæreticorū pravitate, & alijs multis sceleribus omnibus ferè catholicis notissimis. Igitur gratioso indultu plenâque sibi licentiâ datâ à Reverendiss: & Illustrissimo Principe Domino Dn. Speciano Episcopo Gemonensi & S.C.Majest. Rudolpho. II per admodum Reverendū Patrem Paulum Pamminondam Spontanum ejusdem Monasterij legitimum Abbatem cum aquâ Gregorianâ prius ab eodem Reverendissimo consecrata publicè ac solenniter reconciliata, idq; Domina Reminiscere Anno 1594. die 14. Martij. Es gehen an den Ostermontag etlich 1000. Menschen/ wegen des alten gebrauches/ auß den drey Präger Städten in dieses Kloster/gleich wie den andern tag hernach hinauß in R. K. M. Thiergarten zu den Auerochsen.

Das XXXII. Capitel.

Etliche Herren schlagen sich zu dem Zischka.

Damit ich aber wider auff den Bruder Zischka komme/ als er in der Stad Pilssen seinen auffenhalt hatte/ auch grossen schaden auff dem Land gethan/ kamen endlich zu jhme Herr Brzeniek von Schwihoff/ Jan Walkaun von Adler/ vnd andere mehr/ diese vertrieben etliche Bürger/ die des Hussen Lehr zu wider waren/ versagten die Mönche (wie Hagecus bezeuget) namen die Klöster Kleinodien (durch anstifftung Wenceslai Corandæ/ der in der handlung wie ein Hauptman gewesen) vnnd machten sich davon/ im Monat Januario Anno 1419. verliessen doch in der Stad eine starcke besatzung. Mittler weil bracht Herr Bohuslaus von Schwanberg/ vnd Hertzogin Sophia/ Kriegsvolck zusammen/ zogen dem Zischka vnter die augen/ boten jhme die Spitz/ vmbringeten jhn zu zweyen malen so sehr/ das er fast war

Kriegsvolck wider den Zischka geschickt.

Hußiten Krieg.

war gefangen worden / wo er nicht Kriegslist gebrauchet. Dann do er erstlichen vmbringet war / von dem Reisigen zeug / begab er sich in ein gemöß / in welchem jhme die Reuterey nicht schaden kont / vnd entwischet aus jhren händen. Aber er kont auch also nicht lange bleiben / sondern er wird auff das newe vmbringet / das er nichts zum Vorteil hat / denn einen steinigen / felsigen / mit grossen stauden / bewachsenen ort / diesen nimpt er ein / gedencket wol / das die feind / so zu Roß mehrerteils waren / mit jhm zu fuß treffen musten / wie dann geschahe / da sie von jhren Rossen mit Stifel vnnd Sporn sprungen / der meinung / die kleine macht des Zischken zulegen / welches Zischka ersehen / befihlet den Thaboritischen Weibern / so stets bey jhren Mannen blieben / das sie die Schleyer von sich wurffen / welches die Weiber (weil sie sonsten vor schrecken vnnd forcht die Haar begunten auszurauffen) gehorsamlich verbrachten / darin sich die feinde so verwirreten / das sie sich nicht wehren kundten / sondern musten schendlich geschlagen den Platz verlassen.

Zischka ist in grosser gefahr.

Es sol sich aber der Leser nicht verwundern / vber der menge der Schleyer / so zu diesen von nöthen gewesen. Den noch heutiges tages der recht Böhmischen Weiber Köpff so mit Schleyern verhüllet sein / das einer kaum mit einer Muschketen dadurch schiessen möcht. Da dieses Volck sahe / das er jhnen gantz entwischet / machten sie sich vor Pilsen / jhr heil an der Stad zuuersuchen / werden von der Bürgerschafft als bald eingelassen / die auch des Zischken Volck tod schlugen / weil er jhre Klöster beraubet / die Haussitzende Bürger vertrieben. Von dannen / als er so listiglich entwischet / ist er (meinem bedüncken nach / das viel Scribenten bewilligen) auff Thabor / dauon vor gemeldet / kommen vnd die Stad gebawet.

Zischka bawet Thabor.

Ee ij Mittler

Die Hußiten belegern Baußen vergebens.

Die Prager belägern Wischerad.

Mittler weil fielen die Hußiten/ die bey Nicolao Hißinek stunden/in Laußnitz/belegerten Baußen mit aller macht/verbrenneten die Mühl neben den Vorstädten. Stürmeten offt die Stad/worden doch allzeit ritterlich abgetrieben/ vnd dahin gebracht/ das sie die Stad verliessen/ vnd nach Prag zogen. Es feyerten auch die in Prag gar nicht/ sondern/ als der friedstand nach Georgij zum ende kommen/ lagerten sie sich vor das Schloß Wischerad/ an der Newstad. Die Königin Sophia/ so neben Herrn Cziniek von Wartenberg/ Burggraffen/ regieret/ ruffet Keyser Sigismundum vmb hilff vnd rettung an. Aber der Keyser kund wegē des gefehrlichē/ schedlichen Türcken Krieges/ damit er behafftet/ der bedrangten/ nothleidenden Wittwin kein thätliche hülff erweisen/ vermanet sie doch fleißig zur vorsorg/ vnd guten rath/ mit welchem sie jhm/ als rechten Erben/ das Königreich erhielte. Dieses zu vollziehn/beflisse sich die kluge/ verstendige Fürstin hoch/ greiff aus hoher dringender noth die Königlichen schätz an/ lies Volck werben / die kleinere seiten/ so an dem Schloss Wenceslai liget/befestigen/die Brück mit Thoren/ hölzern Thürmen verwahren / vnd also den Altstädtern den Paß benemen. Dagegen forderten die Prager jhr Glaubensgenossen zusammen/ die sich nicht seumeten/ sondern vnverzüglich nach Prag zogen/ auch den 4. Novembris glücklichen ankamen/ denen die Königischen zu wider sich gerüst sehen liessen/ welches die Thaboriten vnnd Hußiten (wie man sie pfleget zunennen) nicht achteten/ ruckten jhnen vnter die augen/ fien-

Der Hußiten vnd Königischen hefftiger scharmützel zu Prag.

gen einen solchen streit vnd Scharmützel an/ das dauon nicht zusagen ist. Die Thaboriten griessen vmb die 23. stund/ bey des Hertzogen von Sachsenhaus/ vnd bey der Brucken die kleine seiten starck an/ die Königischen wehreten sich ritterlich. Doch weret der Tumult/ mit eim solchem geschrey die gantze nacht/ das jederman meinet/ es würde alles vber einen hauffen

hauffen fallen. Die Königin Sophia flohe aus grossen forchten vom Schloß Wenceslai/kam auch durch hilff des Herren von Rosenberg kümmerlich dauon. Die gassen lagen voller erschlagener/etliche Heuser brunnen rother lohe/die Thaboriten waren der kleinen Seiten mechtig/vnd jhre meister. Weil sie aber ohn ein haupt/verliessen sie dieselbige gegen tag. Den nachfolgenden tag/nach gehaltener Mittagsmalzeit/kamen die Thaboriten/vnd alle gemeine der Stad Prag zusammen/hielten rath/namen jhre Waffen/lauffen die kleine seiten auff ein newes wider an/in welchem treffen auff beiden teilen viel geblieben. Doch must letzlichen der Königin Volck den kurtzen zihen/vnd sich auff das Schloß salviren/ die Thürm sein auch von der Brück in das Wasser geworffen/ die Thor weg gethan/viel vortreffliche heuser/sampt dem Rahthauß/in grund verbrennet/das Kloster zu vnser Frawen an der Brucken/vnd das Kloster zu S. Thomas must in in dieser auffruhr auch herhalten/vnd zerstöret werden/etc.

Das XXXIII. Capitel.

DA die Präger zu hauß eine solchen herrlichen Sieg erlanget/zogen sie aus/die Mönche im Land zubesuchen/ verbrenneten erstlich das Kloster Maria Magdalena/auffm Agezo bey Prag/darauff das Kloster Plaß/darinnen Mönche Cistertienser Ordens/sehr reich. Wie gros vnd mechtig dieses Kloster gewesen/ist aus den alten Gebewen noch zusehen/denn es heut zu tag kaum die helfft gebawet ist/ es ligt ein Meilweges von Kralowitz/so man gen Wila gehet. Da dieses die Thaboriten vnd Präger verrichtet/zohen sie zu rück/kamen gen Prag/vberfielen die vbrigen Klöster/in der Alten vnd Newenstad/S. Clemens, Dominicaner Ordens:

Die präger stürmen vnd verwüsten viel Klöster.

dens: S. Francisci Fratrum minorum: S. Ambrosij Franciscaner Ordens/der Barfüsser/ S. Benedicti, der Creutzherren / Preusischen Ordens S. Barbaræ fratrum minorum, S. Catharinæ Augustiner Einsidler Ordens: zu S. Ambrosio vnter Wischerad/zu Prag vberm Bach Botickßch S. Caroli: Auffm Carlhof zu Prag. Sie schluge den reichen Bäpstischen Bürgern jre Kramladen/Kasten/Truhen auff/ namen heraus/was jhnen gefiel/ vñ giengen dauon. Darumb alle die/so vnter einerley gestalt/ ein teil bey nacht/ die andern bey hellem tag aus Prag/ mit Weib vnd Kind/ auch aller Fahrnuß dauon gezogen sein.

Keyser Sigismundus schreibet ein Landtag aus zu Brünn.

Da das Keyser Sigismundus durch gewisse kundschaffe erfahren/ erschrickt er hefftig/ weis nicht wie den sachen zuthun sey. Doch letzlichen/lest er aus rath guter verstendiger Männer zu Brün in Mähren einen Landtag anstellen/schreib allen/ Rittern/ Räthen/ Amptsverwaltern/des Königreichs Böhmen/ darinn er begeret/ das sie sich semptlich einstellen solten zu Brinn/den 15. Decembris des 2419. Jahrs. Zu diesem Landtag/ kam Königin Sophia/weiland Königs Wenceslai Gemahl/ neben einem Römischen Legaten/vñ etzlichen Vngerischen Bischoffen.

Die Präger fertigen Legaten ab.

Es fertigten auch die Präger ein ehrliche Botschafft ab/ die am tag Johannis des Euangelisten/ statlich mit Trommeten zu Brinn einzogen/ deren einzug der Keyser selbst zu einem fenster heraus gesehen/ vnd in des Herren Schwartzbergers Hauß einzuforiren befohlen. Auffm Morgen haben die Präger Priester Meß in der Stuben gehalten/ das Sacrament des Altars jederman/ der es begehret/ ausgetheilet. Darumb die Prelaten der Stad zu jhnen geschicket/ mit vermeldung/ das sie dauon abstehen solten. Des dritten tages bekamen die Präger Gesandten öffentlich vor dem Keyser audientz/ da fiengen sie an/ eine lange

lange Oration zu halten/ baten erstlich vmb verzeihung/ darnach/ das jhre Keyserliche Mayestat/ als jhr König vnnd Erbherre/ in sein Königreich kommen/ dasselbe einnemen/ jhr gnediger Herr vnnd König sein wolte. Sie langeten auch bittlich an vmb eine freye Willkühr in der Religion/ das sie nemlich nach Christi einsetzung das Abendmal möchten empfahen/ die Menschensatzung vermeiden/ auch das die Geistlichen kein Weltlichen gewalt vnter jhnen hetten. Sie erwehneten darnebendes Hussen mit grossem lob/ sageten: Er wer vnrecht/ in dem Geleit/ vervrtheilet worden/ hette durch seinen Tod vor Gott mehr gnade verdienet/ daß der heilige Apostel Petrus. Der Keyser lechelte vnd sprach: Liebe Böhmen/ last es jetzt nur bleiben/ es ist allhie kein Concilium/ jr hett es sollen zu Costnitz reden. Weil jr aber bittet/ das ich das Königreich solle einnemen/ so wollen wir es thun/ vnd vnser Gemüt euch schrifftlich erkleren/ dieser schrifft inhalt war.

Er verzeihe vnnd vergebe jhnen alle mißhandlung/ wolle derer niemals in keinem argen gedencken/ wo fern sie jhn auch für einen König vnd Herren erkenneten/ alle Ketten/ Steinerne seulen/ Schoßgattern/ Schlagbewme aus der Stad auff das Schloß trugen/ die Pasteyen vñ Schröt/ so sie gegen dem Prager Schloß Wenceslai gemachet nach König Wentzels tod einreissen/ alle Amptleute Befehlicheshaber/ die sie vereydiget/ vnd auff Schlösser geleget/ abschaffen/ des Keysers annehmen/ besonders auff dem Carlstein an statt Janeks von Militz in/ der sonsten Sadlo genant/ den Zdeslaum Tluksa von Burzenicz zu einem Burggraffen annehmen. Wo sie jhn nun in dem gewillfahret/ so woll er kommen/ als ein Vater des Vaterlandes/ jhnen vorstehen/ das gantze Reich/ inmassen vnd gestalt

Der Keyser leget den Böhmen neben verzeihung etliche puncten auff.

gestalt es sein Herr vnd Vater / Keiser Carl der IV. Christ-
milder gedechtnuß geregieret / regieren vnd auff kein andere
manier/weiß/oder form. So bald die gesandten in folgendem
1420. Jahr anheim kommen/relation gethan/das schreiben
vberantwortet/hat man iederman zusammen gefordert/das
Schreiben öffentlich verlesen/ die steinerne Seulen in den
Gassen ausgraben/ auffs Schloß getragen/ vnd dem Keyser
in allem gehorsamet/ auch vnterfieng sich ein Rath/ so durch
den Tumult nidergeleget/ der regierung. Die Thaboriten
vnd andere Hußiten sahen solches gewaltig vngern/ zogen
alle miteinander aus Prag/ ein teil zu dem Zischka/der Thabor bawet/ein teil zu Niclas Husinecz/ der vmb Sudomirz
sich auffhielt. Aber Herr Peter von Sternberg/ Meister
des Rohdiser Ordens/ zu Strakonitz / Herr Ptazick von
Rattan/ Ivan Swidniczky/ Herr Coldicz/ nebē den Jungen
Mchaleonis von Milchsberg/ vnd Wenceslaus Donnisky
haben bey einem Teich sehr hefftig mit inen getroffen/ bis zu
der Sonnen vntergang. Der Hußiten obersten waren/ Herr
Brzenko von S Swihow/ der tod auff dem Platz/ neben vielen
den seinigen gebliebē/ Herr Chwal von Machow/ sonsten
Rzepicze genant/ vnd sein Bruder Kunas. Hagecus schreibet falsch/ es sey der Zischka auch dabey gewesen/ vnnd kümmerlich mit dem Leben dauon kommen/ doch den feinden den
Sieg lassen müssen. Aber andere/ denen Lupacius in seinem Zeitbuch/von dem 25. Martij beyfall gibet/ schreiben/es
haben die Thaboriten den Sieg erhalten/wie wol zuglauben.
Dan von der Schlacht an durfft keiner die Thaboriten/ vor
des Keysers ankunfft/angreiffen. Da der Keyser den abzug
der Thaboriten/ vnnd der Prager gutwilligkeit erfahren/
schreib er nach dem newen Jahr an die Prager/ an den Burg-
graffen/ vnd alle Landofficirer/ lobet sie/ wegen des gehorsa-
mes/ befihlet letzlich ernstlich/ das sie den Wicklephischen vnd
Thaboriten/

Die Prager gehorchen dem Keyser.

Etliche Herren treffen mit den Hussiten.

Der Keyser schreibet den Pragern.

Hußiten Krieg.

Thaboriten/ keinen willen zulassen/ sondern sie im Zaum halten/ vnd so sie konten (wolten sie anders nicht/ das das gantze Land verwüstet würde) gantz ausrotten solten. Dieses schreiben macht den Romanischen ein Hertz/ das sie grewlich anfiengen/ auff Tyrannische weis/ gegen den Hußiten zu wüten/ namen sie/ wo sie nur kunten/ gefangen/ verkaufften dieselben/ gaben vor einen Leyen 1. gülden/ vor einen geistlichen 5. gülden/ marterten diese auff das grewlichste/ vnd jemmerlichst. Es hat auch dieses Schreiben zu der vorigen blutigen Schlacht nicht allein vrsach geben/ sondern es hat auch zu Kuttenberg/ den 9. Januarij gemeltes Jahr/ eine erschrecklich Blutbad erreget. Denn die Bäpstischen vberfielen frühe vor tages die/ so gut Hußitisch waren/ namen sie gefangen/ deren ein theil schlugen sie zu tod/ die andern worffen sie in die Schächt oder Berckgruben/ sonderlichen die/ so man die Thaboritische nennet. Es ist vornemlich in diesem Lärmen vmbgebracht worden/ der Ehrwürdige Achtbare vnd Wolgelahrte Herr Magister Johann Godecus Gurimensis/ ein Gelehrter/ bescheidener/ verstendiger Mann/ neben seinen Collegen oder Caplänen/ Martino, Jacobo, Leonhardo/ die alle aus vnversöhnlichen/ bittern haß der Widersacher/ jemmerlich wegen der Christlichen Lehr/ ihr Leben gendet haben. Da dieses der Zischka erfahren/ helt er es seinen Brüdern/ den Thaboriten für/ welche sehr erzürnet/ hoch schwuren/ solches zurechnen/ auch keines Bäpstischen Pfaffens zuverschonen/ sie befahreten sich auch fort vnd fort/ vor ihren Nachbawren/ denen in der Stad Auß Sezemowo/ damit sie ihnen vnversehens nicht ein Pößlein beweiseten. Darumb schlossen sie dem feind vorzukommen/ mache sich an der Fastennacht auff/ ziehen bey nacht vor die Stad/ ersteigen sie gegen tag/ finden die Bürgerschafft lustig/

Die Bäpstischen tyrannisiren mit den Hußiten.

Blutbad zu Kuttenberg angericht wider die Hussiten.

Die Thaboriten stürmen vnd verbrennen Außig.

stig / toll vnd voll / deren ein theil tantzeten / sungen / sprungen / die andern aber / wegen des Rausches schlieffen. Darumb schlagen sie die fürnembsten tod / die andern geistlichen vnd Weltlichen namen sie gefangen / theilen sich in der Bürger Güter / leben im sauß / bis auff den 1. Aprilis / welcher war der Palmsontag / da verbrenneten vnnd schleifften sie die gantze Stad.

Das XXXIV. Capitel.

Weil es in Böhmen also zugieng / kompt der Keyser Sigismundus den 6. Februarij zu Breßlaw mit grossem Volck an / den empfehet die gantze Stadt ehrlich / er helt sich auch darinnen ein zeitlang auff / bringet alles in ein richtige Ordnung / lest 12. Bürger des auffruhrs / dauon oben geschrieben / Anfenger den 6. Martij / auff öffentlichem Marck entheupten. Es war aber eben das mahl zu Breßlaw ein Bürger von Prag / Johann Krasa / dieser vertediget starck beyde gestalt des Abendmals Christi / lobet Hussen / den das Concilium wider recht vnd billigkeit / vnter freyem Geleit des Keisers / verbrennet / das hatten die Geistlichen erfahren / liessen ihn gefangen legen / vnnd weil Sigismundus sich all zu sehr / wie alle Scribenten bezeugen / von den Geistlichen regieren lies / wurd er zum tod verurtheilet / neben einem Präger Studenten Nicolao. Als man sie aber durch Pferde zu dem fewer schleiffen wolt / revocirt / aus forcht der Marter vnnd Menschlicher schwachheit / der Student / verlaugnet den bekandten / vnnd vor erkandten glauben / erhielt mit verlierung des ewigen Lebens das zeitliche / gleich wie Jan Krasa den 14. Martij gedachtes Jahres /

Ein präger wird zu Breßlaw verbrent.

Hußiten Krieg.

res/ sich mit löblicher beſtendigkeit verbrennen laſſen/ vnnd vor das zeitliche Leben/ das ewige bekomen. Vber das gab Bapſt Martinus V. das Creutz aus wider die Böhmen/ als Ertzketzer/ ſo verſtocket/ verblendet/ in greiffliche Irrthumen halſtarrig blieben/ von der Rechtgleubigen Kirchen/ als Schaffſtal Chriſti/ darüber der Bapſt ein Hirt iſt/ gewichen ſein. Er vermanet alle Chriſtliche Fürſten/ Herren/ Edel vnd Gemeine Leut/ das ſie zu dem Schwert greiffen/ ſie mit gewalt zwingen ſolten. Solches lies er durch Ferdinandum/ Biſchoffen von Lucen/ Nuntium Apoſtolicum, der damals beym Keyſer war/ offentlich zu Breßlaw am Sontag Letare in der Faſten von allen Predigſtülen verleſen vnd ausruffen. Darauff die Stad Breßlaw/ neben den andern Schleſiern/ dem Keyſer eine gewaltige hülff wider die Böhmen zu leiſten zuſagten. Dieſes war den Böhmen vnverſchwiegen/ vnd es fieng allen mechtiglich an zu ſchwanen/ vnd wolten dem Keyſer keines weges trawen/ der dem Huſſen das Geleit nicht gehalten/ zu zweiffeln/ vornemlich wolt ihn Ziſchka nicht annemen. Die Prieſter in Prag/ reitzeten auch teglich das Volck zum Auffruhr/ ſagten es wer ſich auff die Zuſag Sigismundi in keinem weg zuverlaſſen. Denn wie er es mit der Religion meinet/ ſey aus ſeinem Schreiben/ auch aus dem tod des Huſſen wol zuſehen. Beſonders Prediget Johannes præmonſtratenſis in der Faſten aus der Offenbarung Johannis/ preiſet Johann Wickleph vnd Huſſen/ ſchalt auff den Keyſer/ ſagt: er wer eben daſſelbige Rotbertige Thier/ dauon Johannes ſchreibet. Da er höret das es dem Volck geſiel/ machet es ihm einen ſolchen muth/ das er heraus fuhr/ vnd an Palmen Sontag ſaget: Ihr lieben Präger/ ſehet ihr den noch nicht/ wie es der Keyſer mit vns meinet? Er iſt des Kelches abgeſagter feind/ vns leſt er in den Bann thun.

Bapſt Martinus gibt dz Creutz aus wider die Böhmen.

Die Böhmen wollen dem Keyſer nicht trawen.

Meinet jhr/er werde anders mit euch/als den Breßlischen hausen? Wie hat er vor diesem seine Zusag gehalten/etc. Da dieses der Gemeine Mann höret/samleten sich die Gemeine der Stad Prag den 3. Aprilis Anno 1420. durch anstifftung Johannis *præmonstratensis*/vnd anderer Priester/vber welcher hälß es gantzen were/liessen alle der *Vniversitet Magistros* fordern/entdeckten des Keysers Practicken/der allein darauff bedacht were/wie er sie möchte in die klupen bringen/jhre freyheiten vntedrucken/die Religion sampt derer beschützern ausrotten/das Land in die eusserste gefahr zusetzen. Da dieses vorgebracht/schlossen sie alle einhelliglich (weil dem Keyser nicht zutrawen/er auch in seinem Schreiben gemeldet/er wolle auff die weis vnd form/wie sein Herr Vater/vnd auff kein andere regieren/hat er gnugsamlich angemeldet/das er die Bäpstischen dulden vnd leiden/die Hussiten aber/so vnter jhm nicht gewesen/des Lands verbannen wolle) mit Leib Gut vnnd Blut/die redlich zuuertedigen/auch gegen einem jeden/wes Standes er sey/bis auff den letzten Mann/zubeschützen/dieses bekrefftigten sie mit Eydesschwur/gleich wie zuuor die Städt/Saaltz/Laun/Schlan/Glauttow/Taus gethan. Sie ordneten auch 4. Hauptleut/2. in der Alten/2. in der Newenstad/diesen gaben sie des Raths Sigill vnd Schlüssel/zu den Schetzen vnd Privilegien/auch damit sie die sachen desto besser regierten/gaben sie jhnen 40. andere zu/diesen allen gelobten sie trew/gehorsam/vnnd bestendigkeit. Nach diesem verrichten/liessen sie an alle Stände der Kron Böhmen ein Schreiben abgehen/in welchem sie meldeten/das sie Sigismundum anzunehmen keines weges bedacht/weil er der höchste feind Böhmisches Landes/vnnd derselben sprach/darauff er denn gesinnet

Die Präger neben andern Städten verbinden sich wider den Keyser.

tag

Hußiten Krieg.

tag vnnd nacht ist / das er es zu vntergang bringe / wie er den weidlich angefangen / in dem er die Marck Brandenburg der Kron entzogen / auch jhnen allein zu spott / M. Johann Hussen / M. Hieronymum wider sein eigen Geleit / trew vnd zusag / verbrennen lassen / setzt aber jhr Lehr / so sie mit jhrem Tod bekrefftiget / auszutilgen sich vnterstehet. Dieser vrsachen wegen weren sie gentzlich gesinnet / sich vor dem Keyser zuwehren / jhre Religion zu beschützen / vnbilligen gewalt von jhnen zutreiben.

Den 5. Aprilis war Bruder Zischka mit seinem Volck her / vberfiel zu dem andern mahl das Keyserliche Volck / in dem Städlein Wozieze / lest das hültzerne bindwerck / damit es verwahret / auffbrechen / die Heuser anzünden / eine grosse menge feinde erschlagen / das Schloss / so daran lag / Stürmen / Verbrennen / schleiffen. Den andern tag nach dieser der Keyserischen niderlag / ist der Durchleuchtigste / Wolgeborne Herr Georgius von Podiebrad vnd Kunstad / hernach Böhmischer König / vmb 5. Vhr nach mittag zu Horaschowitz / auff diese Welt geboren worden / sein Vater hat geheissen Victorin von Kunstad / ein freyer / tapfferer Held / welcher neben den von Prag das Evangelium bis an sein end vertretten hat.

Zischka vberfelt abermals die Keiserischen

Georgius von Kunstat wird geborn den 6. April. An. 1420.

Den 5. Aprilis fiengen die Thaboriten / so sich in die Newstad losiert / an / machten einen tieffen weiten Graben von Botiz bis an die Muldaw / zu dem end / das sie denen auff dem Schloß Wischerad allen einfall in die Newstad benehmen. Damit sie es aber desto schleiniger möchten vollbringen / gruben sie neben Weib vnd Kindern / tag vnd nacht / welches die Keyserische besatzung verlachet / sagend: Was wolt jhr machen? Wollet jhr euch durch graben vom Keyser absondern. Meinet jhr / das wird euch beschützen?

Dd iij

O ihr Narren/ ihr könnet die zeit besser anlegen/ so ihr des feldes wartet. Aber sie schwiegen gar stille. Mittlerweil erwehleten die Hussiten vnnd Thaboriten/ so im Lande lagen/ ihnen vier Hauptleute/ als nemlich Nicolaum Hußinecz/ Johannem Zischka/ Zbyncorem von Puchaw/ vnnd Chwal von Rzepicze/ zogen auff den morgen für einen festen Sitz/ Sedlitz genant/ darauff Vlrich Setzema/ weyland Herr der Stad Austij (so sie ihm auch verwüstet) gesessen/ diesen gewonnen sie mit Sturm/ warffen den Herren zur Erden/ draschen ihn mit Flegeln/ wie eine Garben. Als er aber tod war/ hieben sie ihm hende vnd füsse ab/ vnd warffen ihn auff das fewer / den 13. Aprilis Anno 1420. In diesem Schloss haben sie viel Kirchen Kleynodien/ welche die Leute wegen verwahrung dahin geflöhet/ genommen/ den Sitz angezündet/ verbrennet/ eingerissen/ was darinnen ist angetroffen/ das must sterben/ ausser 6. Wehrhaffter Knecht/ zu den sagt Zischka : Nun ihr lieben Brüder/ wer die fünffe tod schleget/ der sol leben. Da sie das höreten/ fielen sie wie die hunde vbereinander/ vermeinet ein jeglicher dauon zu kommen/ der nechst/ der da kont/ der schlug seinen Gesellen/ vnnd bleib allein Hawel Plichta/ der schlug sich zu den Thaboriten/ zog auff Thabor/ empfieng auch zubekrefftigung von stund an den Kelch. Von dannen/ seind die Thaboriten stracks nach der Stad Milwsko gezogen/ haben das Kloster/ so daneben gelegen/ præmonstratenser Ordens/ belegert vnnd hart hinan geschantzet. Die so in dem Schloss waren/ thaten einen zimlichen widerstand/ doch weil es sich desperat anlies/ zogen sie bey nacht heimlicher weise dauon. Den folgenden tag/ fielen die Feinde in das Kloster / plünderten/ was noch verhanden/

Hußiten die gewinnen Sedlitz.

Kloster in Milwsko gestürmet.

handen / zündeten doch zuletzt das Kloster an / vnnd zogen dauon.

Da die Thaboriten also hauseten / schicket der Keyser Sigismundus Czeniek von Wartenberg / den mann den Weselyczky nennet / auff das Schloss Wenceslai / der vertreib alle die / so vnter beyder gestalt Communicirten / das den Prägern einen grossen widerwillen wider den Keyser erreget. Daher es kam / als er das Schloss verproviantiret / wolten sie es nicht leiden / viel weniger / das er die eingefallene Mawer bessern solt / sondern schickten zu jhm / liessen fragen: Ob er vnter beyder gestalt das Abendmal des HERREN empfangen / vnd jhnen das Schloss vberantworten wolle? Der gute Herr befahret sich eines gewalts / er schrickt / gibt zur antwort / es sey nicht fein / das einer so leichtfertig von einer Religion zu der andern falle / wo sie jhm vierzehen tage frist geben / wolle er beydes mit der That erfüllen. Die Präger sein zu frieden. Aber Herr Czenko / schicket heimlich schnell zum Keyser / lest jhm sagen / er soll bald andere schicken / so wolle er (wie er auch gethan) vnter des das Schloss Verproviantiren.

Die Präger wollen den Keyser / nicht zugeben das Schloss zu versehen.

Der Keyser ist zu frieden / sendet vnverzüglich Herren Wilhelm Hasen / vnd Ernesten Flaschka / diese kommen / nehmen das Schloss von dem Herren von Wartenberg in jren schutz. Da die Prager das erfahren / seind sie zornig auff den Herren Czencken / lassen sein Wappen abmalen / vnnd schlagen es an den Pranger / daran es gehangen / bis auff das andere Jahr / do er sich mit den Pragern vertragen hat.

Dieser

Dieser Poß machet auch / das die Prager nicht mehr trawen wolten / sondern lagerten sich den 16. Aprilis vor Wischerad / lagen acht tage daruor / hettens auch durch hungers noth erobert / wenn sie ein wenig lenger daruor geblieben weren / vnd sich nicht geförchtet vor den Keyserischen / so vmb Prag lagen / die belegerten zu Proviantiren.

Das XXXV. Capitel.

Die Kuttenbawren werden auffrührisch.

DJeses handelten nicht allein die Städt vnd Präger / sondern es machten sich auch die Kuttenbawren / so vmb Taus sein / auff / legerten sich zwischen Bischoff Teintz vnd Taus / auff einen Berg / den sie / wie noch heut zu tag zu sehen ist / verschantzeten / sie hatten zu einem Hauptman ein Priester. Das hatte Herr Bohuslaus von Schwanberg / Hauptman der Pilsner / erfahren / der zog eilend auff Bischoff Teintz / damit sie den Creutzherrn / die es innen hatten damahls / nicht einen tück beweiseten / hielt

Bohuslaus schlegt die Bawren.

sich still / rücket den ersten tag des Mayens vor tag mit seinem Volck an der Bawren lager / da er keine Wacht / wie es ein öffentlicher Krieg erfordert / bestellet gefunden / hat er gut machen / vberfiel sie vnversehens / schlug sie in die flucht / nam den Pfarrherr / neben einem Trommeter / gefangen / führet sie gen Pilsen / vnnd lies sie daselbsten verbrennen.

Wz die Kuttebawren sein / vnd wz für Priuilegia sie habẽ.

HJer mus ich etwas von den Chodonibus, das ist / Kuttenbawren / welche wollen / das mann sie auff Teutsch / Hundesköpffe nennen sol / melden. Nun ist zuwissen / das das Böhmerlandt vorzeiten viel vnnd mechti-

Hußiten Krieg.

mechtiger feind gehabt / auch grosse anlauff aussteßen müssen. Diesen vorzukommen / haben die Böhmischen Könige geringst vmb den Wald (der Böhmen gleich wie mit einer Mauer vmbgibet) Bawren geleget / die wol des Feldes gewartet / doch jmmerdar in der Bereitschafft gestanden / dagegen haben sie jhnen alle Regalien / das ist / Wiltbahn / Fischwerg / etc. ja allen Zoll in dem gantzen Königreich nachgelassen / sie seind auch aller vnterthenigkeit freygesprochen worden / vnd haben niemand als den König zu einem Herrn gehabt. Das aber die vmb Tauß sonderliche Privilegia vnd freyheiten bekommen / ist dieses die vrsach gewesen. Hertzog Brzetißlaus / der Neuntzehende Hertzog in Böhmen / war in Polen gefallen / hat Casimirum verjaget / Cracaw verstöret / viel Golt / Silber / vnd einen vnmessigen schatz geraubet / die Heiligthümmer / Glocken / vnd viel tausent Menschen in Böhmen geführet. Dieses wegen wurden die Böhmen / besonders Hertzog Brzetißlaus / beim Bapst verklaget / der jn Citiret. Aber der Hertzog sandte Boten / die mit Gelt vnd guten worten esrichten solten / wie es denn geschehen. Darumb den Böhmen kein grösser straff aufferleget / denn das sie eine schöne Kirchen bawen solten / das sie verrichtet / vnd die Kirche Wenceslai / zum alten Buntzel gebawet. Da die Polen das vernomen / kamen sie zu dem Römischen Keyser Henrich den III. der den Böhmen nicht günstig war / erzehleten mit grossen klagen das verderben jhres lieben Vaterlands / baten vmb rath. Es schickten auch aus den Böhmen die Wrschowtzen zween zum Keiser gen Eichstädt / vnd liessen erzehlen / wie die Böhmen in Polen gehauset. Der Keiser vermeinet / er habe zu den Böhmen eine vrsach / könne auch den Krieg den sein Vater / Keiser Conrad / verrichtet hette / wo er nicht gestor-

Brzetislaus Hertzog in Böhmen bringet grossen raub aus Polen.

Wird beim Keiser Henrico verklagt.

Der Keiser begert des raub.

gestorben/vollziehen/schicket Boten in Böhmen/begehret/das Gelt vnd Gut/so sie in Polen geraubet. Hertzog Brzetißlaus gab zur antwort: das er sich allezeit vnterthenig/mit ehrerbietung/gegen dem Römischen Keiser verhalten/wer niemals widerspenstig gewesen/vber das den zinß den weiland Keiser Carl den III. Sonsten der Dicke geheissen/den Böhmen zu einem zeichen des gehorsames/auffgelegt/geliefert als nemlichen 120. Ochsen. 500. Marck silberner Pfennig/da ein jedlich Marck 20. pfennige gelten. Darumb sie nichts anders zugeben gesinnet weren/wolten auch lieber ehrlich sterben/als eine newrung lassen anrichten.

Die Böhmen schlagen es dem Keiser vund ab.

Der Keiser schicket eine Newe botschafft/ließ den Böhmen sagen/Keiser Carl hette ordnen können/was er gewolt/jetzt were er Keiser/geb nach seinem willen newe gesetz. Wissen dann die Böhmen nicht/ das ein Keiser macht habe Recht vnd Ordnung anzurichten? Die Böhmen antworten/Sie wollen dem Keiser in allen gehorchen/aber doch keine newerung annemen. Die Legaten sprachen/Erkleret euch/ob jhr die Polnischen schätz/die jhr geraubet/geben wollet oder nicht? Wägert jhr euch/so solt jhr wissen/das der Keiser/mit einem solchen Volck kommen wird/das er es mit gewalt nemen kan. Brzetislaus saget: Last jhn nur kommen/er wird nicht so viel Ritter in Böhmen bringen können/das man nicht örter hat/ sie zubegraben. Da dieses die Gesandten erzehlet/erzürnet sich der Keiser/nimpt Kriegsvolck an/eine grosse mennig/rücket in Böhmen. Hertzog Brzetislaus feiret auch nicht/kompt mit seinem Volck in den Tauser kreiß/lägert sich zwischen Romsperg vnd Hostaw/da man seine Schantzen nicht

Hertzog Brzetislaus schlegt den Krieg nicht aus.

Der Keiser vberziehet die Böhmen starck.

Hußiten Krieg.

nicht weit von dem alten Kirchlein noch sihet. Zu dem flohe alles das Landvolck aus dem Tauſer Kreiß/ als zu jrem Hertzog/ wie die Bien zu dem Weiſel/ aus forcht vor den Deutſchen. Aus dieſem Landvolck erwehlet der Hertzog 500. Bawrn/ ſchicket ſie in den Böhmer Wald/ lies in der gantzen gegent Regenſpurg vnd Schönthal verhawen/ wie er auch hinder jhm alle Bäwm fellen lies/ das die Böhmen furchtſam machet/ darumb jhrer etliche zum Hertzog kamen/ vnd ſagten: Da haſt es vbel ausgerichtet/ wir ſein ſchwach an volck/ der Keiſer iſt ſtarck/ werden wir/ das Gott doch verhüten wöll/ geſchlagen/ wo können wir vns Salvirn? Hertzog Brzetislaus iſt zornig/ antwort: Werden denn euch die Deutſchen/ ehe jhr ſie ſehet/ erſchrecken? Die jr feig ſeid/ ziehet hin/ die andern aber/ die mir/ vnnd jhrem Vaterland/ daruor wir Leib vnd Leben billig wagen/ getrew ſein/ die bleiben/ wir haben eiſerne/ vnnd nicht lderne Schwerdter/ Stähleпе/ nicht Künföhrene bögen/ wie die Deutſchen/ es fleuſt aus jhrem leib/ ſo wol blut/ als aus vnſern/ vnd nicht Milch. Da er aus geredt/ verſprachen ſie ſich/ bey jhrem Eydt zubleiben. Da nun der Keyſer dieſes vernommen/ rucket er mit ſeinem Heer forth/ neben dem Schloß Hirſchberg vorüber/ ligert ſich zwiſchen Böhmen vnnd Bayern auff einen hohen Berg/ lies ſeine Fahnen fliegen/ Trummel vnnd Pfeiffen hören. Wie er aber vernommen/ das die Böhmen den Wald verhawen laſſen/ ſich in den Grund gelagert/ erzürnet er ſich hefftig/ vermahnet ſeine Kriegsleut mit ſtoltzen worten/ das ſie zu fuß ſtreiten ſolten. Nun waren die Böhmen von Romſperg ein wenig in den Wald gezogen/ vnd ſich

Hertzog Brzetislaus leſt die Wäld verhawen.

Ee ij   gelegert/

gelegert in den grund/ denn die Böhmen heut zu tag Ruze/ das ist die Rosen (weil die ort alle von der erschlagenen blut roth worden) nennen. Dieses wuste der Keiser nicht/ vermeinet sie weren noch in jhrem alten Nest/ ordnet vor tag das Volck/ die gewapneten im Harnisch vorn an/ die in leichter Rüstung hernach/ da sie nun auffwaren/ gaben die Harnisch einen solchen glantz/ das man gemeint hette/ es fiel ein Eiß vom Berg herab/ wie sie in den grund kommen/ finden sie nichts/ denn ein gestreuch/ durch welches sie mit grosser müh kamen/ weren auch die im vorzuge gern zurück gewesen/ weil sie schon müde/ wo nicht der Nachzug auff sie gedrungen vnd gezwungen/ den Berg zuersteigen/ wie sawer es jhnen ankam. Das trieben sie/ bis das sie den andern grund erreicheten. Allda fielen die/ so Subtiel/ vnd von Edlem stam/ als Fürsten/ grosse Herrn etc. auch der hitz nicht gewohnet/ vor mattigkeit zu boden/ viel waren dickes leibes/ als der Marggraff von Baden/ die andern gemeinen Knecht/ durstiges Angesichts/ hitziger leber/ darumb lehneten sie sich an die Bäwm. Dieses machet den Böhmen ein hertz/ welche sich nicht saumeten/ sondern angrieffen vmb 10. Vhr/ den 27. September 1040. schlugen alles vber einen hauffen tod/ den meisten theil haben die die Chodowe oder Kuttenbawren mit Hacken erschlagen/ geblündert/ vnd nach dem Sieg in eine grosse tieffe Gruben geworffen/ vnd begraben/ bey welchen Gruben hernach Anno 1447. Hertzog Brzetislaus ein Kloster gebawet/ mit namen Stock/ auff Böhmisch Piwonka/ im namen der Jungfrawen Maria/ vnd darein Mönche/ Einsiedler Brüder/ S. Augustini ordens geführet. Wegen dieser ritterlichen that/ haben die Codowe/ das ist/ die herumbzieher/ von Hertzog Brzetislao freyheiten erlanget/ das sie/ vnd alle jre Nachkommen/ seinem sollen vnterthan sein/ das sie sich

Die Keiserischen werden von den Böhmen erlegt.

sie sich aller Regalien gebrauchen mögen/mit roten Wachssigeln / in jhren Sigill ein Hacken neben etlichen Sternen führen. Sie sein jetziger zeit alle 500. denn Tausern vmb etliche 40. tausent versetzet/haben doch noch jhre 20. RathsHerrn / mögen in jhren alten/vor wenig Jahren abgebranten Schloß/ zu Taus zusammen komn̄/ sich berathschlagen/ doch allezeit müssen Bürger aus Taus / der eine jhr Richter/vnd ein anderer Bürger jhr Schreiber/dabey sein. Vnd so viel von den frey oder Kuttenbawren.

Das XXXVI. Capitel.

Den 7. May/ Anno 1420. machten sich etliche Waghäls von der gemein zu Prag auff/theten auff das Schloß Wenceslai vmb Vesper zeit einen anlauff ohn einig heupt mit grosser vngestümigkeit / kamen bis an das Thor/ hieben die Schloßgattern auff / jagten den Hauptman/neben etlichen Reutern/ in das Schloß schlugen etliche gar tod/ eileten in das Schloß/ vermeineten es wer schon gewonnen. Aber die in der Besatzung grieffen auff ein Newes an/ schlagen sie in die flucht/ verfolgens auch bis auff Pohorzelotz/ das jhrer in die 70. in dem stich verblieben/ diese abgetriebene lagerten sich auffn Pohorzelotz vnd rissen die Klöster Strahow/Brzewinow für Prag gar ein. Da aber die Prager jhren zustand vernommen/ samlen sich 700. Mann/ lägern sich gegen dem vntern Schloßthor/ so gegen morgen ist / werffen Sturmleitern an/ arbeiten auch am Thor/ mit allem fleis. Die in dem Schlosse wehreten sich hergegen mit steinen vnd Pfeilen/ besonders vom schwartzen thurn. Zu diesem Ler-

Etliche Prager stürmen das Schloß Wenceslai.

Werden mit schaden abgetrieben.

Das Schloß wird widerumb gestürmet.

men kompt gleich der Zischka mit 30. Pferden aus dem Pilsner Kreis/ vnd da er vom Weisenberg siehet/ das Kloster Brzewinow brennen/ lacht er von hertzen/ Da er aber auffm Rohorzaleez kommen/ findet er die Thaboriten fleissig arbeiten/ an den niderreisen zu denen rent er hin/ welche/ nach dem sie jhn erkennet/ jhm entgegen lauffen/ willkom heissen vnd sagen: Bruder Jane/ wie gefelts dir/ das wir die Gottes Kretzschmer/ vnd seine Narren also züchtigen. Er aber weiset auffs Schloß Kirchen/ vnd sagt/ warumb habt jhr denn diesen Plattenscherer allhier gelassen. Sie antworteten: Gestern haben wir jhn heim suchen wollen. Aber schendlich sein wir daruon getrieben worden/ Glaub vns Bruder in der warheit/ wird vns dieser Beutel in die hand gerathen/ so sol kein Stein auff dem andern bleiben. Zischka lacht vnd Ritt zu Prag ein/ Er war kaum weg/ kompt einer vnd saget/ wie die Präger/ das vnterste thor stürmeten/ auch alle in Schloß/ das zuschützen/ hinab geloffen. Die Thaboriten hören es gern/ lassen alles ligen/ lauffen auff das obere thor/ hawen das thor auff/ lauffen hinein/ steigen auff die Kirchen/ schlugen die Kreutz oder vmbgäng so von den schönen ausgehawenen Steinen sein/ auff der Capellen S. Wenceslai ein/ mit Hämmern/ vnd Kolben/ vnd gedachten die gantze Kirch zu schleiffen. Da dieses die Mültzer der Alten stad innen werden/ kommen sie mit jhrer Fahn der Kirchen zu hülff/ vermahnen die Thaboriten/ das sie es vnterwegen liessen/ besonders schos Girzik Prsteck einen Thaboriten/ der sich vnnütz machet/ Tomäsch Brusyna/ von gang herab/ hesseten sie heraus/ welchen dann die Schloß Soldner zu hülff kamen/ sich bedanckten/ vnd in gutem bey dem Keyser zugedencken versprochen/ welches sie angenommen/ aus dem Schloß zogen/ das die Soldner besser verwareten/

Die Thaboriten erstei-gen das Schloß.

Die Mültzer weisen die Thaboriten aus dem Schloß.

dieweil

Hußiten Krieg.

dieweil auch die/ so das vnterste thor belegert/ erfahren/das die Königin Sophia vor langst hinweg/ vnd von der zeit an nimmer auff das Schloß kommen/verliessen sie es auch/vnd gaben sich zur Ruhe/ das die Knecht in dem Schloß gar gern sehen.

Vnter des namen die Präger den Zischka statlich antractiereten jhn ehrlich/ begehrten auch mit bitten von jhm/ das er sie in diesen jhren nöthen/ wenn sie der Keiser belagerte/ nicht verlies/ sie versprachen daneben alles zuhalten/ was jnen die Thaboriten/gebieten wurden. Der Zischka ist zu frieden/ saget vor sich vnd wegen aller Thaboriten hilff zu/ das die Präger fro worden/ vnd ein hertz fasseten/ sich mit Sigismundo zuschlagen. Den anden tag brach Zischka zu Prag auff/ eilet nach Thabor/ schreib seinen bunds vnd glaubens genossen/ erzehlet jhnen weitleufftig der Präger zustand vnd begehren. Hynek Kruschina/ wie er höret der Präger willen/ ist frisch her/ bringet in die 400. Mann in der Grätzer Keris bey Trzebochowitz auff/ sonderlich Ambrosius/vnd Matthias Lupacz/neben andern Priestern/ vermahnten das volck/ das sie die reine Lehr beschützen solten. Darumb zogen sie selbsten mit den Kriegsleuten nach Prag/vnterwegen loffen sie das Kloster Hradischt mit sturm an/ verbrenneten es mit sampt den Städlein/ bis auff den grund. Da sie zu Prag an komen/stürmeten sie das Schloß Wischerad/werden aber davor geschlagē/ vnd verlieren viel volcks. Da die Thaboriten sich versamleten/ klaubet Zischka vnter jhnen den Kern der Ritterlichen knecht aus/ lest sie Herrn Nicolao Husinez/ dem er sein New erbawete Stad Thabor befohlen schweren/ zihet neben den andern/ der Thaboriten Heubtleut/ Herrn Zbyne von Buchaw/ Herren Chwal von Rzepicz/ nach Prag. Vnter wegs als sie an das Städlein Beneschow kommen/ besuchten sie die Mönche/

Die Präger ruffen den Zischka vmb hülff an wider dē Keiser.

Kloster Hradischt gestürmet.

Zischka verbrent das Kloster zu Beneschow.

Mönche/die ein vberauß schönes Kloster da hatten/ blündertenwas sie an kamen/ zündeten es an/ vnd verbrenneten die Stad vnd das Kloster/ biß auff den grund. Von dannen zogen sie forth/ kamen gen Porziez/ da lagerten sie sich ans Wasser. Die Keiserischen hetten jhnen gern den Paß verleget / sein auff/ wollen jr heil versuchen/ rücken den Thaboriten vnter augen. Es waren jhre Hauptleut Herr Wentzel von Lestno/ Herr Peter Sternberg von Konopischt/ Herr Janck Swidnitzky/ Herr Albrecht von Dana/ diese traffen sie an/ bey gemeltem orth/ Weil sie aber in einen grossen gestrüppe lagen/ hatten die Reisigen nicht so viel vortheil/ als die Thaboriten/ so zu fuß/ schossen allein mit Pfeilen zusammen/ vnd zogen dauon/ Da diese Gäst weg waren/ zogen die Thaboriten eilends nach Prag / kommen den 20. May hinein/ das die Bürger erfrewet/ darumb die gantze Priesterschafft/ alle Raths Herren/ mit der gemein jhnen entgegen giengen/ freundlich empfiengen/ sampt Weib vnd Kinder/ deren grosse anzahl/ herrlich annamen/ genugsame Proviant aus den Klöstern der verloffenen Mönche verschafften. Den folgenden tag giengen die Thaboriten in Prag hin vnd her spatzieren/ schnitten den Prägern die Knebelbärth ab/ rissen den Jungfrawen die Zöpff aus den haaren/ den Weibern die Schleier von den Köpffen. Dieses wolten die Präger Soldaten nicht leiden/ es lies sich auch die sach ansehen/ als wolt sie zu einem öffentlichen lärmten gereichen. Aber es kamen die Hauptleut vor/ liessen bey hencken dieses vnnd andere vnordnung verbieten. Den 22. May wolt Herr Hans von Michlspergk Michalecz genant/ mit viel reisigen Fußvolck/ wägen/ köstlichen kleidern/ geschmeid/ grossen starcken hacken/ damit man zu seiner zeit solt die Ketten in der Stad auffhawen/ zu sterckung des Schlosses/ jhnen zu hülff kommen.

Die Thaboriten komen zu Prag an.

Der Thaboriter mutwillen zu Prag.

men. Aber die Thaboriten/ versteckten sich in ein Insel/ warteten jnen auff den dienst/ vnd da sie vorüber wolten/ wischeten sie heraus/ empfiengen die kommenten so vnbescheiden/ das er/ nach dem etliche erschlagen waren/ kümmerlich selb vierdt auff das Schloß Wischerad kam/ verließ doch allen Plunder hinder jhm.

Es hatten sich auch vnlengst zuuor die Sazer/ Launer/ Schlaner/ bey einem Dorff Simolicze/ so ein meil weges von Laun gelegen/ versamlet/ diese zogen nach dem Kloster Portæ Apostolorum, Böhmisch Postoloprty/ da das begräbnis der Herrn Sekyrcken gewesen/ vnd jetzt das Städlein Postelberg ist/ Legerten sich davor/ stürmeten es/ schossen fewrige Pfeil so lang hienein/ biß sie das Kloster anzündeten/ alles so darinnen war/ besonders eine schöne Liberey allerley Bücher/ verbrenneten. Von diesem Kloster kamen sie vor das Herrn Makotrazasy Schloß (dessen gemäwer/ nicht fern vom Buschtiehrad zu sehen) plünderten/ vnd zündeten es an/ vnd haben also dem Peter Kupecz Mestrgiczky einen vnmessigen schaden/ zugefüget/ kamen doch letzlichen den 23. May etlich 100. starck gen Prag/ damit sie wider den Keiser/ die reine lehr/ so er auszutilgen vermeinet/ zuverteidigen/ jhre Hauptleut waren/ Zaruisius Barbatus, Petrus Obrovvecz neben jhren Pfarherrn Petro Sspiczka. Sie wurden auch von den Prägern mit frewden angenommen/ ehrlich empfangen/ vnd in jhren einzug geistliche Lieder vnd schöne Psalmen gesungen. *Etlicher Städ volck schlegt sich zu den prägern.*

Den 25. May kamen die Thaboriten/ Sazer/ Launr/ Schlaner Weiber zusammen/ giengen in das Kloster Catharina/ auff der Newstad/ worffen das Tach herein/ riessen die Mawer/ durch anstifftung jhrer Männer nieder. Da sie aber vnbesonnen daran arbeiten/ fiel der mitlere Kirchengibel herein/ erschlug 27. Weiber/ darumb machten sie *Ein Mawer erschlegt 27. Weiber der Thaboriten.*

ten sie vor Mittag schickt. Frue morgens wolten sie die erschlagene Weiber gewinnen/ da aber das andere teil des Gewölbes sich herein gab/ liessen sie ab/ darumb der Thurn mit dem andern teil gantz geblieben ist bis auff den heutigen tag/ welcher ein so lange zeit ohne Tach gestanden/ ob er wol einer gewaltigen höhe ist. Den folgenden tag fiengen die Weiber ein newes werck an/ machten von dem Kloster Catharine einen Graben/ bis an die Multaw/ es liessen auch die Prager die Klöster Slowan vnd Carlhoff/ für furcht des Wischrads/ mit fleis besetzen/ denn sie etwas höhers als andere ort in der Stad sein/ etc.

Das XXXVII. Capitel.

Schlan ergibt sich Wilhem von Hasenberg.

DEn 25. May versamlet Herr Wilhem Hase von Hasenberg seine Vnterthanen/ bracht noch etliche von Adel an sich/ zog vor Schlan/ lägert sich auff den berg vor Schlan/ so Jrzit genennet/ gab aus/ es het sich Prag dem Keiser ergeben/ darumb solten sie sich besinnen/ was zuthun wer. Die in der Stad erschrecken/ wissen weder hülff noch rath/ ergeben sich aus lauter furcht/ vertreiben jhre Priester/ nemen an derer stell Bäpstische/ lassen auch eine besatzung in die Stad legen.

Die Thaboriten lagern sich vor dem Ratschin.

Den 25. May machten sich die Thaboriten auff/ lagerten sich in das freye Feld/ damit sie den Ratschin vnd das Schloß Wenceslai eröberten/ schlugen jhre Gezelt bey Pohorzelecz/ wie die Sazer vnd Launer. (Denn die Schlaner waren abgefordert worden) beym Strahow/ verhinderten also/ das kein Proviant in das Schloß kam. Es liessen auch die Präger in des Ertzbischoffs Garten alle Bäwm

Hußiten Krieg. 227

Bäwm niderhawen / damit sich die feind alda nicht bergen köndten.

Den 12. Junij kam ein Post gen Prag mit avision / das der Keiser zu Breslaw auffgebrochen / zög nach dem Land zu Böhmen mit Heeres krafft / hette auch zu einem vortrab 4000 Pferd / neben vielen Wägen mit Proviant auch andere notwendigen ding zur entsatzung den belägerten auff den Ratschin vnd Schloß Wenceslai (darauff jetziger zeit der Keiser wohnet) geschicket. Deshalben liessen sie (die Präger / Thaboriten / Satzer / Launer) von der belägerung ab / rückten zusammen / machten mit jhren Wägen eine Schlachtordnung / erwarteten des Volcks mit furcht vnd verlangen. Aber was geschicht? die Keiserischen wolten lieber durch list / denn durch gewalt die belägerten entschütten / machen von fernst ein grosses fewer / dessen Rauch die Präger sahen / vnd meineten / es het sich der Feind an das ort geleget / zihen dahin / ehe sie es durch kundschafft erfahren / aus lauter begierligkeit. Aber des Keisers volck hat sich an ein weit anders gelegeners ort verstecket / eilet dem Schloß zu / kompt durch hülff des Schlosses Soldaten hinein / ehe es die Präger innen werden / die vor zorn fast die gantze kleine seiten schleifften / sich in die Altstad / als jhre gewarsamb begaben / neben den Satzern vnd Launern / weil die Thaboriten sich in die Newstad einforirten / darumb das darinnen waren / die jhrer Religion geneigt.

Damit ich aber her wider auff den Keiser Sigismundum kam / der mit grossem Volck zu Roß vnd fuß ankommen / zu Königin Grätz in die Stad eingelassen / auch vermeinet / es hette schon gute wege / schreib an die Präger / erinnert sie jhrer zusag / gebot / als ein Erb vnd Könige der Kron Böhmen / ernstlich / das alle die Altstädter /

Der Keiser zöhet nach Böhmen.

Die Präger warten den Keiser auff den dienst.

Die Präger werden betrogen.

Der Keiser schreibt den Prägern.

Ff ij alle

alle ihre Harnisch vnd Rüstung auffs Präger Schloß/ die Newstädter aber/ die ihre Rüstung auffm Wischerad tragen/ daneben die steinern Seulen/ so nicht ausgegraben/ vnverzüglich hinweg thun/ so wol die Ketten von den Eckheusern auff die Schlösser trugen. Dieser Brieff ist angenomen worden den 24. Junij verlesen/ aber doch nicht beantwortet. Es liessen auch die Bürger an statt einer Ketten 2. an statt einer seulen 2. machen.

  Von Grätz zog der Keiser auff Kuttenberg/ von dannen auff Leitmeritz/ lagert sich mit seinen Hungern/ Deutschen/ Kuttenbergern vnter Leutmeritz auff den Wiesen/ denn die von Leutmeritz viel beförderung von Proviant erweiseten/ das dem Keiser wolgefiel/ darumb er die Stad mit vielen freyheiten versehen. Von Leutmeritz ist der Keiser auff alten Buntzlaw gezogen/ vnd stettig des Deutschen volckes/ das ihme die Reichsfürsten versprochen/ gewartet. Er hat auch zu Leutmeritz erfaren/ das die Thaboriten zu Prag den 4. Junij 2. Mönche/ bald hernach 4. andere/ die ihre Religion nicht annemen wollen/ verbrennet haben/ darumb gebot er/ das man 24. Hussiten davor in die Elbe bey Leutmeritz werffen solt/ das geschehen ist.

Der Keiser lest 24. Hussiten ertrencken.

Von alten Buntzel zog der Keiser nach Melnik/ von Melnik auff Schlan/ ward herrlich angenommen/ stattlich tractieret/ aber er wolt den Schlanern, inimicis reconciliatus, nicht trawen/ zog gegen abend zu den seinigen in das Feld/ von dannen auff Burgloß/ darnach auff Zebrak/ Totznik/ Carlstein/ Newenschloß/ das sonsten Cunradicze genant ist worden/ besichet allenthalben die Schütz/ die ihme sein Bruder eingesamlet verlassen. Darauff lagert er sich bey dem Kloster Königsaal bey Beraun/ lest graben/ schantzen vnd dergleichen ding/ so zu schutz eines lagers dienen/ verfertigen.

Der Keiser verschantzt sich.

Vnter des sahe M. Jacobellus

Hußiten Krieg.

bellus von der Mieß/Caplan in der Kirchen zum Tein/das etliche ohne glauben/ Buß/ vnd guten vorsatz das heilige Abendmal empfiengen/ darumb vermanet er das Volck/ sie solten sich ehe nach der Regel Pauli brüffen/ mit einem reinem zerknirschten Geist/ andacht/ vnd guten vorsatz/ nicht ohne Buß/ aus leichtfertigkeit/ welches der grösse teil thet/ empfahen etc. Da dieses die Thaboriten erfahren/ werden sie auffrührisch/ bringen es so weit/ das er auff den morgen aus der Stad must/ aber er ist nach jhrem abzug wider ein kommen.

M. Jacobellus ermanet Volck.

Wird vertrieben.

Da Herr Ulrich von Rosenberg des glückes seltzamen außzang betrachtet / auch des Keisers gegenwart vor augen hatte/ seine macht wol wüste/ besinnet er sich kurtz / verlest seine Thaboriten/ nimpt seine Priester gefangen/ schicket sie auffn Chaustnik/ Helffenberg/ Krumaw/ Riesenberg/ Newschloß (sonsten Conradicze genant) Begeret von den Bäpstischen Legaten Ferdinandi Bischoffen von Lunen/ der auff dem Schloß Ziebrak wohnet/ absolution vnd erlangt es. Hergegen versamlet Herr Abesch von Wrzeschtiowa/ Benosch von Makrowaus vnd Georg von Chwalkowicz vnter den Kunietizerberg/ vber Pardubicz gelegen/ eine anzahl Bawren/ rückten nach Königin Grätz/ werden von der Bürgerschafft/ die des Keisers gemüt gegen die Religion schon vernommen/ auch mit verlangen auff sie gewartet/ gern eingelassen/ da denn jederman das hochwirdige Sacrament vnter beyderley gestalt empfange. Den 25. Junii stiessen zu dem Keiser die deutschen Fürsten mit jrer gewaltigen hülff/ es war auch Persönlich darunter der Churfürst von Sachsen/ Hertzog Friderich Bellicosus/ der Marggraff von Brandenburg/ Albertus Hertzog von Osterreich/ Sigismundi Aydtman.

Der deutschen Fürsten hülff kompt zum Keiser.

Ff iij Das

Das XXXVIII. Capitel.

Der Keiser belagert Prag.

En 30. Junij kam der helle Hauff vor Prag/ lagerten sich auff die ebene bey Bruska/ Holeyschowicz/ Owencz/ Bubny/ Oboru vnd an den ort Na Letni genant/ stengen an den Prägern feindlich zuzusetzen. Die Vngern schossen mit iren Pfeilen von des Ertzbischoffs garten/ (welches sehr vngleublich) auff den Altstädter ring: Es seyreten auch die Präger nicht/ empfiengen sie feindfelig/ hielten mit den Keiserischen viel scharmützel/ sonderlich macht sich Bruder Zischka am tag Margarethe mit gewalt auff ein Berg/ der nicht weit von der Präger hochgericht liget/ vnd bis dato Ziskowa hora/ des Zischken berg genennet wird/ denn er wol vermercket/ das man von diesem berg der Stad sehr schaden köndte/ dieses zuverhüten/ lest er Zeim/ schrött vnd Gräben herumb machen/ damit er dem feind allen einbruch schliessen wollen. Es schreibet Cuthenus/ der Keiser sey 150000. andere (welches nicht glaubwirdig) 300000. starck gewesen. Hagecus schreibet/ von dem 1444. Jahr / das er 30000. starck gewesen. In einem manuscripto antiquo habe ich gelesen/ es haben die Teutschen 125000. mit sich bracht/ der Keiser auch in die 40000. starck zuvor gewesen: Martinus Boregk Vratislaviensis schreibet/ es sein 140000. Teutsche kommen/ den Keiserlichen volck zu hülff.

Vlreich von Rosenberg belägert Thabor.

Den 6. Julij/ berennet vnd belegeret die Stad Thabor Herr Vlrich von Rosenberg/ aus befehl des Keisers/ vermeinet sie in kürtzen zugewinnen/ aber Niclas Hussineck/ der von den Zischken neben dem besten Kriegsleuten dagelassen/ fiel heraus/ schlug die feind in die flucht/ erleget sie bis auff das haupt/ jaget sie gantz vnd gar von der Stad ritterlich hinweg.

wird auffs haupt erlegt

Den 11. Julij/ greiff der Keiser die zwo Präger städ (Alt vnd

Hussiten Krieg.

vnd New) mit sturm vnd grossen ernst an 3. orthen an/ die Newstedter entschütteten die Thaboriten gar bald. Aber die Alt Stad/ ob sie wol viel fester ist/ hat grosse gefahr vnd noth ausstehen müssen/ denn die Keiserischen schon viel Fahnen in der Stad gebracht/ das die Newstedter erfahren/ neben den Thaboriten jhnen behend zuhülff kommen/ aus der Stad die Keiserischen geschlagen/ auch bis vber die Multaw gejaget. Wie nun die Teutschen gesehen/ das sie der Altstad nichts anhaben würden/ wo sie den Zischka nicht vom berg schlügen/ setzen sie vnter dem Dorff Bubny vber die Multaw/ ligern sich auffm Spittelfeldt/ lauffen den 13 Julij den Berg mit sturm an/ es waren aber die Keiserischen fast alle Meißner/ Sachsen/ Mercker/ diese sprangen behend vber die Zeun vnd Gräben/ finden 2. Weiber/ neben einer Jungfrawen mit Spiessen/ die sich so hefftig/ wie Dubravius lib 24. bezeuget/ gewehrt/ das sie sich ehe tod schlagen/ als von dem orth treiben lassen. Das Fußvolck zerrissen auch die Zeun/ ebenen die Gräben/ machtē den Reisigen einen weg/ die fast bis an die spitz kamen/ vnd denn Zischka selbsten schier zuboden gestossen/ wo seine Bawern mit jhren drischeln/ odern eisern Flegeln sie nicht zurück getrieben. Die in der Newstad sehen das schlahen auff dem Berg/ besorgen/ der Zischka (wie gewislich geschehen were) möcht vnterligen/ darumb versamlen sie sich. Es schlug auch ein Thaboritischer Priester sturm/ nam eine Monstranzen vor ein Fehnlein/ laufft dem berg zu/ dem die Thaboriten vnd Newstidter mit Flegeln vnd keulen nach folgeten/ vnd dem Zischka zu hülff kamen/ die Teutschen/ denen der Keiser immerdar frisch volck zu schicket/ lauseten. Es hetten auch die Präger jhr geschütz vor das Porzitzschanck thor gezogen/ schossen von den Siechhaus mit gewalt vnter die Keiserischen/ das jhrer viel die zincken auffkereten.

Der Keiser stürmet die Präger statt.

wird abgetrieben.

Zischka ist in gefahr.

Die

Der Hußiten Krieg.

Die auff dem Berg feyreten deshalben noch weniger/ schlugen mit aller macht auff ihre feind/ lieffen stracks zuruck/ machten die Gräben tieffer/ besserten die Zeun aus/ setzten denn wider in in die feind/ schlugen sich mit ihnen den gantzen tag/ das also viel auff dem Platz blieben/ auch den Berg mit schanden verlassen musten/ denn die Böhmen durch Göttliche hülff erhielten.

DEn 19. Julij kam in dem Keiserlichen lager/ bey dem Dorff Letna/ ein fewer vnversehens aus/ es war der Wind groß vnnd starck/ der das fewer anblies/ darumb viel grosse Gezelt mit köstlichen sachen verbronnen sein/ besonders alle Leitern zu dem sturm gehörig. Den 26. Julij verbrenneten die Thaboriten zu Prag/ in der Newstad/ das Kloster S. Johannis/ NaBogischti genant beim Schweinthor/ darinnen Creutzherrn Rhodiser Ordens/ fiengen auch an das Kloster S. Clemens zuschleifen/ aber die Mawer fiel ein/ vnd erschlug etliche 20. Mann.

Den 30. Julij Anno 1420. Da der Keiser gesehen/ das er nichts vor Prag ausrichten könne/ nimpt etliche Vorneme zu sich/ kompt in das Präger Schloß/ an dem Sontag nach Jacobi/ lest sich im bey sein etlicher Böhmischer Herrn vñ Edelleut/ von Cunrado Ertzbischoffen zu Prag krönen/ macht nach altem gebrauch viel/ doch schlechte Kerl/ zu Rittern/ lest die Schätz/ so an heimlichen orthen gelegen/ die Keiser Carl/ sein Vatter/ vnd sein Bruder/ König Wentzel/ eingesamlet/ in das Lager führen/ besoldet seine Kriegsleut damit. Er hat auch die Schloskirch Viti beraubet/ die Kelch/ Monstrantzen/ Silberne gegossene Bilder genommen/ des Reichs Heiligthum auffm Carlstein entwendet/ den Deutschen vmb ein gewisse summa Geldes versetzet/ etc.

Ein Fewr kompt in des Keisers lager aus

Die Thaboriten zerstören zwey Klöster

Der Keiser verlest Prag.

Lest sich zum König krönen.

Das

Huſſiten Krieg.
Das IXL. Capitel.

DA der Keyſer die Böhmiſche Kron empfangen/vor Prag aber nichts außrichten kont/verleſt er den andern Auguſti die belegerung/die 4. wochen gewehret/in welcher zeit alles vollauff/außgenommen Saltz/ iſt in Prag geweſen/ begibt ſich in Kuttenberg/dancket den Teutſchen ab/die das Land bald raumeten. Der Bruder Ziſchka aber bekompt durch dieſen Abzug lufft/ zeitelt oder beſchneid die Klöſter in Prag/ reuchert doch die Bien ſo ſehr/das die Klöſter in der aſchen ligen blieben.   Er lies keines in den Präger Städten ſtehen/die gantz waren/verbrennet er/ die vor verbrennet/ ſchleiffet er/da er aber das Kloſter S Jacob/in der Alten Stad/darinnen fratres minores ſein/ein zu äſchern geſinnet/ kamen die Fleiſcher zuſammen/aus anſtifftung eines Raths/ vnd erretten es/darumb ſie die Fleiſchhawer bis auff den heutigen tag/ den Mönchen fleiſch geben müſſen/ das ſie jnen geſegnen/ wie die Magd der Katzen die Fiſch. Dieſes Kloſter ſtehet in ſeiner gantz bis auff dieſen tag/ es hat eine hohe gewelbte Kirchen/ in welcher fenſter von ſchönen gemahlten gläſern ſein.   Es ſtehen auch zu oberſt in dem Gewölb der Kirchen viel Wapen angemahlet/wie denn auff der lincken ſeiten der alten Stadt/darüber dieſes Diſtichon:

Mattia Praga tuas vires quis neſcit avitas?
   Quid mirum tibi ſi multiplicetur honos?

Vber dieſen/ was höher/ſtehet geſchrieben/ das es Præmyſlaus Ottogar tundirt hab im Jahr 1225.das es Anno 1316. neben der alten Stad Prag verbronnen ſey/ da das fewer vnter den Jüden auskommen. Item das es die Fleiſcher/da es Ziſchka in diluvio monaſteriorum zerſtören wollen/errettet habe/ vnter der Bohrkirchen fornen ſtehet in einem ro-

Der Keyſer danckt ſein Volck ab.

Die Fleiſcher erretten das Kloſter S Jacob vor dem Ziſchka.

Gg   them

Hussiten Krieg.

them schilt ein weisser Lew gemahlet/ darunter diese schrifft: Virtuti & benevolentiæ lanionum antiquæ urbis sacri hujus templi & conventus integritatem a sacrilego Iohanne Zisska & socijs manu strenue tuentium conservantiúmque fratres minores grati animi studio pingi curarunt Anno 1598. Wie kein Kloster im Prag verhanden/ wolten die Thaboriten vber die Kirchen/ die Präger sein dawider/ begehren von dem Zischka/ das er der Heuser/ so Gott zu ehren gebawet sein/ darinnen die Christen offentlich zusammen kommen/ den Gottesdienst verrichten/ Gott darinnen mit einander rühmen/ loben vnd preisen/ verschone. Dem Zischka schnupt es in die Nasen/ nimpt Wenceslaum Coranda zu sich/ zihet aus Prag/ kompt gen Königsaal/ 2. Meil von Prag/ bey Beraun gelegen/ stürmets/ plünderts/ verbrennts vnd schleiffts/ als es nach seiner stifftung 136. Jahr gestanden. Dann König Wenceslaus II. Ottogar hat es im Jahr 1296. gestifftet/ vnd Böhmisch Zbrasslaw geheissen. Sylvius kan es cap. 35. wegen der begrebnüß der Böhmischen Könige/ des herrlichen Gebewes/ vortrefflichen convents/ lieblichen Cellen/ schönen Gartens/ vmb welchen gantz ein gang herumb/ an welches bretter die gantze heilige schrifft mit grossen güldenen Buchstaben geschrieben stund/ nicht gnugsam loben. Dieses herrlich Kloster haben des Zischken Knecht in den grund geschleifet/ vnd ob es wol wider erbawet worden/ so ist es doch kein schatten des alten Klosters.

Die Präger wollen nicht zugeben/ das Zischka die Kirchen zerstöre.

Die verwüstung des Klosters ist geschehen den 10. Augusti/ an welchen tag/ etzliche Thaboriten vnd Newstädter/ ihr heil an dem Schloß Wischerad versuchen wolten/ zogen durch das Jerosolimer Thor still nach Wischerad/ aber die in dem Schloss sahen die Fackeln vnnd brennende Stroscheublein neben den Laternen/ schweigen still/ bis sie an das Thor

Die Thaboriten wollen Wischerad vberfallen/ werden aber vbel empfangen.

Hußiten Krieg.

Thor kamen/ das sie auffzuhawen vnterstunden/ als denn waren die in der besatzung her/ schlugen sie vber die Köpffe von oben ein/ wie andere Bawren/ darumb wolten sie sich in die Stad retrahiren/ aber das Thor war schon geschlossen/ sie kunten nicht ein/ waren vbel auff den spänen/ auch ohne zweiffel alle erschlagen worden/ wenn sich die Soldaten des Keysers keines ausfalls besorget. Des andern tages trugen die Söldner auff dem Schloß die feinde an das Wasser/ legten jhrer 80. auff die Flöß vnd schickten sie nach Prag. Dieses verdros die Thaboriten hefftig/ weil sie einen rath jhnen zu wider vermerckten/ sagten auch/ sie hetten allein schliessen lassen/ damit jhre Leut todgeschlagen würden/ darumb wolten sie alle aus Prag daruon zihen. Da dieses den Prägern für Ohren kommen/ erschracken sie/ gedachten/ weichen die Thaboriten von vns/ so kompt der Keyser wider/ wie wollen wir vns wehren? Die Priester berathen sich mit der Bürgerschafft/ fordern beyde Gemein auff die Ratheuser/ daselbst vernewet Johannes *Præmonstratensis* die Gerichts-schöppen/ allein das sie die Thaboriten bey jhnen behielten. Aber es gieng noch nicht nach der Präger willen/ dann viel Thaboriten zogen aus Prag mit jhren Fahnen/ darauff Kelch gemahlet gewesen/ die kamen zu dem Zischka/ der zu Dubecz lag/ versprachen jhm willigen gehorsam allezeit. Da der Zischka frisch newes Volck bekommen/ wil er sie versuchen/ führet es vor den Siz vnd Städlein Rziczan/ gewint es den 23. Augusti/ lest sieben Pfaffen in ein Stuben sperren/ anzünden vñ verbrennen. Von dannen zog er nach der Stad Prachaticz/ traff vnter wegen ein Bischoff von Nicopolis an/ lies jn sampt 2. Priestern in einen teich nach fischen schicken.

  Eben an dem 23. Augusti lies Conradus/ Ertzbischoff von Prag/ zu Raudniz die form des Bannes Martini V. über die Böymen offentlich verlesen.

Die Thaboriten wollen von Prag wegzihen.

Zischka gewint Rziczan/ vnd verbrent die Pfaffen.

Den 5. Septembris kam der Bruder Zischka vor die Stad Prachaticz/ begehret von den Bürgern/ sie solten sich ergeben/ jhn vor ein Haupt annehmen/ die Romanisken vertreiben/ so wolt er jr guter freund vnd Schutzherr sein. Die in der Stad werden von jhren Pfaffen vberredet/ sie sollen sich nicht ergeben/ stellen sich zur wehr/ lassen dem Zischka sagen/ sie fragen nach einem solchem kahlen Edelman nichts. Der Zischka erzürnet sich/ lest sein Volck anlauffen/ erobert die Stad/ lest 135. andere wollen 900. Personen todschlagen.

Zischka erobert Prachaticz.

Die andern Thaboriten hetten sich in 2. teil geteilet/ waren auch aus Prag gezogen/ der eine hauffe war vnter Herrn Victorin Boziek/ die fielen in des Herrn von Rosenberg Herrschafften/ raubeten/ brenneten/ mordeten nach all jhrem willen. Die andern waren vnter Zbynkone von Buchaw/ vnd Chwal von Rzepicze/ die fielen in Lausnitz/ belegerten das Kloster Ovin/ nicht weit von Sittaw/ konten es nicht erobern/ darumb sengeten sie alle Dörffer herumb sampt des Klosters Mayerhoff hinweg/ vnd zogen in Böhmen.

Das XL. Capitel.

Die Präger belegern Wischerad ernstlich.

Den 15. Septembris versamleten sich die Präger in der Newstad/ vnd schlussen/ das sie das Schloss Wischerad vnverzüglich gewinnen wolten/ lagerten sich darauff als bald nicht weit von der Kirchen S. Pancratii/ schlugen jhr gezelt auff/ besetzten alle Strassen/ damit kein Proviant in das Schloss kommen möcht/ an den Ort na Drawniczku/ stelleten sie 2. grosse stück Geschütz/ damit sie nach der Festung schussen/ sie brachen auch in der Botiser Kirchen ein loch/ stelleten dahin auch ein grosses stück/ das sie zum offtern wider das Schloss brenneten. Sie sandten auch zu allen

allen Thaboriten/ liessen sie bitten/ das sie jhnen zu hülff kämen/ Herr Kruschina vnd Bozick/ Chwal von Rzepicz vnd Zbynko von Buchaw/die kamen/Zischka saget/ er hette nicht derweil. Sie wurden geweiset/ das sie sich in grund vbern Dorff Psary/ gegen dem Wischerad vber/ wenn man von Slupy nach S. Pancratz gehet/ lagern solten/ bald nach jhrer ankunfft/ kam der Zawisch mit den Satzern/Launern/vnd vom Keyser new abgefallenen Schlanern/ dem weiseten sie das Lager vntern Carlhoff an. Mittler weil war Sigismundus zu Kuttenberg sehr trawrig/doch/ damit man es nit meinet/ lies er alle tage Musiciren/ setzet einen Krantz auff/ stellet sich mit trawrigem hertzen frölich/ sein Kriegs Volck aber/sonderlich die Hussaren/ strifften teglich vmb Buntzel herumb/hausseten vbel/ verbrenneten viel Dörffer/ neben einer vntzehligen menge Volcks/ Weiber/ vnd vnschuldigen Kinder. Die belegerten schicken nach dem Keyser heimlich/ bitten/ das er sie verproviantire/ denn sie sonsten vber 5. wochen sich nicht enthaltē können. Der Keyser sagt/ er wolle innerhalb 3. wochē auff das lengst Proviant zusendē/ vnter des schreibt er an die Mährer/ mahnet sie semptlichen auff/ zu rettung des Schlosses Wischerads. Es kommet selbst der Keyser gen Leutmeritz/ lest viel Känlein auff die Wägen laden/ dieselben nach Beraun führen/ da beladen/ daneben viel Wagen mit Proviant rüsten/das man zu Wasser vnd Lande das Schloss verproviantire/ aber die Prager werden es innen/ lassen auffm Werder/ oder der Jenseln vnter dem Wischerad/ feste höltzerne schrott bawen/ das Wasser mit vielen Ketten vberzihen/vnd beschliessen/ es kamen auch Nicolaus Huszinecz vnd Bzdinka/ mit 40. Rossen/ denen befohlen die Präger den Werder.

Weil das in Prag gehandelt/ halten Herr Alesch von Bohanie vnd andere aus der Ritterschafft des Grätzerkreises/

Hußiten Krieg.

Die Ritterschafft schreibet dem Keyser vmb vertrag mit den Prägern.

ses/in gemelter Stad eine zusammen kunfft/schreiben an den Keyser/erzehlen was für schaden/Mord vnd Brand in dem Land geschehen/von beiden teilen/bitten/das er sich wolle mit den Prägern vertragen/sie wollen/so es ihre May. gesellig/vnterhendler sein. Der Keyser ist zu frieden/verspricht alles/das geschehen in keinem bösen zuzedencken/wenn sie nur jhn vor einen Schusherrn erkennen. Die von Adel hören es/als friedliebende Leut/gern/begeben sich nach Prag/ halten starck an/die Präger nemen es in bedencken/beklagen sich hefftig/das er sie feindlich belagert/jhre Religion zu vnterdrucken vermeinet. Es wer gewislich(wo es Gott nit verhindert hette)geschehẽ was sein Herr Vater/Keyser Carl beweinet hat. Doch werẽ sie zu frieden/wo fern er seine Theologos lies mit der Prägern Magistris von den 4. Artickeln/ darinnen der Zischka gewilliget/disputirn. Die Gesandten zihen zum Kayser gen Beraun/bringen Relation/der damit zu frieden ist/wil auch der Disputation selbst beywohnen/doch solt darzwischen ein friedstand gemachet werden/ vnd das die Präger vom Schloß Wischerad abzögen. Die Präger antworteten: Sie wolten keines weges nachlassen/es were dann das der Keyser jhre *Magistros* in der Disputation anhöret/vnd den Wischerad williglich abtrette. Die Grätzer Gesandten kommen zum Keyser/erzehlen der Präger begeren/der Keyser erzürnet vnd sagt: Wir wollen jhnen den Wischerad abtretten/aber nicht ehe/es sey dann jnen zuvor in die hälß etc.

Es ist in der Präger antwort gedacht worden/das der Keyser (wenn es Gott nicht abgewendet) was sein Herr Vater beweinet/erfüllet hette. Darumb mus ich dem Leser zu gut aus Hageco diese Historien erzehlen. Es gieng Keyser Carl der IV. Anno 1377. auffm Saal des Schlosses Wences-

Hußiten Krieg.

Wenceslai spazieren/ hinter ihm waren seine zween Söhne/ Wenceslaus vnd Sigismundus. Endlich gehet er zu einem Fenster/ sihet die Stad Prag an/ vnd weinet bitterlich. Die Hoffleut verwundern sich/ dörffen doch den Keyser nit fragen/ zuletzt spricht ihn der Schloßhauptman an/ vnd fraget die vrsach. Der Keyser saget: Ich weis wol das meine Söhne des Landes feinde sein werden/ vnd ihrer einer wird die Stad Prag verderben/ wann ich es nun wüste/ welcher es wer/ wolt ich ihn mit meinen händen erwürgen. Der Hauptman sprach: E. Keys. Mayst. müssen es Gott befehlen/ der mag es zum besten wenden. Der Keyser sagt nichts/ denn/ das gebe Gott. Auff diese Historien haben die Prager geredet.

Keyser Carls prophecey von seinen Söhnen.

    Nach dem aber der Keyser innen worden/ das ihm die Päß zu Wasser vnnd Lande nach dem Wischerad geschlossen/ lest er auffm Carlstein viel Proviant auffladen/ denselben auff der andern seiten der Muldaw hinab führen/ damit es die belägerten sehen möchten/ vnd ein Hertz schöpffen. Vnterwegen lies der Keyser den Zlechow mit vielen Weinpressen anzünden/ vermeinet den Prägern eine furcht einzutreiben. Der Keyser zog auch nach Melnik/ Limburg/ Kuttenberg vnd Claßlaw/ lies Volck annemen/ die belegerten zuentsetzen. Den 27. Septembris: schussen die von dem Schloß Wenceslai in die Altstad auff dem Marck/ durch welchen schuß ein Man vnd 5. Weiber tod blieben. Es war aber (wie M. Laurentius schreibet) eine darunter schwanger/ darumb schnitten sie das Kind aus ihrem Leib/ vnd weil es lebet/ liessen sie es teuffen. Wie die belagerten nun keine entsatzung sehen/ der hunger bey ihnen vberhand genommen/ viel Roß schon gefressen worden/ begereten sie zu Parlamentiren/ des die Präger zu frieden sein/ ordnen Hynek Kruschina von Liechtenburg/ Victorin von Podiebrad/ Hynek

Die belegerten auffm Schloß Wencesiai parlamentirn mit den Prägerischen.

Hynek von Kolstein / sonsten Waldstein / Procopium von Auſſ vnd Jan von Liechtenberg ab / die auff dem Schloss schickten neben andern Befehlichshabern Johann von Wschembera von Bozkowiz / diese sein zwischen S. Pancratz vnd dem Schloß zusammen kommen / da endlich dahin accordiret worden / wo der Keyser in 14. tagen sie nicht entsetzet / das Schloss notdürfftig verproviantiret / so solt es ohne mittel vnd einred Herrn Hynko Kruschina vberantwortet werden. Solcher accord ward den 20. Octobris geschlossen.

Wunderlicher Regenbogen.

Vnter solcher handlung hat sich ein seltzamer Regenbogen erzeiget / welchen M. Laurentius von der Bircke / mit diesen worten als einer / der zu der betrübten zeit gelebet / beschreibet: Als etliche *Magistri* vnd *Baccalaurei* auffm Berg Kawcze hora vber der Muldaw sassen / der handlung zusahen / auch von mancherley redeten / worden sie eines vngewöhnlichen Regenbogens gewar / dessen eine spitz gleichsam vnter jhren füssen stund / vnd zog sich vber die Muldaw / bis an S. Pancratz Kirchen / welches doch kaum ein viertel eines zirckels ist / ob solches war oder nicht sey / mag der Leser vrteilen / ich erzele es / wie ichs gelesen.

Das XLI. Capitel.

Der Keyser kompt auff das newe Schloss.

DEn 31. Octobris kam Keyser Sigimundus gen Kunradicze / sonsten das newe Schlöß / ein Meilweges von Prag / hinter dem Wischerad gelegen / nam das Mittagmal ein / wolte denselbigen tag die Präger nicht angreiffen / wartet auff mehr Volckes Möhrischer Herrn / das denn gegen abend ankam / vnd gerüst die gantze nacht in dem Wald gelegen / damit sie frue desto eher auff sein konten. Der Keyser schreib auch an die besatzung des Schlosses
Wences-

Wenceslai diese nacht / vnd gebot / das sie des Hertzogs von Sachsen haus auff der kleinen seiten / welches die Präger besetzet/stürmeten/vnd so es müglich were/anzündeten/ so wolt er vnter des mit der gatzen macht das Lager von Wischerad besuchen. Was geschicht? Der Bot wird gefangen/die Präger nemen den Brieff / lesen jhn / vernemen des Keysers willen vnd intent / sein den Tag auff / ordnen jhr Volck auffs beste sie können / warten des Keysers ankunfft. Da es nun etzliche stund auff den tag/ vnd die 15. stund vorüber (vor welcher sie der Keyser hatte sollen entsetzen/ nach laut jhrer verschreibung) rucket der Keyser mit seinem Heer her / helt auff einer höhe / weiset denen auff dem Schloß sein blosses Schwert/wil zuverstehen geben/das sie vnter die Präger fallen sollen. Aber weil der Keyser die angesetzte stund verseumet / hielten sie jhre zusag als ehrliche Soldaten / zuckten wider die Prager kein wehr nicht / sondern bleiben auff jhrer Mawren. Da nun die Keyserischen Capitän spüreten/das die auffm Wischerad sich nicht wehreten / das sich die Präger auch wol verschantzet / reiten sie zum Keyser / bitten er wolle die sach erwegen / sein Volck nicht verführen / denn es vnmüglich were/sie aus dem felde zuschlagen. Der Keyser saget : nicht ein meid / wir müssen mit der Präger Chlappen vnser heil versuchen. Da das Herr Heinrich Plumlowsky von Krawartz höret/antwortet er: Gnedigster Keyser E. K. M. werden erfahren/ das wir einen spott werden einlegen/ vnser Volck erbärmlich auff die Fleischbanck opffern. Denn ich fürchte mich sehr vor dieser Chlappen eisern Flegeln. Der Keyser sprach: Ich hab lengst wol gewust/das jhr Mährer verzagte tropffen seid. Da die Hauptleut dieses vernomen/ sprangen sie von jhren Rossen/ vnd Herr Plumlowsky sagte: Jetzt sehen E. K. Mayst. das wir nichts fürchten / sondern das wir derer gebott zuerfüllen vnverzüglich bereit sein / wir

Der Keyser wil sein heil an den Prägern versuchen wider seiner Kriegs räthe willen.

werden

werden aber gewiß dahin kommen/ da E. Mayst. nicht ist. Darauff giengen die Mährischen/ so zu fuß waren/ für die Teichlein/ vnd der Kirchen S. Pancratij/ die Hungern aber zogen den weg oberhalt nach gemelter Kirchen/ da empfieng sie Herr Hiniek Kruschina von Lichtenberg/ der Präger Hauptman/ die Hungern wolten sich ersilich wehren/ aber die Satzer/ Launer/ Schlaner/ fielen von hinten in sie/ schlugen tod was jhnen für kam. Darumb gaben sie vnverzüglich die flucht/ mit denen sich der Keyser dauon machet. Da das die Präger in den andern Schantzen erfahren/ fielen sie sämptlich aus allen jren schantzen/ vmbringeten die Mährer/ wolten keinen gefangen nemen/ schlugen mit jhren drischeln ohn vnterscheid menniglich tod. Es sein in gemelter Schlacht/ die den 1. Novembris geschehen/ 24. Hungerische/ Böhmische/ Mährische Herrn erschlagen worden/ darunter gewesen Herr Heinrich Plumlowsky/ oberster Feldhauptmä/ Jaroslaw von Wesele/ Wock võ Holstein/ Heinrich von Krumaw/ Hinek von Malenowitz/ Nickel Has von Hasenberg/ Albrecht von Chotienow/ Peter von Sternberg/ Wilhelm Hase von Zidlochowitz/ Raczek von Riesenberg/ Wentzel von Kluczowa/ Heinrich Hasel Herr zu Bechinie/ Tobias von Schwartzenberg/ Jan von Michalowitz/ Aleschkrk von Sobieschin/ Benesch von Trzemschin/ Sobin von Swabenitz/ Witek aon Waltzsch/ Jan Sekretartz/ vnd andere mehr. Diese ligen begraben in der Kirchen S. Pancratij bey welcher die Schlacht geschehen/ wie es jhre Namen/ die in gemelter Kirchen angeschrieben sein/ bezeugen.

Wischerad den prägern auffgeben.

Den 2. Novembris traten die Keyserischen den Prägern das Schloß Wischerad ab/ gaben den Prägern alles grob Geschütz/ Pulver vnd Munition/ behielten allein/ nach laut des Contracts/ jhre ober vnd vnter Wehren. Die Präger bedanckten sich sehr des gehaltenen glaubens/ liehen jhnen

jhre

Hußiten Krieg.

jhre Wägen/ damit sie jhre sachen ein theil gen Kaurzim/ zum teil auff das newe Schloß führeten/ dahin sie die Präger geleiten liessen. Was noch auff dem Schloß verblieben ist/ das haben die Präger auff jhre Rahtheuser führen lassen. Den 3. Novembris haben die Präger ein Procession von dem Schloß Wischerad/ neben den Thaboriten bis auff das feld Bogißte bey S. Pancraß gehalten/ da sie vor 2. tagen die Schlacht gewonnen. Es lagen alle Ort voller todten/ die blos außgezogen/ die erd war von Blut roth/ das feld voller pfeilen. An diesem ort stunden sie still/ sagten Gott vor die erhaltene victoria lob vnnd danck/ sangen etliche geistliche Lieder. Da sie aber wider nach Prag kehreten/ fiel jederman in das Schloß Wischerad/ raubet was er kont antreffen/ da es aber geplündert/ zündeten sie es an/ verbrenten 13. schöne köstliche Kirchen/ darunter S. Petri vnd Pauli/ die nach der form der Römischen gebawet worden/ gewesen. Es gieng auch der Königliche Saal/ neben allen Fürstlichen Zimmern/ vnter/ dessen rudern noch zusehen sein am ende der Newstad Prag.

Wischerad wird verbrent.

Dieses Schloß/ welches ein Sitz der Böhmischen Hertzogen vnd Könige gewesen/ ist im Jahr Christi 6 8 3. in den 13. Jar des andern Richters der Böhmen/ von Croco gebawet worden/ vnd erstlichen Psary (von dem Schloß/ das Czech in Krabaten bey dem fluß Krup verlassen) genennet worden/ aber 34. Jahr hernach ist es vnter der Libußa erweitert/ vnd hat den Namen Libin bekommen/ den doch Præmyslaus/ der erste Hertzog der Böhmen/ verendert/ vnnd das Schloß Wyßschißhrad/ das ist das höhere Schloß geheissen. Heut zu tag ist es eine Wüsteney/ doch sihet man noch feste des Schlosses mawren/ dessen Kalch man schwerlich mit dollichen/ oder andern Instrumenten auffstechen kan.

Von erbawung des Schlosses Wischerad.

Hh ij   Gegen

Balneum Lybuſſæ.

Gegen dem Waſſer iſt ein hoher ſpitziger felß/ alſo das einer/ wie von einer Mawre/ in das Waſſer ſihet/ an welchem ort ein rundes gemewer/ das ſie balneum Libuſſæ nennen/ zuſehen. Denn ſo einen Libuſſa am Leben ſtraffen wollen/ hat ſie jhn heiſſen in dieſes ſtüblein gehen/ welches alſo zubereitet/ das er von dannen herab vber die felſen den hals gebrochen/ vnd in das Waſſer gefallen. Etliche ſagen/ es hab es Wenceslaus gethan. Es ſein auch gegen dem Waſſer vnter der Erden ſchöne gewölb/ vnd iſt zuverwundern/ wie ſie neben dem andern Gemewer eine ſolche lange zeit geſtanden. Sonſten iſt aus dieſem Fürſtlichen vnd Keyſerlichen Hoff ein Garten worden/ darinnen Rüben/ Salat/ vnd andere dergleichen ſachen wachſen/ das einer wol ſagen kan: En campos, ubi Troia fuit! Forn bey dem Thor (das vermauret) iſt in dem waaſen ein Irrgarten ausgehawē wordē/ der ſeltzame gänge hat/ vnd ob er wol kaum 4. Tiſch breit/ wil er doch zeit haben/ jhn auszugehen. Auſſerhalb des Schloſſes ſind 3. Kirchen gar ſchlecht wider gebawet worden/ vnd man weiſet in der Kirchen Petri Pauli das Grab Longini/ ſo in einen ſtein iſt ausgehawen $9\frac{1}{2}$ ſpannen lang vnd 4. breit. Auff dem Kirchhoff Johannis ligt eine groſſe Seul/ die ſol der Teuffel von Rom/ wie man vorgibet/ geholet haben. Aber was verſtendige Leut ſein/ vnd was von den ſachen wiſſen/ die ſagen/ es ſey noch eine Seul in der alten Kirchen Petri vnnd Pauli/ ſo zerſtöret worden/ man weiſet auch den Ort/ von welchen der Horymirz vber die Muldaw geſprenget/ ob es wol Dubravius/ wegen der groſſen weitſchafft/ in ſeinem anderm Buch verlachet. Doch weil man dergleichen hiſtorien von den Apperlen von Geilen hat/ mag der Leſer/ ohne verluſt der Seligkeit/ glauben was er wil.

Den 5. Novembris gedacht ſich der Keyſer an der Prager

Hussiten Krieg.

Präger beystender zu rechnen/ felt in Herrns Victorini Podiebradsky/ vnd seines Bruders Hynek Gebiet/ weil sie die fürnembsten Hauptleute gewesen vnter den Prägern/versenget vnd verbrennet alle seine Dörffer/ schlug das Landvolck tod/ hieb alle fruchtbare Bewme ab/durchstach alle Fischteiche/ vnd hauset auff das grawsamste. Deswegen erzürnet sich Herr Bozek von Podiebrad/ verbindet sich mit den Prägern/ derer todfeind er gewesen/ wider den Keyser/ vnd wird aus dem grösten feind / wie M. Laurentius schreibet/ des Kelchs/ der beste freund. Den 9. Novembris schicket Keyser Sigismundus die Hussaren in der Präger Dörffer / ließ sie alle weg brennen/ was aber vor Proviant darinnen/das musten sie auff das Schloß Wenceslai lieffern.

Der Keyser schicket seine Knecht auff den Raub aus.

Vmb diese zeit hatten sich viel Bawren versamlet auff einen Berg zwischen Ledetz vnd dem Schloß Lipnicze/ den nenneten sie Horeb/ dauon man sie hernach die Horebiter geheissen/ diese theten in dem Land/besonders vmb Grätz/ grossen schaden/raubeten/brenneten/mordeten/ vornemlich plagten sie die Mönche vbel/ derer etliche sie verbrenneten/ etliche mit gebundenen händen vnd füssen auff das Eyß setzten/ etlichen den Bonifacium sampt dem Patrimonio ausschnitten/ vnd jhnen an den halß als ein Pater noster hiengen. Solche grewliche Tyranney der newen Steinschneider gefiel den Böhmen selbsten nicht/ wolten sie angreiffen/ aber sie erfahrens vnd wollen zu dem Zischka gen Thabor ziehen. Das werden die Hussaren innen/ warteten jhnen auff den dienst/ an einem gelegenen Ort. Aber die Horebiter waren einen andern weg gezogen/ vor welchen jhr Pfaff gieng/ der trug eine Monstrantzen vor eine Fahn. Da das die Huß der erfahren/ eilen sie jhnen nach/ treffen sie an einem ort an/ da es viel Stauden hat/ darumb konten sie jhren/ die sich hefftig wehreten/ wenig schaden/ schossen allein vnter sie/ das 14.

Der Horebiter vrsprung

Hh iij auffm

auffm Platz blieben / besonders traff einer den Pfaff Petern mit einem Pfeil in den Kopff / das er sampt der Monstrantzen zu bodem fiel / Der Lorentz Richter von garten aber der hub sie auff / vnd trug sie auff Thabor / da sie zu dem Bruder Zischka kamen / der sie in seinen schutz nam / vnd etzlicher massen in dem Zaum führet.

Zorebiter schlagen sich zu dem Zischka.

Das XLII. Capitel.

Den 24. Novembris kamen der Präger gemeinen neben jhrem Feldhauptmännern / Hynek Kruschina / Victotin / Boczek / vnd Hynek Podiebrad zusammen / berathschlagten sich / wem sie solten für einen Herrn annemen? Zuletzt wurden sie eins / das sie zum Wladislao Jaielko dem König in Polen ein statliche Legation schicken wolten / vnd jhm die Böhmische Kron antragen / wo fern er den gantzen gebrauch des Abendmals des HErrn nachlies. Die Thaboriten waren sehr dawider / begerten einen von Böhmischen geblüt / der in dem Land gesessen. Besonders machet sich Nicolaus Hußinecz vnnütz / sagt öffentlich: Wir haben auff dissmal kaum einen frembden König vertrieben / jtzt wolt jr schon einen andern haben. Da er aber sahe / das alle handlung vergebens / vermanet er die Thaboriten / das sie mit jm aus Prag zögen / das dann geschehen / mit welchen er zu seinem Volck sties / so das das Schloß Popowicz belegert / erobert vnd vor Lestna zerückt waren. Den andern tag nach des Hußinecz abscheiden / liessen die Altstädter vnd Newstädter alles Volck vnd Bürger zusammen fodern / setzen die Brüderische oder Thaboritische Ratsherrn ab / erwehleten an jre stat gute Hussitische / dieses geschähe nur darumb / damit der gemeine schluß einen fortgang hette / vnd der König in Polen vor einen König angenomen würde. Die Thaboriten so vor Lestna ligen / wie sie hören / das man jre Ratsherrn in Prag so schimpflich vor

Die Präger wollen den König aus Polen zum Herrn habē.

Nicolaus Hußinecz überzornig mit den Thaboriten aus Prag.

Die Präger endern den Rath.

Hussiten Krieg.

vor die Köpff gestossen/erschrecken/es verdreust auch sie/das die Präger jetziger zeit/in welcher sie vermeinen gewonnen zu haben/so vndanckbar sein/zuuor aber/da der Keyser mit des Reichs hilff dauor gelegen/so gedültig. Darumb machen sie mit denen von Lestina einen stillstand/zihen semptlich nach Prag. Hinek Kruschina der Altstädter hauptman/da er genugsamlich vernomen/das die Präger den Polen erwehlet/wird auch zornig (oder hat sich/wie etliche wollen/vor den Thaboriten gefürchtet) vbergibt die Hauptmanschafft/sagt er müsse sein Land/darein der feind gefallen/retten/vnd machet sich von Prag. Bald nach seinem abscheiden kompt Hußinecz vnd der bruder Zischka gen Prag/es bekam auch die sach ein ansehen/als wolt ein innerliche auffruhr daraus erwachsen. Denn die Präger waren mit den Thaboriten in vielen Artickeln nicht eines/vornemlich von dem H. Abendmal des HErrn/von der Person Christi/von freyem willen/von guten wercken/von der ewigen versehung Gottes zu dem ewigen Leben/von den *adiaphorū* oder mittel dingen/von dem Predigampt. Aber Herr Vlrich von Newhaus leget sich darzwischen/fand das mittel/das man sie solt dauon disputiren lassen/das geschahe den 9. Decembris/da kamen sie in dem Collegio Caroli IV zusamen. Es lieff aber gedachte disputation also ab/das mehr Gottslestern darinnen gehöret worden/als Christlicher reden. Eben an dem tage ist Zischka mit etzlichen des Raths auff der Altstädter Rahthaus ehrlich vnd stattlich tractiret worden.

Zischka kommer gen Prag.

Den 25. Novemb. An. 1420. hielt Herr Hynek von Podiebrad mit den Laußnitzern vn Schlesiern bey dem Dorff Lotha/vnter Satska/2. Meil von Nimburg/ein treffen/wird jr meister/schnit den gefangenē händ vnd nasen/desgleichen die ohrē ab/lies sie also lauffen. Aber er thet es nit vmbsonst/denn den 26. Decemb. wartet jm die besatzung aus Nimburg auff den dienst/jagten jn in die flucht/erlegtē seines Volcks 70. Man.

Herr Hynek schlegt sich mit den Schlesiern.

Diesen

Legation aus Böhmen in Polen abgefertiget.

Diesen tag gedachten die Präger wider der Thaboriten willen den gemeinen Rathschluß zu vollstrecken/ schickten aus dem Herrnstand Herrn Hynek von Kolstein/ aus der Ritterstand Jan Hlas/ aus dem Rath zu Prag Simon von Weissenlewen/ aus der gemein Johannem Cardinalem/ aus der Priesterschafft Petrum Anglicum: diese sein zu dem Polnischen König gezogen/ vnd haben jhm die Böhmische Kron angetragen.

Grausame That eines Hauptmans.

Eben an dem tag begieng der Hauptman zu Jaromiry eine erschreckliche that. Denn er das Volck/ so zum Gebet zusammen kommen/ vberraschet/ in der Kirchen viel todschlug/ vnd das erschrecklich zuhören/ trencket er die Roß aus dem Kelch/ von dem gesegneten Wein/ *vide Lupacium die dicto vz 26. Decembris.*

Nicolaus Hußinecz stirbt

Den tag zuuor ist Nicolaus Hußinecz auff der streiff von dem Pferd gefallen/ ein Bein gebrochen/ vnd gestorben/ an seiner stell ist Zischka erwehlet worden.

Die Präger belegern das new Schloß.

Den 29. Decembris schickten die Präger jhre Reisigen/ das Volck zu fuß neben den Wägen vnd geschütz/ liessen das Schloß Konradicze/ sonsten das newe Schloß/ belägern/ darauff sich die Söldner 4. wochen ritterlich wehreten. Da aber der Hauptman Vollstein spüret/ das er sich nicht erwehren kan/ macht er mit den Prägern einen vertrag/ das als nemlich die Präger auff jhren Wägen alle jhre sachen/ die auff dem Schloß sein/ rühiglich wegführen/ die Soldaten aber/ so auff dem Schloß ligen/ friedlich bis gen Kawrzim passirē zulassen. Das verheissen die Präger/ schwuren auch des zubekrefftigung auff dem Euangelio ein Eyd/ darumb besorgten sich die Söldner des Schlosses keines bösen/ luden auff die wägen den 26. Januarij/ was jnen lieb war/

Die Präger brechen den glauben.

aber das gemeine Volck lieff aus Prag/ raubet alles von den Wägen hinweg/ das verdros die Knecht hefftig/ flohen wider auf

auff das Schloß/versprachen sich zu wehren bis auff den
letzten Mann. Die Präger gedencken/haben sie sich vor ergeben wollen/so mus es vbel vmb sie stehen/sind mit jhnen
nicht zu frieden/stürmen den 25. Januarij Anno 1421. das
Schloß/aber die belagerten als verzweiffelte Leute wehreten sich so sehr/das 557. Mann auff der Präger seiten tod
blieben. Die Präger ob sie wol sehr ergrimmet wären/doch
begehrten sie eine freundliche handlung mit den beligerten
den 29. Januarij/des sie zu frieden. Darauff kam ein hauptman der Präger/Jan Kudrna von Schwartzen Adler/selb
zehend auff den Schloßgraben/vnd redet mit jhnen auff diese weis vnd sprach: Es nimbt vns/liebe Herrn vnd freund/
wunder/warumb jhr euch so hefftig wehret/weil jr doch keiner entsatzung euch zugetrösten habt/darumb ergebet euch/
weil es noch zeit ist/auff gnad/derer jhr geniessen könt. Darauff gab Bernhard von Moschnowa an statt des Hauptmans diese Antwort. Vnser oberster Hauptman hat vns
dieses euch zuvermelden befohlen: Jhr verwundert euch/
das wir vns also wehren/was dörfft jhr euch verwundern?
Es ist gegen solchen vntrewen Menschen wol von nöthen/
jhr habt vns auff dem heiligen Evangelio ein Eyd geschwo-
ren/doch das nicht gehalten/wer wil euch mehr vertrawen/
wir meinen alle jhr habt ewer Gewissen vnnd guten Namen
durch diese Eydbrüchige that gröblich beflecket/vnsere auffm
Wischerad haben trawn viel ehrlicher gehandelt. Darumb
solt jhr wissen/das wir vns lieber wollen lassen tod schlagen/
denn euwern Glauben vertrawen. Da die Böhmen das er-
fahren/lassen sie alsbald gegen dem Schloß einen Stolln
graben/aber die in dem Schloß erfahren es/vnd verschütten *Das Schloß*
den 31. Januarij in die 15. Berckleut. Den 1. Februarij fin- *auffgegeben.*
gen sie auff ein newes an mit den Prägern/die es begerten/
zuhandeln/werden der sachen eines/das die belägerten zu

Roß mögen dauon zihen/das den 2. Februarij geschehen/das auff das Schloß geplündert/vnd verwüstet worden.

Das XLIII. Capitel.

Zischka zihet wider die Klöster aus.

Den andern tag nach dem newen Jahr Anno 1421. zog Zischka aus Prag/ in willens seine liebe freund/ die Mönche in dem Pilsner kreis/ zubesuchen/kompt erstlich vor das Kloster Na Oworzischti, oder Chotischaw bey Stab gelegen/plündert vñ verbrennet es. Darauff kam er nach alten Sattel/vnter Newstädlein/welches rudera neben den schantzen noch zu sehẽ sein/hauset dergleichen. Von dannen zerstöret er das Kloster Kladra/schencket die Herrschafft Herrn Peter Zmirzlyk von Swey sch in/weyland Muntzmeister/damals Herrn auff Worlick. Von Kladra zog der Zischka in die Königstad Mieß/wird angekommen/da er aber höret/das Bohußlauß von Schwanberg/der Thaboriten ärgster feind/ auff dem Schloß Schwanberg persönlich sey/eilet er mit den seinigen/solches zuzugewinnen/legert sich daruor/ an den ort/ da jetzt der Meyerhoff stehet/des andern tages/ als er dauor kommen/fiengen die Thaboriten an auff eine Pastey gewaltiglich zustürmen/ auch da der sturm 6. gantzer stund wehret/ liessen sie nicht ab/bis diese gewunnen. Herr Bohuslaus ist in grossen sorgen/begeret zu Parlamentirn/ verspricht das Schloß sampt sich, vnnd die seinigen in den schutz Herrn Peters Zmirzlyk zuergeben/ das der Zischka verwilliget/ darauff ward es vollzogen/ den andern tag hernach/ vnd Herr Bohuslaus must sich sampt den seinigen gefangen geben/den wolten die Thaboriten kurtzumb tod schlagen/ hetten es auch gethan/ wo es Herr Zmirzlyk nicht verhindert/ der doch Herrn Bohuslaum in ein abschewlich gefengnuß werffen müssen.

Die Thaboriten eröbern das Schloß Schwanberg.

Zu

Hußkten Krieg.

Zu der zeit haben sich etliche Thäboriten vnd Horebiter versamlet vmb Kuttenberg / hatten zu einem hauptman einen Priester Valentinum / sind vor dz Städlein Przeslavetz gezogen / das gewonnen / vnd sich darein eingefuriret / daraus sie auch mechtigen schaden gethan. Als aber der Keyser / der sich dieweil zu Kuttenberg enthielt / höret / wie der Zischka in den Pilsner kreiß hauset / bricht er auff / gedencket sin zu wehren / verleßt doch hinder jhm Jan Miesteczky (der An. 1415. das Kloster Opatowitz geplündert) mit befehl das er den raubern / in der Stad Przeßlavetz widerstand thun sol / dieser nimmet die Kuttenbergische Berckburß / neben etzlicher von Adel hülffe zu sich / vberfelt das Städlein / schlegt jhrer viel tod / nimbt 125. gefangen / die sie in die schächt geworffen haben auff den Kuttenberg. Da auch gemelter Miesteczky erfahren / das der Hromadka Gistebniczky / welcher zuuor ein Küster gewesen / durch hilff der Thaboriten das Städlein Chotieborz eingenommen / daraus viel streiffens verbrechte / ziehet er mit dem versamleten Volck dahin / stürmets / ehe jemands in der Stad was dauon innen wird. Die in der Stad empören sich als bald wider die Thaboriten / die Mannlich dem feind widerstand leisteten / doch auff die letzt werden sie vbermannet / jhrer in die 1000. erschlagen / der Hromadka gefangen neben 2. Priestern gen Chrudim geführet / vnnd auff öffentlichem Marck verbrennet.

Damit ich aber wider auff den Zischka kom / als er das Schloß eingenommen / welches heisset / wie vorgemelt / das Schloss Schwanberg / ziehet er auff das Kloster Töpel / verbrent es in grund / darauff kam er vor Tachaw / belagert die Stad an zweyen vnterschiedlichen orten / bey dem Galgen / vnd dem Berg / der gegen Mittag liget / aber er lag kaum 3 tage dauor / da erobert er die Vorstad / losieret sich in dieselbigen / stürmet etlich mahl die Stad / aber die Tachawer

Etliche Thaboriten nemen Przeslavetz ein.

Zischka belägert Tachaw

Ji ij wehre-

wehreten sich Mannlich/das er nichts erhalten kont. Mittler weil kam der Keyser in den Pilsner Kreiß/legert sich vor des Klosters Kladra zum alten Sattel Brobstey/die Zischka/ wol besetzen lassen/wie dañ des Keysers schantzen noch gegen Mittag vnd Mitternacht zusehen sein. Darumb wurd Zischka gedrungen/Tachaw zuverlassen/den 3 Februarij/da er alle Vorstäd hinweg brennet. Aber die Thaboriten waren nit all zuvorsichtig/deñ denselbigen tag/ein grosser wind/der das feyer in jre wägen schlug/das viel derselbē sampt den Rossen verbrunnen. Da der Zischka von Tachaw abgezogen/ kompt er vnversehens vor die Stad Heyd/wird aus forcht eingelassen/da er sich still gehalten/vnd allein die Brobstey/ da jetzt das Schloß stehet/zerstöret/er hatte auch die Präger wider den Keyser lassen alberit vmb hilff anruffen/darumb wartet er darauff mit verlangen. Da der Keyser erfaren/das dem Zischa von den Prägern eine grosse anzahl Reisigen vnd Fußzeher/neben 200 Wägen zukommen/das auch der helle hauff schon im anzuge sey/wil er nicht erwarten/zihet mit den seinigen/die allzu schwach waren/zurück nach Pilsen/darnach nach Leutmeritz/welche stad vnter allem dem Keiser am getrewesten war. Wie der Keyser weg gezogen/zerstöret der Zischka das Kloster Kladra/kompt zu der Präger Volck/ felt Herrn Vlrichs von Rosenberg fraw Mutter Land an/ nimbt die Schlösser Dobrzisch/Ziebrak/vnd Wiltstein ein/ vñ weil sich die Teutschen sampt den Pilßnern bey Wiltstein wehreten/gehet die schlacht an/das der Teutschen vnd Pilsner 3000. erschlagen werden. Von dannen kompt er vor Rokytzan/da nemen jhn die Bürger auff/weil er vor sich vnd die seinigen fried vnd sicherheit zusaget/da sie aber eingelassen/ lauffen sie in das Kloster/beraubens/verbrennens neben einem alten Pfaffen/den sie in ein faß steckten. Da das die Bürgerschafft sihet/kommen sie zusammen vor des Zischken Losament/

Mus abziehen.

Heyd ergibt sich dem Zischka.

Der Keyser weichet dem Zischka.

Zischka trifft mit den Teutschen.

sament/stellen sich gar auffrührisch/darumb lest Zischka lärmen schlagen/sein Knecht in eine schlacht ordnung stellen/die Bürger aus den Gassen schlagen/vnd die Stad vbermannen. Den 18. Februarij kam der Zischka mit den Prägern vor Pilsen/nam die Vorstadt ein/lies sie sampt der Mühlen auff die nacht wegbrennen. Nun ware in der Stad viel vom Adel neben jren Priestern gezogen/die sich tapffer wehreten/obwol der Zischka nicht feyret/sondern teglich 2. mal stürmet/viel Volcks verlor/also das er den 7. Martij gezwungē wordē/die belagerung zuuerlassen/vñ seines Volcks zuschonen/weil besonders ein streitbarer Mañ/Masiil/der Präger heuptman/dauor erschlagen/die Stadgräben mit todten erfüllet wordē. *Zischka belägert Pilsen vorgeblich.*

Von Pilsen zogen die Präger nach hauß/aber Zischka nehret sich der Stad Satz/manet den 16. Martij die Stad Chometaw auff/weil aber die Bürger seiner spotteten/die Weiber besonders auff die mawren stiegē/den Thaboriten den blosen hindern vor einē spiegel hinaus reckten/erzürnet er sich mechtig/lest die Stad mit sturm anlauffen/bis sie erobert/da ward niemand/weder frawen noch Jungfrawen verschonet/auch der Kinder in der wiegen nit/besonders bekam er 70. Weiber denen er/weil sie das geschütz hinaus gerecket/die hummel so sehr aussenget/das sie in der aschen ligen blieben. *Zischa erobert Chometaw.*

Bald nach solcher That machet sich Zischka vor das Schloß Raby/gewinnet den flecken vnter dem Schloß/darauff lest er einen anlauff an das Schloß geschehen frue wie die Sonne auffgieng/den 29. Mart. An. 1421. Er selbsten stellet sich vnter einen wilden Birnbaum/auff das er sehen möchte/wie sich sein Volck verhielt/aber es schoß einer aus einer Feldschlangen vnversehens vom Schloß in den holtzbirnbaum/das jhm ein spreisel in das ander gesunde auge sprang/vnnd es verderbet/das er hernach blind/wie Sylvius schreibet/eins blinde volcks hauptman geblieben ist/von dannen eilet er nach Prag/damit er sich heilen lies. *Zischa verlieret in einer belegerung das ander aug.*

Ji iij Das

Das XLIV. Cap tel.

Der Chrudiner vornemen.

DA die Bürgerschafft zu Chrudim verstanden/wie Zischka so viel steg in Böhmen erhalten/wolten sie die letzten nicht sein/versamlen sich/machen einen/ Jan Prostowlas/welcher nicht lange zuuor in der Stad Königin Grätz büttel gewesen/zu einem hauptman/zogen vber das Kloster S. Jacob/gegen dem Strahow vber/stürmeten mit fleiß dasselbige/aber den 4. tag hernach zündeter sie es an/es sein 24. Personen in dem Kloster vmbkommen/v̄ den Chrudinern 26. vorneme Bürger.

Newe Thaboriten in Mähren.

Eben vmb diese zeit haben sich in Mähren/in einer Insel des Wassers Morawa/viel Bawren versamlet/darunter kamen auch etzliche Edelleut vnd Priester/vnd nenneten sich die newen Thaboriten/diese stürmeten das Kloster Welehrad/plünderten vn̄ verbrenneten es/darunter Abt Stephanus neben 7. Brüdern geblieben. Da das der Bischoff von Vlmitz neben den andern Herrn vnd Edelleuten erfahren/ wollen sie den newen räubern fürkommen/schrieben in Osterreich vmb eilende hülff/die jnen geleistet. Darumb zogen sie in grosser anzahl wider sie/die sich in ire Jnsel begeben/vnd daraus so starck wehreten/das die M.hrer sie musten zu frieden lassen. Dieser newen Thaboriten Priester sein gewesen/ Petrzich vnd Thomas von Wistenicz.

Grätzer werden von des Klosters Opatowitz Soldaten vbel empfangen.

Am Osterabend waren die Königin Grätzer heimlich auff/ damit sie das Kloster Opatowitz in der nacht ersteigen möchten/aber die Mönche hattens erfahren/waren früer in der rüstung/schickten ihre Kriegsknechte jnen entgegen/die auff die Grätzer an einem gelegenen ort warteten. Wie nun die Grätzer ohne alle ordnung bey Podolschon herzihen/vmbringen sie der Mönche Knecht/schlagen sie in die flucht/nemen 300. Mann gefangen/führen sie in das Kloster/darinnen wurden sie wunderlich gepeiniget/geschätzet/zum teil gar vmbbracht.

Huſſiten Krieg.

Es ſein viel Grätzer in dieſem treffen blieben/ beſonders jhr hauptman Lucas/ der ein wehrhaffter Man geweſen.

In der Marterwochen ſchreiben der Thaboriten Prieſter Nicolaus vnd M. Gitzin gen Prag/ darinnen meldeten ſie/ das einer wer aus Franckreich mit namen Pickhart/ kommen/ der viel jrrige Ketzeriſche lehr ausbreitet/ jm einen groſſen anhang machte/ darunter der vornembſte Pfaff Martin Morawetz were/ der leret one alle ſchew: Es were dz geſegnete Brod vn̄ Wein nicht der ware Leib vn̄ Blut Chriſti/ ſondern ein blos zeichē/ darumb jm kein andere ehr/ als einem Mañā/ das iſt conſecrirten geheiligten Brod/ zu erweiſen. Es ſollen es die Leut mit den henden vom Tiſch nemen/ vnd einander damit ſpeiſen. Deñ des Prieſters hand gelt nichts mehr als eines ſchlechten Maſſes hand. Deswegen die wort vnd nit die hand des Prieſters weiheten. Es ſol ein Mañ dem Weib/ vnd das Weib dem Mann zu jeder zeit die eheliche pflicht/ auch in der Kirchen leiſten/ mögen darauff auch wol hingehen/ vnd das Manna empfahen. Mañ ſol in der Kirchē nicht nider knien. Weñ der Mañ fruchtbar/ das Weib nicht/ oder das Weib fruchtbar/ der Mañ alters/ oder eines andern zufalls wegen/ vnfruchtbar iſt/ ſo möge ſie ſich von einander ſcheiden/ vn̄ mit andern verehelichen. Item es wer keiner kleidung von nöten/ man könne auch wol/ ſo es die kält zuleſt/ nackend herein gehen. Item weñ gleich der Vater mit der Tochter/ der Sohn mit der Mutter eine Thorheit begienge/ das wer keine ſchande/ viel weniger eine Sünde. Solche vnd dergleichen Teuffliſche Artickel lehreten ſie/ welchs die Thaboriten heifftig widerfochten/ die Präger ermaneten/ das ſie ſich ja vor dieſem Viehiſchen/ vnmenſchlichen teuffeln hüten ſolten/ damit nit jr Königreich vn̄ lehr durch dieſe Ketzerey bey männiglich einen böſen namen bekäm. Die Präger erwegen neben der Vniverſitet die ſach/ lieſſen auff allen Predigſtülen verbieten/ das ſie kein Menſch weder hauſen noch hoffen ſolt/ bey vermeidung des Fewers/ wie denn ein Bürger der Altſtad

Der Pichartē ankunfft in Böhmen vnd jhre abſcheuliche Lehr.

Waczlaw/seines handwercks ein Schuster/verbrennet worden/das er es einem Rath nit angezeiget/das etliche in seinem hauß weren. Der blinde Zischka hat auch alle Pickharten/die er nur erkundschaffen können/verbrennen lassen.

Das XLV. Capitel.

Beraun die Stad wird vom Zischka erobert.

Dem Zischka aber/dem man vor Raby das gantze gesicht ausgeleschet/wird in Prag/da er sich heilen lies/dieweil lang/nimpt seine ärtzte zu sich/rücket mit der Präger volck vnd seinen Thaboriten vor Beraun/belegert die Stad mit gewalt/lest den 3. tag sturm lauffen/die Bürger wehren sich vnglaublich/schlagen in die 250. tod/werden doch letzlich vberwunden/die Stad auch erobert/den 12. April. An. 1421. was mannlich darinnen/ermordet/wenig einwohner waren auff den Kirchthurm geflohen/von welchen sie sich/als Leute so an jrem leben verzweifeln/bis auff den andern tag wehretē. Aber der Thurn wurd erobert/die Berauner erschlagen/jhr hauptman ein streitbarer Ritter/Jan Koblyk/oben herab gestürtzet/den die Thaboriten mit jren flegeln abgebauschet haben. Der Berauner Pfarrherr/Jaroslaw/ist neben einem Herrnstands(des namen weder Hazecus/der es schreibt/noch andere setzen) nebē andern 37. Priestern vñ Mönchen/die alle in hoffnung der sicherheit dahin geflohen sein/sampt etlichen Prägern Magistris/derer namē/M. Ernestus von Paczowa/ M. Georg Launsky/M. Michael Daubku/welche der Präger artickel nicht annemen wollen/in einer grossen stuben gebunden verbrennet worden. Es sein auch darunter etliche vom Adel gewesen/darunter der vornembste/ein tappferer versuchter Man/Bohuslaus Duppaner.

Da die Bürger zu Melnik erfahren/wie es zu Beraun zugangen/schickten sie eilend gen Prag/gaben sich in jhren schutz/namen die 4. Artickel an/empfiengen den Kelch/liessen Jan Smirzicky zu einem Hauptman vber sich setzen.

Von

Hußiten Krieg.

Von Beraun begab sich Zischka nach Böhmischen Brod/ da er aber vnterweges/ vor das Schloß Tauschimiz/ Herren Michalconis gewesen/ nicht weit von Alten Buntzel gelegen/ kommen/ schlagen sie jre Zelt auff. Die auff dem Schloß wusten keine entsatzung/ gaben das Schloß den 3. tag/ welches der 16. Aprilis/ auff/ zogen friedlich ab/ aber der Zischka/ besetzet es mit den seinigen fleissig/ zog fort/ besuchet Böhmisch Brod. Die Bürger neben der besatzung/ theten starckē widerstand/ werden doch letzlich von der Mawer getrieben/ begeben sich in die Kirchen. Die Thaboriten aber/ hieben die Thor auff/ liessen das gantze Heer in die Stad/ zündeten die Kirchen an/ darein sich in die 200. Menschen/ neben jhrem Pfarherrn M. Joan von Duban mit 18. andern Pfaffen Salvirt hatten/ diese alle sein in dem fewer vmb kommen. Sie hatten auch in der Stad Nicolaum Navarram Stad Syndicum gefangen/ dieser wolt der Hussiten lehr gar nicht billigen/ darumb steckten sie jhn in ein gepicht Faß/ vnd schickte jhn dem Vulcano zu einem Opffer. *Zischka erobert Alten Buntzlaw.*

Am tag Georgy lagerten sich die Präger vor Kolin. Aber weil die Bürgerschafft kein entsatzung wust/ ob sie wol hertzlich des Keisers hülff wünscheten/ ergaben sie sich williglich/ mit verheissung leib/ ehr/ gut vnnd blut bey den Prägern vnd jrer Religion zulassen. Aber was geschicht? Die Knecht kondten die geistlichen nicht zufriden lassen/ darumb beraubten vnd schleifften sie das Kloster/ da jtzt das Schloß stehet/ steckten 6. gefangene Mönche neben dem Dechant Hynek von Ronowa in gepichte Fässer/ fütterten sie fein mit stroh aus/ zündeten es als dann an/ sprangen vmb des fewer vnd sungen dazu. *Kolin ergibt sich den Prägern.*

Da das die Kaurzimer erfahren/ schickten sie zu den Prägern/ ergeben sich/ mit zusag/ das sie/ was die Präger glauben/

glaubten/ glauben wolten/ darumb kamen die Präger hin mit etlichen Fähnlein/ liessen jnen die vntertheniakeit geloben/ aber der Präger volck beraubet vnd verbrennet in der Stad das Kloster/ fiengen 5. Mönche/ die verbrenneten sie in gebichten Fässern vor den Obern thor. Bald nach dem sich Kaurzim ergeben/ folgeten jhnen Cziaslaw vnd Nymburg/ verhieschen den Prägern trew vnd glauben. Von Böhmischen Brod war Zischka auff seine newe stad Thabor kommen/ darinnen etliche anordnung zumachen/ er hielt eine strenge nachfrag/ wegen der Pickharden/ auch da er höret/ das in dem Dorff Klokoty viel derselbigen weren/ zihet er eilends hin/ bekompt derer in die 50. darunter 2. Priester/ Burion Straus/ vnd Peter Konisch/ diese lest er vermanen von jrrthumb abzustehen/ da aber keiner wil/ lest er einen grossen hauffen holtz zusammen tragen/ den anzünden/ sie zum fewer führen/ ob er sie vbertrawen möchte. Die verblendten leut aber wolten nicht/ giengen mit frewden zum fewer/ sagten/ sie müsten mit Gott einen guten muth haben. Darauff saget Zischka/ so gesegen euch vnser HErr Gott/ lies einen nach dem andern in das fewer werffen. Er hat auch in seiner Stad 25. Person bekommen/ diese musten auch mit herhalten/ vnd einen guten muth in dem fewer haben.

Zischka zihet wider die Pickharden.

Das XLVI. Capitel.

Der Zischka zihet mit den Pragern vor Kuttenberg.

VOn Kaurzim machet sich der helle hauff des Prägerischen volckes auff/ warteten bey Kuttenberg/ vnter dem gebirg auff den Zischka/ dieser kam herbey mit seinem volck zu den Prägern/ zog mit jhnen nach der Berckstat Kuttenberg/ die den Thaboriten viel feindstücklein erwiesen. Aber die Bürger sahen an das exempel derer zu

Braun

Huſſiten Krieg. 259

Beraun/ Böhmiſchen Brod/ vnd anderer/ kamen denn ſachen vor/ giengen dem herzunaheten Kriegsvolck/ wie M.
Laurentius/ der zu der zeit gelebt hat/ bezeuget/ entgegen/ *Die Kutten-*
mit ſampt den geiſtlichen/ die ein Monſtrantzen/ darinnen der *berger erge-*
wahrleichnam war/ vorhertrugen. Da ſie zu jhnen kommen/ *ben ſich*
fallen ſie auff jhre füſſe/ bitten vmb gnad/ die jhnen wider- *Ziſchka.*
fahren iſt. Lupacius ſchreibet/ es ſey das den 25. Aprilis geſchehen. Es wollen etliche ſagen/ der Ziſchka ſey in willens
geweſen/ des Kloſters Sedletz/ wegen ſeiner ſchön/ zuuer-
ſchonen/ aber ſeine Kriegsgurgeln habens angezündet
vnd verbrennet/ darumb lies Ziſchka ausruffen/ wer das Kloſter angezündet/ der ſolte ſich melden/ er wolle jm Geldes genug geben. Der Geltnarr thut ſich hervor/ bekent/ das er
hab angeſtecket/ wird aber gefangen/ vnd in ſeinem halß zer-
ſchmeltzetes Silber vnd Golt geſchüttet. Von dannen ſein
ſie ſchleunig nach Chrudim kommen/ aber Joan Mieſteczky/
der damals Hauptman darinnen war/ ergab ſich den 25.
Aprilis/ doch mit der bedingung/ das kein Präger oder
Thaborit in die Stad kem/ dargegen empfiengē ſie von ſtund
an aus dem Kelch/ namen die 4. Artickel an/ zerſtöreten ein
ſchönes Kloſter in der Stad/ zu vnſer Frawen genant/ vnd
lieſſen 8. Mönche auff den Marck verbrennen/ des Kloſters
vnd der Kirchen Kleinodien/ als Kelch/ Monſtrantzen/ neben
andern Prieſterlichen ornat/ muſt man aus der Stad führen/
vnd dem Ziſchka vberantworten. Da dieſes verrichtet/
zog Ziſchka vor alle Klöſter/ die in dieſen Kreis waren/
als nemlich/ Dobrowicze/ Skalycze/ Podlazicze/ Pardu- *Ziſchka ſu-*
biczky/ Gezborzicze/ Michalow/ Chotieſchicze. Wie ſie aber *chet viel Klo-*
vor das Frawen Kloſter Geſenicze kommen/ giengen ſie hin- *ſter heim.*
ein ohn alle einred/ der Ziſchka lies 13. Nonnen zuſammen
binden/ ſchicket ſie vor das Kloſter/ das man ſie in den Bach
erſauffen ſolt/ aber die Prägeriſchen Hauptleut hetten mit
Kk ij   ihnen

ihnen ein erbarmung/ liessen sie los/ welche mit grossem weinen vnd klagen gen Grätz kamen. Es nam auch der Zischka viel Schlösser/Städlein vnd Dörffer ein/besonders Maut/ Politz/Trautenaw/ vnd endlich kamen sie vor Jaromir den 13. May/in welcher Stad vor einem halbē Jahr der Hauptman/ eine solche wie gemeldet/ schreckliche that begangen/ sch antzete demselbigen tag bis an die Stadmawrē/den nachfolgenden tag stürmeten sie zu dem aller früesten/ die in der Stad hatten sich mit Steinen/ vnd geschoß wol versehen/ empfiengen die Thaboriten vnsittsamb. Der sturm weret von morgen bis auff den mittag/ das der Präger in die 700. der Thaboriten auff des Zschken seiten 916. tod blieben. Da der sturm ein ende hatte/ fiengen sie eine friedliche handlung an / da denn letzlich beschlossen worden/ das man die Bürgerschafft friedlich solt lassen/ wo sie hin wolten/ abziehen/ das auch ein jeder/so viel er tragen kan/ möge mit sich nemen/ der Accord wird geschlossen/ die Prägern vnd Thaboriten setzen ihre traw vnd ehr zu pfand/ das Thor wird eröffnet/ weil aber in dem Accord geschlossen worden/ das sie die Stad den Prägern/ vnd nicht den Thaboriten vbergeben wollen/ fallen die Thaboriten die Bürger an/ schlagē tod/ was sie antreffen/ gewinnen die Stad/ ziehen die Frawen vnd Jungfrawen fassen nacket aus / werffens in das Wasser. Der Stad Hauptman/ein Herr von Schwartzenberg/ ist gefangen worden/ den 15. May führeten sie 21. Pfaffen/ so ihre Lehr nicht annemen wolten/ zum fewer/ ab er 3. fielen ab/ die andern 18. liessen sich verbrennen.

Zischka belegert Jaromir/ vnd nimpt es ein.

Acht tag vor Pfingsten gewonnen die Tauser das Schloß Hirschstein/ nicht weit von Romsperg/ liessen 17. Bäpstler verbrennen/ von dannen haben sie das Kloster Stock zerstöret/ vnd heimgezogen.

Da

Hußiten Krieg.

Da die Stad Jaromir erobert/eilet Zischka mit seinen Thaboriten auff Leutmeritz/ nam den berg vor der Stad ein. Die Leutmeritzer stunden nicht in geringen furchten/ schickten in eyl gen Prag/ ergaben sich der Stad/ sagten zu die 4. Artickel zu halten/ baten auch/ das sie den Zischka abhielten/ die Präger sandten vnverzüglich zum Zischka/ begerten/ das er abzög. Er war aber damit nicht zufrieden/ stürmet die Stad grausam/ aber die Bürgerschafft wehret sich Ritterlich/ schlugen viel Thaboriten tod. Darumb zog der Zischka weg. Die Stad ergab sich den 29. May den Prägern/ die darein Herrn Hynek von Koßlstein/ der in der belägerung trewlich bey den Prägern gestanden/ zu einem Hauptman ordneten. Der Zischka begab sich nach Raudnitz/ begehret das man jhn friedlich durch die Stad vber die Brücken lies/ er wolle gantz geruhsamb jedermänniglich ohn schaden nach Prag zihen. Der Rath name es in bedencken/ doch letzlich bracht der Ertzbischoff (der lengst mit den Thaboriten/ wie etliche meinen/ einen heimlichen verstand gemacht) so viel zu wegen/ das sie jhn nicht allein durch Passiren liessen/ sondern den seinigen zu essen vnd trincken ein genüg gaben. Wie sie nun auffwaren/ sahen sie das Kloster/ wie ein Fuchs die Hüner an/ weren jhm gern in den haaren gewesen/ musten sich doch beides vor der Bürgerschafft/ vnd der besatzung befahren/ auff die letzt wagetens sie es/ zündeten es/ mit sampt der Pröbstey an/ das es in grund verdorben ist.

Den 8. Junij/ als kein einige hülff oder hoffnung einiger entsatzung verhanden war/ ergab sich das jetzige Präger Schloß der Stad nach laut jres vertrags/ der war: wo der Keiser innerhalb 14. tagen nicht mit 3000. Mann das Schloß entsetze/ oder so starck kem/ das sich die Präger nicht mit jhn schlagen törfften/ so solten sie es vber-

Leutmeritz belegert.

Ergibt sich den Prägern.

Zischka zihet durch Raudnitz.

Präger Schlos ergibt sich.

antworten/mit aller munition. Mitlerweil solt kein Mensch von den Prägern vnangesaget auff das Schloß gehen/ deßgleichen keiner herab/ sie musten sich auch mit hohem Eid verbinden/ das sie keinen Keiserischen ein oder auslassen wolten/ es were denn/ das der Keiser mit solchem gemelten volck vorhanden wer. Wie das Schloß auffgeben/ vnd die Knecht abgezogen/ liessen die Präger alle Glocken in der gantzen Stad leuten/ in allen Kirchen das Te Deum laudamus singen/ den folgenden Dienstag gebieten/ das ein jeder still sein solt/ das man auch alle raubereyen einstellet. Aber ein Pfaff/ Iahannes Carmelitanus/ lieff mit dem gemeinen Mann auff das Schloß/ schlugen die Kirchthüren auff/ hielten nach jhren gebrauch hauß/ zerschlugen die Bilder/ raubeten die Kirchen Kleinodien/ vnd was sie vermochten zuschanden zubringen/ das verderbeten sie/ hetten auch gewis das Schloß/ wie auffm Wischerad geschehen/ zerstöret/ wo nicht etliche verstendige Männer dabey gewesen.

Den 29. Junii fodert ein Rath Jungfraw Vrsulam vom Wartenberg/ Herren Czenkonis von Wartenberg (den Sylvius offt falsch nennet Techonem VVirtenbergensem) Schwester/ vnd Aptissin in Prag/ auff das Rathhauß/ vnd geboten jhr/ das sie aus Prag mit jhren Schwestern/ wo sie hinwolt/ zihen solt/ das sie verbrachten. Aber es würde den armen Nönnlein/ so 30. an der zahl/ von den gemeinen Mann all jhr schatz vber die 350. schock genommen.

Das XLVII. Capitel.

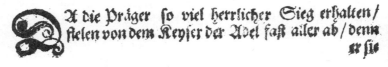

DA die Präger so viel herrlicher Sieg erhalten/ fielen von dem Keyser der Adel fast aller ab/ denn

Hußiten Krieg.

er sie vor den Prägern vñ Thaboriten nicht beschützen kont/ da waren die Präger erst recht muthig/schrieben an alle stend in Böhmer Land/ mit bitt/ das sie sich den 6. Julij gen Cziaslaw versamlen solten. Sie liessen auch ein Schreiben an die Mährer abgehen den 6. Julij/ darinnen vermaneten sie dieselbigen/ das sie sich in keiner Rüstung hinfüro wider die Kron Böhm gebrauchen liessen/ wo nicht/ solten sie als feind der Kron Böhm/mit fewer vnd schwerd/ welches sie viel 1000. mal lieber wolten vberhaben sein/ angegriffen werden. Sie vermaneten sie letzlich/das sie auch ire gesandten auff den Landtag gen Cziaslaw vnbeschweret schickten/ wie es den die Mährer gethan haben/vnd Herrn Peter von Bernstein auff Strazinez/ des Marggraffthums Hauptman/ Jan von Lommicz/neben viel andern Herren vnd Edelleuten abgefertiget/ denen hat man im Namen der Böhmischen Stendt erstlich vorgehalten/das sie die 4. Artickel/darein die Präger/ Zischka sampt vielen städten gewilliget/ annemen/ Keyser Sigismundum vor keinen Herren erkenneten/ sondern allein den/ welchen die Cron Böhm in künfftigen haben wird.

Präger schreiben ein Landtag aus gen Cziaslaw.

Die Mährer geben zur antwort/ sie wollen die 4. Artickel gern willigen/ den 5. aber können sie in keinem weg loben/ viel weniger annemen/ es sey denn/ das sie sich ihrer Ehren verwahret vnd ordentlicher weiß von Sigismundo Römischen Keiser/ ihren Herren/ abgewiechen. Doch damit es kein ansehen hette/ als wolten sie von der Kron weichen/ baten sie vmb eine bedenckzeit/ darinnen sie sich mit den andern Landsständen vnterreden möchten. Der Ertzbischoff von Prag war Persönlich auff gemelten Landtag/ sahe wie viel es geschlagen hat/ vnd namen die vier Präger artickel an.

Die Mährer wollen nicht in den 5. Artickel verwilligen.

Es hiel

Huſſiten Krieg.

Korybuth ſol Böhmiſcher König werden.

Es hielten auch die Ständ/ beſonders die Prager/ hefftig an/ das die Landsſtaudt Korybuth/ Vitoldi/ des groß Fürſten aus Litawen Sohn/ erwehlen ſolten/ welches die Herren vnd Ritter entlich bewilligten/ vnd ſein von dieſem Landtag 12. Perſonen abgefertiget worden.

Des Landtags ſchluß.

Der ſchluß dieſes Landtags iſt dieſer. Wir Vlrich von Roſenberg/ etc. bekennen mit dieſem Brieff/ etc. nach dem wir viel mancherley/ vnd groſſe beſchwerungen/ auffruhr/ verderblich mordbrennen/ vnd gewalt/ ſampt anderen vielfeltigen in vnſern Königreich Böhem/ von wegen der vneinigkeit des willen/ verſtandes vnd begierd/ der hellen vnd klaren durch die heilige Schrifft geoffenbarten warheit entſprungene vnordnunge geſpüret/ vnd in acht genommen/ vnd mit begierde alles vnſers fleiſſes/ wie wir vns dann pflichtig zu ſein erkennen/ das wir alle dieſelben vnordnungen in eine ordnung/ vnd die Empöhrung in fried vnd einigkeit zubringen/ vnd dadurch gedachtes Königreichs gemeinen nutz auff zurichten vnd zubeſtettigen geſonnen. Als haben wir in dieſen des Böhmerlands gemeinen Landtag alleſampt einmütiglich vnd für einen Mann ſolche beredung/ vertrag vnd eintrechtigkeit geordnet/ vnd in kräffte dieſes brieffs auffgerichtet.

Das wir erſtlich dieſe hierunten verzeichnete artickel durch einhellig gemüt/ wider jedermänniglichen/ ſo vns hierinnen (was geſtalt es auch geſchehen möchte) verhindern/ oder vns dauon mit gewalt dringen wolte/ mit vnſern höheſten fleis beſchützen/ vnnd dieſelben auch ſelbſt ſampt vnſern vnterthanen ſteiff halten vnd wircklich treiben ſollen vnd wollen/ es wer denn ſach/ das wir mit der heiligen Göttlichen Schrifft (welcher die Magiſtri vnd Prieſterſchafft der Prager Vniverſitet keines weges haben widerſtand thun können) in Göttlichen Wort beſſer vnterwieſen

terwiesen werden möchten/deren artickel inhalt ist wie hernach folget.

  Zum ersten sol das Wort Gottes in dem Königreich Böhm vnd Marggraffthumb Mähren von der Christlichen Priesterschafft allenthalben frey vnd vnverhindert verkündiget vnd geprediget werden. Die vier Präger artickel.
1. Von predigen.

  Zum andern sol das hochwirdige Sacrament des leibes vnd bluts vnsers Herren JHesu Christi nach seiner einsetzung in beyderley gestalt den Christen Alt vnd Jung frey gereichet werden. 2. Von Sacramenten.

  Zum dritten/nach dem viel Priester vnd Mönche in das weltliche Regiment sich eingelassen/vnd grosse zeitliche güter/jhren Priesterlichen ampt zuverhindernis/vnd dem weltlichen stand zu grossen nachteil/verwalten/als sollen jhnen gemelte güter entzogen/vnd vns zugewendet werden/auff das sie vermög des Evangelions/vns zum Exempel/vnd vnter vnserern gewalt/dürfftig leben/vnd dadurch zu den Apostelstand vnd orden geleitet werden möchten. 3. Von der Priester armuth.

  Zum 4. sollen alle öffentliche vnd todsünden/sampt andern vnordnungen dem Göttlichen gebot zu wider/von denen/so dazu verordenet/ampts halben ordentlich vnd bescheidenlich vnter allen ständen gestewret werden. Damit also das böse gerücht von diesem Königreich Böhm/vnd den Marggraffthumb Mähren/abgewendet/vnd in bessere ordnung gebracht werden möchte. Dieses seind die 4. Präger Artickel dauon offtmals meldung geschehen/welche ich/weil sie hie ausdrücklich gesetzet werden/zuuor nicht erzehlen wollen. 4. Von straff der Sünden.

  Zum 5. sollen wir Sigismundum den König aus Hungarn/durch welchen/vnd seine Helffer wir am meisten verfüret/vnd das gantze Königreich Böhm durch seine vnbilligkeit vnd grimmigkeit in vortreffliche Schäden gerathen/ vor einen Der 5. Artickel wider Keiser Sigismundum.

vor einen König vnd Erbherrn der Kron Böhem/ deren er sich selbst/ mit seiner vnwürdizkeit geunwirdiget/ keines wegs annemen/so fern/vnd auffs höchste sich hierinnen vnser vnd sein leben erstrecken wird. Es wer denn sach/ das es vnser Herr Gott augenscheinlich also haben wolt. Wie dann solches anfänglich der gesandten/ der berühmbten Stad Prag/ etlicher Herrn in Böhmen/ der gemein zum Thabor/ Ritterschafft vnd Edlen der Städ vnd anderer gemeinden Stimme vnd wille gewesen/ welche allbereit/ die obbeschriebenen Artickel der warheit angenommen vnd noch annemen werden. Denn dieser König ist ein offentlicher verächter der Göttlichen warheit / so in der heiligen Schrifft klärlich gegründet. Item ein Mörder der ehren/ vñ Personen der Böhmischen Nation. Da fern sich aber etliche Herrn/ Edle oder gemeine von vns trennen/ vnd gedachten Könige/ es wer mit rath oder that/ ohn der Präger gemeine/vnd dieser Herrn/ Edlen/ vnd anderer gemeine bewilligung anhengig sein würden/solches auch auff sie mit gewisser zeugnüs dargethan würde/ vnd sie auff schrifftliche vermanung/ oder gewisse Botschafft alsbald dauon nicht abstehen wolten/der oder dieselbigen sollen in hierunten verzeichnete Peen verurtheilet werden. Zum 6. haben wir vns sämptlich vnd eintrechtig verglichen/vnd vnter vns 20. getrewer vnd standhafftiger Männer erwehlet/ vnd sind nemlich diese Jan von Kniczowes/ Liderz von Ratkowicz/ Pawlyk vnd Jan Charwat alle Bürger der grössern Alten vnd Newen Stad Prag. Woldrzich von Rosenberg/ Czieniek von Wartenberg oder Wesela/ Woldrzich von New Hauß/ Hyniek Kruschina von Lymburg/vñ Gindrzich Berka von Dube des Herren stands. Item Jan Zischka von Trocznowa/ Zbyniek von Buchowa/ Jan von Smilkowa/ Mikulasch von Barchowa/ Milota von Bochdancze/ Onesch

Der Sechste Artickel von des Landes vorstehern

Hußiten Krieg.

Onesch von Mickowicz vnd Gindrzich von Boharynie Edlen: Frantz von Rozmital/ Wacha von Satz/ Mattieg/ Przak von Grätz an der Elbe/ vnnd Mattieg Hosticzky von Kaurzim: Diesen allen sämptlich als Regenten/ officirern/ Verwaltern/ haben wir/ in krafft dieses Brieffs/ volle gewalt vnd macht gegeben/ dz sie dem gantzen Land vorstehen/ dasselbige regiren/ vnd zu fried vnd ruhe stellen sollen/ vnd versprechen hiemit bey vnsern waren trewen/ ohn alle arge list/ was also diese obbeschriebene Regenten/ sämptlich anordnen/ beschliessen oder jemand vnter vns befehlen werden/ vnd sonderlich was der Kron Böhmen hülff vnd schutz anlanget/ dz wir demselben vnwegerlich vnd vnsaumlich nachsetzen sollen vnd wollē. Dafern aber jemands in diese obbeschriebene Artickel nicht bewilligen wolt/ derselben jeglicher sol durch gemelte Regenten darzu gezwungen werden/ denen wir hülff zuleisten verpflichtet/ vnd versprechen/ im fall der noth/ mit aller vnser macht auffzusein/ vnd vns/ wo wir von jhnen hingeordnet/ zugestellen/ vnd jren gebot allesampt zuzehorchen/ es wolte dañ etwa eine wichtige vrsach vnd ehehafft etlichen Personen verhinderlichen vorfallē/ welche von gedachte Herren Rezenten angenommen würde / nichts desto weniger sol doch vnsere hülff vnd macht abgefertiget werden. Ferner ist es vornemlichen beschlossen vnd bewilliget/ das/ ob nu jemand diesen vertrag vñ die obgemelten Gottseligen Artickel nicht annemen würde / derselbe sol nach oben gemelter Regenten gutbedüncken darzu gezwungen werden/ oder dafern jemand denselben Personen oder gemeine nicht gefellig sein würde/ so sol dieselbe gemein deren ein solcher Regent zugethan/ macht haben/ einen andern düchtigern an seine stat zu ordnen vnd zubestellen. Es sollen auch mehr gemelte Regenten alle schwere vorfallende vnd hochwichtige ding/ die sie/ vermög des Göttlichen gesetzes/ selbst nicht entscheiden können/ neben zweier geistlicher Personen rath vnnd beywesens/

Der Vorsteher vnd officirern Ampt.

Ll ij besonders

Hußitten Krieg.

besonders aber M. Johannis Przibram vnd eines andern neben jhm/entschickten/ vnd die gerechtigkeit ordentlicher weiß fördern/Endlich ist auch dieses mit angeheftet/das sie/ die geordenten Regenten/diese von vns jhnen verliehene gewalt nicht lenger denn bis auff nechst künfftig Wenceslaj haben sollen. Dafern wir aber mitlerweil von dem Allmechtigen Gott mit einem Könige versehen würden/ so sol ein jeglicher stand bey seiner ordnung vnd freyheiten verbleiben/vnd sollen diese obgemelte 4. Artickel von einem jeglichen in allen ständen gehalten werden/ Es were dann sach/ das wir allesampt einer newen verwilligung einträchtiglich vns entschliessen würden. Sonsten versprechen wir alle/ in dieser vergleichung begriffene stück volkömlich gäntzlich vnd im werck zuhalten / bey verlust vnserer trew vnd glauben/deren wir vns hiemit in diesem Brieff ohn alle mittel verzeihen/Auch sollen/im fall der nicht haltung vnsere Haab vnd Güter/an den gemeinen nutz verfallen sein/ nicht anders/ als wenn sie mit der Landtaffel vergewisset weren. Vnd im fall wir auch (da Gott vor sey) dieser gesatzten ding einig stück/ wie vnd durch waserley gestalt es immer geschehen möchte/vbertretten/vnd solches vermög obgedachter Nalezen oder rechtlicher abscheide/ in verbesserung nicht bringen/ dieses auch auff vns augenscheinlich vnd mit ordentlichen gezeugnis dargethan vnd erwiesen würde/ so wollen wir vns dadurch in die straff/ als nemlich/ Ewiger verweisung des Landes/ verurtheilet haben/ deme allen zu zeugnis/ etc.

Das XLVIII Capitel.

Der Keiser schicket gesandten auff in Landtag.

Vff diesem Landtag schicket auch Keiser Sigismundus mit Credentzbrieffen / neben schreiben an den Land-

Hußiten Krieg.

Landtag/ Alesch Holyczky/ vnd Puta von Czastalowicz/ diese sein schwerlich vorgelassen worden/ vnd als sie in der verhör Keiser Sigismundum sehr lobeten/ wolt es Herr Vlrich von Rosenberg nicht zu geben/ saget/ sie solten allein das schreiben hergeben/ das befahl Herr Kruschnia offentlich zuverlesen. Diesen Brieff sampt den folgenden/ wie auch den hervorgehenden Landtag/ wil ich/ wie ein Johan Sandel verteutschet/ erzehlen/ denn er ein erfahrner Teutscher sprach/ vnd geborner Böhm auff die idiomata besser gesehen/ als vnser einer möchte. Wir Sigismundus von Gottes gnaden Römischer König allzeit Mehrer des Reichs/ auch zu Hungern/ Böhem/ Dalmatien/ Croatien etc. König/ entbieten allen Herren/ Rittern/ Edlen/ Städten vnd der gantzen gemein des Königreichs Böhem vnsere meinung/ vnd thun euch zu wissen/ das wir berichtet worden/ das auff diese zeit in Böhmen ein Herren vnd gemeiner Landtag gehalten werden sol. Derentwegen wir die wolgeborne/ Alschen von Sternberg vnd Holitz vnd Puta von Czastalowitz/ vnsere Räth vnd liebe getrewen/ abgefertiget/ welche vnsere botschafft bey euch antragen/ vnd wie wir es dann zuuor zum öfftern gesucht/ auch nachmals an euch begehren werden/ das jhr hierinnen helffen vnd verfügen sollet/ damit das Land bey einer rechtmessigen ordnung/ in ruhe vnd frieden verbleiben/ vnd besonders (wider die jenigen/ die vns von vnserer Erbgerechtigkeit abdringen wolten) aus der vnerbarn bezüchtigung gebracht werden möchte/ wie jhr vns denn als ewrem Herren zuthun schüldig. Denn wir bezeugen es mit Gott/ das wir ob dem Land/ welches zu diesen verderb gerathen/ ein hertzlich mittleiden tragen/ Derowegen wir dann je vnd allezeit auffgezogen/ vnd noch innen halten/ vnd wollen nicht gern/ das diese Kron Böhem von den ausländern vollend

Keisers Sigismundi schreiben an die Böhmischen ständ.

vollend in grund verderbet werden solte. Belanget die vier Stück/ darumb jr bey vns offtmals mündlich angesucht/ vnd zu entbotten/ bittend das wir hierinnen verfügen wolten/ damit jhr hierumb ein ordentliche verhör haben/ vnd erlangen möchtet/ welches wir euch dann je vnd allezeit bewilliget/ vnd wollen vns noch dahin erkleren/ das ein jeglicher/ was er nechst Gott recht vnd billig hat/ dabey erhalten werde/ damit also ein teil vor dem andern vnbedrenget vnd in guten frieden miteinander leben möchte. Da fern sich aber jemands bedencken lest/ das in dem Lande durch vns einerley vnordnunge entstanden weren/ wie wir dann gewislichen nicht hoffen/ so wollen wir es gerne verbessern/ in richtigkeit bringen/ vnd vns weisen lassen/ damit je vnsert halben durchaus keine vnordnung sein möchte. Vnd vber das wisset jr zwar samptlichen wol/ das wir je vnd alleweg/ auch noch bey vnsers liebsten Brudern König Wenceslai/ löblicher gedechtnis/ lebezeiten dieses Land trewlich gemeinet/ vnd damit es bey seiner ordnung erhalten/ vnd ein jeglicher darinnen in seinen stand verbleiben möchte/ nicht wenig müh vnd vnkosten auffgewendet/ vnd an vns nichts erwinden lassen. Im fall aber jemands diese vnsere erbietung/ so jhr selbsten jmmerdar begehret/ nicht annemen würde/ sondern dieses Land zu weitern verderb vnd spott führen/ oder aber vns/ in der ordnung vnd recht/ von vnserm Erblich Böhmischen Königreich dringen wolte/ als dann würsten wir es die leng nicht dulden können/ sondern müsten alle vnsere freund/ vmbliegende Länder/ zu hülff anruffen/ vnd die ding also vor die hand nemen/ damit wir die vnordnung/ so im Land gemein/ einstelleten/ vnd vns von vnsern eigenthumlichen vnd von rechts wegen gebürenden Königreich Böhm nicht verdringen liessen/ wiewol wir gewislichen spüren vnd mercken können/ dz solchs ohn ewrem grossem verderb/

derb/ vnd vnüberwindlichen schaden/ auch ewren/ vnd
ewrer nachkommenden/ künfftigen Spott nicht geschehen wird können/ wie euch denn dessen allen/ so wol auch
vnsere fernere meinung obgedachten Alesch vnnd Puta/
vnsere liebe getrewe/ notdürfftig berichten werden. Derowegen ist hiemit vnser ansinnen/ was sie also in vnserm
namen mit euch reden vnd handeln werden/ das jr hierinnen beyden sampt/ oder dafern der andern nicht zustell/
deren einem/ als wann wir selbsten Persönlich zur stell weren/ glauben geben wollet. Datum Trenschin Anno
1421.Dienstag nach Corporis Christi/ sonsten nach Vrbani/ vnsers Hungerischen Königreiches 35.

> Ad mandatum Domini Regis Michael Canonicus
> Pragensis subscripsit.

Vff dieses Keysers Sigismundi schreiben gaben *Die Böhmen*
die Böhmen diese antwort: Allerdurchleuchtigster *beantworten*
Fürst vnd König etc. nach dem ewer Königliche Mayestet *den Keiser.*
in deren an vns gethanen schreiben gemeldet/ Da fern
durch E. K. Mayestet in der Kron Böhem etwa vnord- *Vnordnung*
nung entstanden/ das Ewer Mayest. dieselben zu recht *so d e Böh-*
bringen wolten. Nun sind diese vnten verzeichnete vn- *men Sigis-*
ordnung vnd groß vnrecht zu finden. *mundo zu*
schreiben.

Die erste vnordnung ist/ das E. K. Mayest. den M. **1.**
Johan. Hussen vnter deren geleit der gantzen Böhemischer Nation zu sonderlichen spott vnd nachtheil zuuer
brennen gestattet.

Zum andern/ das alle verachte Ketzer vnd abtrünnige **2.**
von der Christlichen Kirchen in Concilio zu Costnitz freyheit zu reden gehabt/ aber vnsere getrewe nicht. Vber das/
damit

damit E. Mayest. etc. je den Böhmischen Spott desto
mehr erweitern möchten / haben darzu noch einen Magistrum mit namen Hieronymum / einen ausserwehlten Man /
vnter deren geleit verbrennen lassen.

3. Zum dritten haben E. Mayest. in bemelten Concilio zu Costnitz / das Böhmerland zu verbannen gestattet /
in dem E. Mayest. vber die Böhmen / vnd jre Priesterschafft einen Bäpstlichen Bann auszehen lassen / das sie
allesampt / wie die Ketzer / verdammet / vnd ausgerottet werden solten.

4. Zum Vierdten haben E. Mayest. etc. gemelten Bann
in der Stad Breslaw / der Böhmischen Nation zu spott /
vnd zu des gantzen Königreichs verderbnüs / offentlich proclamiren vnd ausruffen lassen.

5. Zum fünfften haben E. Mayest. mit solchen ausruffen wider vns alle vmbliegende Länder auffgewiglet / vnd
nachmals dieselben E. Mayest. wider vns / als die verfluchten Ketzer / geführet.

6. Zum Sechsten haben dieselben E. Mayest. wider vns
geführete Fürsten vnnd ausländer das Böhmer Land mit
Fewer vnd Schwert verheeret / ja weder geistlich noch weltlich verschonet / von denen viel Frawen vnd Jungfrawen
gewaltige bedrengnis leiden müssen.

7. Zum Siebenden haben E. Mayest. einen Bürger /
mit nahmen Jan Krasa / der den gebrauch des hochwirdigen
Sacraments vnter beiderley gestalt lobet / zu schmach / vnd
vnserer Böhmische Nation zu spot / in der Stad Breslaw mit
den Rossen herumb schlappen / vnd endlich verbrennen lassen.

8. Zum Achten haben E. Mayest. etliche Breßlawische
Bürger / wegen wider König Wenceslaum begangener
doch erlassener Mißhandlung / enthaupten / vnd die andern
zu jren grossen schaden vnd nachteil vertreiben lassen.

Zum

Zum Neundten haben E. K. Mayst. dem Königreich Böhmen das Hertzogthumb Brabant/welches Keyser Carl hochlöblichster gedechtnüß gemeltem Königreich mit grosser mühe/vñ vnkosten gewonnen vnd zueignet/entzogen/daneben haben auch Ew. K. Mayst. die Alte Marck Brandenburg/ohne bewilligung des Lands vnd der Kron/verpfendet.

Zum zehenden haben sich E. K. M. vnangesehen deren gelübte/vnd hinter bewilligung der Herren Ritter vnd Bürgerstandes/vnterfangen vnnd die Böhmische Kron zu des Königreichs grossen schaden vnd spöttlichen nachteil aussm Land geführet.

Zum eilfften/des Reichs Heiligthumb/welches Keyser Carl mit grosser müh vnd mechtigen vnkosten in dieses Land zu vnsern sonderlichen ehren zuwegen bracht/haben E. M. ohne alles gemeines wissen genommen/vnnd der gleichen aus dem Land geführet.

Zum zwelfften/haben E. K. May. mancherley Kleynodien/welche vnsere Vorfahren gar schwerlich gewonnen/auch Gott dem allmechtigen zu ehren/vnd diesem Königreich in der Prager Hauptkirchen auffm Carlstein vnd in andern Klöstern zu einem Schatz gehalten/so viel deren dahin versamlet gewesen/genommen/aussm Lande geführet/vnd zu des Königreichs schaden anworden.

Zum dreyzehenden haben E. K. May. die Landtafel ohne der gemein wissen vnd willen anderweit auffgehaben/daneben auch allen Witwen vnd Waysen/vñ anderer frommen Leut gelter/so dabey gelegen/wider alle Ordnung vnd die Land vblichen rechte hinweg genommen.

Zum vierzehenden sein wir aber vnserer freyheiten vnd rechte durch E. K. May. benommen worden/deren sich die Länder Böhmen vñ Mähren gebrauchet gehabt. Welche alle Oberzehlt vnordnung durch E. Keys. Mayst. herkommen.

Der Böhmē begerēn am Keyser.

Derentwegen bitten wir/ das E. K. Mayst. vns dieses alles erstatten/ vnd zum 1. die schmehung vnd verachtung vnserer Böhemischen Nation einstellen/ vnd das Königreich Böhmen/ sampt dem Marggraffthumb Mähren/ daraus führen wolle. 2. Das die Länder/ welche/ ohne willen aller dreyen Stände des Königreichs Böhmen/ dauon entzogen/ gedachtem Königreich widerumb zugeeignet werden. 3. Das vns die Böhmische Kron/ sampt des Reichs Heiligthumb vnd obbemelten Kleinodien: Item die Landtaffel vnd Brieff/ so auffm Carlstein vnd anders weggenommen/ widerumb vberantwortet werden. 4. Das E. May. die vmbligenden Länder/ welche E. K. M. wider vns auffgewiegelt/ besonders die jenigen/ so der Kron in Corporirt sind/ wider zu ruhe stellen/ damit vns dieselben ferner nicht betrüben/ vnd vnser Blut vergiessen möchten. Wir wollen auch das E. Mayst. vnsern endlichen willen vnnd meinung/ belanget die 4. Präger Artickel/ darumb wir vns dieselben eigentlich zuhalten vnd dauon keines weges zuweichen entschlossen/ wissen möchten. Was den gebrauch des hochwirdigen Sacraments des Altars anlanget/ das wir es vnter beyderley gestalt nemen vnd also halten wollen. 2. Belanget die Predigt des Göttlichen Worts/ dasselbige sol frey von aller Männiglichen vnd allenthalben geprediget vnd verkündiget werden. 3. Belanget die vnordentliche Geistliche gestifft/ dann wir dieselben Kloster Güter lieber selbsten geniessen/ als das wir sie jhnen gönnen wolten. 4. von den offentlichen Sünden/ das denen/ besonders aber in den gemeinen Heusern/ gestewret werden. Zu diesem wollen wir bey vnsern rechten/ ordnungen/ freyheiten vnd gewönlichen guten gebreuchen/ wie dann vnser Königreich Böhmen/ vnd das Marggraffthumb Mähren von E. K. May. vorfahren damit gezieret/ verbleiben.

Da

Da Keyser Sigismundus diesen Brieff empfangen/ gab er behend nachfolgende Antwort.

Wir Sigismundus von Gottes gnaden etc. Thun euch allen Herrn/ Rittern/ Edlen/ vnd gemeinden vnsers Königreichs Böhmen zuwissen: Nach dem jhr vns in vielen Artickeln/ vnnd besonders was den M. Johann Huß/ vnd M. Hieronymum/ neben der schmehung vnd bedrengnus des Böhmer Landes/ anlanget/ die beschuldigung zumesset/ da wir dann hierinnen ganz vnschuldig/ vnd solches was dem Böhmer Land vnnd vnser Kron schmehlich/ niemals durch vns begangen/ auch noch nicht. Dann es männiglichen wissentlich/ das wir im Concilio zu Costnitz vnsern allerliebsten Bruder König Wenceslaum/ löblicher gedechtnuß/ sampt euch allen miteinander genugsam verantwortet/ vnd intercedirt haben/ das wir auch endlich dadurch harte zured vnd schmach dulden müssen. Dazu so ist auch das Böhmerland keines weges geschmehet/ noch verdampt worden/ sondern allein die jenigen/ durch welche ein grösserer nachteil/ vnd ewige verderbnuß herkompt/ die jhre Güter durch jhr schendlich leben verprasset/ vnd nachmals die Kirchen/ vnd Klöster (so vnsere Vorfahren/ von andachts wegen/ Gott dem Allmechtigen zu ehren/ mit grosser mühe vnd vnkosten erbawet) beraubet/ verbrennet/ vnd verwüstet/ die Heiligthümer grewlich mit füssen getretten/ erbare Jungfrawen/ Mönche/ Priester/ vnd andere Geistlichen/ neben Rittern/ Edlen vnnd andern frommen Leuten beyderley geschlechtes/ ohn alle vrsach/ grimmiglich verbrennet vnd todgeschlagen/ die Bilder zerstummelt/ herrliche örter in jhrem Land verwüstet/ vnd weder der schuldigen/ noch vnschuldigen verschonet/ allein vmb dieser vrsach willen/ damit sie mit jhrem Gut vnd Blut gesettiget wurden.

Sigismundi antwort.

Die

Die öffentliche vnnd vnchristliche vnordnung haben wider euch die vmbligende Fürsten vnnd Länder erwecket/vnd sind also ewere selbst böse vnlöbliche thaten/Raubereyen/Mord/vnd Brand/alleine an der verwüstung des berümbten Landes schuldig/vnd nicht wir. Dann es der Warheit nicht gemes/vnd wird es kein frommer glauben/so gibt es auch die vernunfft nicht/das wir vnser eigen Königreich vnnd Erbschafft zu einem solchen schändlichen nachteil bringen solten. Vnd jhr solt es eigentlich wissen/vnd in warheit glauben/das wir ob denen von euch diesem Land zugefügten schaden ein hertzliches mitleiden haben. Ewre beschuldigung/die Kron vnd das heiligthumb anlangende/dieselben haben wir genommen vnd verwahret/doch nicht dem Böhmerland zu nachtheil/sondern darumb/auff das diese ding nicht auch also schendlich/wie die andern/zerrissen/beraubet/vnd vmbgebracht werden möchten. Die Landtafel haben wir mit der Herrn willen vnd wissen genommen/welche sie dazumal/als sie sollen verwahret werden/mit jhren Sigillen verpetschiret haben. Vnd im fall in diesen Landen/wie jhr vorgebet/durch vns einigerley vnordnung entsprungen/wie wir dann hierinnen durch die vmbligende Fürsten vnd Herrn des Böhmerlands erkennet vnd reformiret zu werden begehret/wolten wir es gerne abtragen/vnd in richtigkeit bringen/dergleichen sollet jhr/wie es die Fürsten vnnd Herrn für billich erachten werden/die vnordnung vnnd verderbnüß/so durch euch kommen/auch erstatten vnd euch dauon forthin enthalten. Jhr schreibet vns auch/das jhr die 4. Präger Artickel steiff zu halten bey euch beschlossen. Darauff geben wir euch diese antwort. Jr wisset es allzumal wol/das wir niemals wider dieselbige (wie jhrs nennet) disputation gewesen. Aber jhr habt/ehe denn es dazu kommen/vnser vnd ewer eigen Land mit fewer vnd Schwerdt zuverwüsten anfangen. Endlich

meldet

meldet jhr/das jhr bey ewern Ordnungen vnnd rechten verbleiben wollet/ wie ewre Vorfahren damit begabet worden/ wisset in warheit/das vnsere meinung niemals gewesen/ das wir euch aus ewren guten Ordnungen/Freyheiten/vnd herrligkeiten führen solten/ sondern haben jedermenniglichen bey seinem recht geschützet/vnd sind jederzeit darob gewesen/ vnd noch/ das wir die ordnung/ recht vnd freyheiten lieber vermehren/als schwechern wolten. Sehet euch derowegen nur fleißig vmb/ wer euch aus ewren Ordnungen/ Rechten/ vnd Freyheiten führet/ vnd dieselben brechen thut/ besehet ewre verschreibung/damit jhr euch gegeneinander verbindet/ ob jr ewer Recht selbst brechet oder nicht. Wir haben auch vernommen/das jhr in der Kirchen S. Viti vnd des lieben S. Wenceslai auffm Präger Schloß die steinern bild zerschlagen/die silbern hinweg genommen/ vnd die hültzern verbrennet habt/ da können wir trawn nicht wissen/ ob jhr auch mit diesen dingen ewre Recht Confirmiren vnd bestetigen möget. Vnd wollet noch vber daß das Präger Schloß/ welches jhr nicht gebawet/ sampt den herrlichen Kirchen/ welche Gott dem Allmechtigen zu ehren auffgerichtet/ einreissen vnd verderben. Derentwegen bitten wir auch vmb Gottes willen/ wollet solches nicht thun/noch andern zu thun gestatten/das diese Gebew eingerissen werden solten. Ihr habt so diesem Land allbereit zuviel schmach angelegt/in dem jr dieser Kron einen sehr berümbten Stuel auffm Wischerad/ vnd darneben die herrliche Kirch S. Petri Pauli/sampt andern fürnemen 14. Kirchen daselbst/auffm Wischerad eingerissen vnd verwüstet. Werdet jhr aber dieser berümbten Kron den andern Stuel einreissen/ so werdet jhr euch bey Gott dem allmechtigen/ vnd allen vmbligenden Fürsten ewige schmach/ zorn vnnd vngunst vervrsachen/ vnsern Herrn Gott vnd frembde Nationes wider euch auffbringen/ vnnd dadurch in

M m iij einen

einen grossen spott/ nachteil vnnd vnuberwindlicher schaden gerathen. Dann ihr wisset/ das diese Kirch der Kron Haupt ist/ vnd darinnen der liebe S. Wenceslaus/ sampt andern heiligen Patronen/ desgleichen Keyser Carl hochlöblicher vnd seliger gedechtnüß/ vnser liebster Herr vnd Vater/ neben andern Königen vnd Fürsten begraben ligen. Wir bitten noch eines vmb Gottes willen/ erbarmet euch ewr selbsten/ vnd des Landes/ vnd lasset doch dieses heilige Land nicht ferner verwüsten/ vnd vnsere Stad vnd Diener nicht verderben vnd todschlagen. Nemet euch doch der Gerechtigkeit an/ wie wir euch denn zuuor geschrieben/ vñ stellet die vnordnung ein/ welche wider Gott vnd der heiligen Kirchen Ordnung/ sowol auch wider vns sind/ so wollen wir euch gern räthlich vnd behülfflich sein. Im fall es aber von euch nicht geschicht/ so würden wir als dann/ ob wir gleich gerne wolten/ nichts dabey thun können. Vnd wo fern ihr nicht dauon abstehet/ so ist es nichts gewissers/ als das dieses Land durch euch einen vnendlichen vntergang gewinnen müste.

Das XLIX. Capitel.

Die Schlesier fallen in Böhmen.

Vnter diesem Landtag fiele die Schlesier in die 20000 starck in Böhmen/ theten vmb Nachod/ Trautenaw vnd Poly/ mit raub vnd brandt einen mechtigen schaden/ da sie aber hörete/ das sich Zischka wider sie starck rüstet/ zogen sie daruon.   Darumb nam Zischka die besten seiner Kriegsleut/ durchzog fast gantz Böhmerland/ suchet allein die Pickharten/ die er ohne vnterscheid verbrennet. Sonderlich wurd zu Chrudim vom Hauptman Dionysio gefangen Martin Loquis, der wurd ersilich gen Grätz/ von dannen gen Raudnitz zu dem Ertzbischoff geführet/ vnd weil er gar nichts

Zischka sucher die Pickharten.

nichts nachlaſſen wollen/verbrennet. Da das die Präger/ *Präger fal-*
die dieſer Sect anhengig waren/ vernemmen/ kamen ſie zu *len von dem*
Iohanni Præmonſtratenſi, hielten rath/ beſonders die aus *Ziſchka ab.*
der newen Stad/ Letzlichen Montag nach Petri Pauli kamen ſie auff den Kirchhoff Mariæ Schneefewer zuſam-
men/ allda erzehleten ſie die Tyranney des Ziſchken vnnd
des raths in beiden Prägerſtädlein wider jhre Glaubensge-
noſſen/ leuteten die Glocken zu einer loſung/ darauff kamen
alle gemeinde zuſammen. Der Mönch Johannes gab jhnen
vnterricht/ gieng darnach mit jhnen auff die Rahtheuſer/ lies *Iohann. Præ-*
einen Rath niderſitzen/ klaget ſie wegen vieler ding falſch an/ *monſtratenſis*
nam von dem Bürgermeiſter das Sigill/ macht aus zweien *wehlet einen*
gemeinen eine/ wehlet 4. Pickharten/ denen befohl er das Re- *Rath von*
giment/ bis auff eine erwehlung newer Rahtsherrn. Da er *Pickharten.*
aber mercket/ das durch die regierung dieſer Hauptleut ein
auffruhr werden wolt/ ſetzet er noch andere 30. Perſonen/
in jeglicher Stad 15. gebot jhnen/ das ſie alle ſachen auff
dem Altſtädter Rahthaus richten ſolten. Da er die Weltli-
lichen wacker gemuſtert/ wolt er die Geiſtlichen auch tum-
meln/ klaget M. Chriſtianum/ Pfarrherrn bey S. Michael/
bey dem gemeinen Mann an/ als wer er all zu Bäpſtiſch/
wolte den Kindern das Abendmal nicht reichen/ auch keine
Böhmiſche geſäng in ſeiner Kirchen dulden. So es nun jhnen geſiel/ ſo wolt er jn/ ſampt denen die jhm anhiengen/ ent-
vrlauben. Der gemeine Man ſchrey laut: tack/ tack/ alſo/ al-
ſo/ darauff iſt er aus der Stad geſchaffet worden.

  Im Auguſto fertigten die Präger jre Reiſigen/ ſampt
dem Fußvolck ab/ die zogen nach Laun/ da kamen die Satzer vñ
Schlaner zu jnen/ dieſe zogen in den Schlaner kreis herumb
fügeten den Dörffern groſſen ſchaden zu/ plünderten vnd
verbrenneten das Kloſter Dogſan/ rückten nach Oßezk/
hauſeten dergleichen.

                Am

Hußiten Krieg.

Die Präger belegern Brüx.

Am tage Mariæ Magdalenæ kam noch mehr Volcks zu jhnen/darumb lagerten sie sich vor Brüx/auff einem Berg gegen dem Schloß/fiengen den abend vor Jacobi anzustürmen so hefftig/das die belagerten verzagten/vnd begerten zu Parlamentirn/aber ehe der accord geschlossen/bekommen sie Botschafft/das der Churfürst von Sachsen Fridericus/ der Hertzog von Meissen mit grossem Volck sie zu entsetzen/ im anzug weren/das auch Sigismundus Hlawacz von Tetschen vnnd Mikulaß Chudy dergleichen jhnen hulff leisten würden/darauff fassen sie einen frischen muth/fallen offt aus der Stad/nemen die gefangenen/verbrennens offentlich mit Trommeten. Darumb fiengen die/so vor der Stad lagen/ auch an zu Tyrannisiren/mordeten/brenneten/nohtzwangen viel Erbare Frawen vnnd tugenthaffte Jungfrawen/ fiengen eins mahls einen Teutschen/den warffen sie siebenmal in das fewer/der doch allezeit wider heraus sprang/bis sie jn endlich mit jhren Flegeln todschlugen. Weil man zu beiden teilen so hauß hielt/kommen die Teutschen den 19.

Die Teutschē jagen die Böhmē von Brüx hinweg.

Augusti daher/die Böhmen gedencken/wir wollen die wol meistern/greiffen sie an/aber werden in dem ersten angrieff in die flucht geschlagen/verlieren das Feld sampt 2000. Mann/wie M. Laurentius schreibet. Es bleib auch in gemelter Schlacht alles Geschüß der Präger/das sie vor dieser Stad gehabt hatten/als 2 grosse Mettalln stück/2 Mörscher 24. Mittelmeßige Feldstück vñ viel Rüstung. In der schlacht war ein Priester Knieß Barta/der trug eine Monstrantzen/ da er aber sahe/das die schlacht verlohren/warff er die Monstrantzen weg/wolt sehen wie jhm das lauffen neben den andern anstünde/aber er wird gefangen vnd zu kleinen stücklein gehawen. Die Präger aber vnd Satzer so geflohen/samleten sich bald zusammen/waren wie die etliche hund/wenn man sie schlegt in dem hauß/so lauffen sie heraus/vnd fallen

auff

Hußiten Krieg.

auff der Gaß dem Nechsten den besten an/ darumb rücketen sie vor das Kloster zu Töpliz den 20. Augusti/ verbrenneten/ schleifften vnd verwüsteten es. Da die Präger der jrigen zustand vor Brür vernommen/ schickten sie eilend eine grosse menge Fußvolck/ vnd einen ansehlichen statlichen reisigen Zeug/ darunter Iohannes Præmonstratensis selbsten war/ des fürhabens/ das sie die Teutschen aus Böhmen solten jagen/ aber ehe sie ankamen/ hatten sich die Meisner dauon gepacket/ darumb zogen sie jhnen nach/ namen Kaden vnnd Chometaw ein/ doch weil sie sich befahreten/ das die Teutschen jhnen diese Städ nicht lassen würden/ riessen sie die Mawren/ da sie am sterckten war/ ein/ vnd verbrenneten ein teil heuser/ zogen nach Saz. Da solches die Teutschen erfahren/ kehreten sie zu ruck/ eroberten die vnbewärten Städt Kadan/ vnd Chometaw/ ligerten sich vor das Schloß Belin/ das Herren Koldiz war/ stürmeten starck/ streifften auch auff den Dörffern mechtig/ theten dem Landvolck grossen schaden. Diesem für zu kommen/ brachen der Präger Knecht auff/ zogen den Teutschen vnter augen. Aber es gelüstet jnen nicht mehr eine schlacht zuthun/ sondern verliessen das Land den 29. Septembris vnd zogen in Meissen.

Die Teutschen verlassen das Böhmerland.

Das L. Capitel.

Mitler weil kommen etliche Herrn/ Herr Oldrzich von Rosenberg/ Czeniek von Wartenberg/ Wawek von Newhauß/ sampt etlichen Edlen zu Böhmischen Brod zusammen/ den 24. Septembris/ in meinung etwas von des Landes frommen zu handeln/ schrieben an die Präger/ begehrten/ das sie Gesandten mit vollem gewalt auff den Landtag schicken wolten. Die Präger sagens

Landtag ausgeschrieben.

zu. Da aber jhr Pfaff Iohannes Præmonstratensis zu Hauß komet/ fragen sie jhn vmb rath/ derselbige ist hefftig darwider/ saget: diese Herrn/ so die jetzige zusammen kunfft halten/ sein nicht allzurichtig/ sie halten auch in allen stücken vnsere 4. Artickel nicht/ sein dem Keyser mehr/ als euch vnd jhrem Vaterland gewogen. Da das die gemeinden hören/ werden sie zweyspaltig/ ein teil wil/ man sol/ was man gemelten Herren allbereit zugeschrieben/ vnverbrüchlich vnnd festiglich halten/ der andere vnd gröste hauff schrey öffentlich/ sie wollen mit diesen vntrewen Herrn nichts zu schaffen haben. Da nun ein theil wider den andern streit/ befahret sich der Mönch/ es möcht ein auffruhr daraus werden/ gab diesen ausspruch: Das man 2. von den Schöppen/ vnd 2 von den Gemeinden der Stad Prag nicht gen Brod/ sondern Kolin abfertigten/ doch ohn völlichen gewalt etwas zuschliessen/ sondern das sie allein die *propositio* anhören solten. Desgleichen solten die Herren nicht zu jhnen gen Kolin kommen/ sondern zu Kuttenberg sich auffhalten/ vnd die gantze Sach per internuncios oder Boten handeln. Da das die Herren vernommen/ schickten sie nach Prag Herrn Oldrzich Wawak von Neuhaus/ vnnd den Sadlo/ neben andern/ die vermahnen die Präger hoch vnd getrewlich/ das sie jhre Schantz in acht nehmen/ mit den Herren vnd Rittern des Landes sich vereinigen solten/ vnd als denn einmütig dem Keyser widerstehen. Der Mönch war stets darwider/ meinet/ er were Herr aller Rathspersonen/ doch kunt er seine Sach nicht erhalten/ sondern man fertiget von Prag gen Kuttenberg mit vollem gewalt M. Iohannem Przibram/ Procopium Plzensky sampt andern mehr/ die hielten mit den Herrn 12. tage lang Rath/ vnnd wurd allein geschlossen: 1. das man zu Vitoldo dem Her-

Des Landtags schluß

Hußiten Krieg.

Hertzogen in Littawen Gesandte abfertigen solt / damit er vnverzüglich in das Land kem / vnd sich zu einem Könige der Böhmen krönen lies. 2. Das der Präger Krieges macht schleinig gen Böhmischen Brod kommen sol / vnd daselbst weiter bescheid erwarten. 3. Das Wawak Woldrzich das Ober Müntzmeister Ampt auff sich nehmen / alle einkommen von Kuttenberg empfahen / vnnd zu des Landes besten anwenden sol. Dieser Wawak ist den 18. tag nach dieser versamlung an der Pestilentz / so damals regieret / gestorben. Der Präger Legat / M. Johann Przibram / als er Relation aller handlung gethan / wird von dem Mönch Hansen angeklaget / verdammet / vnd aus der Stad geschaffet.

Den 4. Octobris gemeltes Jahrs verehlichet Keyser Sigismundus seine einige Tochter / Frewlein Elisabetham / die er mit seinem Gemahl Barbara Cilia zezeuget / Alberto dem Ertzhertzogen von Osterreich / zu dem end / das er mit seiner Kriegs macht die Böhmen / die Sigismundum kurtz umb nicht haben wolten / vberzög / wie dann geschehen. *Keiser Sigismundus verehlichet seine tochter Alberto aus Osterreich.*

Der Mönch *Ioannes Præmonstrantensis* hat sich gar zuviel des Weltlichen gewalts vnter des zu Prag vnterfangen / darumb welchem er vbel wolt / denn brachte er entweder vmb sein leben / oder verjaget jhn aus der Stad / dieses beweiset er stattlich an dem Männlichen Ritter Jan Sadlo von Kostelecz. Denn er verklaget jhn bey dem Volck hefftig / als einem Romanisten / der ein gifft oder Pestilentz wer seines Vaterlandes / der den Prägern / als sie wider die Teutschen / so bey Brüx lagen / gezogen / keine hülff leisten wollen / der auch der fürnembste an dem nechst gehaltenen Landtag zu Kuttenberg gewesen vnter denen / die der Präger Legaten verführet haben. *Mönch Johansen tyranney. Mönch Johannes verklaget den Ritter Sadlo.*

Nn ij Da

Da dieses dem Sadlo zuwissen gethan / schreibet er an der Präger Rahtsherrn (verstehe / so der Mönch newlich erwehlet hat) erzehlet weitleufftig / wie viel gutes er jhnen bey lebzeiten König Wentzels gethan hab / bittet vmb ein frey sicher Geleit / damit er kommen möge / vnd sich gnugsamlich entschuldigen / Der Rath schreibet jhm wider / sie hetten das / darumb er angeklaget worden / nicht glauben können / er möge wol kommen / dem sie jhm alle sicherung wider gewalt zusagen. Der Sadlo bekompt dieses Schreiben / vermeinet / es habe gar gute weg / kompt den 19. Octob. vmb 16. gen Prag / mit seinen 2. leiblichen Brüdern Petern vnd Burckhard / erscheinet den folgenden tag auff dem Rathaus / wird in der still gefangen / vnd zu nacht vmb 2. Vhr auff dem Altstädter Rathaus geköpffet.

Sadlo der Ritter kompt schendlich vmb sein Leben.

Den 27. Octobris kam der Legat des Fürsten der Littaw Vitoldi gen Prag / mit avision / das Hertzog Joann zu Troppaw / der Böhmen abgesandten gefangen / vnd dem Keiser Sigismundo zugeschicket hette / nichts desto weniger / war jhr Grosfürst / also gegen dem Land Böhmen geneiget / das er jm seinen Bruder (welches auch Cromerus beweiset / ob wol Dubravius schreibet / er sey nur sein Schwager gewesen) weil er selbsten solche Last auff sich nicht nehmen kan / vertrawe. Dieser wer schon mit seinem Volck an den Gräntzen / gedachtens Hertzogen Johannes / vnd begehret bittlich / das die Präger jhre Fähnlein sterckten / jhm zu hülff kämen / den Hertzogen wegen dieser That besuchen hülffen. *Martinus Cromerus* schreibet *lib. 18. rerum Polon.* es sey *Coributus*, wider den willen seines Bruders / mit lauter banditen vnd hirten Leuten in Böhmen gezogen. Die Präger gaben zur antwort / sie weren wegen seiner ankunfft erfrewet / weil aber jhr Volck schon an ein andern ort geführet worden / könten sie sein begeren nit erfüllen / darumb er selbsten / wie er

Coributus Der Fürst aus Litta kompt in Böhmen.

füglich

füglich in das Land kommen mög/ sich bedencken sol. Da dieses der Legat vernommen/ kehret er eilend zu seinem Herren. Mittler weil zog der Präger Kriegsmacht vor die Stad Biela oder Weißwasser/ vnterwegens vernamen sie/ das sich Herr Michalecz vor alten Buntzel gelägert/ der Stad hefftig zugesatzt/ auch eröbern möcht/ wo nicht eilende hülff verhanden wer/ deshalben vermeineten sie/ es were nicht zuferren/ sondern zogen eilend dir belägerten zu entsetzen/ das Herr Michalecz erfahren/ vnd die belagerung verlassen. Darauff zogen die Präger fort/ belägerten die Stad Weißwasser/ so Herrens Michaleczen/ die er mit seinen Vnterthanen besetzet. Da aber die Präger daruor kamen/ rissen die in der Stad wie Schäfen leder aus/ zogen bey nacht heimlich aus der Stad/ verliessens sampt dem Schlos/ das die Präger einnamen.

Die Präger entschütten Buntzlaw.

Belägern Biela/ vnd nemen es ein.

Das LI. Capitel.

Damit ich aber vermelde/ was die zeit vber der Bruder Zischka fürhatte/ so soll der Leser wissen/ das er allenthalben/ wie oben gemeldet/ die Pickharten heim gesuchet hat/ als er vernommen/ das sie bey Königin Grätz in dem Dorff Strasinge jhre zusammenkunfft hielten/ grob Sodomittische Sünd begingen/ vnnd zu jhrem schutz zwischen Grätz vnd Wesela eine Insel in der Elb eingenommen/ darinnen sie alle nacket giengen/ jnen einen Sott (der zuuor in dem Dorff Wesela ein schmiedt gewesen vnnd Rohan geheissen) erwehlet/ der sie bey nacht vor das Städtlein Przieze geführet/ das sie eingenomen/ in die 400. Mensche tod geschlagen/ machet er sich mit seine Thaboriten auff/ ziehet auff gemelten Werder oder Insel/ zu den sich des Wawaken Söhn gesellten/ als sie dauor kamen/ hetten sich die

Zischka erlegt viel Pickharten.

Pickharten schon gerüstet/wehrten sich vngleublich/doch drungen des Zischken Kriegsleute zu hart auff sie/schlugen alles tod/jhren Gott aber den Rohon haben sie schwerlich erlegt/denn ob man wol viel Pfeil in jm geschossen/stund er doch wie ein Mawer vnd wehret sich/bis das die Flegel vber jhn kamen/da fiel er zu boden vnd ist erschlagen worden. Æneas Sylvius Senensis, des Keysers Friderici Secretarius vnd Orator, der nachmals Bischoff zu Senes, vnd endlich Bapst worden/mit dem zunamen Pius Secundus, hat durch hilff Johann Tauscheck/Cantzlers der Alten Stad Prag/ein Chronicken/König Alphonso in Arragonia, zugefallen der Böhmen geschrieben/der erzehlet eben diese historien/vnnd setzt darzu/das/wenn einem Mann ein Weibes bild gefallen/hat er sie bey den henden genommen/ist zu seinem Gott (den er vnrecht Pickhartum/welcher in Mähren schon gestorben/nennet) gangen vnd gesagt: in hanc spiritus meus concaluit, oder wie auff Böhmisch andere schreiben: Diese liebet mein Hertz vnd begehret jhr/darauff er geantwortet: Ite, crescite & multiplicamini, & replete terram, gehet hin/wachset vnnd mehret euch/vnd erfüllet die Erde. Das sie willig verbracht haben/vñ vntereinander/wie das wilde/vnvernünfftige Vieh gelebet/das alle Böhmen zu billigem zorn wider sie erreget/besonders lies der Zischka auff ein newes in seiner Stad Thabor die Pickharten auskundschaffen/den 25. Octobris die Pfarr zu Klokot mit jhnen ausfüllen/vnd verbrennen.

Sodomitisch Leben der Pickharten.

Den 29. Octobris kam des Hertzogen Alberti aus Osterreich Volck vor die Festung Genißowicz/vnd da sie die Stad belagert vnd erobert hatten/auch die auff dem Schloß sich zu schwach befunden/ergaben sie sich auff gnad vnd vngnad/darumb sie alle gefenglich angenomen worden.

Mittler

Hussiten Krieg.

Mittler weil zog der Keyser mit seinem heer gegen das Land Böhmen/ vnd als er gen Iglaw kommen sendet er etlichen Böhmischen Herrn ein frey sicher Geleit/ ermahnet auch sie/ das sie zu jhm kämen/ welches sie verbrächten/ vnd kamen zu dem Keyser/ Herr Heinrich von Rosenberg/ Czeniek von Wartenberg/ Wilhelm von Hasenberg/ Jan Miesteczky vnnd Puta von Cziastalowicz/ sampt vielen andern Herrn vnd Edeln/ daselbst vertrugen sie sich mit dem Keyser/ namen jn auff zum König/ vnd versprachen alle gehorsamliche vnterthenige dienst.

Der Keyser zihet mit heers macht gegen Böhmen.

Etliche Herren nehmen Sigismundum zum Könige an.

Den 18. Novembris wendet des Keysers heer seinen Kopff gegen Böhmen/ zogen durch Humpoleez/ vnd legerten sich bey Ledecz/ den 20. Novembris/ an welchem tag der Keyser persönlich zu jhnen in das Lager kommen/ alle Quartir wie sie abgestochen/ besehen/ vnd was jhm nicht gefallen/ verendert hat. Da die Präger erfahren/ das sich obgemelte Herrn zu dem Keyser geschlagen/ erschrecken sie hefftig/ wissen kein einige hülff als den blinden Zischka/ dem sie in kurzen schrifftlich baten/ jn in der zeit der noth anrufften/ jhre noth erzehleten/ wie die Herrn zum Keyser gefallen/ vermeldeten. Der Zischka ist mit dem vertrag/ zwischen dem Keyser vnd den Herrn auffgericht/ vbel zu frieden/ kompt den Prägern willig zu hülff den ersten tag Decembris/ mit sampt seinen Brüdern/ Schwestern/ Pfaffen/ Reisigen Zeug vnd Wägen/ gen Prag/ sehr starck an Volck. Die Präger werden dessen froh/ lassen jhm zu ehren/ (damit er es hören/ weil er nichts sehen kundt) alle grosse Glocken leuthen/ gehen nichts desto weniger mit der Priesterschafft/ neben Jung vnnd Alt/ jhm entgegen/ führen jhn als einem fürnehmen (wie M. Laurentius schreibet) Fürsten in die Stad/ verschaffen seinem Volck gnugsam zu fressen vnnd sauffen/ daher er acht tage in der Stadt verblieben/

mit

Hußiten Krieg.

mit den Prägern sich wol beratschlaget / darnach auffgebrochen / die Stad Czaßlaw nach notturfft besetzt / hernach auff Kuttenberg gezogen. Aber da sie höreten / das der Keyser so mechtig vnd so viel frembdes Volck bey sich hat / schlichen die Präger Soldaten bey mehelichen dauon. Der Zischka wolt sich den Kuttenbergern / die den Thaboriten niemals günstig / nicht vertrawen / lagert sich auff einen Berg nicht weit dauon / der heisset Taurgang / schlug eine Wagenburg vmb sich / erwartet / was der Keyser wolt anfangen / der denn auch nicht feyret / Kuttenberg / den 20. Decembris einnam / den Zischka auff dem Berg Taurgang beligert / aber den 23. Decembris in der nacht / macht sich Zischka gefasset / vberfiel die Keyserische schiltwach / vnnd schlug sich mit seinen Kriegsbrüdern ritterlich hindurch / kam sampt all sein wägen gen Kolin / vnd weil er an Volck zuschwach / erwartet er des Feindes intent / wolt auch jhm ohne vrsach die spitz nicht bieten / besonders weil eine grosse kält einfiel / die den Keyser aus den Feld zuziehn drunge. Da dieses Bruder Zischka erfahren / lies er vmb Gitczin vnd Turnaw Volck annemen / beruffet alle seine Brüder zusammen / machet sich nach dem heiligen Christage / weil die kält was nachgelassen / auff / wil den Keyserischen die Böhmischen Kolatschen gesegnen. Sigismundus nam seine schantz auch in acht / fodert sein Volck zusammen / ligert sich gegen dem Zischka / bey Kuttenberg / welche Stad er den 6. Januarij Anno 1422. (weil er vernommen / das dem Zischka ein mechtig Volck zu hilff käm / der ohn das täglichen mit seinen Hussaren bey Nebowid scharmützelt) gantz ausgebrennet hat. Es haben seine Vngarn / wie Lupacius aus einer Manuscripta historia hujus libelli annotirt, eine solche Tyranney in dieser Stad geübet / das auch der vnschuldigen Kinder in der Wiegen nicht verschonet ist worden.

Der Keyser nimpt Kuttenberg ein.

Zischka schleget sich durch die Keyserischen.

worden. Da der Keyser dieses verbracht/ rucket er in eil
nach Teutschen Brod: Aber der Bruder Zischka war hinder jhm her/ schlug den folgenden Tag das gantze Keise-
rische Heer von Habro an/bis gen Teutschen Brod/welches
ist in die 3. Meil wegs/ erleget bis auff das haupt die Key-
serischen/ in der Flucht bekam er 450. W.igen voller herrlicher Sachen/ vornemlich 3. Rüstwägen mit Lateinischen/
Griechischen/ Hebreischen büchern/ die die Ungarn in den
Böhmischen Kirchen geraubet. Diesen Raub ließ der
Zischka zugleich unter seine Brüder austeilen. Des andern
tages/ den 9. Januarij/ stürmet er Teutsch Brod den
gantzen tag/ die in der Stad wehreten sich mit Strinwerf-
fen und schiessen Ritterlich/ das der Feind in die 3000.
umbkommen/ darob sich die Thaboriten so erzürne-
ten/ das sie den folzenden tag die Stad mit einer solchen
Furi anloffen/ als weren sie Teuffel/ und ob wol die Bürgerschafft sich ergeben wolt/ dennoch setzten sie also nach/
das die Stad erstiegen/ die Bürgerschafft erschlagen/ die
Weiber/ Jungfrawen/ Kinder gefangen/ die Stad ange-
zündet/ und verwüstet wurde/welche in 14. jaren kein Mensch
bewohnen können. Dem nachfolgenden tag den 11. Ja-
nuarij/ setzet sich Zischka unter die eroberten Keiserischen
Fahnen/ schlug etliche Thaboriten zu Ritter.

Der Keiser aber hette sich nach Iglaw salvirt/ von
dannen eilet er nach Hungarn/ sein Häuptman Pipo Florentinus führet 1500. Hungarn/ dieser wolt auch der letzte
nicht sein/ und als er bey Iglaw uber dem fluß Sazawa/
der ubergefroren/ setzen wolt/ ist das Eyß gebrochen/ und ein
zimliche/ doch ungewisse anzahl ersoffen.

Den 20. Januarij/ belagerten die Thaboriten So-
bieslaw/ aber die Bürgerschafft ergab sich/ doch verbrenneten die Thaboriten/ jrem gebrauch nach/ etliche Pfaffen.

Der Zischka erleget die Reiterischen.

Zischka gewinnet und zerstöret Teutsch Brod.

Der Keiser fleucht in Ungarn.

Thaboriten nemen Sobieslaw ein.

Do   Der

Hußiten Krieg.

Zischka felt in Osterreich.

Der Zischka fiel auch das mahl Osterreich an / Raubet / Brennet / mordet seinem gebrauch nach. Das arme Bawers volck auff den Dörffern verliessen Hauß vnd Hoff / ein theil flöchteten jre Sachen in die Städ vnd Schlösser / die andern namen jhr Vieh / vnd was sie vor bewegliche Sachen mitbringen kondten / begaben sich in eine wüsteney / etliche hatten auff Flössen viel Viehs in die Insel der Thonaw gebracht / vnd vermeineten es were gar sicher. Als aber Zischka solches erfahren / ließ er von stund an Ferckel / Kälber / Lämmer / etc. an das Vfer bringē / vnd mit so lang schlagen / bis das Vieh aus der Insel herüber grunzten vnd blöcken nach schwam / vnd den feinden zuteil wird. Hæc Sylvius cap. 44.

Das LII. Capitel.

Johannes Præmonstratensis wird verklagt.

DJe Präger lagen vnter dessen still / waren mit des Zischken Victorien wol zufrieden / doch damit sie auch was zuschaffen hetten / fiengen jhre Magistri einen handel an / verklagten Iohannem Præmonstratensem, als einem Pickharten (wie es dann in der warheit) bey etlichen verstendigen / legten darzu / das er aus seinen Ampt geschritten / sich weltlicher händel vnterfangen / allein das er die Stad regiere / fromme gelehrte / verstendige Männer erwürge / vertreibe / wie es an M. Przibram vnd Herrn Sádlo zu sehen. Die Raths Personen betrachteten den handel / hielten darüber heimlich Rath / aber es kund so heimlich nicht geschehen / der Mönch hett es erfahren / kam sampt andern 10. den 9. Martij Anno 1422. auff das Rathhaus / wie Hagecus schreibet / (Sylvius cap. 44. vnd andere wollen / er sey auff das Rathhaus gefordert worden) gehet vnangesehen vor einem von jm erwehleten Rath / redet jhnen

ihnen hart vnd scharff zu/ vnd beschluß seiner Red/ das er gehen wolt/ die gemein zusammen ruffen/ vnd die Ratsfreund
sampt ihren Hauptman von Fenstern herunter werffen
lassen. Da der Rath diese drawwort höret/ vnd wol ver-
mercket/ wie viel es geschlagen/ stehen sie neben jrem Haupt-   *Der Mönche*
man Haschken auff/ nemen den Mönch sampt den seinigen   *Johannes*
gefangen/ schicken nach dem Hencker/ lassen allen 11. die   *entpfehet sei-*
grind weg schmeissen in den Rathhaus/ das sie zuuor zusper- *nen gebürli-*
ren befohlen bey dem Brunnen. Aber die Büttel giengen   *chen lohn.*
mit abwaschung des bluts vnuorsichtig vmb/ liessen ein teil
bluts sampt dem wasser aus der Rinnen auff die Gassen
lauffen. Da das der gemeine Mann sahe/ lieff er dem Rathhaus zu/ wolte wissen/ was man darinnen für hette/ schlugen
die Thür auff/ funden den entheupten Mönchen auff dem   *Auffruhr*
Platz ligen/ loffen in die Ratstuben/ ermordeten die Schöp-   *wider die*
pen sampt dem Hauptman. Pfaff Gaudentius ein Pick-   *Ratsherren*
hart/ vnd M. Jacobellus/ namen des Mönchen kopff/ leg-   *zu Prag.*
ten jhn in ein Schüssel/ trugens vor das Rathhaus/ weise-
tens dem Volck/ baten/ das sie es nicht vngerochen liessen.
Der gemeine Pöfel ist auffrührisch/ beraubet aller Raths
Personen häuser/ vberfallen die Jüden/ schlagen derer viel
tod/ berauben jre Läden/ Stürmen das Collegium Caro-
li IV: neben den andern Collegijs/ nemen die Magistros   *Die Collegia*
gefangen/ weil sie tapffer an dem Karn geschoben/ vnd den   *zu Prag ge-*
Münch helffen aus dem weg reumen. Den 11. Martij schlu-   *stürmet.*
gen sie die Eisern thüren etlicher gewölber des grossen Col-
legij auff/ zerrissen vnd verbrennten (welches hoch zubekla-
gen ist) die köstliche herrliche Liberey oder Bibliotheck. Den
12. Martij liessen sie 5. vorneme Männer der Alt stad
Prag/ vnd 2. der Newstad köpffen/ aus vrsachen/ das sie dem
Mönch wart feind gewesen/ vñ gesagt/ er würde ein groß vnglück in den Präger städten anrichte. M. Jacobellus nam des
Mönchen vnd seiner Gesellen häupter/ legt sie auff ein Baar

Ho ij   trug

Hußiten Krieg.

trug diese 14.tag herumb/ vnd sang mit den andern: Isti sunt sancti &c. Die Weiber sein der Bahr nachgefolget/ vnd haben ein grosses heulen/ weinen/ vnd bittere klag geführet.

Das Schloß Burglos verbrennet.
Den 18 Martij/ kam ein Fewer inn einem Stall auff dem Schloß Burglos/ durch vnachtsamkeit der Knecht/ aus/ vnd brandte das gantze Schloß in den grund weg/ darumb die Präger/ so Bäpstisch/ aus forcht der Hußiten auff das Schloß gestohen/ alle jhre Sachen musten in den Fewer lassen/ vnd sein mit grossen klagen nach Pilsen gezogen. Den 25. Martij/ wurd die gemein in der Stad Gritz auffrührisch/ namen jre Rathsherrn gefangen/ führeten sie gen Drzebochowitz/ liessens daselbst verwahren/ bis man erfahren möchte/ ob sie der gemein vorgestanden sein/ recht oder nicht/ vnd die Gelder der gemein vnter sich getheilet.

Thaboriten fallen in die March.
Den 6. Aprilis fielen die Thaboriten in die March/ Raubeten/ brenneten/ mordeten/ belagerten Franckfurt an der Oder/ legten das Cartheuser Kloster/ neben den Vorstädten/ in die Aschen. Die Bürger sein auff/ fallen aus der Stad/ schlagen die Thaboriten Ritterlich in die flucht/ entsetzen jre eigene Stad. Hergegen Salviren sich die Böhem auff das beste Schloß/ LandsKron/ stärcken sich mit volck/ vnd Kriegs munition/ kommen den 19. Aprilis wider vor Franckfurth/ werden zum andern mahl manlich von der Belägerung abgetrieben/ vnd gezwungen das Land zuraumen/ darauff alsbalden die Franckfurter die besatzung auff dem Schloß LandsKron besuchet haben/ die belagerten gezwingen das Schloß auffzugeben/ das sie aus befehl des Keisers geschleiffet haben.

Die Präger gewinnen Luditz.
Den 27. Aprilis/ zogen die Präger vor Luditz/ den andern tag stürmeten sie die Stadt/ eröberten s/ schlugen alles

alles tod/verbrenneten alle häuser jnnerhalb vnd ausserhalb der Mawer/ zogen dauon. Wie sie aber zu dem Dorff Strzelokluk kommen/ werden sie wegen des raubes vneins/ fallen selbsten vbereinander/ erschlagen in die siebentzig Mann/ vnd die Bawren müssen etliche Wägen voll Verwundter nach Prag führen.

Den 7. May/ kam Sigismundus Coributus ein Fürst aus der Littaw mit 5000. Pferden gen Prag/ den sie herrlich empfangen vnd bald in alle Städ schickten/ mit vermeldung/ das jhr/ Fürst dem sie zu einem König erwehlet/ ankommen/ darumb sie jre gesandten mit vollen gewalt sollen abfertigen/ auff das sie in die Böhmische Kron möchten auffsetzen. Da das die Lands Herrn erfahren/ machen sie jhnen den Adel anhengig/ wollen kurtzumb nicht zugeben/ das er sol gekrönt werden/ aus vrsachen: Weil sie einen König vnd Herrn hetten/ Sigismundum/ dem das Königreich nach dem tod seines Bruders Wenceslai zugestorben. Dieweil Sigismundus ein ordentlicher natürlicher Erb des Königreichs seines Vaters Keiser Carls. Weil er mit der Böhmischen Kron gekrönet worden/ darumb weil er lebet/ dörffen sie keinen andern wehlen. Ob wol die erste Botschafft an den Hertzog Vitoldum mit der Herren willen geschehen/ doch weil die Präger die andere vnd dritte Boschafft/ ohne jhr wissen/ abgefertigt/ wollen sie jn nicht annemen. Wer er nicht in dem Namen der heiligen Dreyfaltigkeit getaufft/ sonder ein Reuß/ die ein feind des Christlichen namens. Die Präger antworteten darauff/ sie wolten oder wolten nicht/ so müsten sie jn zu einem König vnd Herrn haben. Die Herrn werden geschwind raths/ forderten von den Prelaten der Präger Schloß Kirchen/ aus der Capellen S. Wenceslai/ die Böhemische Kron/ vnd ander zierden zu einer krönung von nöthen/ führ-

Coributus kompt nach Prag/ und auch angenommen.

Die Herrn wollen Coributum nicht zum Fürsten haben/ Jhre vrsachen.

1.

2.

3.

4.

5.

Die Herrn verwären die Kron.

Do iij reten

reten alles heimlich auff das Schloß Carlstein/ weil sie aber hörten/ das die Präger das bekrigern wollen/ sandten sie es neben den Heiligthümer gen Welchradicz durch 10. Reisigt begleitet.

Das LIII. Capitel.

Schloss Carlstein von den Prägern belägert.

DA die Präger dieses erfahren/ zogen sie mit jhrem Volck vnd Coributo des Hertzogen in der Littaw bruder (Hagecus schreibet Sohn) vor das Schloß Carlstein/ belagerten es den 28. May mit 24000. Mann/ zu denen auch die andern Städ jhr hülff schicketen. Sie hatten sich aber also gelegert: Gegen morgen auff dem berg vber dem Thal Haknuowdwol lagerten sich 6000. Diese hatten 13. grosse stück Büchsen/ darunter das gröste die Prazka ist genennet worden/ neben der eine grossen schleuder der Altstad. Gegen Mittag/ auff dem Berg Pleschiwecz/ gegen der grossen Stuben lagen auch 6000. die hatten auch 13. grob geschütz/ darunter das gröste die Howorka geheissen/ vnd der Newstad newe schleuder. Von Nidergang gegen dem Brunnen waren auch 6000. auff dem Berg Jaworka/ hatten 9. stück/ darunter das gröste die Trubaczka/ vnd 2. schleuder/ eine der Newen Stad Prag/ die andere der Schlaner. Gegen Mitternacht auffm Pfaffenberg lagen die letzten 6000. hatten 6. Stück bey sich/ deren 2. vber die maß gros/ das eine hieß Jaromirzicze/ das andere Rochlicze/ sampt der Altenstad grossen schleuder. Die schleuder/ oder Catapultæ/ sein zum gedechtnüs bis auff den heutigen tag in den Kloster Slowan/ es kan sie aber kein ingenirer wider/ wie sie gewesen sein/ zusammen legen Den ersten vnd andern tag/ als sie vor das Schloß kamen/ lagen sie still/ machten Schantzen vnd Lauffgräben/ den dritten fiengen sie an mit einem solchen geprässel vnd gethön zuschiessen/

Hußiten Krieg.

zuschiessen/ dz es in allen Wälden herumb schallet/ die in dem Schloß waren auch nicht faul/ theten vñ erlitten von schiessen viel sehadens/ die Tächer des Schlosses/ welches Zigel vnd schiffer stein waren/ sein alle nidergeschossen worden/ darnach worffen sie (weil die Bogenschütz noch nicht im brauch gewesen) mit jhren Schleudern ohn vnterlas auff das Schloß/ vnd vermeineten etliche Gewölber einzufellen/ aber die im Schloß hetten viel flechten/ die legten sie auff dieselbigen böden/ warffen darnach eichene Reißbund darauff/ auff welche widerumb Küh vnnd Ochsenheüt/ darumb alles jhr werffen vmb sonst gewesen. Man brennet täglichen die gemeinen stück ab/ aber die Prazka vnd Jaromirzicze 6. mahl/ die Rochlicze vnd Howorka 12. mahl/ **das also die gantze zeit der belagerung 1931. schüss nach dem Schloß Carlstein geschehen/** noch haben sie nicht vermocht die Mawren oder Thurm zufellen. Da auch die Präger sahen/ das sie das Schloß nicht gewinnen könten/ weil es von Natur fest wol Proviantiret/ mit geschütz/ Munition/ guten vnd versuchten Knechten/ genugsam versehen/ erdachten sie den list/ liessen 2000. Fässer (wie Sylvius cap. 44 vnd ander schreiben) voller menschenkoth/ schindviehs/ vnd Rabenaser füllen/ durch die schleuder in den Graben vnd das Schloß werffen/ haben dadurch einen solchen vnaussprechlichen gestanck erreget/ der die ehrlichen Soldaten so peiniget/ das sie vor gestanck nicht allein schier vergiengen/ sondern vielen die zän ausfielen/ den andern wackelten. Denn ob sie wol viel vngeleschten Kalck hatten/ vnd etliche Fässer mit Hüttenrauch/ die sie darauff worffen/ konten sie doch den gestanck nicht dempffen. Vmb Johannis machten die belagerten mit den Prägern auff 14. tage einen Stillstand/ in welcher zeit sie sich zu Prag liessen eine Artzney machen/ damit sie jre Zähn besestigten. Da der friedstand sein endschafft erreichet/ Schossen vnd Stürmeten die Prä-

Stillstand der belägerung.

die Prager noch hefftiger/liessen die steinern Seulen aus der Kirchen Mariæ Nivis nemen/ weil es Petzimer Stein waren/ die sich leichtlich ausarbeiten liessen/ machten sie daraus Kugeln/ die sie nach Carlstein führeten. Es ligt zu Prag auff dem Johanes Kirchhoff auffm Wischerad noch eine solche zerbrochene Seul/ dieselbigen sagen/ die itzigen Pfaffen (welches sie wissen möge) habe der Teuffel von Rom gebracht/ vnd danider geworffen. In dieser zeit stengen die Prager an den Schloßthurm zubeschiessen/ denn so offt die belägerten wasser aus den Bronnen vor dem Schloß holeten/ oder einen ausfall aus dem Schloß theten/ so stund einer auff dem Thurm/ der warnet sie vor den Prägern/ die jhnen auff den dienst warteten. Da sie nun so grawsamlich an den Thurm schossen/ auch jhn gewislich zu fällen vermeineten/ hetten die auff dem Schloß einen vornemen Bürger/ der Alten Stad Prag/ gefangen/ den bunden sie mit Stricken/ das er darinnen gleich wie in einen Korb stunde/ gaben jhm einen stecken in die Hand/ daran ein Fuchsschwantz gebunden/ hiengen jhm von den Thurm/ an den ort/ da man am allerhäfftigsten daran schoß hienaus/ mit befehl/ er solt die Mücken wegtreiben/ aber sie vermeinten/ die Prager solten sich seiner erbarmen/ welches sie nicht recht verstunden/ sondern hielten dauor/ das die belagerten jhrer damit spotteten/ vnd schossen den gantzen tag noch hefftiger hienein/ denn zuuor geschehen/ darumb die belagerten sich seiner erbarmet/ vnd weil jhn das glück erhalten/ so liessen sie jm auch los auff die nacht.

Vnter des bracht der Keiser die Teutschen Fürsten wider die Böhmen in die Rüstung/ vnnd eine mechtige hülff zusammen. Es schicket der Ertzbischoff von Mäntz Trier/ Cöln jhre hülff/ vnter den Weltlichen waren der
Pfaltz-

Hußiten Krieg.

Pfaltzgraff am Rein / der Churfürst von Sachsen vnnd Brandenburg / der Fürst von Braunschweig / der Hertzog von Meissen / der Fürst von Plawen vnd andere mehr / diese fielen in das Land Böhmen / wolten sie schleinig zum gehorsam bringen / schreiben dem Keyser / er wolle auch nicht feyren / persönlich aus Hungarn in Böhmen fallen / sie wolten derweil auch nit faul sein. Da dieses Teutsche heer vnter das Gebirg gekommen / fügten sie dem Landvolck mechtigen schaden zu / darumb das Bawervolck in die Stad flohe / Den 1. Octobris lagerten sie sich vor Satz / verschantzten sich wol / vnd fiengen an die Stad zubeschiessen / brauchten auch alle Kriegsmacht / wiewol sich die Satzer dapffer wehreten. Hertzog Heinrich von Plawen / als Gubernator des heers / lies viel Tauben vnd Sperlinge fangen / band jhnen an die schwentz / Kertzen die aus Pech vnd Schwefel gemacht / lies sie in die Stad fliegen / vnd vermeinet eine brunst darinnen anzurichten / aber die Bürger brachten durch jhre Vorsichtigkeit die sach dahin / das es verhütet worden. Es war zu der zeit ein mechtiges Volck in Satz / darumb stunden die Bürger in sorgen / sie möchten ausgehungert werden / damit sie sich aber wehreten / fielen sie den 5. Octobris aus der Stad / erwürgeten die Wacht des Hertzogen von Plawen / erschlugen 50. Mann / namen jhrer mehr gefangen vnd zogen in die Stad. Darumb war der Hertzog so erzürnet / das er einen tag 70. Kugel in die Stad schiessen lies / ward doch allein ein alt Weib auff einem Backofen erschossen. Den 19. Octobris wolten etliche wider den Sperlingen schwefel Kertzlein an die schwäntz binden / vnd da es geschehen / flog der diebische Sperling in das Lager / setzt sich auff ein Gezelt / so von Stroh gemacht / zündet es an / die Landsknechte lauffen durcheinander / wissen nicht / wer das fewer angezündet / der Sperling / dem es die federn versenget / lauff auff der Erden

Der Teutsche Fürsten anzug wider die Böhmen.

Confer Cranzium lib. 10. Vand. c. 36. Satz von den Teutschen belegert.

Hußiten Krieg.

Die Satzer schlagen ire feind aus dē land.

von einem Gezelt zum andern/ vnd steckt so viel gezelt an/ das das gantze Lager brinnent wird/ da das die in der Stad sehen/ greiffen sie eilend zu der wehr/ fallen die erschrockenen/ forchtsamen feind an/ schlagen sie in die flucht/ vnnd jagens zum Land hinaus.

Die Präger so vor Carlstein lagen/ habens zwar in willens gehabt/ die Satzer zuentsetzen/ aber ehe sie auffgebrochen/ kompt ihnen diese fröliche botschafft/ darumb sie die belagerung continuirten. Es traffen auch die Thaboriten/ die Satz retten wollen/ mit den Pilsnern den 23. Octobris bey Wiltstein/ vnd erschlugen irer viel.

Keyser Sigisim: verschenckt Mähren.

Keyser Sigismundus hat mit seinem schaden seines Widerwertige glückes tück genugsamlich in dem Land Böhmen erfahren/ wolte keinen Zug hinfüro wider die Böhmen thun/ schencket seinem Eydman Hertzog Alberto aus Osterreich das Marggraffthumb Mähren/ das zu den Böhmen gefallen/ doch solt er es mit Schwertschlag gewinnen. Albertus nimbt die schenkung mit danck an/ vnnd weil die Teutschen in Böhmen Haushalten/ zichet er mit feindlichem Heer in Mähren/ zu welchem bald seines Schwehrs Keyser Sigismundi vnnd des Hertzogen der Crabaten hilff kam/ mit welcher er Judenburg 3. Monat hefftig belagert/ aber die belagerten rufften den Zischka vmb hülff an/ dieser hat vnter ihm einen Haubtman Procopium, den seiner Mutter Bruder (so einer von Adel/ vnnd in Prag seßhafft gewesen) an Kindsstad angenomen/ fleissig zum Studiren gehalten/ vñ in seiner Jugend/ Franckreich/ Hispaniam/ Italiam/ vnd das Heilige Land durchreisen/ auch/ da er zu haus kommen/ wider seinen willen zu einem Pfaffen weyhen lassen/ daher er hernach *Rasus*/ der geschorne/ vnd wegen der grös seiner herrlichen/ löblichen/ Ritterlichen Thaten/ *Magnus* genennet worden. Dieser Procopius ist es/ welcher im anfang des

Judenburg von Alberto aus Osterreich belägert. Procopius Rasus Magnus. Des Zischken Vetter.

Krie

Krieg es den Pfaffenrock von sich geworffen/die Schenckel vber ein Pferdt gehenckt/dem Zischka getrewlich gedient/der jhn so lieb hatte/daß er jn den einigen helden seines Vaterlands geheissen/er ist auch nach des Zischken tod zu einem Heerführer der Thaboriten erwehlet worden/hat auch so viel herrliche thaten/als der Zischka nimmermehr gethan/verrichtet. Einem solchē Man/neben gnugsamer proviant, wägen/vnnd einen außerlesenen Kriegsvolck/schickt der Zischka den belagerten in Judenburg wider den Hertzog zu hülff/lagerten sich zu nechst an die Feind/eroberten mit gewalt den Paß/vnd jagten die Hertzogischen von der Stadt.

Procopius erledigt die belegerten in Judenburg.

Damit ich auch der belagerten auffn Carlstein gedencke/so machten sie in dem Herbst einen friedstand/die Prager luden etliche aus den Schloß zu jnen/tractireten die gäste 4. tag statlich/die sich rühmeten (ob sie schon allbereit grossen mangel litten) statlicher proviant die genugsam auff 3. Jar. Vber daß bekemen sie teglich/frisch Wildbrad/Fisch/Vögel vnd dergleichen/welches etliche Capitän glaubten/meineten/es müsten heimliche gänge oder stolln aus dem Schloß sein. Darumb wer es ein närrisch ding/das sie den Winter darfür erfroren/weil sie bey jetziger zeit/sonderlich zu nacht neben dem fewer sitzen müsten/zuletzt wurden sie eins/sie wolten Martin erharren. Da dieses die belagerten erfahren/werden sie guts muths/schicken den 28. Octob. in das Lager/begeren ein stillstand auff einen tag/deñ sie eine Hochzeit halten müsten/der Prager hauptman ist zu friede/die im Schloß hergegen lassen zu Tantz blasen/schreyen/jauchtzen/haben weder Breutigam oder Braut/viel weniger zubrocken oder beissen/weil nur ein eintziger Bock in dem gantzē Schloß vorhanden/der in dem Hof herumb gangen/diesen würgeten sie ab/bestrichen das hinder Viertel mit Blut/funden in einem Reitsattel Rehe haar/damit der Pambst ausgefüttert/

Der Belegerten auffm Carlstein Kriegsposa.

strewe-

Hussiten Krieg.

Die Präger verlassen die belegerung d's Carlsteins.

streweten ein wenig darauff / schickten dem obersten Feldhauptman der Präger / der ein Schneider war / mit Namen Jan Hedwika / als zu einer dancksagung des stillstands. Da die Präger das innen worden / sagten sie: der Teuffel solt sie außhungern / brachen auff / zogen nach Prag am tag Martini. Da die das in dem Schloß erfahren / liessen sie viel frewden schöß thun / vnnd waren wol zu frieden / das jhr Bock so viel 1000. feinde von dem schos weggestossen.

Des Coributt Vetter wird im Abzug erschossen.

Coributus der mit den seinigem vnter den Weingarten an boden bey der Capellen S. Pancratij geligert / war mit diesem abzug vbel zu frieden / fraget seinen Vettern Wiasilko / was zu thun were? Der antwortet / wir wollen auch auffbrechen. Ich hette zwar gern den Carlstein inwendig gesehen / weil es aber nicht sein kan / will ich jhn noch eines mahl auswendig von fernen sehen / da er neben dem Kirchhoff in den Waldt hingehet / vnd die festung besiehet / brennet einer ein falckonetlein vnuorsehens auff dem Schloß aus dem Thurm / durch welchem das Wasser in das Schloß gezogen wird / los / trifft diesen Hertzogen Wiasilken / daß er von stund an zu boden fiel vnnd starb / von dannen ist er nach Prag gebracht / vnnd in dem Kloster S. Thomæ begraben worden.

Das LIV. Capitel.

Der Thaboriten vornemen zu Prag vnd dessen vbler außgang.

He aber die Präger Carlstein verliesen / ist Bzdinka der Thaboriten Hauptman / zu Prag eingeschlichen / besetzet in der Alten Stadt Prag drey Häuser / zum Elephanten / Schermitzen vnd Nastogty / wolte Prag plündern macht bey nacht mit den seinigen ein geschrey / stürmet die Heuser / schlug das Volck tod / die gantze Bürgerschafft war in grossem schrecken / vermeinete / es were die gröste noth

Hußiten Krieg.

ste noth verhanden/ in welchen sie sich wehren/ oder jämmerlich musten lassen erschlagen. Darumb greiffen sie zu jhren wehren/schlugen in die Thaboriten mit aller macht/vnd weil sie keinen sonderlichen gewalt funden/ wurden sie dieser Gäst meister/schlugen jhr viel tod/namen jhrer mehr gefangen/der meiste teil aber/ wolt vber die Multaw. Weil es aber nacht war/vnd die flüchtigen in schrecke/vermochten sie den furt/ so sie sonsten wol wusten/ nicht zu finden/ sondern sein ersoffen. Dieses ist das rechte fewer gewesen/ das hernach den Prägern/so grossen schaden gethan hat/deñ von der zeit an/ ist fort vnd fort ein heimlicher groll vnd widerwillen zwischen den Prägern vnd Thaboriten gewesen.

Da der Zischka diese niderlag erfahren/vnd gründlich bericht empfangen das die Herrn Keiser Sigismundum/ die Präger neben den Städten Coributum zu einem Könige erwehlet vnd haben wolten/ ist er vbel zu frieden/sendet an die Präger eine Bottschafft/ lest sich entschüldigen wegen des aufflauffs/ vermanet auch die Präger das sie diesen Coributum/nicht solten annemen/ er woll neben den seinigen sie vor dem Keyser/ auch allen Böhmischen Landsherrn vertedigen/ beschützen/ erhalten/ die sach dahin wenden/ das sie ein freyes Volck/keines Königs bedürffen. Darauff resolvirten sich die Präger also: Sie weren hertzlich erfrewet/ das er an dieser gefehrlichen erschrecklichen auffruhr keinen gefallen/ viel weniger dessen ein anfenger gewesen/ das er aber Coributum zu einem Könige nicht haben wil/ auch solches jhnen zuthun widerrathen/ neme sie hoch wunder. Man müste ein Haupt haben in einem Regiment/ so man es erhalten wolte.

Zischka schreibet deñ Prägern.

Die Präger sind wider den Zischk.

Pp iij Da

Hußiten Krieg.

Da dieses der Zischka erfahren/ hub er seinen stecken auff vnd saget: Die Präger/ die ich zwey mal aus des Keisers händen errettet/ wil ich auch verderben/ vnd beweisen/ das ich mein Vaterland erhalten/ vnd vnterdrücken kan. Zog darauff erstlichen wider die Herrn/ die Sigismundum angenommen/ verbrennet/ verheeret/ verzehret jhr Land/ ermordet/ verjaget/ nam gefangen/ martert/ plaget/ jhre Vnterthanen/ die keinen schutz/ hilff/ recht funden. Deñ 10 Martij besuchet er das Land des Herren Czeniek von Wartenberg/ füzet seinen Vnterthanen durch Raub/ Mord grossem schaden zu. Da er aber den 29. Martij/ nach der Stad Königin Grätz zog/ vermanet er seine Kriegsbrüder/ das sie eilen solten/ die nacht zu hülffe nehmen/ vñ also die Stad Sitzgreich eKobern. Seine Kriegsleute aber waren den gantzen tag in einem kalten/ trüben Wetter gezogen/ matt vnd verdrossen worden/ darumb wolten sie nicht fort bey nacht zihen/ sagten: Der Zischka ist blind/ meinet wir sein auch blind/ vnd können bey nacht so wol/ als er beym tage sehen. Da dieses Zischka höret/ antwortet er: Ich bedarff es lieben Brüder nicht/ das ich dieses verrichte/ dieses alles/ als mein gantzes verrichten/ geschicht euch zum besten/ werdet nicht laß/ eilet fort/ ich wil euch rath geben/ saget mir wo sein wir jetzund? sie antworteten: zwischen den Dörffern Podmokly vnd Czniowes. Darauff saget Zischka: Reitet mit etzlichen Rossen geschwind voran hin/ vnd wenn jhr in das Städlein Miestecz kommet/ so zündet es an/ auff das wir sehen können. Die Gesandten verrichteten solchs willigichen/ machten den nachkommenden ein liecht/ die denn eilend vor die Stad kamen/ aber nichts besonders verrichteten/ darumb zogen sie auff das Land/ hielten jhrem gebrauch nach hauß.

Da

Zschka bekrieget die Herrn/ so Sigismundo anhengig.

Da dieses Herr Czinek erfahren/nam er Herrn Gindrczich Berka/neben etlichen vom Adel zu sich/zog den 22. Aprilis dem Zischka vnter die augen/der denn nicht still lag/sondern den 23. Aprilis vmb den Mittag die feinde angrieff/drey gantzer stund mit zweiffelhafftigen glück kempfft/doch endlich den Sieg erhielt/den Czenkonem vberwand/viel vortreffliche Ritter erlegt/darunter der berümste gewesen/Mikschik Aulybiczky/welcher sein Leben durch die Thaboriten verloren/die viel Munition/geschüs/Pulver/von den vberwundenen/bekamen/den 27. Aprilie/damit den Sitz Kozoged belegert/beschossen/vnd den 30. Aprilis mit sturm erobert/alles was darinnen von Menschen gefunden/Tyrannischer weiß ermordet. Im ausgang des Monats Julij zog Herr Victorin Podiebrad/Herr Dionysius Boczko von Kunstad/vnd viel von Adel mit jhrem Volck in Mähren/die stät vnd örter/so sich Alberto dem Hertzog aus Osterreich ergeben/zubesuchen. Wie sie hinweg zihen/ersihet der Zischka seine gelegenheit/rücket vor Gräz/darinnen Boczko hauptman gewesen/die in der Stad/sahen die gewalt/hetten den Zischka heimlich lieb/öffneten die Thor/liessen jn in die Stad/da das Boczko erfahren/eilet er neben der Präger hilff zurück/kompt vnversehens vor Gräz/machen jhre Ordnung den 8. Augusti/zogen auff die Stad denen Zischka bey des Strauchen hoff begegnet/vn mit jnen ein solchs treffen hielt/das des Diwischen heer in die flucht geschlagen/die Präger auff das haupt erlegt sein/vnd jr wenig sich auff das Schloß Kumieticzka hora salviret haben. Es sol Zischka mit seinen eigenen hände einen gefangene Prägerischen Pfaffen/der die Monstrantzen getrage/mit namen Hawel Srschata erschlage habe. Dieses vermeret den heimliche groll/der zwische den Prägern vn Thaborité alzeit gewesen hefftig sehr/dz also ein teil

Herr Czinek thut mit dem Zischka ein treffen.

Dem Zischka wird Gräz vbergeben

teil dem andern nach Leib/gut vnd blut trachtet/keiner vor den andern/wegen ihres streiffens sicher war./daher den 29. Augusti Jan Miesteczky vnd Puta Cziastalowsky der Grätzer Vorstad anzündeten/in der Creutzherrn gassen auch einen Thaboritischen Pfaffen/der ohne Ornat die Meß Celebriret/in S. Anna Kirchen ermordeten. Darumb sich die Grätzer so erzürneten/das sie aus befehl des Zischken/das Schloß einrissen.

Jaromir ausgebrand.

Es ist auch eben in dem Monat die Stad Jaromir/durch ein vnversehens fewer/wie man dennoch nicht wissen kan/ob es eingeleget worden/oder nicht/gar ausgebrunnen.

Zischka nimmet Czaßlaw ein.

Den 5. Septembris kam Zischka gen Czaßlaw/nam die Stad durch ergebung vnd Kriegslist ein/wie das die Präger erfahren/vermeinen sie/sie möchten vielleicht vor Czaßlaw besser glück haben/eilen mit ihrem Volck vor die Stad/hielten teglich mit den Thaboriten ihre Scharmützel/kondten aber nichts schaffen/darumb machten sie sich heimlich auff/zogen nach Kuttenberg/damit sie diese Stad vor dem Zischka schützen möchten. Mittler weil wolt Matieg Lupak mit seinem Volck/die man die gutwilligen nennet/dem Zischka/der in Czaßlaw belagert/zu hilff kommen/da sie aber vor Kolin fürvberzogen/fielen die Koliner aus der Stad/schlugen der gutwilligen 30. tod/die andern jagten sie in die flucht/welche mit hundsschanden ihren sehr beschädigten hauptman Lupak davon brachten.

Das LV. Capitel.

Zischka zihet mit den seinigen in Mähren.

DA Zischka die Herren vnd Präger in Böhmen gedemütiget/vnd tapffer geklopffet hat/wolte er in Mähren sein heil auch versuchen/vnd die Keyserischen/

aus

aus dem Land jagen. Da er aber bey Iglaw vberzog/ sprengeten die in der Stad jhn an/ theten den seinigen nicht einen geringen schaden/ doch musten sie wegen des sich in die Städ begeben. Wie es aber dem Zischka damals gelungen/ zog er allenthalben in Mähren herumb/ fand kein einig Schloß oder Stad/ die sich seiner gewehret hette/ aussgenomen das Schloß Kwasicze/ das er mit gewalt must erobern/ darinnen er eine solche vnglaubliche tyranney geübet/ das/ ob wol jederman erschlagen worden/ so marterten doch seine bluthund/ wie sie nur wusten/ die arme gefanzene. Von gemeltem Schloß ist er in dem Nouemb: vberal herumb terminiret/ einen ort nach den andern eingenomen/ Kremsier belagert/ welches doch die Mährischen Herrn errettet haben/ den Zischka von der Stad aus dem Land Mähren in Böhmen gejaget. Anno 1424. kam den Newen Jarstag der Zischka mit seinem Volck vñ grosser beut aus Mähren in das Böhmerland/ gedacht sich in sein alte behausung der Stad Königin Grätz zubegeben/ das hatten etliche Herrn/ darunter die fürnembsten Jan Opoczensky/ Puta Czerwenohorsky vnd Ernst von Czerneziez/ erfahren/ laureten bey Skaliz hinter Jaromir/ auff jhn/ traffen den 3. Januarij vnversehens/ vnd setzten tapffer in die Thaboriten/ welche sich so ritterlich wehreten/ das die Herrn sich in die flucht begeben müssen.

Zischka aus Mähren gejagt.

Zischka wird vberfallen.

Den Sontag vor Fastnacht lagert sich der Zischka vor Hostinna/ stürmet die Stad gewaltiglich/ hielt auch eine wunderliche Fastnacht mit der Bürgerschafft/ die seinen Thaboriten solche küchlein zu fressen geben/ dz etzliche 100. tod blieben. Darumb sahe Zischka/ das er nichts verrichten kont/ zog ab eilend nach Mlazowiez/ sie wolten sich auch wehren/ als die Hostinner/ aber der gewalt war zu gros/ darumb wurden die Thaboriten darinnen Herrn/ hieben den Herrn Czernin zustücken/ eileten von dannen/ vnd brenneten Smidarz in grund aus Ziska zoch auch vberall in dem Land herumb/

Hostinna wird vergebens vom Zschka beiegert.

Mlazowiz von Zska eingenomen.

Q q

umb/ brennet/ was er kund antreffen/ wolt aber ein Herr vor jhm ruhe haben/ muſt er zuſagen/ das er keinen König haben wolt/ oder annehmen/ auch mit gelt ſich abkauffen.

Den 26. Martij kam er gen Koſtelecz an der Elbe/ dieſes kont den Prägern nicht verborgen ſein/ darumb brachen ſie eilend auff/ wolten jhn an den ort belägern/ aber Hinek von Kunſtad wirds innen/ eilet perſönlich zu dem Ziſchka/ erzelet jm den gantzen handel/ vnd räth jhm/ das er ſich vber dz waſſer eilend begeben ſolt. Der Ziſchka ſaget jm groſſen danck/ iſt behend auff/ kompt hinüber/ aber er war kümmerlich vber die Elb mit den ſeinen kommen/ iſt Herr Cziniek von Wartenberg der Prägeriſchen hauptman/ verhanden/ ſetzt mit ſeinem Volck auch in das Waſſer/ das wolten die Thaboriten verhindern/ ſchuſſen mit Pfeilen gewaltiglich in ſie/ das ſie ſich an das Vfer lagern muſten. Mittler weil war Herr Hinek/ von Podiebrad vnd Kunſtad wider mit den ſeinigen herüber kommen/ wolt nach hauß zihen/ aber die Präger waren jhm auff dem Tach/ namen jn/ weil er den Ziſchka gewarnet/ gefangen/ vnd ſchickten jhn den Smirziczky/ der hauptman zu Melnik/ das er jhn in ein Gefengnuß legen ſolt. In der nacht ſchleicht Ziſchka mit den ſeinigen davon/ die Präger aber wurdens zeitlichen innen/ ſetzten vber die Elb bey Koſtelecz/ eileten dem Ziſchka nach/ der bey Kolin hinzog/ als wolt er auff Lignitz zu/ die Präger zogen jm 3. tag auff der fußſohlen nach/ da ſie aber gen Maleſchewa zu dem Gebirg komen/ den 5. Jun. Anno 1424. fraget der Ziſchka wo ſie weren? Sie antworteten bey Maleſchowa in dem Gbirg. Darauff er fraget: iſt der feind weit von vns? Sie ſagten: Nein/ er zihet im grund auff heiſſen ſohlen hernach. Es iſt hoch zeit/ ſpricht Ziſchka/ keret ſich vmb/ rufft dem Fendrich/ nebẽ welchẽ er alzeit gefaren/ da er antwortet/ heiſt er ſit ſtill halten/ das Fänlein gegen dem feind kehren/ gute ordnung machen nach gelegenheit des

orths

Die Präger zihen wider den Ziſchka/ werden verkundſchafft.

Ziſchka rüſtet ſich wider die Präger.

orths/welches schleinig geschehen / darauff stieg er in seinem
Wagen auff/vnd redet die Knecht auff diese weiß an. Das
die wort/Erbare/Manhaffte/liebe Brüder/vnd Spißgesel-
len/keinem kein hertz machen/ ist euch vnverholen/ es ist auch
nicht von nöthen euch/ welche ich offt vnd vielmals in schwe-
ten gefehrligkeiten versucht/zuermanen. Es komen vnsere
feind/denen wir alles guts gethan/sie auch zweymal von dem
Keyser errettet/ auff den hals/ begeren vnser vor das Vater-
land/die Religion/ vnd vnsere freyheiten offt gewagtes Leben
vnd Blut/allein zu dem end/ das sie Herrn bleiben. Wolan
seid getrost/ empfahet sie tapffer/heut wollen wir sehen wer
Han im Korbe sein wird / Ihr könt auch wegen der felß nicht
weichen/werden einem die feust nicht beschützen/so ist es vmb
sein Leben geschehen. Da er mehr reden wolt/wurd jhme
angezeiget/ das man des Feindes Fähnlein sehe herflihen. **Zischka erlegt**
Deswegen saget Zischka/frisch daran. Bald geschahe der **die Präger.**
anzrieff/ dessen sich die Präger nicht versehen/ kondten jhre
Macht nicht gebrauchen/ wurden zertrennet/in die flucht geschlagen / vnd jher 1400. oder wie etliche 1600. oder wie
Sylvius 3000. erleget/ verlohren alle jhre Wägen/jhr Ge-
schütz/vnd Kriegs munition. Es sein in diesem treffen/ Herr
Peter Turkowecz/Hlas vnd Heinrich von Dube/neben viel **Zischka ver-**
andern Herrn vnd ritterlichen Personen auff dem Platz ge- **brennet Kut-**
blieben. Nach solcher Victori zog Zischka auff den Kutten- **tenberg.**
berg/ brennet die gantze Stad also aus / das in einem gantzen
vierteil Jahr kein Mensch darin hat wohnen können. Von
Kuttenberg begab sich Zischka in den Glattawer kreiß/ ließ
alle Kirchen/ darein vmb besserer sicherung willen das Land- **Die Glat-**
volck jhre beste sachen gestehet/berauben/ sampt den Dörf- **tawer nem-**
fern vnd Marktflecken/ seinem gebrauch nach/ verbrennen. **den Zischka**
Die Glattawer/ welche lange zeit auff den Zischka mit **auff.**
verlangen gewartet/ liessen jhn in die Stad/ tractireten
Qq ij jhn

Hußiten Kriegs

jn ehrlich/ vnd wie sie die Klöster/ neben etlichen Sitzen geplündert/ zogen sie mit dem Zischka nach Satz/ hauseten vbel in dem Pilsner kreiß/ jrem alten gebrauch nach. Von Satz zogen sie gen Laun/ von dannen auff Schlan/ von Schlan zogen die Thaboriten/ Glattawer/ Satzer/ Launer/ Schlaner/ vor Budin fürüber nach Raudnitz/ raubeten/ mordeten/ breiteten vnd tyrannisirten vber alle massen sehr/ biß sie gen Kostelecz an die Elb kommen den 7. Augusti/ da lagerten sie sich/ neben der Stad bey der ThumKirchen S. Martini. Dieses wurd den Prägern angezeigt/ die hielten rath mit Coributo/ brachten jre gantze Macht zusammen/ zogen nach Kostelecz/ damit sie den Zischka todschlügen/ oder zum wenigsten seine gewalt etlicher massen schwechten. Da dieses dem Zischka wurd kund gethan/ sagt er: Ich sehe wol/ lieben Brüder/ das vns die Präger mit gantzem ernst nach Leib vnd Leben stehen/ wir müssen warlich weißlich mit den sachen vmbgehen. Besahl darauff von stund an/ das sie durch die Stad Kostelecz ziehen solten/ darnach als flüchtige durch die Elb setzen. Die Thaboriten sampt jren gehülffen verbrachten es williglichen/ die Präger sehens/ eilen jhnen nach/ setzen mit jhren schweren Rossen in die Elb/ da aber der halbe teil hinüber war/ wendeten sich die Thaboriten/ schlugen alles/ so herüber kommen/ tod/ da das die/ so noch auff der andern seiten waren/ sahen/ gaben sie die flucht/ darauff eilet Zischka nach Prag.

Die Präger ziehen mit aller macht wider den Zischkam.

Zischka schleget die Präger.

Das LVI. Capitel.

Zischka belagert Prag.

Den 11. Septembris/ 8. tage nach der erhalten *Victoria*, kam Zischka mit seiner gantzen macht vor Prag/ lägert sich nicht fern von der Stad/ bey dem Dorff Libnie/ jaget den Bürgern einen grossen schrecken ein/ weil er sein gantzes heer/ neben der Städte hilff/ beysammen hat. Vber das hat er lauter versuchte/ geübte Knecht/ durch welcher

Hussiten Krieg.

cher hilff er Prag leichtlich zuerobern vermeinet/ er hette es auch geendet/ denn die Stad war aller hilff beraubet. Es waren auch viel in der Stad/ die es mit dem Zischka hielten. Denn jhrer viel schalten auff den Rath/ die andern auff die Herrn/ etliche auff den Zischka/ keinem teil mit war dem Krieg gedienet. In des Zischken Lager fund sich auch zwispalt/ die Städte wolten nicht zugeben/ das man Prag/ ein Freundin vnd Mutter jrer Religion/ die Hauptstad in Böhmen/ ja ein Werckzeug/ dessen Gott sich gebrauchet wider der feind mutwillen gegen der Böhmischen Kron vnd jrer Religion/ beleidigen solt/ wendeten vor/ man hette gnug mit den Keyserischen feinden zustreiten/ vnd das Land wider die Teutschen zubeschützen/ es were keines innerlichen Kriegs von nöthen/ man könte auch Böhmen auff kein andere/ denn auff die weiß/ bezwingen/ weil ein jedliches Reich/ so mit jhm selbst vneins ist/ zerstöret wird. Der blinde Bruder Zischka/ welcher das end dieses zancks schon gesehen/ lest alle Fähnlein zusammen beruffen/ steigt auff ein auffgestürtztes Bierfaß/ redet die Knecht also an. Was gebet jr mir die schuld? Warumb nehmet jhr liebe Brüder wider mich die Waffen? Ich bin nicht ewer feind/ denn tag vnd nacht nach ewrem blut dürstet/ sondern ewer Hauptman. Euch ist durch mein hilff vnd rath dieser herrliche newlicher zeit eroberte Sieg zugestanden/ ich habe euch an kein orth geführet/ daraus jhr nicht Sieghafft widerkommen/ daher jr berümt vnd reich seid/ aber ich habe dieses mein Aug verlohren/ mus in der finsterniß sitzen/ weis nicht/ wo jhr mich hinführet/ was habe ich von dem Kriege/ als den blossen namen? Euch ist zu gut gestritten/ der Sieg erhalten/ es rewet mich auch die gehabte mühe nicht. Es sole mir auch die blindheit nicht beschwerlich sein/ wenn ich den sachen/ wie zuvor/ könte vorstehen. Meinet wegen bin ich auch wider die Präger nicht. Nach ewrem ehrlichen blut dürstet sie/

Zwispalt in des Zischken Lager.

Zischka redet seine Soldaten an.

vnd

vnd nicht eines blinden/wie ich bin/hundes. Sie förchten als kein ewer Mann vnd Sieghaffte feuft/auch in der eussersten gefahr bestendige hertzen. Entweder sie/oder jhr müsset vntergehen. Denn in dem sie mir nachstellen/legen sie euch stricke/daraus jhr nicht werdet kommen können. Die innerliche waffen sein viel mehr zu fürchten/als die eusserliche des Feindes / die Bürgerliche auffruhren müssen gestillet werden. Prag wollen wir einnehmen/die auffrührerehe/es der Keyser innen wird/aus dem wege raumen/es ist auch viel besser mit wenigen vnd eintrechtigen wider den Keiser/als mit vielen/so vneinig sein/streiten. Damit auch keiner mich anklage/so Rathschlaget selbsten/wolt jhr fried haben/so sehet eben darauff/das kein list / tück oder falsches stück dahinter stecket. Wolt jhr den Krieg vollzihen/da stehe ich/was jhr vornehmet/dazu wil euch der Zischkarath geben. Da er das saget/bekamen die Knecht ein frisches hertz/erwehleten den Krieg/namen jhre Waffen/lauffen an das Stadthor/wolten den Sturm anfahen/aber die in der Stad/hatten mit Coributo widerumb geratschlagt/schickten M.Rokezanum zu dem Zischka/begereten fried/den er nach langer vnterhandlung erlanget/daher den 14. Septembris / am tage Creutzerhebung/ein Fried geschlossen von beyden teilen/zu einem ewigen zeichen, ein grosser hauffen Stein auff den Spittelfeld getragen/mit der bedingung/das wer den fried brechen wird/den sol man mit diesen steinen tod werffen/ Darauff ist er den 15.Septembris in die Stad gezogen/ehrlich empfangen/vnd stattlich tractiret worden.

Die Präger begeren vom Zischka fried den sie auch erlangen.

Zu der zeit regieret in Böhmen/besonders zu Prag/die Pestilentz hefftig/darumb wolte der Zischka nicht lange in Prag bleiben/nam der Präger hilff zu sich/zog in Mähren in meinung des Sigismundi vnterthanen vnd Vasallen zubesuchen

Die pestilentz regirt zu Prag. Zischka zieht in Mähren.

Hußiten Krieg.

besuchen beydes in Mähren vñ auch in Hungarn/ Es schreibet Sylvius cap. 46. vnd Dubravius lib. 26. es habe Keyser Sigismundus heimlich bey dem Zischka anhalten lassen/ das er jhn vor einen König erkenne/ die Stadt dergleichen zu thun zwinge/ so wolt er jhm nicht allein die Gubernation oder verwaltung des gantzen Landes befehlen/ sondern jährlichen eine grosse Summa gelds reichen. Da der Zischka vor das Schloß Przibißlaw kommen/ fodert er es den 6. Octobris auff/ eroberts den 9. Octobris/ aber den 11. Octobris Anno 1424. Starb er an der Pestilentz/ die vnter seinem Volck regieret. Derhalben Buchole: vnd Cochlæus falsch schreiben/ das er Anno 1427. gestorben. Er sol den seinigen vnd Procopio Raso befohlen haben/ das er alle/ so jhrer Religion zu wider weren/ mit Fewer vnd Schwert verfolgen solt. Sylvius, Hagecus vnd andere schreiben/ er sol auch befohlen haben/ seine Haut ober eine Trummel zuzihen/ vor welcher schall die feind flihen solten/ sein fleisch aber solt man nur den Vögeln vnd wilden Thiren fürwerffen/ welches ich in seinem werth bleiben lasse/ ob ich es wol nicht glauben kan/ sondern es vor ein erdichte Fabel halte. Man hat jhn/ wie man wol weis/ erstlichen gen Königin Grätz geführet/ in die Capellen/ zu den 11000. Jungfrawen/ legen wollen/ doch weil die Czaßlawer solches nicht wolten zuzeben/ ist er gen Czaßlaw geführet/ vnd ehrlich mit der Haut/ welches man keinem Esel thut/ ob er wol den Bapst in einer Senfften hat getragen/ begraben. Dieses Grabschrifft auff den heutigen tage diese ist.

Zischka stirbt an der Pestilentz.

Zischka letzter befehl.

Zischka zu Czaslaw ehrlich begraben.

IOHAN-

Zischken Epitaphia und Grab-schrifft.

IOHANNES ZISKA, nulli Imperatorum ducumve militari peritia inferior, superbiæ & avaritiæ Clericorum severus ultor, patriæq; acerrimus propugnator hic jacet. Quod Appius Claudius cæcus benè consulendo, & M. Furius Camillus strenue agendo, suis Romanis præstitê, re; hoc ipsum Bohemis ego meis præstiti: Fortunæ belli nunquam defui, nec illa mihi: Omnem opportunitatem rerum gerendarum, etiam cæcus, prævidi: Signis collatis undecies, semper victor depugnavi. Visus mihi sum miserorum & esurientium justissimam causam, adversus delicatos, pingues, & saginatos sacerdotes egregiè egisse, & ob hoc Dei auxilium sensisse. Nisi illorum invidia obstaret, inter illustres viros numerari procul dubio meruissem. Tamen ossa mea hoc sacrato loco cubant, etiam insalutato Papa, invitoq;. Diis manibus sacrum.

Iohanni Ziska Gregorius avunculus
P. P.

Es ist auch gemelter Zischka auff seinem Grabstein gar ausgehawen/ doch jetziger zeit so zerschlagen/ das man diese wort/ die auff der seiten herumb stehen/ schwerlich lesen kan. Anno 1424. Die Iovis ante festum Galli vita functus Iohannes Ziska à calice, rector Rerum publicarum laborantium in nomine & pronomine DEI, hoc templo conditus est.

Hussiten Krieg.

Nicht weit vor dem Grab stehet ein Altar / darauff ist M. Ioannes Hussius vnd neben jhm Zischka angemahlet / vnd vnter den Hussen stehen diese Verslein.

Husse tuus vindex iacet hic dux Ziska Iohannes,
    Supplex Sigmundus cui quoq; Cæsar erat.
Et quoniam bustis clarent loca multa, sepulchrum
    Ziskæ Czaslavÿ fama perennis erit.

Ein wenig darunter.

Iam venit è superis Huß: quod si fortè redibit
    Ziska suus vindex, impia Roma cave.

Vnter dem Zischka stehet.

Strenuus in bellis hoc dormit Ziska sepulcro,
    Zyskæ suæ gentis gloria, Martis honos.
Ille lucem scelerum, Monachos, pestemq; nefandam
    Ad stygias iusto fulmine trusit aquas.
Surget adhuc rursus, quadrata cornua cristæ
    Supplicÿ ut pœnas, quas meruère, luant.

Hinter dem Altar henget ein Viereckichter stein / 1½ Spannen lang vnd breit / dabey dieses distichon:

Mensa fuit Ziskæ lapis hic, dum corpore Christi
    Vescitur, & potum sanguinis ore bibit.

Es ist auch nicht weit dauon eine grosse eiserne Keulen gehangen / welche vor wenig Jahren / als Herr Trcka etliche Fahnen in Vngarn geführet / weggenomen worden von einem Reuter / von dieser Keulen / hat einer dieses geschrieben.

Rasa papistarum timuit quem turba Iohannes
    Conditus hoc celebri marmore Ziska jacet.
Ille tuæ vindex, Hußi sanctißime, mortis
    Hostes dum talicus persequeretur erat.
Fit via vi, rumpit aditus, monachosque trucidat,
    Quando virum Christi pro grege zelus agit.

Testis erit pendens, sparsoq; infecta cerebro
  Clava hæc, quæ monachis terror & horror erat.

Die Jahrzahl seines Todes stehet in diesem Chronodisticho.

ZIska poteus beLLo heros aCer et hostIbVs horror,
  Non aCIe fVsVs peste pereMptVs obIt.
      Vel:
Peste pereMptVs obIt, non atro VICtVs ab hoste,
  ZISChKa potens beLLo, fortIs & aCer eqVes.

Sonsten hat von jhm M. Matthæus Collinus dieses geschrieben.

Defensor calicis Christi, fideiq; sacratæ,
  Dira monachorum pestis, acerba lues
Præsulis Ausoniÿ, Boiema strenuus oræ
  Tutor, Germani terror at imperÿ.
Boiemus Cocles, cui dat Trocznovia stemma,
  Summus in exiguo dux cubat hoc tumulo.

Das LVII. Capitel.

Die Thaboriter zerteilen sich.

Procopius an des Zischken stat erwehlet.

Die Waysen vnd jr ersten anfang.

Nach dem Tod des Zischken war das gantze Böhmische Heer in grosser Trawrigkeit / zerteileten sich doch in zween teil / deren einer Procopium Rasum, alias Magnum, zu einem Hauptman erwehleten/ welchen Zischka/ als seinen leiblichen Bruder/ zum höchsten geliebet hat / auch jhn zuerwehlen kurtz vor seinem end befohlen. Der andere hauff saget/ es were keiner auff der gantzen Welt würdig / der Zischken solt nachfolgen / der sehend vnaussprechliche/ blind vnglaubliche Thaten verrichtet/ Darumb nenneten sie sich Waysen / verrichteten alles durch etliche Hauptleut / darunter der vornembste Procopius Minor Diese bleiben stets in dem lager / giengen in

feine

Hußiten Krieg. 315

keine Stad/ es trang sie denn die höchste noth etwas zukauffen. Ihre Wägen hatten sie vor eine Mawer vmb sich herumb/ dar zwischen sie beim fewer allezeit gesessen.

  Diese zwey Heer zogen miteinander vor die Stad Weywanczicz in Mähren/ eroberten sie/ sampt viel andern Schlössern/ zogen in Böhmen/ da zertheileten sie sich/ in willens die Nachbaren zubesuchen/ welche sie die Philister/ Moabiter/ Ammoriter/ etc. nenneten. Die Waisen vnd Harebiten fielen in Schlesien/ die Thaboriten/ zu denen sich die Prager gesellten/ zogen in Bayern vnd Osterreich. Die Waisen theten zwar dem gantzen Herbst mit Rauben vnd brennen in Schlesien/ Lausnis grossen schaden/ doch geschahe kein denckwürdige that. Dargegen belagerten in dem November die Stad Rhetz die Thaboriten/ so vnterwegen zwey Klöster Luka vnd Pulkaua zerstöret/ das sie den ersten tag stürmeten/ wurd der wolgeborne Herr Bohußlaus von Schwamberg/ Herr auff Worlik/ mit einem Pfeil erschossen/ darüber sich die Böhmen so erzörnet/ das sie 2. tag aneinander anlossen/ auch als sich die Bürgerschafft ergeben wolt/ waren sie damit nicht zu frieden/ fuhren fort/ eroberten die Stad/ erwürgeten was männlich war/ namen den Hauptman der Stad/ einen Grafen von Hardek/ gefangen/ den sie gen Prag führeten/ darnach Herrn Hynconi auffm Waltstein gesand/ der jhn in einen schweren gefengnüs gehalten/ bis er nach 2. Jahren gestorben.

  Den 10. December Anno 1424. wie sie alles/was sie in der Stad gefunden/ verzehret hatten/ verbrenneten sie die gantze Stad/ begruben Herrn Bohuslaum in dem zerstöreten Kloster Pulkawa/ raubeten/ mordeten/ brenneten vberall in dem Land herumb/ machte sich doch an kein Bayerische stad/ sondern kame in den folgende Jahr 1425. in die stad Nimburg/ darinne war ein gelerter M. Girzik Rohowlad/ der reichet

Die Böhmen zihe in Mähren.

Rhetz von Thaboritn belagert.

Herr Bohuslaus von Schwanberg wird erschossen.

Fr ij   zwar

Hußiten Krieg.

zwar das hochwirdige Sacrament vnter beiderley gestalt/ doch leret er/ es müste ein seglicher Christ vor seinen end berichten/ die Absolution empfahen/ vnd mit den heiligen Oel/ wie S. Jacob in seiner Epistel schreibet/ sich salben lassen. Da dieses der Hauptman der Stad Bzdinka höret/ sprach er: Schweig Pfaff/ vnd Predige vns nicht nicht viel von dem Oel/ aber er bleib dabey beständig/ Saget: der heilige Apostel hat es geboten/ da sie das höreten/ namen sie jhn sampt seinem Caplan gefangen/ mit namen Clemens/ setzten sie auff Karren/ führeten sie mit grossem geschrey durch die Stad/ vnd sagten: jetzt bringen wir Oel geführet. Da sie nun für das vntere Elbthor kamen/ setzten sie einen seglichen in ein gepicht faß/ fülleten es mit stroh aus/ legtens auff einen Holtzhauffen zündeten darauff das holtz an/ vnd verbrenneten diese zween Männer.

Girzi v. Rohorlad wird neben seinen Collega von Thaboriten verbrent.

Da dieses Hertzog Albertus von Osterreich erfahren/ gehabt er sich vbel/ lest vmbschlagen/ sein Landvolck mustern/ in willens/ auff das künfftige Jahr die Böhmen zubesuchen. Er schrieb auch dem Bapst/ erzehlet jhm/ was vor schaden die Böhmischen Ketzer in Bayern/ Osterreich/ Mähren/ Schlesien/ Laußnitz gestifftet/ vermanet darneben jhn bitlichen/ das er sich der Christlichen Kirchen/ vnd jrer Patronen solten annemen/ damit sie glücklicher/ als bishero geschehen/ die Ketzer bekriegen/ vnd vberwinden möchten. Da der Bapst dieses schreiben den 7. Januarij Anno 1425. empfahen/ hielt er mit seinen Cardinälen eilend Rath/ gab auff ein newes das Creutz aus/ vermanet alle Christliche Fürsten vnd Potentaten/ das sie sich rüsteten/ vnd wider die verfluchten Ketzer vnuerzüglich zögen/ besonders befahl er *Sigismundo Novogradens*/ das er mit aller macht/ als ein gehorsamer Sohn der Christlichen Kirchen/ wider die Böhmen auff wer. Dieser als er das schreiben empfangen/ schicket

Albertus aus Osterreich rüstet sich w der die Böhmen.

Der Bapst gibt zum andern mal wider die Böhmen dz Creutz aus.

Hußiten Krieg.

schicket seine gesandten in Böhmen / füget jhnen solches zu wissen den 29. Julij Anno 1425. darauff gaben die Präger zu der antwort: sie würden wider Gott vnd alle recht / mit feindlichem Heer vberzogen / vor Ketzer / ohne beweis / einiger ketzerey / auch vnerhöret / ausgeschrieen. Es köndte kein Mensch mit warheit auff sie bringen / das sie nicht das vnfehlbare wort Gottes / welches vornemlich in dem Christlichen glauben / *symbolo Niceno, Constantinopolitano, Ephesino, Chalcedonensi,* begrieffen ist / lehreten / dauor stritten / leib / leben / gut vnd blut dazuzusetzen vrbüttig. Derowegen were es vnchristlich / wenn man sie nachgefallen des Keisers vnd Römischen Bapstes vberzog / vnd auszurotten vermeinet / sie wolten auch / wofern es geschehen solt / mit gewisser hülff Gottes / allen vnbilligen vnchristlichen gewalt / von jhnen / jhren Weibern vnd Kindern also ablehnen / das sich alle Welt darüber verwundern solt / vnd erfahren / das sie gewalt mit gewalt vertrieben.

Der Präger schutzred wider des Bapstes wüten.

Das LVIII. Capitel.

Mitlerweil / erwuchs ein heimlicher groll zwischen den Waisen vnd den Prägern / denn die Präger hatten etliche Magistros als M. Przibram / M. Christiadum *Medicum* / vnd M. Petrum von Mladonowicz auff das Rathaus gefangen gelegt / weil sie sich mit M. Petro Anglico nicht vergleichen kondten. Diese / als sie durch hülff vnd vorbitt M. Johannes Rokyzani waren ledig worden / begaben sie sich zu dem Waisen / klagten vber die Präger / das den Waisen wolgefiel / weil sie eine vrsach zu den Prägern bekamen / samleten 4000. Mann / rückten vor Lytomißl / welche Stad die Präger besetzet / zu einem Hautpman

Zwispalt der Waisen vnd der Präger.

Dionysium Borschek dahin verordnet/ vnd sich gantz dieser Stad/ weil sie vorzeiten zu den Prägern Bisthumb gehöret/ angemasset. Da sie vor die Stad frue kamen/ stürmeten sie von stund an/ vnd ob sich wol die Bürgerschafft/ neben der besatzung/ mannlich wehret/ wurden sie doch vbermannet/ getzwungen/ da sie die Stad auffgaben/ welche die Waisen gantz geschleiffet haben. Von dannen zogen sie jren

Swietla von Thaboriten verbrent.

Brüdern den Thaboriten zuhülff/ so die Stad Swietla belägert/ diese wurd zwey Nacht vnd einen tag/ ohne auffhören/ gestürmet/ gewonnen es kümmerlich/ vnd verbrentens gar leichtlich. Diese Stad wolt Hertzog Albertus

Albertus zeühet wider die Thaboriten.

entsetzen/ kam mit seinem Heer/ doch zuspat/ weil die Thaboriten schon sie hetten eingeäschert. Damit er aber die feind aus dem Land vertrieb/ zog er jhnen vnter die augen/ streiffet täglich auff sie/ mit solchem ernst/ das viel volcks auff beiden teilen verlohren wurd. Den 5. November stiessen die zwey Heer/ als Hertzog Albrechts vnd der Thaboriten volck auff einander/ der streit wehret 4. stund/ mit solchem zweiffelhafftigen glück/ das keiner wust/ wer würde den kürtzern ziehen. Die Thaboriten hetten schon jhre Wägen verlohren/ kondten nichts/ als einer Flucht gewarten. Weil aber des Alberti Feldhauptman/ Rupertus Valensis/ nicht geschwind nachdrucket/ machten die Thaboriten/ eine newe Schlachtordnung/ griffen auff ein newes die feind an/ schlugen sie in die Flucht/ vnd erhielten Ritterlich

Die Thaboriten gewinnen Alberto ein Schlacht ab

das Feld/ ob sie wol viel vortrefflicher Männer verlohren/ besonders Milotam von Notykow vnd Petrum Zul. Nach eroberung dieser glückseligen Victori/ rückten sie vor Meyto/ welchs die Präger innen hatten/ brenneten die Stad aus/

Der Thaboriten handlung mit den Prägern.

zogen in eil vor Prag den 6. Decembris/ erstiegen bey eiter nacht die Stad bey dem Schweinthor/ waren schon zimlich starck auff den Mawren/ aber da man es in der Stad

Stad zeitlich innen wurd/ machet die Bürgerschafft behend Lärmen/ vnd treiben sie von den Mawren. Frůe schickten die Stad jhre gesandten zu den Thaboriten/ beklagten sich hoch/ das sie ohne vrsach die Hauptstad des Landes ersteigen/ blündern/ auch wol zerstören wollen. Procopius Rasus war den Prägern holt/ höret die gesandten gern/ bracht auch bey den Waisen vnd Thaboriten es dahin/ das sie einen fried mit den Prägern auffrichteten/ nach welchem verrichten/ sie nach der Stad Glattaw gezogen/ vnd jre Wirtschafft daselbst angestellet/ auff das sie mit frieden den Winter vber in diesem winckel köndten Haushalten/ auff den frölichen Frůling aber die Bayern besuchen.

Das LIX. Capitel.

Nach dem Newen Jahr/ im Januario Anno 1426. lies Sigismundus Coributus alle Herrn/ Edelleut/ Städt/ Häuptleut vnd befehlsh aber gen Prag beruffen/ zu einem Landtag/ auff welchem man sich berathen solt/ wie das Königreich Böhm zubefriedigen wer. Es erschienen auff diesem Landtag/ Herr Zdislaus Tlura/ Burggraff auff den Schloß Carlstein/ neben den Pilßnern/ vnd andern Städten/ die in dem Kreiß sein/ die vbergaben durch jre gesandten/ 4. Artickel welche also lauten. 1. Wenn man sie vorsichert/ das man die irigen frey ließ reden vnd gůtig hören/ so wolten sie erweisen/ das die Präger/ vnd die jhnen anhengen/ sich der gantzen Christenheit widersetzet haben. Dieses wolten sie thun/ nicht ausser des Landes/ sondern in Böhmen. 2. Wünschen sie/ das man an ein gewissen Ort/ noch ein Landtag ausschreib/ an welchen jederman verhanden/ damit man eine bestendigen frieden

Coributus schreibet ein Landtag aus.

Der Städ Artickel auff m Landtag fürgelegt.

frieden schliessen möge. 3. Das man den Landfried bestettigte. 4. Das alle mit Rath vnd That denen zuhülffkommen/ die die muthwilligen auffrührer straffen wollen. Da sie diese Artickel vbergeben/ handelt man lang von allerley sachen/ weil aber die Catholischen/ Thaboriten/ Waisen/ vnd Prägern sich lang nicht vergleichen kundten/ sein sie den 21. Januario von einander gezogen/ vnd ist nichts ausgerichtet worden/ denn das man den Ertzbischoff Cunradum mit den geistlichen in Prag/ vergliechen hat/ die jm volligen gehorsam von den grössern bis zu den kleinern versprochen/ dagegen der Bischoff jhnen zugesaget/ die 4. Artickel der Präger zuuertedigen helffen.

An gemelten Landtag kamen Herr Trczka vnd Ohnisstko mit worten so hart zusammen/ das sie den 12. Januarii auff dem Schloß miteinander balgeten/ in welchem Herr Trzka tod bliebe. Darumb Ohinsstko/ den 21. Januarii hernach/ weil er die freiheit des Königlichen Schlosses/ vnd den fried nicht in acht genomen/ ist widerumb geköpffet.

Die Thaboriten vertragen sich mit den Prägern.

Vmb Ostern wolten die Thaboriten vnd Waisen in das Bayerland fallen/ weil aber an allen orten ein grosses geschrey war von den Teutschen Fürsten/ die sich verbunden/ die auffrührische Böhmen gar aus zurotten/ vergleichen sie sich mit den Prägern/ damit sie den feind kondten begegnen.

Da Dieterich Pack vnd Caspar von Rechenburg/ so der Churfürst von Sachsen Fridericus in Aussig vnd Brür gelegt/ hörten/ das sich die Böhmen förchteten/ musterten sie jhr volck/ zogen zufeld vn vbeten vmb Leutmeritz mit Raub/ mord/ vnd brand grosse Tyranney/ dieses wolten weder die Thaboriten noch die Präger lenger dulten/ sondern musterten jhre Knecht/ zu dem intent/ das sie diese

Rauber

Hußiten Krieg.

Rauber wolten aus dem Land jagen/ Brüx vnd Außig wider zu der Kron Böhmen bringen. Die Thaboriten/ so allezeit des streits gewohnet/ waren erstlich auff/ rückten vor Leipe/ nahmen diesen orth am tage Philippi vnd Jacobi ein/ weil er aber nicht zu fest/ verbrenneten sie jhn/ ohn das Schloß. Caspar von Reichenberg erfehret diese newe mähr geschwind/ keret schnell vmb nach Außig/ vnd weil er höret/ das die Prager sich zu einer belagerung schicken/ schreib er an den Fürsten/ berichtet des feindes macht/ Tyranney vnd Intent/ mit vermelden/ wo sie nicht würden itzt hülff senden/ hetten sie nichts gewissers/ als der Böhmen in Meißnerland feindliches heer. Er sendet auch etliche von der Leipe in Meissen/ die alles/ so sich verloffen/ erbärmlich erzehleten. Derhalben samlet man ein grosses heer/ aus Francken/ Thuringen/ Voigtländern/ Meißnern/ Sachsen/ etc. Lies es zu Freyberg/ bey dem Dorf Bobritz/ mustern/ als sie aber wolten auff sein/ vermahnet sie Catharina (des Hertzog Heinrichs von Braunschweig Tochter/ des Fürsten von Meissen Heinrici I. Ehegemahl/ ein behertzte verstendige Fraw/ die dem Regiment/ weil ihr Gemahl in Vngarn bey dem Keyser war/ fleißig vnd vnverdrossen für stund) mit vielen worten/ besonders befahl sie/ das man allezeit die wolfarth des Vaterlands solt ansehen/ den feinden nicht leichtlich eine Schlacht lieffern/ weil das glück schlipfferich wer/ bald diesem/ bald jenem den Sieg gönnet. Sie solten auch ingedenck sein/ das die Böhmen nicht vnüberwindlich weren/ weil sie einen herrlichen Sieg von jhnen bey Brüx erlanget. Diese so einer verstendigen Frawen weise red richtet eben so viel aus/ als Fabij Maximi, da er die Römer vermahnet/ als sie bey Cannas mit Hannibale streiten wolten/ wie der günstige Leser bald hören wird.

Grosser anzug wider die Böhmen.

Catharina, Fürstin zu Braunschweig vermanet das Kriegs-volck.

 Weil sie mustern/ halten die Thaboriten mit den Städten

ten in Leutmeritzer kreiß/ so die Meißner besetzet/ vbel hauß. Rohacz nam mit seinen Thaboriten Biela oder Weißwasser ein/ erschlug alles/ was Mannbar war/ ließ die Hauptleut bey den Füssen auffhencken/ vnd dergleichen vnmenschliche tyranney vben. *Procopius Rasus*, erobert Trebnitz/ Dupa/ Döplitz/ Graupen vnd dergleichen örter. Da aber die Prager Außig belagert/ stiessen sie zu jhnen/ stürmeten den 6. Junij mit grossem verlust der jhrigen. Denn weil die Stad klein/ vnd wol besetzt/ kunt sie sich desto eher beschützen. Mitler weil/ kam der Fürsten Volck/ so schon im anzug war/ den belagerten zu hülff/ vnd weil sie sich auff jhre grosse macht/ die vber die 100000/ wie etliche schreiben/ verliessen/ lagerten sie sich den Böhmen vnter die augen. Den 15. Junij scharmitzleten sie gegen abend scharff.

Procopius Rasus belegert Außig.

Das Teutsch heer kompt in Böhmen.

Den 16. Junij mit dem aller früesten an dem heiligen Sontag gieng die erbärmliche blutige Schlacht an/ die Böhmen hatten sich mit jhren Wägen/ deren 500. wol versehen/ sie mit gedoppelten Ketten zusammen geheftet/ hinder diesen hielt das Böhmische Kriegsvolck hinter den grossen Schilttartschen/ (was das vor Tartschen gewesen/ kan mann/ noch in etlichen Königs Städten/ als zu Taus/ auff dem Schloß Riesenberg/ zu Glattaw/ vnnd anderswo sehen) die sie mit hacken in die Erden gestecket/ vnnd warteten des feindes angrieff/ da der geschahe/ erzeigten sich die Teutschen Mannlich/ hetten die Helleparten/ so allererst auffkommen/ mit denselbigen (ob man wol hefftig von den Wägen vnter sie schoß) zerhieben sie die Ketten/ rissen die Schilttartschen vmb/ brachen in die feind. Weil sie sich aber mit dieser arbeit sehr abgemattet/ vber das denselbigen tag eine grosse hitz war/ sie auch von herein zihen sehr müde/ kont es bey jhnen nicht so lang/ als bey den Böhmen/ einen bestand haben. Es gebrauchten auch die Böhmen zu jhrem vorteil

Der Teutschē vnd Böhmen schlacht.

Hußiten Krieg.

vorteil das Geschütz, erlegten viel Mannlicher hertzhaffter Ritter/hatten auch newe erfundene Spieß mit krummen hacken/ damit sie die Reisige von Rossen rissen. In summa man streit von morge bis in die sinckende nacht mit solchem ernst/ vnd zweifelhafften glück/das kein Mensch wust/wer Herr, sein würde. Den Teutschen halff jre menge/den Böhmē der vorteil. Zuletzt ist der Teutschen heer zertrennet vnd in die flucht geschlagen worde/in welcher schlacht ein Narr einen Grafen mit seine Trischel erschlagen. Es sein auch viel andere Herrn vñ Grafen ligen blieben/ besonders der Burggraf von Meissen/der Burggraf von Jütterbach/der Graf von Gleiche/der Graf von Beichlingen/der Graf von Hohenstein/der Graf von Querfurt/der Graf von Darby/der Herr von Tonaw/ der Herr von Gera/ der Herr von Falckenstein/ der Herr von Grätz. Vnter denen von Adel sein jhrer gar zuviel blieben/ darunter die vornembsten/als Befehlsleute Fabr.lib.7. Histor. Misc. auffgeschrieben: Heintz Erf/ Jacob Wugenheim/ Christianus Seeberger Witzleben/ Dietrich vñ Heintz von Schleinitz/ Walthaus/ Wigandus vnd Reinholdus/ von Bernstein. Diese vnd viel andere mehr/ sein tod blieben/ vnd ligen vnter einen Birnbaum an dem weg/ da man nach Döplitz gehet/ begraben/welcher Baum järlichen (wie man saget) sehr sol geblühet haben/ aber keine frucht getragen.

Diese nacht haben auch die Böhmen die Stad gewonnen/ alles ermordet/ des Kindes in der Wiegen nicht verschonet/vñ endlich die Stad in den grund ausgebrent. Die anzal der erschlagenen/beides in der Stad/schlacht/vñ scharmützel auff beiden teilen/sol sein 50000. welchs kaum zu glauben/vñ kan gnug sein/das 12000. teutsche/wie *Hage* schreibet/ auff der stell blieben sein/ oder 9000 wie *Sylvius*, vnnd 3000. Böhmen.

Die Teutsche werden in die flucht geschlagen.

Vornemer Grafen vnd Herrn nider lag.

Außig gewonnen von den Thaboriten.

Hußiten Krieg.

Sigismundus Dieczinsky vertregt sich mit seinen feinden den Thaboriten.

In einem alten Manuscripto/ hab ich gefunden/ das Sigismunduß Dieczinsky/ ein abgesagter feind der Thaboriten/ sich nur den abend vor der Schlacht mit den Böhmen vertragen/ hat auch jhnen hertzhafftig beygestanden/ also/ das er auch den Teutschen einen zimlichen possen gerissen. Denn nach der Schlacht/ als sich jrer viel auff das Schloß Schreckenstein salvirten/ kompt er mit seinen Söldnern/ gleichsam flüchtig/ auch davor/ bitt man sol jhn einlassen/ die in dem Schloß befahren/sich vor vor ihm nichts böses/sperren auff/ da er hinein kompt/nimpt er die besatzung gefangen/darunter auch Herr Conrad Einsiedl gewewesen/ die sich aber wehreten/ ließ er tod schlagen. Die Jahrzahl dieser erbärmlichen Schlacht haben die Alten durch diese Reim wollen anzeigen.

Die zeit des Kriegs vor Außig.		
Hat man geschrieben dis Geschichte		M.
Ein Ring von einer Taschen/		CCCC.
Vier öhr von einer Flaschen/	id est	
Ein Seul von einem Thor/		I.
Vnd drithalb anders Creutz davor.		XXV.

Furcht der Teutschen.

Diese der Böhmen *Victoria* bracht eine solche furcht in die Sachsen vnd Meißner/ das/ wenn sie hetten nachgesetzet/ hetten sie was statlichs/ im abwesen des Hertzogen/ können ausrichten/ wie es *Cranzius lib. II. vand. c. 23.* bezeuget/ da er schreibet das man dazumal hat angefangen/ die Städte zubefestigen/ als Erffurt / Jena/ Magdeburg/ Braunschweig/Lüneburg/vnd dergleichen. Es schreiben etliche/ das ein Teutscher Fürst einen Narren gehabt/ welcher eben an dem tag/ da dieses Blutbad geschehen/ gesaget: Wir haben eine Ganß gebraten/ jetzt kommen die Böhmen/vnd bringen vns eine Salsen darzu/ welche wort eben die grewliche schlacht bedeutet/ darinnen keines Menschens/ auch derer

nicht

Hußiten Krieg.

nicht/ die die Waffen von sich geworffen/ vnnd vmb Gottes willen fristung des Lebens gebetten/ verschonet/ wie Syluius cap. 44. schreibet/ der doch vnrecht schreibet/ Ziska sey darbey gewesen/ weil er schon vor einem Jar gestorben.

Das LX. Capitel.

Nach dieser erlangten victoria zogen die Präger mit frewden hinab/ aber Sigismundus Dieczinsky/ welcher vermeinet/ er hett es gar wol getroffen/ weil er mit den Prägern vnd Thaboriten sich verglichen/ ist ohne sorge/ bis jhn Herr Johannes von Wartenberg vberfiel/ gefangen nam/ vnd auff sein Schloß Felßko schicket zuverwahren/ weil er vor 2. Jahren/ Herrn Nicolaum Chudi zu gast geladen/ vnd vnter dem Schein einer freundlichen Gasterey gefangen genommen/ auch in Ketten vnd banden gehalten/ bis er jm das Schloß Hasenstein abgestanden ist. Dieses zurechnen fieng jhn Herr Johann von Wartenberg/ vnd bezahlet gleich mit gleichem. Die Thaboriten vnd Waisen/ wie sie von Außig kommen/ gedencken an jhre alte feindschafft/ die sie trugen wider Herrn Boczko von Podiebrad/ weil er seinen Vettern Gindrżich heimlicher weiß auff dem Schloss Kostomblat gefangen genommen/ belagerten jhn den 6. Augusti (an welchem tag eben Conradus der Ertzbischoff zu Prag gestorben ist) auff seinem Schloß Podiebrad/ schossen den 7. Augusti hefftig hinan mit Pfeilen/ den 8. tag stürmeten sie von Mitternacht her das Schloß/ weil aber der Boczko viel Volcks bey sich hat/ thaten sie solche gegenwehr/ das der Feind 800. in dem einigen sturm blieben. Denn seine Büchsenmeister/ die damals vor die Meister in gantz Böhmen ausgeschrien waren/ feyreten weder mit den Feldschlangen oder den Mörschern/ oder andern groben Geschütz/

Sigismundus Dieczinsky gefangen.

Thaboriten verzihen Boczko von Podiebrad.

sondern

sondern schussen so offt in ihr lager/ das sie von dem orth zu weichen gedrungen wurden/ vnd weil sie bey jhnen diese rechnung gemacht/ das das Schloß sich die lenge nicht vermöcht auffzuhalten/ verbleiber sie eine gute zeit dauorin jhrem Lager/ das sie vmb die Pfarrkirchen auffgeschlagen/ als sie aber an dem tage Michaelis/ welcher an einem Sontag gefiel/ in der Kirchen den Gottesdienst verrichteten/ auch in der besten andacht waren/ geschicht ein schuß/ von des Schlosses Thurm/ durch die hintere Kirch thür in die Kirchen/ das 11. Personen auff dem Platz blieben/ vnd die andern so erschrecket/ das keiner des Segens nicht erwarten wolt. Den 3. Nouembris hielten die Thaboriten rath/ was sie doch wolten anfangen/ weil die kält herbey kommet/ vnd sie an Prouiant nicht geringen mangel leiden/ auch das Schloß von verstendigen dahin erkennet worden/ das es sich vor jhnen wol schützen könne. Letzlich schlussen sie auff den künfftigen morgen von der belagerung abzuziehen/ welches auch geschahe/ da sie aber auffbrachen verlacheten vnd verspotteten sie die belagerten/ hiessen sie noch ein weil verziehen/ darumb waren etliche waghäls von den Thaboriten her/ theten den vorhang/ von dem hindern vierteil/ vnd weiseten jhnen das vntere Gewölb/ das die Büchsenmeister mechtig verdros/ vnd zum Valete frisch vnter sie los brenneten/ das jhrer viel in dem stick blieben.

Die Thaboriten verlassen die belagerung.

Wie nu Herr Boczek also von den Thaboriten erlediget das frey feld bekam/ gedacht er sich/ wie wenn vnd wo er könt/ zurechnen/ vnd weil er gewißlich erfahren/ das die Thaboriten die Stad Nimburg eingenommen/ auch den Winter vber darinnen hausen wollen/ eilet er mit etzlichen seinen Soldaten vor die Stad/ in meinung dieselbe zuüberfallen/ vñ weil die wachten vbel besetzet/ er auch die Vorstad zu seinem vorteil erreichet/ das Stadthor offen gefunden/ vermeinet er/ es habe schon gute weg/ sprenget selb ander vnbesonnen hinein/

Herr Hineck Boczko von Podiebrad vberfelt Nimburg.

aber

Hussiten Krieg.

aber er war kaum durchs Thor komē/ da lassen die bürger den Schoßgattern fallen/ machen Lärmen/ etliche lauffen auff die Mawrē/ wehren den Söldnern/ so mit Herrn Boczek komen waren/ das sie die Stad nit ersteigen solten/ die andern eilen den Thoren zu/ vñ verwaren dieselbige/ auffs best sie mögen/ besonders kamen die Bierbrewer mit jren dremeln gelauffen/ vnd schlugen Herr Hynick Boczken von Podiebrad vnter dem Thor tod/ den 25. Novemb: dessen zu einem zeichen auff den heutigen tag ein stein ist/ darauff ein Creutz ausgehawen. *Wird darüber erschlagen.*

   In gemeltem Jar/ am tag Wenceslai ist Przibik Klenowsky mit 10. seiner Diener in die Stad Mieß gesprenget/ vnd weil er ein heimlichen verstand mit den Bürgern hat/ erobert er diese Stad gar leichtlich/ verjaget die Catholischen/ lies dargegen seine Thaboritische das Ampt in der Kirchen verrichten. Die Pilsner erfahren mit schmertzen/ vnd schrecken der Mieser abfall/ schreiben an sie einen scharffen Brieff/ mit meldung/ sie hetten wider jhr Sigill vnnd Brieff gehandelt/ einem Ketzer/ der allein 10. Mann bey sich gehabt/ Thür vnd Thor auffgethan/ das jhnen bey allen benachbarten ein ewige schand der zagheit gebracht. Darauff gaben die Mieser zur antwort: Es wer gemelter Przibik ein Mannlicher vnüberwindlicher Ritter/ hett auch/ wie er in die Stad gesprengt/ ein solches grosses Schwert gehabt/ das von einem Thor bis zu dem andern gereichet. Diese Stad Mieß hat Sobieslaus der 27. Hertzog in Böhmen zubawen befohlen. Deñ weil nur ein schlechtes Dorff Misa/ an einem solchen wolgelegenen/ vnd zu der zeit festen orth/ gestanden/ hat er jn mit Mawren zu vmbgeben/ vnd mit graben zubefestigen befohlē/ da man aber den grund der Stadmawren graben wolt/ fand man Silber Ertz/ darumb die Böhmen bis auff den heutigen tag/ auff jre sprach/ die Stad Strzibro/ das ist Silber/ neñen/ ob es wol wegen des alten namens/ vñ des Flusses/ der vorüber fleusset/ Misa auch geheissen wird. *Mieß felt zu den Hußiten.* *Mieß die Stad von wem sie gebawet.*

   Vmb

Hußiten Krieg.

Vmb diese Stad hat man lange zeit/ besonders vmb den Rombsperg/ viel Silber gehawen/ aber jetziger zeit lieget alles. Es sein auch alle jhre alte monumenta Anno 1588. als durch einen Donnerschlag jhr Rathaus den tag vor Johannis angezündet worden/ verbronnen.

Das LXI. Capitel.

Herr Victorin Podiebrad stirbt.

AM ersten tage des Jahrs 1427. ist gestorben der Wolgeborne Herr/ Herr Victorin von Podiebrad/ der standhafftig bey den Prägern/ die wider Göttlicher Warheit feind stritten/ blieben ist. Sein Sohn Georgius ist hernach Anno 1458. den 2. Martij Böhmischer König worden/ welcher auch erlebet hat/ das seine Söhne/ Victorin vnd Heinricus/ von dem Römischen Keyser Frid: III. sein zu Fürstlichen ehren Anno 1463. Feb. die 20. erhoben worden/ vnd werden heut zu tag genennet/ die Fürsten von Münsterberg. Darumb man wol sagen mag/ des gerechten Samen wird grunen/ wie ein Lorberbaum/ vnd seine Zweige wie die Ohlbl.itlein ewiglich. Vnd ob wol Cochlaus, Aeneas, Sylvius, (der jhn gar in den Bann gethan hat) sie gar verwerfen/ so grunet doch jetzt/ durch hülff göttlicher gnaden/ wie Curæus schreibet/ dieser bawm noch.

In dem verschienenen Jahr ist auch gemeldet worden/ wie M. Petrus de Mladonowicz/ Johann Hussen getrewer gehülff auff dem Concilio zu Costnitz/ M. Johann Przibram/ M. Christianus Medices/ sein von Prag vertrieben/ aber weil sich die Waisen/ jrer angenommen/ wider in jhre vorige stell eingesetzet worden. Nun hat sich M. Petrus Anglicus/ als sie in dem *exilio* waren/ sehr auffgeblasen hören lassen/ das das Brod des hochwirdigen Sacraments des Altars schlecht Brod/ der Wein ein schlechter Wein sey/ also/

Petri Anglici Jrrthumb vom Sacrament des Altars.

Hussiten Krieg.

also/ das wir den Leib vnd das Blut Christi allein durch den Glauben empfahen müssen. Da aber die vorgedachten Magistri wider ankommen/ haben sie so lang mit jhm in geheim davon gehandelt/ bis sie vernommen/ das er Anglicus von seiner meinung gar nicht weichen wollen/ vnd dahin allein gedacht sey/ wie er die andern auch mit diesem Seelengifft hinrichten möge. Darumb stund M. Johan. Przibram den 3. Januarij auff/ vnd disputiret öffentlich wider gedachten M. Petrum Anglicum, aliàs Peyne, daraus denn ein newes fewer entstund/ welches hernach grossen schaden gethan. Denn weil sie sich also miteinander zancketen/ besonders in der fasten/ auch ein grösser Lermen daraus kam/ weil die Präger es mit den Anglico/ die Thaboriten hergegen mit den andern hielte/ liessen sie die Präger auff ein newes M. Procopium de Plzna, M. Johan. Przibram/ M. Petrum de Mladienovvicz, M. Christianum Medices, M. Laurentium Pfarherren bey S. Heinrich/ den Pfarherrn in der Kirchen zum heiligen Creutz/ vnd andere mehr gefangen namen/ auch die Thaboriten aus dem Prägerstädlein schaffen.

Der Präger vnd Thaboriten zwiespalt.

Da das die Thaboriten vnd Waisen erfahren/ kommen sie zusammen/ lagern sich vor Prag den 24. Martij/ erstlich bey Modzan/ darnach bey Zabiehlicz/ vnd begeren in die Stad/ das jhnen abgeschlagen worden/ vnd allein *Procopius Rasus*, Jan Rohacz/ Jan Walkaun vom schwartzen Adler/ *Procopius Minor*, eingelassen/ das sie möchten von frieden handeln. Es schickten auch die Satzer/ Launer/ Schlaner/ jre gesandten gen Prag/ die da solten helffen fried schliessen. Aber weil die Thaboriten allezeit mit list vmbgiengen/ wurd die handlung zu nicht. Denn Johan Rohacz sahe allein auff seinen vorteil/ vnd suchet gelegenheit/ die Stad zu vberwältigen. Aber wie er es wolt in das werck richten/ wird die Sach verrathen ꝛc. Deswegen liessen die Präger durch jre Herolden außruffen/ das alle Thaboriten in puncto auß Prag zihen solten/ das sie auch verrichteten.

Die Präger nemen Coributum gefangen.

An dem Grünen Donnerstag liessen die Präger Sigismundum Coributum/ der lange zeit vergebens auff die Kron gewartet hat/ vnd deswegen vbel zufrieden/ gefangen nemen/ in den Königs hoff zu Prag/ hernach gegen abend stiessen sie jhm eine vmbgekehrte Kutten an den Halß/ führeten jhn auff das jetzige Präger Schloß/ vnd verwahreten jhn in dem weissen Thurm/ darinnen er ein geraume zeit gesessen. Es sol aber der Leser wissen/ das auff dem Schloß zwey weisse Thürm sein/durch den ersten/gehet man in das Schloß/ vnd ist jetzt abgetragen worden/ darauff haben sie jhn geleget. Der ander ist hinten an der Mawer/ darob sitzen die/ so etwas verwircket haben/ oder mit grossen schulden verhafftet sein. Wie Her Rozwoda/ vnd Zmirzlyk von Swonschin/ die gefengnüs des Coributi erfahren/ eilen sie geschwind nach Prag/ setzten sich/ so viel sie vermochten/ darwider/ kondten doch nichts wider den gemeinen rathschluß außrichten/ welches/ wie gemeldet sol werden/ newe händel gab.

Die Waisen fallen in die Schlesien.

Mitlerweil hatten sich die Thaboriten vnd Waisen/ die vmb Jaromir/ Nahod/ Königin Grätz/ Trautenaw/ Politz vnd Latisch waren den Winter vbergelegen/ zusammen rottieret/ wurffen zu einem Häuptman auff Welek Kaudelink/ theten einen einfall in Schlesingen/ verwüsteten erstlichen Goltberg/ darnach Laubn/Brieg vnd andere kleinere Städ/Dörffer/ vnd vbel verwarete Schlösser/ Da sie aber mit grossen raub nach dem Land zu Böhem zogen/ kamen sie in erfahrung/ das die von Königin Grätz/ von

Hußiten Krieg.

von Jaromir/ Königshoff/ das Schloß Rottenburg belagert/ derhalben eileten sie jnen zu hülff/ da sie ankamen/ stürmeten/ eröberten/ vñ schleiffeten sie daſſelbige/ zogen darnach heim/ vnd brachten ſo viel Viehes mit ſich/ das ſie 15. Ochſen oder Kühe vmb 2. Böhemiſche ſchock oder 2 Thaler verkauffeten.

Damit ich aber wider kom auff die Thaboriten/ die vnter jren vorgedachten hauptleuten vor Prag gelegen/ als ſie geſehen/ das nichts auszurichten/ verlieſſen ſie Prag/ vnd ruckten vor Schlan/ welche Stad mit den Prägern in verbündnis ſtund/ belagerten dieſelbige hefftig/ weil aber viel frembdes Volck in der Stad/ vnd mit Herr Hynckes von Waldſtein Söldnern wol beſetzet/ funden ſie groſſe widerpart/ doch letzlichen vberweltigten ſie die Stad/ an den 27. tag Aprilis/ ſchlugen ohne vnterſcheid alles tod/ den Rathsherrn ſampt dem Richter/ vnd etlichen von Adel bunden ſie händ vnd füß/ trugen ſie in die fleiſchbanck/ ſo das mal mitten auff dem Marck geſtanden/ vnd zündeten dieſelben an. Ihre Pfarherrn/ Chriſtianus vnd Wenceslaus von Zwikowecz/ ſein in der erſten furi erſchlagen worden/ viel ſtreibare Ritter ſein mitgeblieben/ vornemlich Jan Srſa/ Peter Kamenecz von Hvlaus/ Zdenick von Blaſchoticz vnd Witek von Kwicze.

Thaboriten belägern vnd gewinnen Schlan.

Dieſe Stad Schlan iſt von dem andern Böhmiſchen Hertzog/ Neſamyſl/ nach Chriſti geburt 750. erbawet worden/ weil daſelbſten ein Saltzbrunnen geſunden/ von welchen die Stad Slaney Wrch/ das iſt/ der Saltzberg/ den namen bekommen. Dieſer Brunnen wird heut zu tag vnter dem Schlanerberg geweiſet/ vnd hat noch ein geſaltzen waſſer/ das doch wegen des wilden Waſſers/ ſo ſich dazu geſchlagen/ wol zutrincken iſt/ wie dann die Weinhacker/ ſo es gewohnet/ allezeit ſich dieſes Waſſers gebrauchen.

Von erbawung der ſtad Schlan.

Tt ij

Hußiten Krieg.

brauchen. Es hat zwar das Böhmerland aus sonderlicher gnad Gottes allerley/ so zuerhaltung Menschliches lebens gereichen/ an Getreid/ Wein/ Metallen/ Edelgestein/ Wiltbahn/ Fischen/ Obst vnd Höltzer genugsamen vberfluß/ aber kein Saltz/ ob wol auch Brunnen gefunden werden/ als zu Schlan/ vnd vnter dem Schloß Königswart/ bey einem Dorff Auschabitz/ so von wilden wasser verderbet sein. Aber es hat Gott also wolgefallen. Denn gleich wie an den Menschen/ welchen Plato die kleine Welt geheissen/ ein glied des andern bedarff/ also auch in der grossen Welt/ ein Land des andern. Doch von dem genug.

Leutmeritz ergibt sich den Thaboriten.

Von Schlan zogen die Thaboriten nach Leutmeritz/ vnd namen die Stad durch auffgebung ein. Da die Waisen/ so vnlengst vnter jhren Hauptman Welek Raudelink waren in Schlesingen gewesen/ das erfahren/ zogen sie jhren Brüdern zu hülff/ raubeten vnnd brenneten vmb Kaurzim vnd Böhmischen Brod/ vnd als sie an den Sitz Kwietnicze/darauff Proknopek Trezka wohnet/ kommen/ namen sie jhn mit gewalt ein/ vnd verbrenneten den Herrn sampt all den seinigen. Von dannen zogen sie neben Prag hin/vnd setzten bey den zerstöreten Kloster Königsaal durch die Multaw/ Plagten den Pißner Kreiß mit raub/ mord vnd brand/ vnd eröberten die Schlösser Schwihow vnd Oborzischit. Nachmals kamen sie zu jren Brüdern/ vnd belagerten das Schloß Zleby/ erorberten es auch durch auffgebung. Nach diesem verrichten rückten sie vor Prag/ vnd lagerte sich bey Wrschowicz. Wie solches die Satzer erfahren/ schickten sie jhre gesandten neben dem Alten Coranda zu den Thaboriten vnd Pragern/ mit vermelden/ das sie sich solten vergleichen/ weil der Keiser das gantze Römische Reich auffgemanet/ vnd Böhem bezwingen wil. Diese gesandten

Thabo. lten belagern Prag.

sandten brachten bey beiden theilen die Sach dahin/das ein Fried geschlossen/die Magistri/so gefangen/wider loß gelassen wurden/doch weil sich die Präger besorgten/das sie nicht etwas tentireten/wolten sie die Thaboriten nicht in die Stad lassen/vnd wie sie vernamen/das etliche Rathherrn es mit den Thaboriten hielten/setzten sie dieselbigen ab/vnd erweheleten durch jhre Hauptleut andere. Bald nach diesem verrichten liessen die Präger alle jhre Pfarherren zusammen fordern/vnd erweheleten zu einem *general inspectorn M. Iohannem Rokyzanensem*/derselbige verenderet alle Pfarherren/vnd setzet einen in diese/den andern in jene Kirchen. Er erhielt auch bey einem Rath das verbotten ward dem gemeinen volck in eine Kirchen zu kommen/da rein er nicht gepfarret. Denner gab vor/man köndte auff das mittel wol verhindern/das kein aufflauff in der Stad würde/ob wol die Pfarherren in allen Artickeln nicht vberein kemen.

Fried zwischen Thaboriten vnd Prägern.

M. Iohan Rokyczan general Superintendens zu Prag

Das LXII. Capitel.

DA Keiser Sigismundus sahe/das er bey den Böhmen mit guten wenig nutzes schaffen kan/schreibet er dem Bapst/begehret hülff vnd Rath/vermanet nichts desto weniger die Teutschen Fürsten/das sie mit aller jrer macht auffweren/vnd die Böhmen zum schuldigen gehorsam brechten. Der Bapst meinet auch/er müsse in dem spiel sein/mandirt den Reichsfürsten/das sie das Land zu Böhm auff das eusserste verfolgeten. Vnd damit es ein grösser ansehen hette/schicket er *Cardinalem Vintoniensem*, seiner geburt nach einen Engeländer/in das Teutschland/der dann hin vnd nider so lang zoch/bis er 3 Heer zusammen bracht/das erste waren die Sachsen Kärl/neben den handel

Der Keiser vnd Bapst erregen fast gantz Teutschland wider die Böhmen.

Hanfel vnd Seeſtädten: Das andere die Francken/ Thüringer/ Mercker: Das dritte die Bayern/ Reinſtrömer/ Wirtenberger/ neben den Schwäbiſchen Reichsſtädten/ als Augſpurg/ Vlm/ Nördlingen/ Hall am Kocher/ Hailbrun/ etc. Dieſes Volck kam durch den Böhmer wald/ das erſte Heer bey bey Chometaw/ das andere bey Eger/ das dritt bey Taus/ wie ſie nun zuſammen kommen waren/ den 18. Julij/ ſahen ſie vor gut an/ das ſie erſtlichen Mieß/ welche Stad vor einem Jahr aller erſt abgefallen war/ wolten zum gehorſam bringen/ vnd ruckten vor dieſelbige Stad den 23. Junij/ ſchlugen jr Lager auff einer ſchöne ebnen auff/ in einem Dorff/ das ſie gantz zerſtöret/ wie es denn noch bis auff dieſen tag wüſt liget/ vnd allein deſſen zum gedechtnüs das Kirchlein erhalten/ gezeiget wird. Von gemeldten orth ſchoſſen ſie grawſam auff die Stad/ beſonders auff das weiſſe Breyhaus/ wie denn noch/ wie man ſaget/ darinnen eine Kugel geſchoſſen/ liget/ ſie feyerten auch mit dem ſtürmen nicht/ doch weil Przibik Klenowsky in der Stad Hauptman war/ erhielt er durch ſeine Manheit dieſen Platz Ritterlich. Vnter deſſem gedauchte den Prägern nicht rathſam/ zu ſein/ ſo ſie ſich wider die feind nicht rüſteten/ ſonder ſchicketen zu den Thaboriten vnnd Waiſen/ lieſſen jhnen der Teutſchen vorhaben vermelden/ vnd vermanen/ das ſie ja das Vaterland in dieſer gefahr nicht wolten ſtecken laſſen. Sie die Thaboriten vnd Waiſen ſein bereit/ lencken ſich gegen Prag/ waren auch kaum ankoſſen/ da höre ſie Zeitung von der belagerung der Stad Mieß/ welches ſie noch mehr zu eilen verurſachet/ vnd begerete von den Prägern/ das jnen vermög des auffgerichten vertrags/ vergünſtiget würde durch die Stad zuziehen. Die Präger ſein zufrieden/ doch mit dem beding/ das ſie ſtracks durch die Stad zihen ſolten/ nicht ſtil halten/ oder die bürgerſchafft beleidigen/ welches ſie gethan

Hußiten Krieg.

gethan/ vnd den folgenden tag den 12. Julij mit fliegenden Fahnen/ neben 300 Wägen/ still vnd sitsam durch die Stad gezogen sein/ vnd auff den Weissenberg jhr lager geschlagen. Den 13. Julij kamen andere Waisen/ die in die Stad eingelassen/ vnd in der Newstad vber nacht gar still gelegen/ den folgenten tag/ vor essens zeit/ jren Brüdern mit 200. Wägen/ gefolget. Den 15. Julij kam Procopius Rasus mit 10000. Man vnd 200. Wägen/ der war auch eingelassen/ sein Volck aber in die Newstad/ Altstad/ vnd Kleinseiten zerteilet/ dieser vertrug sich das mal völlig mit den Prägern/ vñ scheid den 17. Julij von Prag/ da als balden die Mährischen Herrn eingezogen sein/ Herr Wentzel von Stracznicz/ Herr Hlawacz von Mitrow/ Herr Ernst von Leskowicz/ vud Meynhardus von Newhauß/ die alle der Kron Böhm zu hülff wider die Teutschen kamen. Den 18. Julij zogen die Präger neben den Mährischen vnd Böhmischen Herrn zu feld. Den 21. Julij lagerten sie sich den Feinden vnter die augen/ das also nur das wasser Myza darzwischen war. Wie die Teutschen denn grossen gewalt der feind sehen/ auch mercken/ das sie der Schlacht begirig sein/ verlassen sie die belagerung/ vnd eilen auff Tachaw. Als sie da an kamen/ wil zu jhnen Herr Jacob Sirk/ Ertzbischoff von Trier/ stossen mit 1000. Pferden/ die er den 4. Julij zu Nürnberg mustern lassen. Als er aber die Flucht sihet/ eilet er auch dem Waldt zu. Aber sie waren kaum in den Waldt kommen/ sein die Böhmen hinter jhnen her/ schlagen tod/ was sie ereilen können/ die Fuhrleut aber mit den Wägen fiengen an zu eilen/ vnd je hörter sie cileten/ je sehrer einer den andern hindert/ das sie also viel Wägen in der hafft gelassen. Die anzahl der erschlagenen/ hat man nicht wol wissen können/ weil die Bawren in den Wälden viel tod geschlagen/ doch hat man dauor gehalten/

Die Präger zihen den Teuschen vnter augen.

Der Teutschen flucht vnd niderlag.

das

das der Teutschen in die 10000 Mann/ohn sondern verlust der Böhem/blieben sein. Es ist auch noch ein Fähnlein auff dem Rathhaus zu Tachaw/das die Böhmen den Teutschen genommen. Den 29. Julij kam frölicheʒeitung gen Prag/wie die Böhmen mit Göttlicher hülff jhre feind erleget/vnd aus dem Land verjaget hetten. Darumb hielten die Präger gemein eine herrliche Procession nach dem Kloster Slowan in der Newstad/sangen das *Te DEVM laudamus*,vnd waren frölich.

Die Böhmen gewinnen Tachaw.

Da aber die Thaboriten/Waisen/vnd Präger von dem nachjagen vmbkereten/lagerten sie sich vor die Stad Tachaw/bey dem Galgen (wie denn heut zu tag jre schantzen noch zusehen sein) setzten den Jnwohnern starck zu/welche sie den 11. tag Augusti/den 16. tag nach dem die Stad belagert worden/mit Sturm eröberten/alles was Männlich gewesen/erschlagen/hetten auch die Stad angezündet vnd geschleiffet/wo nicht etliche verstendige weren darwider gewesen/die da sagten: wenn man solche Grentzheuser besetzet/köndte man in dem Land desto friedlicher leben/da man diesen Rath wol betrachtet/besetzet man die Stad mit Thaboriten. Aber die Präger zogen mit frewden nach haus/desgleichen die Waisen/die von dem Schloß zu Tachaw ein vber grosses stück Büxen namen/Chmelyk genant/vnd nach jhrer Stad Thabor als ein Siegzeichen geführet/da es geblieben. Wie sie nun auff den weg sein/kommen sie vor Pilsen/gedencken jhr heil zuversuchen/weil sich aber die Bürgerschafft wehret/auch sahen/das sie nichts verrichten kondten/zündeten sie die Vorstad an/vnd zogen daruon.

Das

Hußiten Krieg.

Das LXIII. Capitel.

DA die Präger wider waren zu hause komen/ vnd Sigismundum Coributum noch gefangen hielten/ wolten die Herrn nicht lenger zu ruhe sein/ sondern beschlossen jn mit gewalt zuentledigen/ hetten es auch in dem Winter mit hülff der Waisen vnd Thaboriten gethan/ wenn gedachte 2. Kriegsheer Sigismundo aller dings getrawet/ vnd die sach/ die sie wider die Präger hatten/ güttlichen nicht wer vertragen worden. Derhalben macheten sie mit dem Stadrichter der newen Stad Prag/ Buresch ein heimlich vorneme/ brachten etzliche Bürger an sich/ die jhnen den Herrn/ besonders Herrn Hyniek von Waltstein/ alle gelegenheit entdecketen/ auch weil sie sahen/ das die Präger/ weil sie jhre feind aus dem Land geschlagen/ gar sicher sein/ fügen sie solches dem Hyniek zuwissen/ mit vermelden/ das er eilend auff sein solte. H. Hyniek von Waltstein feyret keines weges/ nimbt sein vnd Jan Miesteczky Gesinde zu sich/ Jan Smirziczky versamlet seine/ vnd des Puta von Czastalowiczen vntersassen/ Hyniek Wambersky von Rohatecz machet sich mit den seinigen vnd des Marschalcken Vnterthanen auch gefasset/ vnd warteten alle drey mit verlangen/ wenn jhnen die Präger einen Termin setzen würden/ die Stad zuberfallen/ welcher endlich gesetzet war den 6. Septembris/ aus denen vrsachen. Die Waisen hetten im Frueling dieses Jahrs einen mechtigen schaden/ wie gehöret/ den Schlesigern zugefüget/ welchen sie gedachten/ besonders zu der zeit/ da die Böhmen sämptlich mit den Teutschen streiten musten/ zurechnen/ vnd belagerten Nachod die Stad mit grösser macht. Die Grätzer wolten den belagerten zu hilff kommen/ samleten ein Kriegsvolck/ vnd zogen in das Feld. Da das die feind höreten/ auch durch kundschafft den zustand der Teutschen erfahren/

Herr Hyniek von Waltstein rüstet sich wider die Präger.

Die Schlesier belägern Nachod.

Vu verlas

Hußiten Krieg.

verlassen die sie belagerung/vñ eilen heim/denen die von Nachod vnd Grätz folgen/ vnd ein solches treffen halten/das der Böhmen viel erschlagen werden/ vnd die Schlesiger Nachod auff ein newes belagern. Dieses erfahren die Prager/ vnd schicken jhre Kriegsmacht/ neben 2. vierteil Bürger/ wider die Schlesiger/ die/ nach dem sie kundschafft dessen bekommen/ zuvor auffbrachen/ vnd die Vorstad wegbrenneten. Weil dieses Volck neben der Bürgerschafft nicht in Prag ist/ bekommen gedachte Herren Poſt/ die Stad zuüberfallen/das sie auch verrichteten/ vnd kamen den 6. Septembris: Früe vmb 13. Vhr in die Stad mit 600. oder wie Hagecus schreibet 900. man/ schlugen tod/ vnd namen gefangen/ was jhnen vorkam. Die Zunfftmeister/ so mit den Herrn ein heimliches vornemen hatten/ wolten jhnen hülff leisten/brachten auch die Sach da/in/das sich die Bürgerschafft weich finden ließ/ wo nicht die Viertelmeister weren kommen/ jhnen zugeredt/ vnd den geringen hauffen der feind vermeldet/ darumb samleten sie sich gerüst/ zogen die Ketten in den gassen vor/ so worffen die Weiber vnd Mägde von den Heusern mit steinen vnter die feind/ das sie nirgend sicher bleiben kundten/ sondern eileten auff das Wasser/ da denn viel ersoffen sein. Herr Hynick von Waltstein sprang von seinem Roß/ loff in ein Haus/ zu dem Elephanten genandt/kroch in einen hauffen Habern/ weil aber seine sporen herausser giengen/ fand jhn ein loser Bub/ den gedachter Herr Hinek zu Prag vnlengst vom Galgen erbeten/ dieser erstach jhn/ vnd warff den todten Leichnam zum Fenster hinaus auff die Gassen/ loff hinab vnnd schleppet jhn vnter den Präger Pranger.

Dieser Bub mit namen Makowecz/ ist kurtz hernach wegen seiner Mißhandlung vnter gemeltem Pranger geköpffet worden. Schmirziczky loff nach der Kirchen Tein/

Verlassen Böhmen.

Herr Zinick vberfelt Prag.

Herr Zinek wird erstochen.

Hußiten Krieg. 337

Tein/kam in das Caplan Hauß/vnd wurd in eine finstere Kammer versteckt. Hinek von Rohatacz flohe auch auff die Kirchen Tein mit zerschlagenem Kopff/ergreiff M. Rokyzanum bey dem Chorkittel/der jhn in der Sacristey verborgen/doch zuletzt dem Rath vberantwortet/vnd mit grosser mühe los gemachet. Da die Auffruhr ein wenig gestillet/nahme die Bürgerschafft etzliche Bürger/die darzu geholffen/gefangen/vnd als sie die gantze Sach/vnd alle so conspiriret, durch die Peinliche frag erfahren/liessen sie dieselbigen in verhafft nemen. Den andern tag/welches war der 7. Septembris/kam die gantze Bürgerschafft vor das Altstädter Rahthauß/vnd wolten haben/das man allen den gefangenen/als Verräthern/solte die Köpff abschlagen/aber die Bürgemeister vnd Rathsherren waren darwider/vnnd baten die Gemein/das sie sich solte zufrieden geben/bis etwas gewisses wider sie geschlossen würde. *Die Präger gemeinden, wollen die auffrührer tod haben.*

Da die Gemeine zu Hauß giengen/berathschlagten sich die Herrn/was sie mit Sigismundo Coributo machen wolten/weil diese schreckliche auffruhr seinet wegen geschehen/vnnd schlussen letzlichen/das sie jhn wider aus dem Lande in die Littaw schikken wolten/machten auch von stund an eine form/nach welcher er sich verschreiben müssen/von der Böhmischen Kron abzustehen/welcher er mit Eyd angenommen/vnd ist gantz heimlich den 9. Septembris aus Prag/bis an die Schlesische Gräntz geleitet worden. Sylvius schreibet wider den allgemeinen Consens/das er selbsten durch anstifftung des Königes in Polen sey heim gezogen. *Coributus aus Böhmen ꝛc.*

Den 8. Septembris samleten sich die Bürger noch einmal/vnd begerten ernstlich von einem Rath/das sie die gefangene *Etliche von den auffrührern werden gerichtet.*

Yu ij

gefangene solten Justificiren lassen/vnd weil sich ein Rath/ eines bösen zustandes besorgen must/liessen sie Procopium Krtko/vnd Wenceslaum von Gincez köpffen/darauff begaben sich die Bürger zu ruhe/vnd bald nach solchem verrichten kamen die Waisen mit aller jhrer Haab vnd erworbenen raub gen Prag/aber sie zogen gar still durch die Stad. Den 9. Septembris als sie Sigismundum Coributum abgefertiget/giengen sie den Thaboriten mit den Monstrantzen entgegen bis zu dem zerstöreten Klosters Strahow/füreten sie mit frewden in die Stad/mit aller erworbenen beut/ darunter ein grosses stück Chmelick genandt/das König Wenceslaus giessen lassen/vnnd zuuor allezeit in Tachaw gewesen. Den 10. Septembris zogen sie aus Prag/aber Procopius Rasus blieb daselbsten/damit er fried zwischen der Burgerschafft machete/vnd dahin brechte/das nicht einer den andern also vberfiel/sondern es mit recht suchte. Er bat auch neben M. Johanne Rokezano vor die gefangene/das man gnad vnnd barmhertzigkeit solte lassen in der billichen straff mit vnterlauffen. Den 12. Septembris ist Jan Smirziczky/als man jn nicht lenger verbergen können/dem Rath vberantwortet worden.

Smirziczky wird dem Rat vberantwortet.

Da Procopius Rasus noch in Prag war/höret er von den Waisen vnd Thaboriten seinen Brüdern/das Diwisch Borzek der in der Stad Kolin Hauptman war/sich jhnen vnd den Prägern widersetze/darumb beschlos er neben den Prägern gemelte Stad zubelagern/gütlich oder mit gewalt zubezwingen. Es erhub sich auch wegen des Neustädter Richters/denn die Altstädter gefangen genommen/ein heimlicher groll zwischen den 2. Präger Städten. Denn die Newstad wolte hinfüro nicht mehr mit der Alten Stad einig sein/sondern satzten jhnen selbsten einen rath/vnd verrichteten was zu thun war. Vnd dieses alles geschahe durch einge-

eingebung vnnd geheiß *Procopij Raß* / der dann von den
Prägern auch einzimliche hülff bekam / vnd vor Kolin / mit
den Thaboriten vnd Waisen rückete / die Stad an 3. Orten
belagert / vnten gegen dem Wasser lagen die Waisen / oben
die Thaboriten / zwischen den 2. lagen die Präger / diese alle
schossen heffug auff die Stad.

Procopius belegert Kolin.

Mittler weil wolten die Präger jhre Kirchweyhen
halten / aber ein Rath lies ausruffen / das man in allen Kirchen auff einen tag / den Sontag nach Hieronymi / solte die
Kirchwey halten. Es gieng auch Johannes Rokyzan in
allen Kirchen herumb / vnd befahl / das / wenn man auff der
Kirchen Tein würde ein rothe Fahnen stecken / so solten sie in
allen Kirchen leuthen / vnd den Gottesdienst verrichten. Es
liessen auch die Präger durch jhre Herolden ausruffen / das
ein jeder Hauswirth sich rüsten solt / auff die Heuser Stein
tragen / vnd zur gegenwehr sich schicken / damit sie vor jhren
feinden möchten gesichert sein. Da es nacht war / schlossen
sie alle Ketten in den gassen / vnd liessen sie zugeschlossen bis
an den andern tag zu mittag / da liessen sie die gassen öffnen /
vnnd wie es wolte nacht werden / vmb 23. Vhr widerumb
schliessen.

Die Präger wollen jhre Kirchweyhen halten.

Da Johannes Smirziczky diese gelegenheit ersahe /
vermeinet er los zu werden / bestach etliche mit Geld / das sie
jhm solten aus der Gefengnüß helffen / die es denn zusagten /
vnd dahin es richteten / das er aus dem Gemach dauon / wenn
er wolt / gehen können. Aber da er dieses vorhaben wolte ins
Werck richten / auch allbereit die Stiegen hinab gieng / bekam jm ein Bürger / der jhn kennet / dieser schrey jhn an / vnd
fraget wo er hinaus wolt? Smirzicky erschricket / kan kein
antwort geben / sondern lauffet wider zu rück in sein Losament / da er dann noch herter gefangen geleget worden / vnd
mit Ketten hart angeschmiedet ist / auff das er nicht den Prägern

Smirziczky wil aus der gefengnüß fliehen / vnd wird darüber ertappet.

Vu iij   gern

gern entwische/wie er fast gethan hette/ wo nicht dieser Bürger ohne gefehr jn/ da er schon auff dem weg war/ hette angetroffen.

Das LXIV. Capitel.

Jtler weil feyret das Kriegsheer vor Kolin nicht/sondern suchet allerley gelegenheit die Stad zuerobern. Dargegen beschützen die belagerten sich so wol/ das die feind wenig ausrichtet/ besonders fielen sie den 25. Oct. aus der stad in der Prager Quartir mit einem solchen rumor vñ grim/ als weren sie wilde grißige Thier oder vnsinnige Mensche/ was sie antraffen das must herhalt/ bis die Thaboriten kamen/ da eileten sie in guter ordnung der Stad zu/ vñ brachten grossen Raub hinein. Diese that bewogen die Obersten des heers/ das sie eine macht liessen abgehen an alle ihre Bundsgenossen/ in welchen sie geboten/ das Man vor Man bey verlust Hab und Güter eilends auff wer/ und vor Kolin sich finden lies/ darumb kam ein mechtiges Volck in das Lager/ als aber die proviant wolt die füsse an sich zihen/ schickten sie teglich etliche rotten aus auff die fütterung/ die dann auff 9 vnd 10. meil weges herumb alle ort mit raubē verheereten/ Vieh vñ Pferd hinweg trieben/ wen sie auff der strassen funden/ beraubeten/ Männer vnd Weiber/ Jüngling vnd Jungfrawen plünderten vñ auszogē/ alle wägē/ die sie bekomen kontē/ mit Getreid vnd essender wahr beluden/ vñ nach Kolin in das Lager schicketen. Es trug sich aber in einem solchē streiff zu/ das den 10. Novemb. 5. rotten in das Dorff Seßlicz kamen vñ das Vieh weg treiben wolten/ aber die Bawren schlugen derer in die 9. tod/ die andern salvirten sich in ein stuben/ vnd wehreten sich wider die Bawren männlich/ bis das hauß angezündet wurd vnd die guten gesellen verbrennet. Da daß die in dem Lager erfahren/ wird von stund an lärmen vnd fallen vber die 100.

Kolin wird starck belegert.

So vas

Hußiten Krieg.

Soldaten in gemeltes Dorff/schlagen klein vnd gros/alt vnd jung alles tod/verbrennen auch das gantze Dorff in den grund weg/neben viel gefangenen. Den 17. Novemb. versuchten die Waisen jhr heil an der Stad/weil die Elb vberfroren war/ darumb griffen sie erstlichen die Mühl an/vnd als sie derselbigen mechtig/steckten sie als bald das gebew mit fewer an/vnd machten sich in die Badstuben/die dann bald erobert vnd angezündet wurd. Da sie aber die Stad ersteigen wolten/fielen die Bürger heraus/schlugen jhrer in die 150 tod. Die Thaboriten sahen der Waisen nerrisch vornemen vnd grosse gefahr/wolten jhnen keine hülff leisten/sondern spotteten jhrer/ fragte: wie die Rohaczen oder Martinshörlin geschmecket? Den 25. Novemb. lieffen die Thaboriten/Präger vnd Waisen/die Stad mit einem general sturm an/welcher in die 10. stund wehret/darinnen viel Volcks gebliebe/viel ersoffen sein weil das Eyß auff der Elb gebrochen/vn letzlich die feinde den sturm verlorn/in welchē die belagertē von Herrn Raczky/ der auch tödlich verwundet worden, ein Fähnlein bekommen/ das sie zu spott vber die Mawer haben herausser gehencket. *Procopius Rasus* wurd in einen schenckel mit einer Kugel geschossen/vnd von seinem Leibartzt Marsa geheilet. In die 30. wägen verwundte hat man nach Kuttenberg vnnd Prag geschicket. Da dieses geschehen/wolten sie sich so leichtlich nicht wider an die Stad machen/sondern viel lieber dieselbige mit hunger bezwingen/wie denn jr vornemen nit vbel von statten gieng/denn als kein proviant in der Stad war/wurden sie vneinig/also das Diwisch bezwungē wurd die Stad zu vbergeben/wie denn den 3. Decembris geschahe/da gedachter Diwisch mit den seinigen auszog/vnd die Stad den feinden einraumet/die mit Thaboriten/Waisen vñ Prägern besetzt ist worden. Es vergleicheten sich auch das mal diese 3. parteyen dahin/das sie nach dem newen Jahr zu Braun wolten zusamen komen vnd sich in der religion vereinigen.

Kolin gestürmet.

Kolin außgehungert vñ den Thaboriten auffgegeben.

Zu der zeit hatte Janek Holey die Stad Nachode sampt aller zugehörung vmb fünfftzehen hundert schock Meisnisch vñ Nikulasch Trezka das Schloß Homole vmb 1000. schock Meisnisch gekauffet.

Zusammen-kunfft der Prägern/ Thaboriten/ vnd Waisen wegen der Religion/ zu Beraun.

An dem Newen Jahrs tage des Jahres 1429. kamen die Thaboriten/ Waisen vnd Präger/ jrem verlassen nach/ zu Beraun zusammen von der Religion zu handeln/ *Procopius Rasus* der Thaboriten vornembsten Hauptman war auch dabey/ weil er gestudiret vnd die sachen verstund. Da man nun anfieng zu handeln/ wurden sie als balden vneines wegen der Kirchen gebreuche. Denn *Procopius* vnnd die Thaboriten sagten: Man könte wol die Meß halten/ vnd den Gottesdienst ohne dieselbigen Kutten verrichten. Man solte auch die *elevation* nicht gebrauchen/ viel weniger das gesegnete Brod anbeten oder Göttliche ehr erweisen. Die 7. Sacramenta wolten sich gantz nit annemen. Von dem freyen wille des Menschen/ von der Rechtfertigung/ von der ewigen Gnadenwahl zu dem ewigen Leben wolten sie der Präger Lehr nicht annehmen/ sondern waren auff vnd zogen dauon/ wie sie aber gen Prag kamen/ lies man sie nicht ein/ Darumb brach *Procopius Rasus* im zorn auff/ vnd nam seinen weg auff Raudnitz. Die Präger aber vnnd Waisen kehreten zu Prag ein/ von dannen schickten diese 3. hauffen ihre vollmechtige Gesandten gen Kolin sich vmb diese Stad zu vergleichen/ welches durch das loß geschahe/ welches den Waisen zu fiel/ die ihre Hauptleut dahin verordneten/ vnd alles nach ihren willen regiereten.

Das LXV. Capitel.

JAn Smirziczky der in der Auffruhr/ wie oben gedacht/ gefangen worden/ lag vnter dessen in harten banden/ vnd

Hußiten Krieg. 343

vnd weil er keine hoffnung hatte der erlösung/ bestach er die Hüter noch ein mahl mit Gelt/ das sie jhn solten hilffen entledigen wie dann geschahe/ vnd er den 22 Januarij neben seinen gehülffen entwischet/ auch frisch vnd gesund gen Raudnitz zu den Thaboriten kam/ die jhn mit frewden annahmen/ auch sich sehr verwunderten/ das er den Prägern so meisterlich entrischet were. Hergegen war in Prag vnter der Bürgerschafft nicht in geringer aufflauff. Denn sie beklagten die Rathsherren/ als solten sie wissenschafft vmb diese sach gehabt haben/ vnnd ist dieser aufflauff mit grosser mühe gestillet worden. Den 3. Febr. schicket gedachter Smirziczky ein schreiben an die Präger/ in welchem er jhrer hofflich spottet/ besonders wegen der linden züchtigung vnnd guten Herberg fleissig danck saget. Dieses schreiben erzörnet die Präger so sehr/ das sie beschlussen jhn in der Stadt Raudnitz zu belagern. Aber es gieng viel anders denn sie vermeineten.

Jan Smirziezky wischet aus der Gefengnis.

Dancket den Prägern vor die Herberg.

Vmb diese zeit hielten die Waisen eine zusammenkunfft in der Stad Kuttenberg/ in welcher sie handelten/ wie sie sich in dem Krieg verhalten wolten. Besonders namen sie die Belagerung des Schlosses Lichtenberg in rath/ weil jhnen von demselbigen ein mercklicher schaden geschahe. Diese handlung/ ob sie wol in geheimb geschahe/ wurd sie doch denen auff dem Schloß zu wissen gethan/ die diesen list erfunden/ damit sie jhren rathschlag wolten zu nicht machen/ wie geschahe. Sie schickten an die gantze versamlung jhre gesandten/ vnnd begehreten auff 14. tag einen stillstandt/ damit sie sich mit jhnen möchten vergleichen. Die Waisen versehen sich keines listes/ bewilligen darein/ vnd handeln so lang in guter hoffnung/ biß die versamblung zugieng/ da schrieben sie an den Welko Kudelnik dem die gantze sach war befohlen worden mit vermelten/ sie köndten sich mit eienem solchen rauberischen Volck in keine verbündniß einlassen. Diese antwort ob sie wol die Waisen sehr verdrossen hat könten sie sich doch so balden nit rechnen/ sondern zogen in der Fasten in Sechtsingen/

Der Waisen handlung mit denen auff den Schloß Lichtenberg.

Hußiten Krieg

Die Waisen stehen in Schlesingen.

raubeten vnd brenneten jhrem gebrauch nach. Das Glück so sich allezeit wanckelbar erzeiget/ wolt jhnen in dieser Reyß auch einen Duck beweisen. Dann als jr Hauptman Welko Kudelnik den 11. Martij auff einem muthigen Roß vnter jhnen herumb ritt/ vnnd wolte ein anordnung machen/ warff jhn die Mähre so sanfft ab/ das er ein Bein brach/ darumb er in der Stad Daczicz verbleiben muste vnnd seiner Cur abwarten. Da dieser Vnfall den Waisen begegnet/ wolten sie wieder zu Hauß/ Aber etliche waren darwider/ vnnd brachten die sach dahin/ das sie Blasium von Kralup zu einem Heerführer wehleten/ der den vmb Pawr/ Parchowitz/ Newmarck Lissa alles mit raub/ mord vnd brand erfüllet. Weil aber die von Breßlaw jhnen begegnen wolten/ wandten sie sich nach dem Land zu Mähren/ vnd fielen vnter wegens die Stad Neiß an/ welche doch zu wol versehen, das sie nichtes verrichten konten.

Verrhäterey in der Stad Brin.

Da sie das Land zu Mähren erlanget/ richteten sie mit etlichen Bürgern der Stad Brinn eine Verrätherey an/ wieder die Stad. Weil sie sich aber zu schwach befunden/ schickten sie Boten an den Procopium Rasum, der geschwind jhnen zu hülff eilet/ doch weil sie der sachen nicht geschwind nach setzten/ward die sach der Stad Brin verkundschaffet/ die mit dem Handel so verdeckt vmb gieng/ das weder die Verrhäter/ noch die Waisen wissen konten/ das jhr intent entdecket wer/ denn sie vermaneten jre Bürger/ das sie wegen der streiffeten feind in der Rüstung sein solten biß auff den 14. Maij/ da liessen sie jhre Thor zu schliessen/ die Bürgerschafft versamlen vnnd die auffgefangene Brieff der Verrhäter offentlich verlesen.

Wird der Stad entdecket.

Da die Bürger dieses hören/ nemen sie die Verrhäter gefangen/ vnnd jhre sach besser in acht/ denn der termin der 17. Maij/ an welchem die Stad solt vbergeben werden war vor der Thür/ darumb liessen sie jren rathschlagen nach keinen Menschen aus der Stad/ auff das es

trage gantz keine schew sich mit vns zuvergleichen/ weil er
brüderliche lieb von vnsern Kriegesvolck zuerwarten hat.
Wir zweiffeln auch nicht das die Bohmen/ wenn sie mit vns
verglichen sein/ vnd vnser freundligkeit erfahren/ Gott dem
Allmechtigen dancken/ das er jhnen dieses in sinn geben hat/
darneben auch schmertzlichen berewen/ das sie ohn alle vrsachen von vns sich so lang abgesondert. Kommet wider zu
den Brüsten ewrer Mutter der Christlichen Kirchen/ Be-
trübet sie nicht mehr/ welche ohne das, heulet vnd weinet/
auch mit grossem verlangen wartet auff die widerkunfft jhrer
Söhn/ die jhren teil begehret/ in frembde Land gezogen sein/
vnd vnordentlich verschwendet/ darauff denn der hunger neben grossem vnglück kommen. Kehret vmb liebe Kinder zu
vns/ wir wollen euch entgegen lauffen/ vmb den hals fallen/
küssen/ ein newes Kleid anlegen/ ein fettes Kalb schlachten/
ein hochzeitliche Mahlzeit bereiten/ vnsere nachbawren vnd
freunde/ weil wir vnsere Söhne widerfunden haben/ zusammen ruffen vnd frölich sein. Was sollen sich vnser Mit-
bürger vnd Brüder schewen? Sein wir nicht aus einer Mut-
terleib geboren? sein wir nicht in dem einigen Brunnen der
heiligen Tauff newgeborn? haben wir nicht einen Christlichen Glauben? Erkennen wir nicht einen einigen Mittler
vnd Erlöser JHEsum Christum? Haben wir nicht einerley
Wort vnnd Sacramenta? Nemen wir nicht einerley
schrifft an? Was hatt euch denn nun von vns entfrembdet?
Wer hat von der Mutter die Kinder können absondern?
Jhr vbertrafft newlich im Glauben vnd Gottesfurcht alle
Völker: Jetzt verfolget jhr mit fewer vnd Schwerdt die
Christglaubigen. Die Gottesfurcht/ die jhr gegen andern
erweiset/ habt jhr verkehret in grausamkeit.

Wer es nicht nützlicher vnd heilsamer/ wenn jhr neben vns
mit dem zeichen des Creutzes bezeichnet wider die Türcken
vnd Saracenen/ als abgesagte feind Christliches namens/
zur beschützung vnd vermehrung vnsers Glaubens zihet/ vnd
nicht wider ewre MitChristen/ zu dem gewissen vntergang
der religion/ als verheerer ewres Landes/ streitet? Wir thun
es vngern: Wir sein gezwungen worden/ vnd zihen wider
vnsern willen mit weinenden Augen wider euch. Doch weil
es die noth erfordert/ die liebe des Nechsten/ welche die Böhmen gar Vnmenschlich verfolgen/ berauben/ tod schlagen/
es haben wil/ so wollen wir mit zusammen geschlagenen
händen nicht stillschweigen vnd zusehen/ wie sie die Kirchen/
Betheuser/ darinnen Gott angeruffen vnnd gelobet werde/
zerstören/ das Bildnuß Jhesu Christi/ der heiligen Jungfrawen Marien vnd anderer Heiligen stürmen/ verbrennen/
die rechten Catholischen Christen auff allerley weiß martern/
plagen/ das hochwürdige Sacrament mit füssen tretten/ die
benachbarten Länder berauben vnd verwüsten. Was haben sie vor schaden vnnd Blut vergiessen in jhrem eigenen
Böhmischen Reich/ in Oesterreich/ Vngarn/ Schlesingen/
Meissen/ Beyern/ Francken/ vnd andern vmbher ligenden
Ländern angerichtet/ richtens auch noch heut zu tag an/ das
es erbärmlich ist zuerzehlen? Durch diese vnbilligkeit vnd
vnmenschliche thaten sein wir erwecket worden/ vnd beläsi-
gen euch weniger mit Krieg/ als das wir vns zu schutz der
Christgleubigen vnd vnserer Nechsten entschütten. Wir
trösten vns aber sehr mit dem/ das noch viel vnter den Böhmen sein/ welchen diese vnordnung nicht gefallen/ sondern
recht mit vns vberein stimmen/ doch dörffen sie/ als von den
Tyrannen vntergedruckt/ nichts thätliches vornemen. Damit wir aber die frommen des Königreichs erledigen/ die

aber

aber/ so solche Vnordnung lieben/ straffen/ damit sie andern nicht schaden können/ haben wir billich zu der Wehr gegriffen.

Wenn jhr nun diesen vnsern geneigten willen erkennet/ was wollet jhr weiter sagen/ oder euch fürchten? Wir tragen den fried mit vns/ den bieten wir euch an/ so nur weren/ die jhn annehmen/ derhalben kan vns die schuld nicht gegeben werden/ so der Krieg fort gehet/ weil wir euch den fried vorschlagen: Sondern denen die jhn nicht annehmen wollen vnd klüger sein/ als sichs gebühret/ welches alles von dem leidigen Teuffel einen feind Menschliches Geschlechts herkommet/ welcher diesem Königreich nicht hat vergönnen wollen/ das es im Glauben/ lieb vnnd Gottesfurcht zunehme. Jhr solt frembde Lehr nicht lieben noch euch von einem jeden Wind bewegen lassen/ welches jhr wol thun könnet/ wenn jhr euch an die vnbewegliche Seul der Christlichen Kirchen haltet. Jhr solt auch nicht meinen/ das jhr wenig mehr/ als die gantze Welt/ die gantze heilige Christliche Kirche/ beydes die jetzige/ als die vor etlich hundert Jar gewesen ist/ wissen sollen. Was können euch die Kriegesleute/ Bürger/ Bawren/ vnd andere vngelerte sagen? Können sie denn besser/ als die Doctores/ die beydes jetzt leben oder gelebet haben/ als die Vniversiteten vnnd Collegien/ darinnen man stetig damit vmbgehet/ die heilige Schrifft verstehen? Warumb wollet jhr lieber zween oder dreyen (weiß nicht was vor Leuthen) glauben/ als so viel Doctoribus/ Magistris/ gelehrten/ in welche kein einiger argwohn einigerley hasses oder feindschafft ist/ weil sie viel Jahr vor jhnen gewesen sein. Sehet an den heiligen Augustinum/ der da saget: Er wolte dem heiligen Evangelio nicht glauben/

ben/ wenn es nicht die Christliche Kirche billigte. Es haben viel Evangelisten geschrieben/ doch weil die Christliche Kirche/ welche durch eingebung des heiligen Geistes nicht irret/ allein viere zu lesen befohlen hat/ nemen wir es an/ das ander aber wollen wir nicht glauben. Eben das lehren die andern Kirchenlehrer einhelliglich/ vnd wollen/ man sol den Glauben behalten/ den die rechte Kirche lehret. Vnd eben dieser Kirchen hat vnser HERR vnd Heyland Jesus Christus seinen heiligen Geist versprochen/ der sie in alle Warheit leiten sol/ ja sie beschützen/ vnd bey jhr bis an das end der Welt bleiben. Ich könte auch vnzehlige Sprüche der heiligen Altväter hervor bringen/ doch damit es nicht zu lang würde/ wil ich es vnterwegen lassen/ vnd widerholen schlüßlich/ das alle Böhmen/ die sich in dem Schoß der heiligen Römischen Kirchen begeben wollen/ völlige vergebung jhrer Sünden/ vnd von wegen der begangenen Mißhandlung verzeihung/ gnade/ freundlizkeit vnd liebe/ ja alles das ein Kind von seinem Vater begehren oder hoffen mag/ nach diesem vnserm versprechen/ erlangen mögen. Vnser HERR vnd Heyland JHEsus Christus/ der vns durch sein thewres Blut erworben hat/ der verleyhe den Böhmen ein solches Hertz/ das sie sich mit vns vereinigen/ einen Glauben/ zu heil vnd wolfahrt jhrer Seelen/ zu fried vnd ehre jhres hochlöblichen Königreichs Böhmen/ annemen. Gegeben zu Nürnberg den 5. tag Julij Anno 1431.

Das LXXV. Capitel.

Auff dieses des Cardinals Schreibens gaben die Böhmen nachfolgende antwort.

Weil

Weil es ewrem hohen verstand/ ewrer hohen person/ Hochwürdiger in Christo Vater/ nicht kan verborgen sein/ wie der eingeborne Sohn Gottes/ vnser HErr Jesus Christus/ in seiner nidrigen gestalt mit den Menschen auff Erden ist vmbgangen/ viel vnd mancherley heilsame Lehren gegeben/ doch diese vor die fürnembsten gehalten/ welche er seiner glaubigen Kirchen nicht allein mit seinem Mund gelehret/ sondern auch in der That/ durch sein herrliche beywohnung vns zur nachfolg gelassen hat: Erstlich/ das man das hochwirdige Sacrament des Leibes vnd Bluts Jesu Christi vnter beyderley gestalt austheile: Zum andern das man das Wort Gottes frey vnd warhafftig lehre. Zum dritten/ die öffentliche Sünde vnter dem Glauben straffe. Zum vierdten/ den Geistlichen die Weltliche regierung nehmen: Wie solches die heiligen Evangelia vnd Epistel der Apostel/ neben den Schrifften der heiligen Altväter in Göttlicher Schrifft wol gegründet/ erweisen/ welche heylsame Lehren/ fortpflanzung des Glaubens/ sterckung der hoffnung/ vermehrung der liebe/ regulierung des Lebens/ vnd erhaltung der ewigen seligkeit/ ob sie wol durch die heiligen Apostel durch die gantze Welt mit jhrer Lehr vnd Leben ist ausgebreitet/ auch von der Christlichen Kirchen/ die solches angenommen/ vnd etlich 100. Jahr/ wie aus den Geschichtschreibern vnd recht Catholischen Lehrern zusehen ist/ getrewlich gehalten worden/ doch haben die Pestilentzischen/ rnartigen/ aus dem Geschirr der ersten Kirchen geschlagene Pfaffen/ die sich in zeitliche händel begeben/ vnd die Dörner Weltliches Reichthumbs vmb sich geschlagen/ ja/ welches zu beklagen ist/ mit faulentzerey/ müßiggang vnnd tregheit vberschüttet/ gantz vnd gar mit hinlässigkeit vberschwemmet/ mit vnwiderbringlichem schaden glaubiger Seelen vntergedrücket. Darumb haben wir allezeit/ ob wol vnwirdige/ doch auff die hülff vnd beystand

Die Böhmen beantworten den Cardinaln Julianum.

beystand Gottes hoffent/ so viel Jahr stetig angehalten/ das man sie wider sol hervor bringen/ reformiren/ erhöhen/ erkleren/ hoch vnd werth halten. Wir haben auch so viel feindschafft/ schmach/ vnkosten/ mühe vnd arbeit/ ja gefahr Leibes vnd Lebens wegen dieser lobwürdigen Artickeln auff vns geladen/ vnd ein öffentliche/ freye/ freundliche sichere verhör/ von einem allgemeinen Concilio begeret/ auch vns zuzulassen embsiglich gebeten/ aber nichts erhalten/ können es auch bis auff Dato nicht erlangen/ also das wir vns vber ewer/ der Väter/ der Prelaten/ vnd der Römischen Kirchen hoch vorsichtigen fleiß nicht gnugsam verwundern können/ auch warumb ihr des Göttlichen Gesetzes so heilsame warheiten/ die herrlich durch die Welt geprediget vnd gehalten sein/ vornemlich wegen des Kelches in dem heiligen Abendmal/ den man auch den Leyen zu reichen schuldig ist/ welches ihr doch rauberischer weiß in so viel Jahren nicht gethan/ sondern vnterwegen gelassen/ auch gleichsam mit zwintzelten augen es vbersehen/ oder gar schlefferig ohne rach oder ersetzung geschehen lassen/ da ihr doch ewren tribut oder *decem* nicht aussen gelassen. Warumb wil man vns diese nothwendige vnd heilsame der gantzen Christlichen Kirchen Verhör halsstarrig abschlagen/ welch auch nicht Barbarischen Völckern zu versagen/ sondern vns ohn vnser begeren wider vnsern willen hette sollen vorgeschlagen werden/ damit solche vneinigkeiten/ vnd zu blutigen schlachten vrsachen aus dem Garten der Christlichen Kirchen ausgetet werde/ weil man solches auch in Weltlichen sachen zu thun pflegt. Derhalben müssen wir schliessen/ das der hund da begraben lige. Denn so jhr es recht wollet bedencken/ so solt ihr wegen dieser heilsamen Warheiten/ als der Christlichen Kirchen hohen vnd wichtigen nutz/ mehr euch lassen angelegen sein/ als so viel Königer vnd Fürsten/ so viel Völcker/ vnnd mancherley Geschlechter/

Hußiten Krieg.

schlechter / aus mancherley Nation vnd widerwertigen sprachen vereinigte hülff / mit grosser mühe vnd vnkosten belästiget / vnd mit grosser gefahr ihres Leibs vnd der Seelen embsig anhaltet / das das Königreich Böhem (welches / wie wir beständig hoffen / in wahrem glauben stehet / vnd in dem schoß der heiligen Mutter der rechtgläubigen Kirchen ist / welcher haupt Christus / vnd in diesem schoß hat sie allezeit geruhet / vnd wird ferner vermittels Göttlicher gnaden ruhen) zu der Römischen Kirchen gebracht werde / vnd mit ihr in Kirchen gebräuchen / auch andern ordnungen vereiniget werde. Es keme in der Warheit ein grösserer nutz der allgemeinen Kirchen daraus / so ihr diese Göttliche warheit willig annemet. Es kan auch / Ewer väterliche lieb / vnd ewrer lieb beyständer / nach recht vnd der vernunfft / dieser warheiten nicht richter sein / weil es nicht billig / das heilige vnd ewige warheiten / so von Gott her kommen / mit dem leben vnd tod vnsers HErrn Jesu Christi bestetiget / auch an ihm selbsten recht sein / von sündigen vnd sterblichen Menschen sollen gerichtet vnd reguliret werden nach irem gutdüncken / weil der heilige Apostel saget: Wenn ein Engel von Himel kem / vnd lehret ein ander Euangelium / als ich euch gelehret hab / der sey verflucht. Denn der Menschen will offt die vnbewegliche warheit verlest / vnd folget seiner meinung / die da irren kan vnd irret Das sey auch fern von vns / das die sollen Richter in vnserer sach sein / welche die Gottes forcht verlassen / vnverschämet diese warheit / als öffentliche irrthumb / vnd vns / weil wir sie halten / vor irrige Ketzer verdammen / weil sie vnsere offentliche feinde vnd verfolger sein. Wir wollen aber haben / das die heilige Schrifft / welche eine vnfehlbare Regel ist / vnd ein gerechter auff Erden gelassener Richter / der weder betrieget oder betrogen wird / neben der heiligen Lehrer *sententien*.

Ccc   die

die mit Göttlicher schrifft vbereinstimmen/ in dem Concilio gelten sol/ vnd wenn sie gnugsam erweiset sein werden/ das diese warheiten die Römische Kirch anneme/ halte vnd lehre/ vnd neben vns dem haupt in allen gliedern gleichförmig/ nach arth der Schrifft/ vergleichet werde. Also wird die gantze streitende Kirch von dem Sawerteig gesaubert/ vnd in den vorigen stand vnd seine würden gesetzet. Als denn wird der glaub ausschlagen/ der fried grunen/ die lieb vnd einigkeit wachsen. Dieses aber geschicht nicht/ wenn jhr mit einer/ wie wir meinen/ den Aposteln vnbekandten newen weiß/ also verdechtig vnd feindlich/ ohn einigen befehl der heiligen Schrifft/ mit so viel tausent Kriegesleuten/ einen forchtsamen hauffen/ so mit spiessen/ wehren vnd anderer mancherley Kriegsrüstung wol versehen ist/ vns als Kinder ruffen wollet/ sondern jhr werdet vns entweder vertreiben/ oder zu wehren zwingen. So jhr aber/ wie der heilige Petrus zu Cornelio/ zu vns in vnser Königreich kommen weret/ so solt jhr ohne zweiffel mercklichen nutz geschaffet haben/ welches wegen der Christlichen Kirchen vorsteher sich mechtig gefrewet hetten/ vnd nicht allein in freud jhren nachbaren ein gemestes Kalb/ sondern fetten Ochsen geschlachtet

Dieses so man es recht betrachtet/ weiset gnugsam/ was vns von euch absondert/ die wir in einer Tauff getauffet sein/ vnd den Christlichen glauben nicht allein mit den mund/ sondern auch mit der that erweisen.

Derhalben bitten wir euch/ das jhr eine brüderliche verhör vns zu lasset/ vnd weil sich die Welt zu dem vntergang neiget/ mit vns vereiniget/ vnd von gantzem hertzen in die fußstapffen vnsers HErrn Jesu Christi vnd seiner Jünger treitet. Dann also wird das Christliche volck mit fried in den Hütten der hoffnung mit ruhe wohnen/ vnd die ewig
werende

werende seligkeit erlangen. Datum Pragæ mense Iulio.
Anno 1431.

Das LXXVI. Capitel.

DEn ersten tag Augusti Anno 1431. kam der Cardinal Julianus mit den Teutschen Heer/ welches von allen Fürsten des heiligen Römischen Reiches/ sonderlich von den geistlichen Churfürsten/ den Bischoffen von Bamberg/ Wirtzburg/ Eychstädt/ den Reichsstädten/ den Schwäbischen S. Georgen bund/ geschicket/ an der zahl wie Sylvius will 80000. halb zu Roß/ halb zu Fuß/ oder aber 130000 ohn den Troß. Dieses volck als es bey Eger vnd Königeswart in das Land kommen/ beraubeten auff der gegend vnd vmb Plan alle Dörffer/ vnd machten sie zu Brandstädten/ Da sie auch höreten das Tachaw mit den Thaboriten besetzet wer/ rückten sie vor dieselbige Stad vnd belagertens hart/ der gäntzlichen hoffnung sie zu gewinnen/ das doch nicht angieng. Denn als die Präger dieses erfahren/ erfodern sie eilend Procopium Rasum/ der mit seine Thaboriten vnd andern Waisen auch etlicher Herren volck in den Piltzner Kreiß bey Chotieschow gelegen/ vnd die Gräntz beschützen wolt/ dieser kam zu den Prägern bey Mieß/ vnd vnd zog mit jhnen in aller still dem belagerten Tachawern zu hülff/ doch kondte solches nicht so heimlich geschehen/ der feind hatte es erfahren/ verlies Tachaw/ vnd lendet sich gegen Tauß mit einer vnerhörten tyranney/ da keines Menschen verschonet wurde. Die Böhem die nun gnugsam der feind hertz erfahren/ schöpffen einen bessern muth/ eilen jhnen geschwind nach/ verhindern des feindes intent/ welchen sie auch so erschreckten/ das die Fürsten selbsten zu zagen anfiengen/ auch gelegenheit sucheten davon zu kommen/ wie sie denn haben wolten/ dz sich der von

Julianus zihet mit Heers crafft wider Böhmen.

Die Teutsche belagern Tachaw vergeblich.

Der Teutsch furcht vor dem Krieg.

Sachsen

Sachsen verschreiben solt jhnen jren schaden/ den sie etwan in der Schlacht erleiden müssen zu erstatten. Da er sich dieses wegert/ vnd vorwendet/ das der Krieg dem gantzen Reich zu gut geführet würde/ auch des meisten theils wegen der Religion wer vor die hand genommen/ ergrieffen sie diese vrsach vnd sagten/ wo dieses nicht geschehe/ wolten sie dauon zihen. Aber der Bischoff von Cöln bat hinder Gott vnd vor Gott/ sie solten das nicht thun/ sondern sich wehren.

Der Teutschē Fürsten flucht vor dem treffen.

Da sie nun bey Tauß lagen/ kömpt Zeitung/ wie der feind herbey kem vñ der Schlacht begirig wer. Da wird alsbalden ein vnglaubliche vnd erschreckliche forcht in dem gantzen Lager. Der Hertzog aus Bayern rücket bey nacht mit seinem Lager fort/ vnd ließ allen Troß dahinden/ damit die feinde dadurch auffgehalten würden/ vnd er desto sicherer davon kem. Der Marggraff von Brandenburg eilete auch dauon/ vnd kam bey Frawenberg durch den Wald. Die gemeinen Knecht aber rissen die fähnlein ab/ vnd lieffen vnabgedancket von dem Regiment weg.

Julianus redet das Kriegsvolck an.

Da Julianus dieses sahe/ ist er in grossen forchten/ ließ das volck/ so noch blieben/ zusammen ruffen vnd redet jhnen also zu: Es verwundert mich/ Manhaffte/ liebe vnd gehorsame Kinder der heiligen Catholischen Kirchen/ zu dem höchsten/ das jhr in einem solchen hohen nützlichen werck die Waffen weg werffet/ vnd schändlich flihet. Was habt jhr vor einen Krieg vor? Er ist nicht wegen des Königreichs/ oder wegen eines andern weltlichen handels: Sondern wegen ewres lebens vnd der heilsamen Religion/ wegen der ehr Christi vnd seiner heiligen Mutter der reinen Jungfrawen Maria/ ja wegen eines jeden heil vnd seligkeit. Vber das was würden die alten ehrlichen Teutschen/ so sie wider solten auffstehen/ dazu sagen, das jhre nachkömling eine flucht

eines

Hußiten Krieg.

eines einigen feindes/ ehe sie jhn sehen/ vornemen? Ist das ewre/ dauon alle Scribenten zeugen/ bestendigkeit? Ey schand vber alle schand/ der Tod wer vns tausent mahl besser/ als eine flucht ohne gegenwart oder zwang des feindes. Bedencket doch/ wo jhr alles nicht bedencken wollet/ wo jhr hin wolt? Böhmen fliehet jhr/ aber es wird vns folgen/ vns in vnsern Dörffern grawsamer als jhr gehandelt/ ja in Städten Schlössern vnd Festungen besuchen. Was wollet jhr als dann machen? Wisset jhr nicht/ das keiner sicher hinder der Mawer lebet/ das das feld dem feind gelassen hat. Die Waffen vnd nicht Mawren beschützen den Mann. Was dencket jhr nuhr? werdet jhr euch nicht ehrlich wehren/ so habt jr entweder einen gewissen tod/ oder eine erschreckliche/ ja die ärger als der Tod selbsten/ gefengnüs. O Teutschland/ Teutschland/ wilstu dich jetzunder lassen vnterdrücken? wilstu denn keine frische hertzen hinfort mehr zeugen? Vorzeiten haben die blinden Heiden/ darunter ewre voreltern waren/ viel härter vor die stummen Götzen gestritten/ als jhr vor die Ehr Christi/ des Allmechtigen Sohnes Gottes/ der ewer Bruder worden ist vnd seiner geliebten Mutter. Bedencket das: Was würde Ariovistus, Tuiscon. Arminius vnd andere/ so sie vnter vns stünden/ sagen? O liebe Kinder fasset ein Manneshertz/ entpfahet die feind/ denen wir zimlich weit gewichen sein/ jhr könnet ja so wol/ als sie/ streiten. Aber was sage ich? jhr werdet selbsten wissen/ was jhr geschworen habt/ darumb ich nicht gläuben kan/ das jhr meineydig werdet dauon lauffen.

Diese des Cardinals rede machet dem volck ein hertz/ das sie sich wehren wolten. Darumb lagerten sie sich bey Risenberg/ drey vierteil einer Meilweges von Tauß. Aber die Böhm versuchten an jhnen jhr heil/ grieffen den 14. Augusti

Die Böhmen schlagen den feind.

Augusti in vigilia ascensionis Mariæ an/ sagten dem feinde einen solchen schrecken ein / das er sich zu der flucht wendet 11000. der seinigen tod vnd 700. gefangen dahinden ließ. Damahls haben die Böhm von mancherley munition/ auch Silber vnd Golt eine reiche beuth vberkommen auff den Wägen/ derer sie 4. schock eröbert / funden auch viel Proviant vnd Wein. Sie namen auch dem Teutschen 150. stük grosses Geschütz auff Rädern / wie Boreg schreibet / zündeten die Pülver Wägen an / das einen solchen knall gab / das dem flüchtigen feinde besonders dem Hertzogen aus Bayern / so vor der Schlacht auffgebrochen / einen solchen schrecken einjaget / das sie noch härter flohen / besonders die Fuhrleut / darunter keiner der letzte sein wolt / vnd vermengeten sich dermassen in den Wegen / das sie viel Wägen dahinden lassen müssen / vnd mit grossem schrecken nach Regensburg eileten / da sie denn eine solche furcht machten / das die Regensburger / (die das mahl all ihr geschütz verlohren / vnd in solche schuld vnd armuth gerathen / das sie es noch nicht / wie Aventinus lib. 8. bezeuget / vberwunden) die Brück mit Pasteyen vnd Gräben am Hoff bewahreten / vnd S. Catharinen Capellen abbrachen. Der Cardinal Julianus verlohr in dieser Schlacht vorgedachte Bäpstliche Bullam / seinen Cardinals Hut / Meßgewandt / Creutz vnd Glocken / welches die Tauser biß auff den heutigen tag alles noch haben.

Des Cardinals Juliani verlust.

Dieses Schloß Risenberg / dabey diese Schlacht geschehen / lieget auff einen hohen berg / darauff ein Brunnen / der die natur an sich hat / das wenn ein Weib / die jhre Monatliche zeit oder blum hat / zu diesem Brunnen gehet vnd wasser daraus schöpffet / so verseihet er / vnd bleibet etliche Jahr aussen. Darumb er einem alten Mann allezeit von

Wunder seltzamer Brunnen auffm Schloß Risenberg

von den Herren dieses Schlosses vertrawet wird/ der kein Weibes bild hinnein lesset. Es giebet solcher miracula naturæ in Böhm viel/ die die ausländischen vnd Klüglin für Fabel halten. Also bey dem Dorff Deltzsch anderthalb meil von Schlan/ wenn man nach Prag gehet/ ist ein Brunne/ der verlieret sein Wasser/ wenn ein vnreiner/ als aussetziger oder Frantzöser etc. daraus trincket vnd sich wäschet/ bekömmet auch gemelter Brunn in einem gantzen Jahr sein Wasser nicht wider. Dieses habe ich dem Leser ex vera relatione hieher setzen wollen/ welcher es auch in der warheit so er an die orth kommet/ also finden wird.

Ein anderer seltzamer Brunn.

Vnter dessen war mit seinem volck Albertus wider in Mähren kommen/ vnd Przibislaw/ welches der ehrliche bruder Zischka zu letzt hat eingenommen/ belagert. Wie er aber die flucht vnd vnd niederlag des Cardinals erfahren/ streiffet er herumb/ verbrennet 500 Dörffer/ nam viel Städ vnd Flecken ein/ Zwang auch die Landes stånd/ das sie zusagten alles anzunemen / was das concilium zu Basel ordnen würde.

Albertus turmoret in Mähren.

Das LXXVII. Capitel.

Der Cardinal Julianus/ der mit gantzer haut war wider aus Böhem kommen/ eilet auff Nürnberg/ klaget dem Keyser vber der Fürsten vneinigkeit/ vnd erzehlet mit vielen worten erstlichen ihr glücklich verrichten/ hernach ihre schändliche flucht vnd erbärmliche niederlag. Der Keyser/ welcher nicht wuste/ was er ferner solte vornemen/ schicket ihn auff das concilium mit befehl/ daß sie die Böhem solten einladen/ vnd/ so sie kemen/ freundlich hören/ auch wo es möglich wer/ sich mit jnen vergleichen. Er der Keyser selbsten schreib den 27. Octobris diesen brieff an die Böhmen.

Julianus klagt dem Keyser sein Vnglück.

Wie

Hußiten Krieg.

Keiser Sigismundi schreiben an die Böhmen

Wir Sigismundus / von Gottes gnaden Römischer Keyser / zu allen zeiten mehrer des Reichs / auch zun Ungarn / Böhmen / Dalmatien / Krabaten / etc. König / Entbieten / allen Herren / Rittern / Edlen / geistlichen vnd weltlichen / den eltesten der Städt / den Krieges Häuptleuten / vnd allen Inwohnern der Kron Böhem vnd Marggraffthumb Mähren / vnsern gruß vnd geneigten willen.

Nach dem wir in erfahrung kommen / das etliche in dieser Kron Böhem sein solten / die da öffentlich ausgeben / das wir in der Egerischen versamlung vnserm Volck befehlen sollen / das sie vnverzüglichen in Böhem fielen / das Land mit raub / mord vnd brand erfüllen / die Inwohner Mann vnd Weibes bilder / klein vnd groß ohn vnterscheid tod schlügen: So solt jhr wissen / das vns solches niemahls in vnser hertz / sinn / muth oder gedancken kommen sey. Sondern haben allemahl von anfang bis auff den heutigen tag (wie jhr es selbsten wisset) alle vnsere gedancken dahin gerichtet / das man es in fried vnd ruhe wider bringe / wie es alle / so den sachen beygewohnet / mir können zeugnis geben / vnd jhr selbsten wisset aus dem offenen Brieff / den ich zeitlichen gnug euch geschicket hab / wie oder warumb diese des Reichs hülff wider euch ich hab gezwungen in Böhm ziehen lassen müssen / damit die vnordnungen abgeschaffet / die vneinigkeiten vergliechen / die vnbilligkeit von dem bodem des heiligen Reiches getrieben / vnd jhr mit der heiligen Römischen Kirchen vereiniget würdet. Derhalben / ist an euch vnser begehren / das jhr solchen leuten / die das widerspiel ausgeben / nicht wollet glauben geben. Wir vermanen vnd rathen auch euch trewlich / das jhr euch zu der heiligen Römischen Kirchen bekehret / vnd in dem Concilio erscheinet. Denn da werdet jhr finden den Erwürdigen in

Gott

Hußiten Krieg.

GottVater Herrn Cardinal des Bapsts vnd Apostolischen stuels Legaten/ auch vnsern Verwalter/ den Durchlauchtigsten vnd hochgebornen Fürsten vñ Herrn Fridericum Marggraffen zu Brandenburg/ dem wir völligen gewalt gegeben haben/ das er alle die/ so aus Böhmen sollen geschicket werden zu erklerung jhres Glaubens/ in seinen vnd vnsern schutz neme/ allen geneigten willen vnd förderung erzeige/ auch was verglichen wird/ als balden zubestetigen/ vnd in allen sich also zuverhalten/das jhr erfahren solt/ das ich ewer König vnd natürlicher Erb geflissen sey/ euch in allen zu willfahren vnd ewren nutz zu fördern. Datum Nürnberg im Jahr Christi 1431. 27. Octob. vnsers Reichs des Vngarischen in 45. des Böhmischen in 11. des Römischen in 21.

    Ad mandatum Domini regis proprium
      Caspar Slick subscripsit.

  Auff dieses des Keysers schreiben gaben sie dieses zu der antwort.

  Wir Herrn/Ritter/ vnd Städte/ geistliche vnd Weltliche der Kron Böhmen fügen E. K. M. zuwissen/ das nach dem wir etliche Gesandten gen Eger zu E.K.M. geschicket/ vnd in eine gütliche vnterhandlung vns einzulassen auff E. M. begeren in willens gewesen/ wir nicht allein von vnsern Gesandten/ sondern auch aus E. M. brieffen erfahren/ wie das die Geistlichen/ wider welche wir vns standhafftig setzen/ E. M. vbel vnterrichten/ vnd dahin bereden/ das E. K. M. nicht solle zugeben/ das die Göttliche warheit/ die wir lehren/ jederman solle vermeldet werden/ sondern sol E. M. dahin allein sehen/ damit sie vns von dieser Warheit brenge/ vnd vns mit der Römischen Kirchen vereinige. Dieses hat nicht allein vnsere Gesandten abgeschrecket/ sondern auch vns von aller handlung abgehalten/ weil es wider Göttliche

Der Böhmen antwort auff des Keysers Schreiben.

Ddd   vnd

vnd weltliche Recht ist solches anzunemen. Derhalben dörffen sich E.K.M. nicht verwundern/warumb wir weder E. M. oder der Römischen Kirchen gehorchen wollen/weil jhr Gott widerstrebet/vnd von vnserm Glauben rechenschafft zu geben kein ordentliche verhör verschaffen wollet. Zu dergleichen ehrlichen vngehorsam bringet vns aber nicht vnser fürwitz/sondern der heilige Apostel Paulus/der da spricht: Man mus Gott mehr gehorchen/denn den Menschen. Derentwegen sol jederman wissen/das wenn man vns zu einem vnordentlichen gehorsam zwingen will/vnd das die geistlichen mehr jhrem eigenen willen/als Gott/gehorchen wollen/ so sein wir bedacht vns zu schützen/vnd auff Gottes hilff vns getrost zuverlassen. *Datum Pragæ mense Octob. Anno 1431.*

Das LXXVIII. Capitel.

Streit des Concilij vnd Bapsts Eugenij.

DA das Concilium zu Basel war angefangen/wolte der Bapst *Eugenius* nicht darein willigen/sondern nach Bononien in Welschland verlegen/das es solte nach anderthalben Jahr gehalten werden. Dieses wolten die Väter nicht zugeben/sondern schlossen/das das Concilium nicht dem Bapst/sondern der Bapst dem Concilio gehorchen solt/daher giengen allerley schrifften aus von Gelerten Männern/derer ein theil den Bapst/der ander des Concilij authoritet beschützet/besonders schreib Gerson ein schön Buch/darinnen er ausführlich erweiset/das der Bapst dem Concilio vnterworffen sey/darumb ist er auch in gros vngnade kommen/also das er in dem Elend zu Lugdun den 11. Julij Anno 1439. hernacher gestorben.

Gerson stirbet im Elend zu Lugdun.

Die Väter des Concilij betrachteten auch den zustand der Böhmen/vnd fertigten ab Johannem Nyder vnd Johannem von Maulbern/die die Böhmen durch jhr langes schreiben zu dem Concilio gar freundlich erfoderten auff diese weise. Das heilige Concilium hele dauor/das es heilsamer vnd nützlicher sey/wenn man den streit

Das Concilium ladet die Böhmen ein.

Hußiten Krieg/

streit freundlich wird hinlegen/ als alle ding mit dem schwere verfechten/ darumb solten sie getrost komen/ sie wolten sie mit einem gnugsamen Geleit versehen/ vnd jhnen ein ordentliche verhör mittheilen.

In dem folgenden Jar 1432. machet sich Procopius Rasus mit seinen Thaboriten das dritte mal in dz Voigtland vnd Pleißnerland/ suchet/ was er noch finden kont/ darnach kam er in das Osterland Meissen/ das er zuuor niemals angrieffen/ vn plündert es. Der Beyerische Fürst hat sich durch anstifftung des Keysers noch einmal mit dem Churfürsten vereiniget/ vnd wolt sich mit den Böhmen in Meissen schlagen/ darumb zog er neben des Churfürsten hilff aus Leipzig wider die Böhmen/ die bey Taucha gelagert. Da diese zween hauffen an einander kamen/ vnd es zum schlagen kam/ gaben die Beyern erstlichen die flucht/ darauff die Meißner vn Türinger/ die die Böhmen bis auff das Haupt erlegten/ viel von jnen gefangen namen/ aus welchen sie viel geld marterten vn rantzonirten. Sie eroberten auch das Städlein Taucha/ welches sie gantz ausbrenneten vn die Mawer schleiffeten/ als es vor 212. jahren von Alberto dem Ertzbischoff zu Magdeburg ist erbawet vnd befestiget worden/ wie denn die vestigia noch zwischen Leipzig vnd Eilenberg zu sehen sein. Da dieses der Churfürst erfahren/ schreib er an die Leipziger/ vermanet sie/ das sie sich wider die Böhmen wehren solten/ mit vertröstung/ das er jhnen bald mit den reisigen wolte zu hilff komen/ aber es war vnuonnöthen/ den die Böhmen von sich selbesten nach hauß zogen/ weil sich die Herren samleten vnd ein haupt vnter jhnen wehlen wolten.

Es waren auch in dem Früling etlich/ durch stetigs anhalté des Keisers/ gen Preßburg gezogen/ da sie denn nicht in die Stad wolten/ sondern herraussen vnter den gezelten sich mit dem Keyser vnterredeten/ welcher vorgab/ es nehme jhn wunder/ das die Böhmen / die seinen Herrn Vater vnnd

Procopius felt in Voigtland vnd Meissen.

Der Beyer fürst zihet wider Procopium/ wird auch auffs haupt erlegt.

Taucha von Thaboriten verbrennet.

Großvater zu einem Herrn gehabt haben/ jhn nicht annehmen wollen. Er were Vrböttig alles/ was den Böhmen verdrüßig zu endern/ auch sie/ als einer seiner Geburt vnd ankunfft nach jhrer Nation/ freundlich zu regieren. Auff dieses gaben die Stände zur antwort/ das sie in dem keine schuld hetten/ auch zu allem/ das geschehen wer/ durch feindliche Kriges macht gezwungen worden. Vber das weren jhre Priester wider das gegebene freye Geleit zu Costnitz auff dem Concilio verbrennet/ die Böhmen vnverhöret als Ketzer verdammet/ vnd in den Bann gethan/ welches alles in E. May. gegenwart geschehen. Darumb E. K. M. jetziger zeit nicht vnbillich sehen mus/ das auch das kleine Ländlein Böhmen so mechtig sey/ das es seinen feinden etwas könne aussstehen/ vnd sie mit gleicher Müntz doppelt bezahlen. Darauff hat der Keyser gar glimpfflich geantwortet/ auch weil das meiste theil das Gewissen betroffen/ schub er die sachen auff das Concilium zu Basel/ da sie sich solten völliglich verantworten/ vnd jhre vnschuld an tag bringen.

Der Keyser schreibet abermals den Böhmen.

Er schreib auch an die Böhmen zu dem andern mal vnd vermeldet/ das er kein Nation lieber hab als die Böhmen. Darumb er auch jetziger zeit nach Rom zihen wil/ vnd die Römische Keyserliche Kron entpfangen/ welches dem Böhmischen Königreich kein geringe ehre sein wird/ wenn sie in jren Patron einen Römischen Keyser haben werden. Es hab sich auch zu Basel durch seinen fleiß das Concilium angefangen/ darumb er sie bittlichen vermahne/ das sie dahin kämen/ weil es sie hertzlich gern hören wird/ wofern sie nur nicht klüger/ als die heilige Mutter die Römische Kirch/ sein wolten. Deswegen solten sie ja allein dahin bedacht sein/ weil sie genugsame verhör erlanget/ das sie mit dem Concilio sich vereinigten/ jhm nach seiner aus Welschland glücklicher widerkunfft die Böhmische Kron auffschieben/ welche sein Grosvater/

Huſſiten Krieg.

vater/ Vater vnd Bruder gehabt. Er wölle auch ſie auff kein andere weiß regieren/ als wie andere Chriſtliche Königreiche von Chriſtlichen Potentaten geregieret werden.

In dieſem Jahr hat das Wetter den abend vor Petri vnd Pauli den knopff auff der Kirchen S. Ilgen in der Altenſtad Prag angezundet/ vnd iſt dieſes hohe ſpitzig dach/ welches von köſtlicher arbeit geweſen/ vnd mit Schifer gedeckt/ zu ſampt dem groſſen Geleuth in dem Thurn verbronnen/ wegen dieſes fewers das in einer groſſen dürre geſchehen/ iſt gantz Prag in groſſen furchten geweſen. *Das Wetter thut zu Prag ſchaden.*

Bald darnach den Montag vor Mariæ Magdalenæ iſt das groſſe Waſſer in Prag geweſen/ dauon alle Hiſtorici ſchreiben. Es hat aber dieſe zeit vber in Böhmen an allen orten mit vielfeltigem Regen ſo lang angehalten/ das ſich alle Flüß hefftig ergoſſen/ vnd als ſie in die Multaw zuſamen komen/ auch viel Teich abgeriſſen waren/ hat ſich das Waſſer vnglaublich gehauffet. Nun waren vnter dem Wiſcherad viel holtzflöß/ die füret das Waſſer alle vor die Brücken. Es reiß auch vber der Brücken die Mühlen weg/ vnnd verſtopffet die gewölbten Schwibbögen nicht allein mit Bäwmen/ ſondern auch mit vielem Hew/ das von Waſſer weggeführet war/ alſo das das Waſſer bis auff den Obſtmarckt gieng. In deſſen iſt die ſteinerne Brucken an zweyen orthen gebrochen/ als bey der Altenſtad 3. bögen/ bey der kleinen ſeiten 2. bögen/ vnd iſt das Waſſer verlauffen/ doch hat es das Spittal/ vnd die andern Badſtuben/ auch alle Mühlen/ ausgenommen eine/ den Newſtädtern weggeriſſen. Auff dem Podſkal hat es faſt alle heuſer weggeriſſen/ in der Kirchen S. Egidij iſt es 3. ellen hoch geſtanden. Das Spittelfeld iſt alles mit Waſſer bedecket geweſen/ vñ hat bis an des Ziſchken Berg gedemmet. Beraun hat es faſt halb weg geriſſen, wie auch zu Rokyzan groſſen ſchaden gethan/ desgleichen/ zu *Groſſe vnd denckwirdige Waſſerflut zu Prag. Die Steinerne Brück zu Prag zerriſſen.*

Raudnitz/Melnick/Leutmeritz/zu Pirn in Meissen/zu Dresden/zu Meissen/Torgaw/Wittemberg/da deñ noch ein zeichen in dem Elbthor zu sehen ist. Da dieses Wasser verschossen/liessen sich in der Multaw die fundamenten der Brücken sehen darumb legeten sie Bretter hinüber/das man kondte zusammen kommen/aber es fielen viel Leut in das Wasser das man sie schwerlich erhalten hat bey dem Leben. Im November fielen die Waisen in Oesterreich/die Thaboriten in das Vngerland vnd Mähren/durchstreiffeten alle orth mit rauben vnd brennen/als sie aber waren vber den fluß Waag kommen/begegneten jhnen den 9. tag Novembris die Vngarn/die die Böhmen in einen sumpffigen orth antraffen/ jhre wägen nicht gebrauchen konten/noch viel weniger sich beschützen oder dem feind widerstehen konten/darumb sie vbel auff die spän kamen/viel Volcks neben dem raub/den sie erworben/verloren vnd mit schanden Vngerland raumen musten/da sie denn im widerkehren sich tapffer rechneten/vnd alle orth/die vor einem Jahr Albertus in Mähren mit mühe eingenommen/widerbrachten.

Die Thaboriten fallen jn Vngerland.

Werden aus dem Land geschlagen.

Das LXXIX. Capitel.

Schluß des Concilij in 𝔢 dritten Session.

Damit ich aber die Weltlichen händel/die in diesem Jar geschehen sein/lasse fahren vnd melde/was in dem geistlichen stand sey vorgelauffen/so wil ich das 1432. Jahr von dem Monat Martio anfangen/da die dritte Session in dem Concilio gehalten worden den 30. Martij/in welcher beschlossen/das man alle 10. Jar ein gemeines Concilium halten solle/damit den Ketzereyen gehindert/vnd die sachen mit andern Nationen nicht dahin gelangen/da jetzt die Böhmen sein/welche aus vnerforschlichẽ rath Gottes durch kein Kriegs macht können bezwungen werden/vnd allein das Concilium mit nützlichen heilsamen Artzneyen solchem grossen

sen vbel mus vorkommen. Es wurd auch an die Böhmen geschrieben/vnd durch schrifften dahin gehandelt/dz der Böhm gesandten mit des Concilij Gesandten/so da waren Philibertus Augustanus Bischoff zu Costnitz/ Petrus vnd Johann Polomar vnd Egidius Carlerius die 27. Aprilis zu Eger zusammen kamen/ vnd ein form schlussen/ nach welcher man sich auff dem Concilio verhalten solt/ so diese war.

Form/ nach welchem sich die Böhmen im Concilio das Concilium gegen sie verhalten sol

1. Man sol die jenigen/ die dahin geschickt werden sollen/ also mit Geleit vnnd versicherung versehen/ das sie möchten sicher dar vnd wider heim kommen.

2. Das sie auch macht haben sollen zuschliessen/ das die heilige schrifft vnd alten Christlichen Kirchen handlungen/ Concilien vnd Lehren/ so mit der heiligen schrifft vbereinstimmen/ in allen spaltungen Richter sein.

3. Das jhnen zugelassen jren Gottesdienst daheim zuverrichten/ vnd solle niemand jren Gottesdienst schmehen oder lestern.

4. Das man nicht fortfahre/bis das sie auch kommen/ vnd wenn sie kommen sein/ das man alles so gehandelt worden/ wider vor die hand nemen.

5. Das man ein Concilium halte/dazu allerley Nationen vnd Völcker kommen.

6. Das der Bapst nicht den obersten gewalt in dem Concilio hab/ sondern sich demselbigen vnterwerffe. Diese vnd dergleichen Articfel wurden zu Eger beschlossen (auff welche sich auch die protestireten stände An. 1552. höchlich beruffen haben/ als man sie vorgewissern solt in dem nehern Concilio zu Trient/wie aus dem 23.buch *Sleidani* zu sehen ist.) Doch wegen besserer gewarsam nicht angenommen/ sondern den Vätern geschickt/ das sie es mit sigill vñ brieffen bekrefftigte/ wie denn von Prag den 10.Octob. Anno 1432. *Ioan Zatecensis* vnd *Nicolaus Humpolecius* nach Basel wegen der Confirmation geschicket sein/ die ehrlich empfangen/ die sachen/ wol

Die Böhmen lassen jhnen die Articfel Confirmirn.

wol ausgerichtet/vnd die Confirmation der Artickel neben dem freyen Geleit erlanget haben/ welches von wort zu wort also lautet.

Confirmation schreiben des Concilii wegen obgedachter Artickel.

Das heilige allgemeine Concilium zu Basel/ glücklichen in dem heiligen Geist versamlet/ vnd die allgemeine Christliche Kirchen bezeuget/ bekennet aus krafft dieses schreibens/ das es alle geistliche/ Freyherrn/ Edelleute/ Ritter vnd gemeine Leut/ was Standes oder Würden sie sein/ die aus der Kron Böhmen vnd dem Marggraffthumb Mähren von den Präger gemeinden oder andern orthen/ wie die genennet werden/ auff das allgemeine Baßlische Concilium sollen geschicket werden/ an der zahl vnter 200. in jhren schutz genommen hat/ vnd verspricht noch durch dieses jhnen ein frey sicher Geleit/ rechtschaffene sicherheit/ in die Stad Basel zu kommen/ dazubleiben/ harren/ verziehen/ mit vns von allen nothwendigen sachen/ so jhnen ist befohlen worden/ zu handeln/ zurichten/ schlichten vnd vertragen. Wir lassen jhnen auch zu/ das sie in jhren Herbergen jhren Gottesdienst ohne hindernüß mögen verrichten/ also das man wegen jrer gegenwart/ wie sonsten gebreuchlichen/ weder auff dem weg oder in der Stad Basel mit dem Gottesdienst still halte. Vber das mögen sie die 4. Artickel/ welche sie erhalten wollen/ mündlich oder schrifftlich erweisen mit der heiligen schrifft gezeugnüssen/ vnd der heiligen Lehrer Sprüchen/ dieselbigen erkleren/ vnd verständiglich proponiren/ auch so es von nöhten sein wird/ auff die einrede des Concilij zu antworten/ vnd mit einem oder etlichen des Concilij dauon disputiren/ freundlich ohne verhindernüß/ schänden vnd schmehen/ darüber Conferiren/ vnd alles verrichten nach der form/ die mit jnen von vnsern Legaten zu Eger ist auffgerichtet worden. Gegeben in der öffentlichen Seß des allgemeinen Concilij zu Basel/ etc.

Da

Hußiten Krieg.

Da nu die Legaten wider wahren zu Haus kommen/ die confirmation neben den geleith mit brachten/ ward ein offntlicher Landtag gehalten/ an welchem man aller erst schliessen solt/ ob zu stehen wer auff das concilium oder nicht? Denn da die Legaten von Eger waren wider kommen/ wolten die meisten haben/ man solte sich nicht schämen eine öffentliche bekentnus jhres Glaubens vor der gantzen Welt zu thun. Die andern waren darwider vnd sagten/ es were doch vergebens/ darumb ein grosse zwispalt entstünde vnter jhnen/ welcher gemehret wurde/ als Christianus von Prachaticz/ der Vniuersitet zu Prag Rector/ vnter dem Sigill der Vniuersitet zu Prag den 1. Septembris anschlug vnnd vermeldet/ er wolle M. Rokzganum neben seinen Collegis dahin schicken/ die von diesem 4. Artickeln *disputiren* solten/ nach der form zu Eger geschlossen. Da nun die stände beysammen waren/ fielen seltzame *iudicia*. Die Herren neben den Hußiten wolten ziehen/ die Thaboriten/ Waisen/ Horebiten neben dem gemeinen Man/ wolten gantz nicht/ wendeten das Exempel Hußij vnd Hieronymi vor/ welche wider das gegebene Keyserliche Geleit/ vnd des Bapsts mündliche zusag verbrennet sein worden. Letzlichen wurd durch sonderlichen Rath Herren Mainhardi von Newhaus der fortzug beschlossen/ vnd die da nach Basel zihen sollen/ namhafftig gemacht M. Johannes Rokzganus/ M. Petrus Peyne/ sonsten Clericus oder Anglus/ Frater Vlricus/ Nicolaus Biscupecz. Diese sein erwehlet worden/ das sie solten die 4. Artickel auff dem Concilio erkleren.

Vmb Martini kam der gesandte des Königes aus Poln in Prag an vnd vereiniget sich mit den Böhem/ auff das Concilium zu zihen. Es kam auch Procopius Rasus der Thaboriten Hauptman/ der denn ein statlich Panckett vor seinem abzug zu Prag den Polnischen Gesandten zu ehren hielt.

Landtag in Böhmen gehalten/ darinnen gehandelt/ ob man legaten auff das Concilium solte schicken.

Erwehlte/ die auff das Concilium sollen zihen.

Die Präger Priller zihen mit dem Procopio auff das Concilium.

Den 29. Nouembris zogen der Präger priester/ neben den Polnischen gesandten/ vnd Procopio Raso in Gottes namen nach Basel/ vnd kamen den 3. Decembris gen Tauß/ in welcher Stadt sie auff den andern Böhmischen Adel warteten/ vnd zogen als denn mit 300 Pferden/ darunter die vorgedachten Personen/ vnd auch Wilhelmus Koßka/ Beneßius Makrowußus/ neben andern vom Adel/ welche alle frisch vnnd gesund am tag der Heiligen drey König gen Basel kommen sein/ Anno 1433. da denn jhnen die gantze Stad/ wie Sylvius schreibet/ entgegen gangen/ viel auff die Zinnen gestiegen sein/ vnnd die Männer sehen wollen/ welche ernstlich aussahen/ darunter der aller forchtsamste, Sylvio teste, Procopius Rasus, klein an person/ grossen Kopff/ vnter dem Gesichte Kohl schwartz mit einer Habichts Nasen/ darumb jhn alle vor einen Wundersman an sahen/ auch die Kinder auff der Gassen vor jhm entlieffen.

Beschreibung der gestalt Procopij.

Juliani Cardinalis Oration auff dem Concilio/ in beysein der Böhmen.

Den 9 Januarij Anno 1433 bekamen die Böhem von dem Concilio audientz, da denn der Cardinal Iulianus, so vor einem Jahr mit seinem Volck in land Böhem war geschlagen worden/ die Böhem lang vermanet/ vnd saget: das die heilige Kirch Christi Braut aller glaubigen Mutter sey/ welche die schlüssel hat zu lösen vnd zu binden/ die da schön ist ohne mackel/ runtzel oder des etwas/ welche in keinen sachen/ so nothwendig zu der seligkeit sein/ jrren kan. Wer sie verachtet/ der sey vor ein frembdling/ gottlosen/ vnnd ein Heyden zu halten/ Sie könne auch nicht besser/ als in einem Concilio erkennet werden. Man sol auch die Gesetz des Concilij vor lehren der Christlichen Kirchen halten/ vnnd nicht weniger als dem Heiligen Euangelio glauben/ weil es also in Gottes Wort gebotten ist. Die Böhem/ so Söhn der Kirchen sein wollen/ sollen auch jre Stimm hören/ die als ein Mutter der Kinder nicht vergessen kan. Sie hetten vnlengst ohne jre Mutter gelebt/ welches doch nichts newes wer/ sondern es hetten jrer viel die Mutter die Kirch verlassen/ weren doch

Hußiten Krieg.

doch wider zu jhr getretten/ als sie jhr heil suchten. Zu der zeit der Sindfluth sey alles/ so ausser der Arcka war/ ersoffen/ so sey das Osterländlein allein von den Jüden geschlachtet worden/ das sie vor dem würgEngel erhalten. Also sey auch ausser der Kirchen kein Heil. Diese sey der Brunn/ von welchem/ so jemand trincke/ nimmermehr dürstet. Es gereiche auch den Böhmen zu nutz/ das sie dieses Wasser bey dem *Concilio* gesuchet haben/ vnd jhre Mutter hören wollen. Man sol die feindschafft hinlegen/ die Waffen sampt den Krieg fliehen. Die Väter sein bereit sie gütlich zu hören/ so sollen sie auch des muths sein/ das sie den rath des heiligen *Concilij* annemen/ welches sich gebrauchen müssen alle glaubige/ die selig zu werden begeren. Auff dieses gaben die Böhem zu der antwort: Sie hetten weder die Concilia, noch die Christliche Kirch verachtet. Das Vrteil so/ vber sie vnverhöret zu Costnitz ist gefellet/ benem jhrer sachen in dem wenigsten nichts/ weil der Altvätter authoritet bey jhnen noch vnverrucket ehrlich verbleib/ auch alles/ was sie lehrten oder predigten/ dieses stünde in Gottes Wort/ welches sie zu erweisen erbötig/ vnd begerten/ wie sie allezeit es gethan/ das man sie öffentlich verhöre/ auch den Layen dabey zu sein vergönne. Als sie gefraget/ was es wer/ das der Römischen Kirchen zu wider/ vbergaben sie die 4 Artickel. Da der Cardinal aber ferner fraget/ warumb sie sonsten das andere nicht mit auffgezeichnet? so sie doch/ wie das gemeine geschrey ist/ auch lehreten/ das den Bettel Orden der Mönchen der Teuffel erdacht hette. Da stunde *Procopius Rasus* auff/ vnnd saget: Ist es doch nicht erlogen. Denn was Moyses, die Ertzvätter, Propheten/ Christus vnd die Apostel nie haben ein gesetzt. oder einen einigen befehl hat in der schrifft/ das ist ein fund des Teuffels. Weil denn der Bettel orden ein gleiches Werck/ wer wil zweiffeln/ das es nicht von dem Teuffel sey/ zuvor aus/ weil es kein Weltlich Ampt/ sondern ein Geistliches ist. Da er das saget/ haben die Väter alle angefangen an stat einer antwort zu lachen.

Der Böhmen antwort auff des Juliani reden.

Die Böhmen vbergeben dem Concilio die 4. Prager Artickel. Handlung des Concilij mit den Böhmen.

Eee ij Syl-

Sylvius schreibet/ der Cardinal hab geantwortet/ das solches alles so in heiliger Schrifft nicht gegründet ist/ von dem Teuffel keines weges herkom/ denn die Christliche Kirche oder die Concilia aus anregung des Heiligen Geistes wol sollen macht haben/ etwas zu ordnen oder zu schliessen. Darauff Procopius geantwortet: Warumb stehet denn geschrieben? Zu den Wort vnd Gesetz so jhr dieses nicht thut/ werdet jhr die Morgenröthe nicht haben. Item deiner Wort ist meiner Füssen leuchten: Item/ alle Schrifft von Gott eingegeben ist nutz zu der Lehr/ zur straffe/ zur Bekährung/ zur Buß in der Gerechtigkeit/ das ein Mensch Gottes sey ohne Wandel zu allen guten Wercken geschickt. Item/ Es ist alles geschrieben/ dadurch wir durch Christi Willen vergebung haben vnserer Sünden. Als aber ein grosses getös/ auch ein geschrey entstünde/ hies man jederman schweigen/ vnnd sein vier von den Böhemen/ M. Johannes Rokyezanus/ M. Nicolaus Pelrimorsky/ Ulricus Pfarherr der Waisen/ vnd M. Petrus Anglus erwehlet worden/ die mit joes concilij commissarien, Iohanne de Ragusio, AEgidio Carlerio decano Cameracensi, Heinrico Kaltensen/ vnnd Iohanne Polamor solten conferiren von diesen artickeln/ welche concertation gewehret hat von dem 16 Januarij bis auff den 6 Maij/ da nichts verrichtet worden. Diese acta werden völlig erkleret in dem Buch/ welches titel ist: *Antiqui rerum Bohemicarum scriptores ex Bibliotheca Marquardi Freheri consiliaris Palatini*, Dieses Buch ist in folio zu Hannover *typis VVechelianis* ausgangen Anno 1602. da ich den *literarum & de rebus Theologicis syncerè iudicantem lectorem* hyn weise/ weil ich meinen geringen Verstand nach meine/ das es nicht von nöthen sey/ alles dieses zu beschreiben/ sondern halte dafür/ das man den verständigen/ vnnd die es zu wissen begehren an glaubwürdige *Historicos* weise/ vnnd jhnen also eine lust mache/ den sachen ferner nach zu forschen. Wie nun alle sachen

Hußiten Krieg.

sachen vergebens auff dem *Concilio* ab liessen/schickten die Väter des *Concilij* eine ehrliche *Legation* an die Böhem/die die gantze sach sollen vertragen/ vnnd so es müglich wer/ die Böhem mit jhnen vereinigen. Diese Gesandten sein ehrlich von der Altenstad angenommen vnd gehalten worden. Es erscheine auch jhnen zu Ehren der *Rector Vniuersitatis* neben den *Magistris* vnnd allen seinen studenten/ die den Legaten eine Verehrung thaten. Damit aber die sachen möchten der mahl eines zu einen gewündschten end kommen/ wurde ein allgemeiner Landtag aller Ständ in Böhem vnd Mähren gehalten/ an welchem *Henricus Tokius* eine *Oration*, die *Cochlæus* beschreibet/ hielt/ vnd was gehandelt worden/ neben dem Willen des Concilij erkläret. Auff diesem Tag ist den Böhmen von den Legaten versprochen worden die *confirmation* der vier Präger articfel/ vnd sein die *compactata*, wie man es nennet/auffgerichtet worden/ vmb welcher willen sie schickten aus Böhem *M. Procopium Pilsnensem*, *M. Martinum Lupacz* Predigern damahls zu Chrudim/ vnnd *M. Matthiam Laudam à Chlumczian*, die solche *compactata* solten bekrefftigen lassen/ damit das arme betrangte Land dermahl eines zu ruhe kem. Sie gaben auch jhnen macht ferner (so die Väter wolten) von diesen vier Artickuln zu *disputiren*/ doch das sie allezeit Gottes Wort vor ein Richtschnur hielten/wie zu Eger ist beschlossen worden.

In diesem Jahr 1433. ist Sigismundus zu Rom den 31. Maij (etliche schreiben falsch den 18. Maij Anno 1432.) von dem Bapst *Eugenio* gekrönet worden/ vnnd stillet auch zu gleich die vneinigkeiten zwischen gedachtem Bapst vnd dem Concilio/ also dz er dieses Concilium vor ein rechtes ordenliches hielt.

Das LXXX. Capitel

Den 15. Julij kam Procopius Rasus vor die Stad Pilsen/welche allein sich mit den Böhmen in der Religion

gion nicht vereinigen wollen/darumb belagert er sie von Mitternacht an den orth/da die Watto vnnd Mitza die zwey Wasser/ zusammen fallen/bey den Galgen/da denn noch heut zu tag seine schantzen vnter dem Gericht zu sehen sein/ vnd der galgen/darinnen er seine Küchen gehabt/ noch bis auff dato, wie er zu der zeit gewesen/stehet auch/gedechtnus wegen/erhalten wird. Von gemeltem ort hat er mit schiessen der Stad hefftig zu gesetzet/vnnd auff das Schwartze Kloster wie auch auff das kleine Thor (wie man es nennet/) hefftig geschossen/er vermeinet auch nicht abzuziehen/bis er diese Stad erobert hette. Weil es aber zu dem gewalt zu fest/ wolt er es durch Hunger verrichten/ vnnd lies sein Volck auff den Dörffern herumb streiffen/auch alle strassen täglich bereiten/vnd der Stad den Pas gentzlich benemen.

Die Thaboriten fallen in Beyern.

Es fielen auch die Thaboriten vnter Herren Johan Rzika/ Przibik Klenowsky/neben den Glattawern/Tausern/Witesern/ Schüttenhöffern/(so vnlengst das Schleß Lopata zerstöret) in Beyern/ beraubeten vnnd Brandeschätzeten die Dörffer vmb Rottingen/ Waldbach/ Reichenbach/ Nittenaw/ Napurg/ Schwartzenhorn/vnd schlugen jhr lager bey Hildesheim auff einem hübel/ denn sie erfahren/ das der Beyerische Fürst in voller Rüstung wer/ vnd mit grossem Kriegesvolck wider sie zöge. Da

Der Beyerische Fürst helt mit den Böhmen ein treffen.

sie nun zusammen kamen/ vnnd die schlacht anging/beschützeten die Böhem jhr Lager getrost. Es wurde auch der Beyerische Hauptfähnerich im angriff erschossen/das den Beyern eine solche furcht machet/ das sie zu fliehen an fingen/ Aber Friderich Wolffenstein ertappet das Fähnlein/ dem folget Hynick Pflug des Hertzogen legat/vnd Vlrich Wartbeer/die fingen die schlacht auff ein newes an/ vnnd schlugen nach lang gehaltenem streit die Böhem in die flucht/derer bey 2000 tod geblieben sein/ die andern sein mit schanden wider in Böhem geflohen.

Die Böhem werden aus Beyern geschlagen. Das Concilium confirmirt den Böhmen die Compactaten.

Den 30 Novembris Anno 1433. kamen die Legaten von Basel wider/ vnd brachten die confirmation der compactaten.

von

von dem Concilio mit. Diese compactata, weil sie zu lang sein vnd in den öffentlichen Truck verfertiget/ hab sie aussen zu lassen vor billig angesehen. Wie die vergleichung mit dem Concilio den Thaboriten vnd Waisen vor die Ohren kommen/ fingen sie an auff die Herren vnd den Adel zu schelten/ weil sie dem Concilio zu viel nachgeben. Daher wurden die Herren gezwungen, das sie zu sammen ritten/ rathschlageten/ auch beklagten/ das sie ohn ein Königlich Haupt lebten/ vnnd einem beschornen Pfaffen dieneten/ brachtens auch dahin/ das in dem folgenden Jahr 1434 den 2 Januarij zu Prag solte ein allgemeiner landtag gehalten werden.

Der Thaboriten vnd Böhmischen Herren zustspalt.

In diesem Jahr ist Czazko der Waisen Heerführer aus Preussen/ darinnen er den Polnischen König wider die Creutzherren gedienet, wider heim kommen/ vnnd vmb Galli neben dem Herren Wilhelm Costka vnd dem Priester Bedrzich/ welche in Mähren vnd Böhmen ein grosses Volck gesamlet/ den Thaboriten vor Pilsen zu hülff kommen/ vnnd haben sich an der Thaboriten lager bey dem galgen (da ein schöne grosse ebene ist) gelagert. Da sie nun mit einer grossen anzahl vor der Stad lagen/ gaben sie nicht allzu gute achtung auff die Wachten/ darumb ersahen die Pilsner jhren Vorteil/ fielen aus der Stad/ erlegten jhrer eine grosse Anzahl/ vnnd zogen mit grossen raub mit guter ordnung in die Stad/ vnnd brachten das Kameel der Waisen mit/ welches die feinde/ so sehr verdrossen hat/ das sie nicht ehe gedachten abzuziehen, bis sie jhr Kameel wider hetten/ aber es gieng viel anders ab/ wie der günstige Leser hören wird/ vnd die Pilsner behielten das Kameel/ haben auch dessen zu einem ewigen Zeugnis von Keyser Sigismundo ein Kameel in jhr Wappen bekommen. Sie rühmen sich auch / das Sigismundus in jhrer bestätigten Freyheit/ soll diesen wunsch gethan haben: vt Pelsina in faucibus hæreticorum perpetuò amarescat.

Czizko vnd Wilhelm Costka kommen dem Procopio zu hülff.

Die Pilsner vberfallen die feinde.

Da nun der Winter herbey kommen/vnd die Pilsner/jrer hoffnung nach/ vermeineten von der Belagerung erlediget zu werden/waren sie gutes muths/ bis sie sahen/ das sich die Thaboriten zu einem Winter Lager schicketen/ als denn gaben sie besser achtung auff die Proviant/ vnnd machten eine anordnung/ nach welcher man sich verhalten wust/ damit nicht die Stad aus hunger den feinden vbergeben würde.

Das LXXXI. Capitel.

Landtag zu Prag gehalten.

Wie das Newe Jahr Anno 1434. vor vber war/ gieng der Landtag völlig an. Das Concilium schicket neben zweyen Doctoren Bischoff Phylibertum von Cosnitz in Böhem/das er alles zu einem gewündschten ende brechte. Da nun die handlung war vor die hand genommen/ vnd die Confirmation des Concilii den landständen vermeldet/ waren sie alle wol zu frieden/ vnnd verhiessen einhelliglich der Römischen Kirchen gehorsam zuleisten/ vnnd sich als gehorsame Kinder zu erzeigen/ ausgenomen die Thaboriten/ die wolten den Bapst gantz vor kein Haupt erkennen/zogen auch vnverrichter sachen darvon/welches die Herren noch in jhr wider sie zu zorn reitzet. Darumb Herr

Die Thaboriten wollen den Bapst nicht für der Kirchen haupt erkennen Mainhardi Oration wider Procopium.

Mainhardus von Newhaus die Städ also anredet. Dieses Königreich ist glückselig/ welches wegen trägheit nicht zu faul/ oder wegen vielfältiger Krieg zu schwach. Weil denn nun Böhem ohn einige ruhe viel Jahr her/ durch grosse Krieg sehr geschwechet wer/sey nichts als sein gewisser vntergang zu gewarten/ der allein herkem von dem einigen Procopio/in dessen handen alles stünde/der die Städ seines gefallens schätzt die Herren vnnd Edel auch wie er wolle plaget. Dieser schädliche Krieg so das land verwüstet/ die Dörffer zerstöret/ das Volck auffries/ wer niemand als jhm nütze/ Denn so ein beständiger fried geschlossen/ gieng sein Regiment alsbaldin zu grunde.

Ich

Hußiten Krieg.

Ich meine es sey einer aus der Ritterschaffte Jährlichen zu erwehlen/ der neben den andern/ so jhm zugegeben/ in fried vnd vnfried regieren sol. Vnd damit man nicht vermeine/ es wollen die Herren die regierung auff sich zihen/ so sein sie willig sich dieser verwaltung gäntzlich zu eussern. Dieses wurd einhellig von den Ständen angenommen/ vnd Aleß Wrzesschtiowsky erwehlet/ dem Mainhardus zugegeben neben Herrn Ptaczek vnd Czenko von Welis. *Regenten geordnet in Böhmen.*

Auff diesem Landtag wurde auch gehandelt mit dem Legaten von Basel wegen der Communion der kleinen vnmündigen Kinder. Aber der Legat wendet vor/ er hette dessen keinen befehl/ dörffte auch seiner person wegen dieses sich nicht vnterfangen. Der Rector Vniversitatis Pragensis, welcher neben seinen collegis auch den handel betrachtet/ vnd vermercket/ das des Bapstes gewalt jhnen nützlicher als der Böhmen wer/ wolte sich auch verwahren/ vnd vnter der Römischen Kirchen schutz begeben/ das doch Rokyczan nicht zu lassen wolt/ vnd die sach dahin bracht/ das sie sich musten zufrieden geben.

Damit ich aber wider auff die Pilßner kom/ als sie der feind hartnäckichte halsstarrigkeit gnugsam sahen/ auch in Böhem kein hülff wusten/ schrieben sie an das Concilium in dem Januario/ vnd baten/ sie solten diese Stad/ so beständig bey der Römischen Kirchen blieben/ retten/ damit sie nicht aus hungers noth den Ketzern in die händt kem/ die jhren muthwillen damit zu treiben beschlossen. Die Väter/ welche keinen gemeinen Kasten hatten/ legten von jhrem Geld 8000. Ducaten zusammen/ schicktens Mainhardo/ das er volck annem vnd die Pilßner erledigte. *Pilsen ruffet das Concilium vmb hülff an.*

Diese weil vber war der handel zwischen den Hussiten vnd Thaboriten dahin kommen/ das sich die Thaboriten mit den Newstädtern vereinigten/ vnd in die Newstad lagerten *Die Thaboriten schlagen sich zu den Newstädten.*

Hußitten Krieg.

Vneinigkeit der zwo Prager Städt.

gerten/ sie bawten auch auff dem graben gegen der Alten Stad hültzene Schrött/ machten Pasteyen vnd einen Zaun/ verlegten auch den Altstädtern das Porzitzschaner vnd Kuttenberger thor/ damit sie von dem orth kein Proviant bekomen mögen. Alß der Gubernator berüffet deswegen die Ständ/ helt jhnen diese vnordnung vor/ mit vermelden/ das sein Regiment ein blosser schatten sey/ weil man alle decreta der Ständ verachtet/ einen newen handel vber den andern anfengt/ den Landfried nicht halten wil/ jhm nicht gehorsamet/ derhalben wer an sie sein fleissig bitten/ das sie solches ampt von jhm nemen/ oder aber hülff schaffeten/ damit er die auffrührischen straffen möge.

Die Landständt halten rath/ vnd beschliessen/ man solle das Volck/ mit welchem Mainhardus Pilsen entsetzen solt/ erstlichen gen Prag führen/ vnd die Newstädter zu gehorsam bringen/ welches schleinig im Monat Aprili verrichtet/ da man alsbalden den Newstädtern befahl von solchen vornemen abzustehen/ den Landfrieden/ so kaum auffgericht/ nicht zu turbiren/ dem Gubernatori zu gehorchen/ die Päß der Alten stad zu öffnen/ die Thürmen/ Pasteyen auff dem Graben abzutragen/ vnd fried mit den Altstädtern zuhalten.

Die Altstädter fallen in die Newstad.

Da dieses abgeschlagen/ fallen sie/ die Altstädter/ an einem tag/ da ein grosser Roßmarck war/ in die Newstad/ schlagen etliche tod/ nemen den raub zu sich in die Altstad/ vnd verwaren die Thor.

Der zwo Städt feindliches vornemen.

Die Newstädter ergrimmen sich vber dem spott/ stellen jhr Geschütz auff den Kirchhoff Mariæ Nivis, lassens nach gelüncken in die Altstad los gehen/ dargegen antworteten die Altstädter mit jhrem Geschütz/ das sie auff den Thurn in den Alten gericht (dieses ist das erste Rathhaus in Prag gewesen) hatten/ trieben die Newstädter von jhren Geschütz weg/ vnd felleten einen schönen vnd hohen Thurn/ darauff eine grosse Glocken war/ Carolus (weil sie Key-

Hußiten Krieg.

sie Keyser Carl gießen laßen) genant/ die zu sampt dem Thurm vber einen hauffen fiel.

Den folgenden tag war die gantze sag/ die Altstädter wolten diese Glocken holen/ deswegen zogen die Newstädter ihr Geschütz auff die breite gaßen/ aber die Altstädter hatten den Zaun der Newstädter vntergraben laßen/ fallen eilend in die Newstad/ nemen erstlich das Rathhaus ein/ schlagen die Gewölb auff/ nemen ire Privilegia vnd Kleinodien weg/ schlagen die Thaboriten neben viel Bürgern todt/ verbrennen die Zäun/ Thürmen/ Pasteyen auff dem Graben/ vnd werden der gantzen Newstad Herren. *Die Newstad erobert.*

Da die Pilßner dieses erfahren/ werden sie höchlich erfrewet/ spotten des Procopij/ sagen: Er sol seinen Bürgern zu hülff kommen. Es wer ein närrisch ding andere zubekriegen/ vnd die seinigen nicht beschützen können. Wo er aber nicht weichen wolle/ werden bald leuth kommen/ die jhm den weg weisen können. Procopius helt alle jre reden vor ein spott/ auch weil er weiß/ das in der Stad die höchste hungers noth sey/ lest er jhnen vor dem gesicht schöne Kuchen/ Küchlein/ wolriechendes gebratens tragen/ vnd gutes muths sie zu sein vermahnen. Wie er aber gewisse zeitung geschehener ding bekommet/ verlesset er die Stad Pilsen aus lauterm zorn/ vnd zihet eilend nach Prag/ in willens sich mit den Herren zu schmeißen. Darumb die Pilßner jährlichen den tag Stanyslai/ an welchem er die belagerung verlaßen/ feyeren/ zu den Galgen gerüst nauß gehen/ zu dem Volck eine vermahnung thun laßen/ vnd endlich das geschütz loß brennen. Es ist auch in jhrer Kirchen von dieser belagerung diese Schrifft zu sehen. Anno domini 1433. in divisione sanctorum Apostolorum Idus Iulij obsessa fuit civitas nova Plzna per VViclephistas. *Die Pilßner verspotten den Procopium.*

Procopius verlest die belagerung vor Pilsen.

Memorial von der belagerung zu Pilsen.

Fff ij

lephiſtas, Huſſitas, Thaboritas, gravi obſidione circumdata, & eò anguſtata undique, ſicut Ieruſalem, & duravit decem menſibus, quibus elapſis DEVS omnipotens ex ſuâ immenſâ pietate miſertus noſtri impios à nobis potenter fugavit, qui nimio terrore concuſſi receſſerunt à nobis, anno domini 1434. octavo Idus Maij in craſtino S. Stanyslai, qui pro tunc erat dies dominica infra octavas aſcenſionis domini noſtri Ieſu Chriſti. Quanta mirabilia DEUS omnipotens fecit nobiſcum infra illud tempus, qui audierit non facile credit, niſi qui præſens fuit, & proprijs oculis vidit.

Der gemeine Mann ſaget/ ſie ſollen ein Schwein/ welches das letzte geweſen/ aus rath eines alten Weibes mit Waitzen/ Korn/ Erbeiſen gefüllet/ vnd vber die Mawer geworffen haben/ als ſolches die Kriegesleut gefunden/ haben ſie vermeinet es ſey noch ſo viel Proviant in der Stad/ vnd ſein aus verzweifflung abgezogen. Dieſes mach in der warheit/ da es geredet wird/ bleiben.

Das LXXXII. Capitel.

Procopius felt in der Präger gebiet.

Procopius Raſus der Pilſen alſo verlaſſen ergrimmet hefftig/ ſchweret zu Gott/ das er dieſe ſchmach vnd der Herrn abfall rechnen wolle/ auch die Newſtädter wider zu den ihrigen bringen/ die Herren aus dem Land jagen/ oder aber ſein leben einzubüſſen. Er greiffet erſtlichen der Präger gebiet an/ raubet/ brennet/ mordet auff das ergſte. Von dannen lendet er ſich gegen Kuttenberg/ ſchreibet an alle ſeine bundes verwandten/ manet auch die Waiſen auff/ die ohne das luſt hatten mit den Herren vnd Prägern ſich zurauffen. Da ſie zuſammen kamen/ verheereten

Beruffet ſeine Bundsgenoſſ.n.

heereten sie mit fewr vnd schwert alles der Herren/die sich
wider sie verbunden hatten/Land/besonders Mainhardi/
das sie gar zu einer wüstensy macheten. Mainhardus were
jhnen gern vnter augen gezogen/doch weil er sich zu schwach
befand/muste er es geschehen lassen/vnd schreib an alle Städ
besonders die Pilßner/vermanet sie/sie solten mit aller macht
auff sein/vnd den Räubern wehren. Die Pilßner wollen
nicht vndanckbar sein/sondern vereinigten jr volck mit des
Herrn Alessn von Sternberg volck/vnd zogen nach Prag
Mainhardo zu hülff/da sich denn Herr Ptaczek/Herr Aleß
von Wrzeschtiowa Gubernator/Diwisch Borzek/der
Herr von Rosenberg mit seiner hülff finden ließ. Dazumahl
haben sich die Pilßner mit den Prägern vertragen in der
Religion/vnd neben den von Rosenberg freywillig/aus rath
des Bischoffs von Costnitz vnd der andern Legaten/die vier
Artickel angenommen/vnd mit gut vnd bluth zu beschützen
versprochen/ auch solches mit Sigil vnd Brieffen bestetiget.

Die Pilßner schicken Mainhardus jhr Volck zu hülff.

Die Pilßner vertragen sich mit den Prägern in der Religion.

Da sich nun federman zum streit wider die Thabo-
riten rüstet/kamen etliche gute gönner des Procopij in der
Thaboriten Feldlager/vnd hielten an/das sie sich mit den
Herrn vertragen solten/sich zu frieden geben/vnd dem Lan-
desschluß gehorchen. Procopius gab zu antwort/er wolle sich mit diesem verruchten Ketzern nicht ehe zu frieden
geben/bis sie Pilsen/wie es vor dem abzug gewesen/vnd die
Newstad mit aller rüstung/Privilegien vnd freyheiten den
Thaboriten vberantworteten/Wo nicht/wolt er sehen was
Mainhardus vnd die andern/so sich mit jhm zuschlagen vn-
terwunden/vermöchten.

Wie gantz kein fried zu hoffen war/weil die Thaboriten vnd Waisen alles mit fewr vnd schwert verheereten/
zog jhnen Mainhardus mit vorgedachter hülff vnter die
augen/

Die Herrn ziehen wider Procopium.

Die Schlacht gehet an.

augen/ vnd kamen die zwey Böhmische Heer zwischen Prag vnd Kaurzim zu sammen auff einer grossen ebne/ vnter Lippan bey dem Dorff Hrziby den 28. May. Procopius hatte sich mit einer Wagenburg versehen/ so nicht gantz zu geschlossen/ wegen notdurfft der Wägen. Die Herrn aber hetten sich noch besser versehen/ vnd schossen von den Wägen mit Pfeilen vnd Geschütz hefftig sehr ein gute weil/ Zu letzt da die Herren sahen/ das sich kein theil aus seinem vorteil geben wolt/ öffneten sie ihre Wagenburg/ fielen mit Reutern in des Procopis schlachtordnung an dem orth/ da die Wagenburg offen war. Bald wurd des Procopii Wagenburg/ aus seinem befehl/ verlassen/ vnd fieng sich der streit

Des Procopii Reuterey fliehet.

auff ein newes in freyen felde an/ weil aber die Herren an Volck zu starck/ auch gute ordnung hatten/ vermeinet Czapek/ der die Reuter führet/ es were geschehen vnnd gab als balden mit den reisigen die flucht/ mit welchen er sich in Kolin salviret. Procopius Rasus/ der nun von den Reutern verlassen war/ wolte letzlichen sein heil versuchen/ nam die besten/ versuchesten Krieger zu sich/ vnd greiff auff ein newes/

Der tewre Heid Procopius kompt ritterlich vmb sein leben.

Cap. 51.

mit Procopio minore/ an/ fiel auch grimmiglich mitten vnter die feind/ die er gewislichen vberwunden hette/ wenn nicht Czapek schendlichen zuvor geflohen/ aber zu letzt wird er vbermannet/ & non tam victus quam vincendo fessus, wie Sylvius schreibet/ erschlagen neben Procopio minore/ vnd sind ritterlich gestorben/ als solche Helden/ die der weise Heid Aristoteles lib 3. Eth. cap. 8. fortes nennet/ ja werth sein/ das man ihrer zu ewiger zeit gedencket/ deñ sie inglück vnd vnglück/ ja in dem tod bestendig blieben sein vnd weit vnter den erschlagenen feinden gefunden wurden.

De

Hussiten Krieg.   413

Da die schlacht ihr endschafft erreichet/hielte man rath/ was mit den gefangenen zu thun wer/ weil kein bestendiger fried in dem Königreich/ so sie am leben blieben/ zu hoffen wer. Man schluß/das man sie alle solt nieder hawen. Aber Mainhardus war darwider/ weil er wust/ das Procopius ihrer viel mit zuzihen gezwungen. Darumb erdacht er diesen list: Sie liessen alle gefangene loß vor sich führen/ sprachen ihnen freundlich zu/ mit vermelden/das Procopius/ so nicht fried halten wollen/ recht wer erschlagen worden/nun weren sie bedacht erstlichen das Land zu befriedigē/ den Czapek/ der gen Kolin geflohen/ zum gehorsam zu bringen/darnach die auslender besuchen/ zu welchem sie Volck bedörfften. Wenn nun sie ihnen als dem Zischka vnd Procopio gehorchen wolten/ solten sie sich erkleren/ vnd in die Schewren versamlen/ da man ihre Namen würde auffschreiben/ vnd ihnen den Sold benennen. Die Thaboriten sein fro/ gehen in die Scheuren/ wollen keinen vnter sich nemen/ der vnversuchet ist. Aber die Scheuren werde zugeschlossen/ angezündet/ vnd die armen versuchten Knecht jämmerlich verbrennet den 30. May/ Anno 1434.

Die Prager vnd Herrē rath vber die gefangen.

Die gefar gē nen kommē durch lo e procticken vmb ihr leben.

Das LXXXIII. Capitel.

Er Keyser hatte vnter des seine sachen in Welschland ausgerichtet/ vnd kam glücklichen gen Vlm/ da er höret wie das die Thaboriten weren geschlagen worden/ vnd die Böhem sich mit dem Concilio ertragen/ auch jetzt beysammen weren sich zuvergleichen auff einen allgemeinen Landtag/ darumb schicket er seine Gesandten an die Böhmen mit einem schreiben/ darinnen er die Her=

Keyser Sigismundus restigrt in Lo... ab in Böhm.

die Herrn lobet / das sie die Auffrührer hetten ausgerottet / mit angehoffter bitt / das sie forthin friedlich leben solten / vnd jhn als einen Böhem / vor jhren König erkennen. Auff diesem Landtag ward erstlichen vorgenommen / wie man doch die Thaboriten stillen wolte / darumb sandten sie an die von Thabor / vnd an den Czapek gen Kolin / der nach langer vnterhandlung sich mit allen den seinigen vnd der Stad Thabor dem Gubernatori vntergab / auch zugehorsamen versprochen. An diesem Landtag ward auch eine stewer auff das Land geleget / von welcher der Gubernator sich erhalten must. Item das man wider anfing auff dem Kuttenberg zu müntzen / vnd wenn einer gefunden würd / der falsche müntz schlug / solt er wie zuuor verbrennet werden. Es war auch beschlossen / das alle vertriebene vnd gefangene solten loß gelassen werden. So aber einer in einer Stad nicht köndte geduldet werden wegen seines verbrechens / solt man jhn seine güter lassen verkauffen vnd davon ziehen.

Landtag in Böhmen.

Die Thaboriten ergeben sich dem Gubernatori.

Auff des Keysers schreiben wurd geantwortet / das sie eine Legation wolten zu jhm abfertigen / das denn geschahe / vnd zogen den 26 Augusti von Tauß zu dem Keiser gen Regenspurg wegen der Herren / Herr Mainhardus von Newhauß / Herr Paczko von Ratty / wegen des Adels Beneß von Makrows / Wegen der Thaboriten vnd Waysen / Socot vnd Czapek / wegen der Präger Johannes Welwar / wegen der andern Königes Städten Marzik Lurcida Diese erzehleten dem Keiser / wie sie mit dem Concilio weren vberein kommen / das jhm der Keyser gefallen ließ / da er aber haben wolt / sie solten sich erkleren / ob sie jhn zu einem Herren wolten annemen oder nicht / gaben sie zur antwort / sie hetten dessen keinen befehl / doch wolten sie sich mit den Ständen darumb vnterreden / vnd es jhrer Key. May. zu wissen thun.

Legation aus Böhem zum Keiser.

Der

Hußiten Krieg. 415

Der Keyser vermanet sie noch ein mahl/ vnd zog auff dem Wasser nach Ofen/ von dannen auff Stulweissenburg/ da er sein Hofflager den Winter vnd folgenden Sommer vber/ wie Sylvius cap. 52. bezeuget/ gehabt vnd nicht zu Brinn in Mähren/ wie Hageeus schreibet/ weil man Sylvio/ der damals bey dem Keyser gewesen/ mehr glauben mus. *Der Keyser zihet in Vngern.*

Da diese Geistliche zusamenkunfft/ wie in dem vorigen Landtag war beschlossen worden/ angieng/ wurd noch ein grösserer zwispalt. Die Thaboriten appellirten von dem Rokyzan an das Concilium/ mit welchem sie sich wegen der Ceremonien vergleichen wolten. Die Magistri der Universitet theten desgleichen/ weil man jnen jhre alte Freyheiten schwechen wolt/ vnd sie vnter den Schutz der Präger sperren. Da dieses die Priester sahen/ wolten sie M. Johanni Rokyczano nicht mehr gehorsamen/ sondern erwehleten jhnen M. Petrum Anglicum zu einem Vicario, weil er mit jhnen besser vbereinstimmet als Rokyczanus. Nach langer vnterhandlung zogen sie vnverrichter sachen von einander. *Zwispalt der Geistlichen zusamenkunfft in Böhmen.*

Der Gubernator sahe wol/ man könte in Böhmen nicht fried erhalten/ wenn man nicht die Geistlichen vereiniget/ stellet einen Landtag auff das künfftige Jahr an/ da man sich gentzlich vergleichen solt. Da dieser Landtag angieng am tage Valentini Anno 1435. kamen des Keysers Gesandten auch an/ vnd brachten die Artickel mit/ in welche der Keyser gewilliget. Diese waren willig vnd statlich angenommen/ erhielten auch von den Landständen so viel/ das sie eine endliche richtige/ vnabschlegliche antwort dem Keyser in der Fasten geben wolten. Da das die Thaboriten höreten/ wolten sie darein nicht willigen. Man handelt auch auff diesem Landtag von der einigkeit der Priester/ die man auffrichten müste/ so man wolt fried haben. Es waren auch von dem Concilio die Legaten wider komen/ die aus Böhm wegen der *Der Gubernator stellt ein Landtag an. Des Keysers Gesandten auffm Landtag. Die Böhmen komen vom Concilio wider.*

Thabo

Thaboriten vñ der Vniversitet waren gesendet worden. Darumb erwehleten die Herrn M. Johannem Rokyczanum/ das er alles/ bis ein Bischoff erwehlet wurde/ verrichten solt/ vnd die geistlichen in dem Zaum halten/ auch auff alle mittel bedacht sein/ sie gentzlich zuvereinigen. Da dieses die Thaboriten vernommen/ sein sie nicht zu frieden/ vnd zihen mit zorn von Prag weg/ wollen auch weder dem Rokyczano/ noch dem Gubernatori gehorchen. Darumb sein die Herren zu rath gangen/ vnd beschlossen/ diese auffrührer zu straffen/ liessen Volck annehmen/ das sie zum teil den Herren Ptaczek/ zum teil dem Herrn von Rosenberg vertraweten/ mit dem befehl/ das sie alle/ so nicht wollen fried halten/ mit fewer vnd schwert zwingen solten.

Ptaczek nimmet sein Volck/ belagert das Schloß Ostromecz/ so die Thaboriten gebawet hatten/ starck/ weil sich sonderlich auff diesem Schloß auffhielten/ die dem fried zu halten nit gesinnet. Die belagerten wehren sich starck/ thun mit schiessen grossen widerstand 8. wochen lang. Zu letzt machen sich etliche wagehälß von des Ptaczken volck bey nacht auff/ vnd ersteigen heimlich das Schloß/ das sie mit fewer ansteckten/ die belagerten wolten zwar das fewer leschen/ aber der feind war jnen auff dem tach/ vnd erschlug alles/ was von dem fewer entrunnen war. Es schleiffet auch Ptaczek dieses gantze Schloß in den grund.

Mittler weil belagert Herr Vlrich von Rosenberg vnd Mainhardus Przebenicz/ das auch der Thaboriten war/ vnd eroberten es leichtlich/ von dannen ruckten sie vor Lompnicz vnd belagerten die Stad so lang/ bis sie gedrungen sich zuergeben/ vñ was die Herrn annemen würden/ auch bestendig zu halten verheischen. Thabor hat sich zuvor schon mit den Herren vertragen/ vnd Sigismundum Römischen Keyser vor einen Herrn zu erkennẽ versprochen. Es hatten auch die Waisen Kolin belagert/ weil sie einen zuspruch dazu hatten/ vnd habens ohne sonderliche mühe erobert.

Nach

Rokyczan der geistliche Inspector.

Die Thaboriten widerspenstig.

Die Herrn nemen Volck an wider die Thaboriten.

Ostromecz vom Ptaczek belegert/ eingenomen vñ geschleiffet.

Lompnitz ergibt sich Vlrich von Rosenberg.

Kolin von den Waisen erobert.

Hußiten Krieg.

Nach solchem verrichten/ sein die Stände wider zusammen kommen/ vnd haben etliche Artickel zusammen geschrieben/ die Sigißmundus zu halten versichern solt/ als nemlichen.

Artickel so die Böhmen Keiser Sigismundo vorgeschrieben.

Das er die 4. Präger Artickel/ welche ihnen das Concilium zu Basel zugelassen/ bestetigt/ auch nichtes darwider handeln wolle. 1.

Das er an seinem Hof Hußitische Prediger hab. 2.

Das er keinen in dem Lande zwinge/ Schlösser zu bawen/ oder Mönichen anzunemen. 3.

Das er die Universitet wider hervor bringe/ vnd des Spittalsgüter in Prag vermehre. 4.

Das das Land die zerstöreten Klöster nicht wider zu bawen gezwungen werde. 5.

Das er des Königreichs Privilegia neben dem Heiligthum vnd Kleinodien wider gebe. 6.

Das man Teutsch ausserhalb der Kirchen/ Böhmisch in derselbigen Predige. 7.

Das man keine frembde in den Rath oder das Recht setze. 8.

Das sich die Waisen ohne bewilligung ihrer Freunde nicht verheyrathen dörffen. 9.

Das er gute Müntz schlag/ vnd die Bergstäd erhöhet. 10.

Das er in seinem abwesen das Königreich keinem frembden vertrawe. 11.

Das man den Jüden allein das geld/ so man schuldig/ ohne Zinß widergebe. 12.

Das die/ so in der zeit der Auffruhr entweder weg geflohen/ oder noch in einer (dauor doch Gott sein wolle) weg flitzen würden/ ohn willen der Bürgerschafft zu den ihren nicht kommen sollen. 13.

Schlüßlichen sol alles/ so geschehen/ vergessen werden/ vnd in vergebung gestellet sein. 14.

Da sie sich nun wegen dieser Artickel vereiniget hatten/ wolten sie zu dem Keyser/ der gen Brinn in Mähren kommen/ eine Botschafft abfertigen/ vnd diese Artickel vorhalten lassen/ auch so er sie annehm vnd bestettigte/ vor einen König vnd Herrn erkennen. Vnter des kam des Keysers Gesandter an/ darumb wurd der fortzug auff ein andere zeit eingestellet/ besonders auch weil Priester Bedrzich mit seinem Volck vor Kolin gezogen war/ vnd es den Waisen wider aus dem rachen gerissen. Darumb wolten sie jhn vberzihen vnd fried zu halten zwingen/ aber die von Thabor kamen darzwischen/ vnd machten fried/ also das die Stad Kolin sequestrirt wurd vnter dem Herren Manihardo so lang/ bis sich die Waisen vñ Thaboriten darumb vergleichen wurden. Sie beschlussen auch einhellig eine statliche Legation zu dem Keyser zu senden/ vnd die vorgedachten Artickel zu vbergeben.

Kolin den Waisen abgewonnen.

Das LXXXIV. Capitel.

Mittler weil hatten sich die Geistlichen gen Beraun verfügen müssen/ vnd nicht ehe von einander zihen dörffen/ bis sie sich verglichen hetten. Zu denen waren auch des Concilij Legaten gezogen/ vnd hatten die sach so weit befördert/ das den 18. Julij eine vereinigung völlig getroffen wurd/ nach art vnd form/ die auff dem Concilio geschlossen worden/ vnd in den *compactis* begriffen ist. Dieses haben sie alle mit einander die *Magistri* der Präger *Vniversitet,* die Hußiten/ Thaboriten vnd Waisen angenommen/ vnd zu halten versprochen.

Die Geistlichen sind zu Beraun.

Vereinigung in Religionssachen geschlossen.

In dem Herbst versamleten sich in die 700. Thaboriten 200. zu fuß/ 500. zu Roß/ diese wolten Lomnicz wider erobern. Aber der Herr von Rosenberg hielt mit jhnen ein treffen

Die Thaboriten sind auffrührisch auff werden geschlagen.

sen vnd erleget derer in 400. darunter auch ihr Pfaff Bar-
ziez geblieben ist/der sie in der rüstung gebracht hatte.

    Da die Gesandten zu Brinn waren ankommen/vnd im namen der Stände die Artickel vbergeben/ war der Keyser wol zu frieden/ vnd verwilliget in alle völlig.   Darumb kehreten die Gesandten zu hauß/vnd thaten völlige Relation dem Gubernatori/ der einen Landtag ausschreib vmb Galli (Hagecus schreibet es sey in dem nachfolgenden Jahr vmb Reminiscere geschehen) in welchem alles zu ruhe gebracht ward/vnd von allen ständen einhelliglich beschlossen/ Sigismundum vor einen Böhmischen König zuerkennen/ wo er diese Artickel/wie er verheischen/bekräfftigte mit seinem Eydman Alberto Hertzogen aus Oesterreich.   Es kam auch auff gemelten Landtag Caspar Schlick des Keysers Cantzler/ der denn in dem Collegio Caroli IV. erzehlet/ das er gesandt wer von dem Keyser/ eine endliche vnd richtige antwort von allen Ständen der Kron Böhmen zu holen. Da er ausgeredet/stunden alle Ständ auff/ sagten erstlichen wegen dieser ansehligen Legation dem Keyser danck/ darnach Herren Caspar Schlicken/ das er so viel mühe auff sich genommen/ vnd gaben hernacher den dritten tag den schluß des Landes zu einer antwort/welcher war: **das alle Geistliche vnd Weltliche Sigismundum vor einen König erkennen wollen/ wenn er diese Artickel/ wie gedacht worden/** confirmirte.   Es wurd auch ein statliche Legation an den Keyser gesand/ die denn mit Caspar Schlicken bis gen Stulweissenburg in Vngarn gezogen sein/ dem Keyser mit grosser reverentz die Böhmische Kron angetragen/ vnd das er zu jhren kommen wolle/ auch jr gnediger Herr vnd Vater sein/ gebeten.   Der Keyser war mit dieser Legation zu frieden/ versprach

Keyser Sigismundus williget in der Böhmen Artickel.

Landtag angestellet.

H. Caspar Schlick des Keysers Legat in Böhmen.

Die Böhmen nemen Sigismundum zum König an.

Legation zum Keyser abgefertigt wegen der Kron.

versprach auch alles / das sie von jm begerten / vnd verehrt die Legaten mit 60000. gülden / vñ einer grossen summa Viehs / das sie zu danck angenommen / vnd mit fewden in Böhmen gezogen sein / auch nach dem Newen Jar des 1436. in offentlicher versamlung aller Stände Relation gethan. An diesem Landtag ist auch M. Johannes Rokyczanus zu einem Ertzbischoff erwehlet worden von dem gantzen Lande / dem als zu Suffraganeen M. Martinus Lupacz vñ Wenceslaus von Maut zugeben wordē sein. An diesem Landtag sein auch Personen von Prag vnd den andern Ständen erwehlet worden / die neben M. Rokyczano solten nach Georgij zu dem Keyser gen Iglaw in Mähren zihen / vnd jhn in Böhmen beleiten.

M Johannes Rozyczan wird Ertzbischoff zu Prag.

Des Ertzbischoffs suffraganei.

Das LXXXV. Capitel.

Den 27. Maij Anno 1436. sein die Legaten der Böhmischen Kron gen Iglaw zu dem Keyser gezogen / Da er noch ein mahl jr *compactata* neben Hertzogen Alberto Austriaco mit Eyd bekrefftiget den 4. Julij. Er bestettiget auch den 23 Julij die wahl des Rokyczani mit diesem offenen Schreiben.

Wir Sigismundus von Gottes gnaden Römischer Keyser / etc. Nach dem vns die Herrn / Ritterschafft / Adel vnd Städte vnsers Königreichs Böhmen / als wir zu Brün gewesen / gebeten / das wir / als ein König in Böhmen / jhnen vnser Recht zu der wahl eines Prägerischen Ertzbischoffs verleihen wollen / solches haben wir auff jhre bitt / von wegen des Landes nutz vnd fromen / gnedigst vnd gern gethan / vnd vnser Recht jhnen zu solcher wahl gegeben / wie denn vnser jhnen hierüber gegebene Brieff in sich weitleufftiger inhelt vnd begreiffet. Als sie nun auch die Wahl verrichtet / vnd vns den hoch-

Sigismundus bestetigt dem Rokyczan dz Ertzbisthum.

Hussiten Krieg.

hochwürdigen M. Johannem von Rokyczan neben zweyen vnterbischoffen vorgestellet/ da haben wir vns solche wahl gefallen lassen/ vnd jhn zu einem Ertzbischen bey neben den andern zweyen Suffraganeen angenommen/ vnd hiemit in krafft dieses Brieffs annemen/ vnd mehr gedachte wahl bestetigen thun. Wollen auch bey stinen Lebtagen/ nach keinem andern trachten/ sondern vns wegen dieser Confirmation vnd weyhung/ mit dem aller ehesten alles vnsers fleisses/ vnd in aller dergestalt/ wie es vnser hierüber gegebener Brieff in sich helt/ bemühen. Datum Iglaw Anno 1436. am tag S. Apollinaris vnsers Reichs/ etc.

Als dieses verrichtet/ näm jhn der Rokyczan in namen aller Geistlichen in Böhmen an/ vnd saget der Römischen Kirchen zu/ jhr nach dem compactatis zugehorsamen. Doch als er den folgenden tag hette Meß gehalten/ vnd den Leyen den Kelch gereichet/ wurd ein newer Lärmen. Denn der Bäpstische Legat saget/ es wer wider die compactata in einer frembden Kirchen solches zuverrichten. Aber der Keyser leget sich darein/ vnd wolt nicht zu geben/ das wegen dieser geringen vrsach halben/ die einigkeit sol getrennet werden. *Rokyczani vñ des Bäpstlichen Legaten handlung.*

Nach verrichtung dieses/ sein die Böhmen durch des Apostolischen Stuels Legaten von dem Bann absolviret worden/ aus macht vnd krafft des Vaters Bapstes/ ja das die jenigen Böhmen/ welche der heiligen Christlichen Kirchen einigkeit in allen ordnungen Artickeln vnd Clausulen/ halten/ vnd sich des hochwürdigen Sacrament des Altars in beyderley gestalt/ als nemlich vnter dem Brod vñ Wein/ gebrauchen/ die ersten Söhn der heiligen Christlichen Kirchen sein/ vnd wann sie sich dessen also nach dieser gewohnheit gebrauchen/ solten sie die jenigen auch/ welche es vnter einerley gestalt empfahen/ nicht bedrengen oder schmehen. *Die Böhm werden vom Bann absolviret/ vnd jre Religion Confirmirt.*

Hier ge=

Hiergegen widerumb solten die/ so das hochwürdige Sacrament/ den Leib vnd Blut des HErrn Christi/ nach Ordnung der Christlichen Kirchen vnter einerley gestalt empfahen/ dem andern theil in jhrem gebrauch weder nachteilig/ noch verhinderlich sein/ vnd solte also ein theil dem andern in jhren Kirchen vnd orthen keinen eingrieff thun/ vnd in summa ein jegliche Religion solte das hochwürdige Sacrament des Altars nach jhrem gebrauch austheilen/ vnd sich in jhren Kirchen vnd Capellen also/ wie dazumal drinnen gewöhnlichen/ verhalten. Dieses ist hernacher Anno 1437. aus befehl des Keysers Sigismundi vnd des Bischoffs Philiberti/ des Concilij Legaten/ in der Kirchen Corporis Christi am Freytag nach Ostern/ Böhmisch/ Lateinisch/ Teutsch vnd Vngerisch ausgeruffen worden/ vnd mit gülden Buchstaben hernacher von den Böhmen an die Wand geschrieben/ wie es auch sonsten in der Kirchen Tein/ wie auch bey S. Michael vnd andern Kirchen mehr/ vber die Kirchthüren innenwendig geschrieben worden. Es haben auch die Altstädter zu höchst an der Teiner Kirchen/ an den gübel/ zwischen den zweyen Thürmen gegen dem Marckt/ einen grossen obergülten Kelch setzen/ vnd dabey ein messinges Schwert/ so auch obergült/ hengen lassen/ aber es ist vor etlichen wenig Jahren von einem Zimmerman bey nacht wunderbarlicher weiß herab genommen/ vnd auff begehr jrer Majestet auff das Schloß vberliessert worden/ vnd wird in der Böhmischen Cantzeley heut zu tag verwahret.

Als die Geistlichen händel also vertragen/ versichert auch der Keyser die Böhmen wegen der Weltlichen mit diesem schreiben.

Wir Sigismundus von Gottes genaden/ Römischer Keyser

Keyser/etc. Nach dem wir allhier nach dieser einigkeit/welche (Gott dem allmechtigen danck gesaget) zwischen den gesandten vnsers Königreichs Böhem/ vnd den Legaten des heiligen Concilij zu Basel/getroffen/vns mit jhnen gedachten Böhmischen gesandten anlanget/vnsere herrschung vnd Regiment/als der natürliche Erbe vnd Landesherr vergliechen: Als haben vns daneben die Ersamen gesandten aus den Städten Prag vnd andern Städten vnsers jetztgemeltē Königreiches Böhem angelanget vnd gebeten/das wir vnsern willen darein geben wollen/damit alle diejenigen/ Geistliche vnd weltliche Personen/so zuuor in den Städten wohnhafft gewesen vnd derselbigen (aus waserley vrsachen es auch geschehen) bis auff dato müssig gehen müssen/ widerumb ein zugehen vnd sich jhrer güter anzunemen wider jhren willen keines weges bedrenget werden sollen. Derentwegen wollen wir/ auff das hiedurch fried vnd einigkeit nicht getrennet werden möchte/in ansehung jrer bitt darein gewilliget haben/ vnd wollen nicht/ das obgedachte Städ zu etwas/wie oben vermeldet/ wider jhren willen einigerley weise genötiget werden solten. Dessen zu vrkund haben wir vnsere Insigel an diesen Brieff hengen lassen. Dessen datum Iglaw Anno 1436. am tage Marien Magdalenen/vnserer Reiche/ des Hungerischen in funffzigsten des Römischen in 26. des Böhemischen in den 16. vnsers Keyserthumbs aber in dem 4. Jahr.

Keiser Sigismundus versichert den Weltlichen stand.

Da dieses verrichtet/ ist Sigismundus herrlich von den Städten vnd der Ritterschafft nach Prag beleitet worden/ da er den 23. Septembris Anno 1436. ist ankommen/ herrlich vnd mit frewden angenommen worden/ in dem Altstädter Rathhauß eingezogen/vnd alles in ein ordnung gebracht.

Sigismundus kompt gen Prag

Hußiten Krieg.

bracht. Besonders nam er die Thaboriten / die sich willig ergaben / zu genaden / anvnd befreyhet jhre newe Stad Thabor so sehr / das sie es jhm nicht genugsam verdancken können.

VNd hiemit wil ich den grossen beschwerlichen Hussiten Krieg mit seinem end beschliessen / vnd Gott bitten / das er vnser Vaterland genädiglich vor auffruhren / Blutvergiessen / vnd dergleichen Kriegen vnd vnfällen behüten wolle / alle drey Ständ neben derer haupt beschützen / beschirmen / bewahren. Amen.

Ad Lecto.

Ad Lectorem literatum.

HABES hîc, lector benevole, specialem funesti & perniciosi belli, quòd Hussiticum vocant, narrationem, quotidiano tritoque sermone Germanico explicatam, quàm nec in Hageco, Æneâ Sylvio, Dubravio, Cochlæo, Cutheno, M. Laurentio, Alberto Kranzio, nec in antiquis rerum Bohemicarum scriptoribus, qui ex bibliothecâ Marquardi Freheri prodierunt, nec in alijs, qui typis vulgati sunt, authoribus, nec in manuscriptis, aut antiquis monumentis; sed in his omnibus invenies. Quantum laboris atque sudoris in me receperim cognosces, si in argumento simili te exercere, nihilque eorum, quæ facta sunt, omittere volueris. Cæterùm de ipsis rebus in bello gestis, ne quid ante tempus cum Sylvio & Cochlæo iudica, donec veniat dominus, qui & tenebrarum occulta proferat in lucem, & animorum consilia patefaciat, ac tunc demum laudem quisque consequatur à domino. In bello pietas sepulta, iusticia mortua, æquitas extincta, sacrosanctæ leges sub armis iacent, & omnia vi fortunâque favente geruntur.

Denique me excusatum velim habeas, si in specie forsan omnia non descripsi: Quæ potui, collegi, quæ latuêre, nemo unquam literis consignavit. Quare

—————— *Si quid novisti rectius istis,*
Candidus imperti: si non; his utere mecum.

Vale Christiane & benevole lector; Restat enim ut DEVM alloquar.

NVnc anima vis tota mea, vis corporis ægri
　Te dignas totâ in laudes effunde Tonantis,
Si vigor ullus inest fibris aut entheus ardor.
Laudis rumpe moras anima, &, quæ contulit
　　　　　　　in te
Dona Deus, memori conserva mente reposta.
Nam variis veniam dat nævis, ulcera tetra
Vel delictorum sanat, mala crimina delet,
Quæ corrupta patrat mens, & malè devius
　　　　　error.
Hic vitam mediis rapit ultor faucibus orci,
Proventuq; beat vario, tua tempora lato
Magnifico applausu veluti diademate cingit.
Hic facit, ut noctem læta inter gaudia ducas,
　　　　　　　　　　　　　　　Hic

Hic reficit vires, & tempora verna iuventa
Reddit? Deposito sicut Jovis ales avito
Squallore, antiquas vires, nitidamq̃ iuven-
tam
Suscitat & lætus prava inter nubila fulget.
Solatur fraudem passos: examine iusto
Quæsitor pensat causas, & crimina discit.
Hic Moysi leges dedit alto à culmine cœli,
Isacidasq̃ patris docuit sensa, abdita sensa.
In veniam dominus pronus, mentemq̃ be-
nignam
Accipit in miseros: lento venit ira, secunda
Gratia Pegaseo sed gressu. Præpete lite
Haud furit in miseros: Haud tristia turgia
vinclo
Æterno nectit: non ardet semper in iras:
Criminibus pœna haud respondet, nec mala
reddit
Æqua malis, quæ tunc facimus, cum præpe-
dit error
Præceps incautos, nec fata futura videntes.
Terrenis quantum cœli plaga distat ab oris.

     Hbb iij   *Alma*

Alma Dei tantum bonitas diffusa redun-
dat;
Consurgens quantum sol est seclusus ab undis
Hesperiis; tantum sceleris vestigia nostri
Transfert, ut solvant tristi formidine terras,
Tristibus ut pulsis, surgant secla aurea mun-
do.
Omnis ut in natis charis stat cura parentum:
Sic tenet affectum patrium in sua iussa tenentes.
Scit fragilis massæ fatum, viresq́; caducas,
Pulveris in morem, subito quas turbine nigro
Conglomerat Boreas coelo spectacula portans.
Vere novo veluti teneras herba exit in au-
ras,
Cui cui coma versicolor, flos aueus, aurea for-
ma;
Ast postquam viriaes exurit Sirius agros,
Pulverulenta coquit & siccis solibus æstas,
Flos perit, herba cadit, forma immutatur in
hora:
Sic homo, sic vita consumpto flore fatiscit,
Perq́; dies culmen nostri conscendimus ævi,

Quo

Quo tacto, tangunt nos fata noviſsima fato,
Vivaciq́; nihil niſi pulvis corpore reſtat.
 Aſt bonitas domini manet, æternumq́; ma-
  nebit,
Qui dans iuſta ſuis ſervabit iugiter omnes
Natorum natos, & qui naſcentur ab illis,
Si modò iuſta colunt, noctesq́; diesq́; volutant
Mente Dei leges, & ſervant fœdera pacta.
 Ille ſibi immotam nitidi tentoria cœli
Vt ſedem poſuit, qua rex de vertice olympi
Aſpectat mare velivolum, terrasq́; iacentes,
Et latos populos, ſparſosq́; per æquora gentes,
Quas omnes regit imperiis & fulmine terret.
Vos quoq́; cœlicolæ, cœliq́; exercitus omnis,
Collaudate DEVM, ſanctas contexite
  laudes,
(Illius vobis nam iuſſa capeſſere fas eſt.)
Vt domini volitet pia fama per ora virorum.
 Angelica turma, quas non virtutis egen-
  tes
Condidit ipſe DEVS, domino date laudis ho-
  nores.
        Tu

Tu mare, tu cælum, & cælo & quæcunq;
   teguntur
Ferte preces, state iusta Deo, date laudis ho-
   nores.
Tuq; anima vis tota mea, vis corporis ægri,
Te dignas totam in laudes effunde Tonantis,
Si vigor ullus inest fibris aut entheus ardor.

A M E N.

Register

Register aller fürnemen Männer vnd Thaten/
in diesem Buch begrieffen.

A.

Æneas Sylvius ein Chroniconschreiber vber das Böhmerland 286
Albertus aus Oesterreich von den Thaboriten geschlagen 318
Albertus/ein Graf von Aldenburg/ entführt Keyser *Heinrico Aucupi* seine Tochter 172
Albicus Ertzbischoff zu Prag/ ein grosser Geitzhalß 25
Albicus verkaufft das Ertzbisthumb 36
Aldenburg verbrennet 360
Artickel/so Hussen im Concilio fürgehalten 102. *& seqq.*
Artickel nach welchen sich die Böhmen im Concilio verhalten 379
Aufflauff der Studenten zu Prag 12
Auffruhr etlicher Berckknappen von Kuttenberg 26
Auffrührer in den Predigten gestrafft. 33
Außig die Stad von den Thaboriten verbrennet

B.

Bapst Johannes vom Concilio abgesetzt 62
Bautzen von Hußiten belegert 204
Beneda ein fürtrefflicher Ritter/ vom König Wratislao betrüglich vmbgebracht 151

Beraun vom Zischa erobert 256
Bethlehem der Kirchen zu Prag beschreibung 24
Der Bischoff von Lugdun verdammet M. Hieronymum 165
Blutbad zu Kuttenberg 209
Die Böhmischen Herren schreiben dem Keiser wegen Hussen 58.59 75
Böhmen vnd Mähren auffrührisch 30. 169
Der Böhmen antwort auff Julianides Cardinals schreiben 381
Der Böhmen schreiben an dz Concilium zu Basel 336
Die Böhmen werden vom Bast absolviret 421
Botzko von Podiebrad belegert 325
Botzko erschlagen 317
Brunnen so wunderbarlich in Böhmien 388. 389
Brüx von den Prägern belegert 280
Brzetislaus der 19. hertzog in Böhmen/bringt grossen raub aus Polen 217
Brzetislaus schlegt Keiser Heinricum auffin Böhmerland 220
Bündnuß der Präger vnd Städ wider Keiser Sigißmundum 212
Burtzloß ausgebrant 292
Alt Bunßlaw vom Zischka erobert 257

Register.

Bzdinka richtet ein Tumult an zu Prag 300

C.
Des Cardinals von Camerach disputation mit Hussen auffm Concilio 91
Cardinal von Camerach wil Hieronymum Pragens. los haben 157
Carlstein das Schloß von den Prägern hart belegert 294
Carlsteiner Soldaten Stratagema 299
Carmina auff den tod Hußlj 142.143
Carolus IV. der Keiser / besihet den schatz des Klosters Opatowitz 154
Caroli IV. Prophezeihung von seinen Söhnen 239
Caspar Schlick ein vornemer Graf/ wil nicht in Hussen tod bewilligen 137
Caspar Schlick des Keisers Legat in Böhmen 419
Catharina von Braunschweig/ eine verstendige Fürstin 321
Collegia zu Prag gestürmet 291
Compactata in Böhmen auffgerichtet 303.304
Concilium zu Costnitz angestelt 44
Concilium Constantense lest Hussen vnd M. Hieronymum verbrennen 140.168
Concilium zu Costnitz zergehet 189
Concil. zu Basel ausgeschriebe 368
Concilium zu Basel ladet die Böhmen ein 392
Concilij handlung mit den Böhmen 401
Coributus ein Fürst aus Littaw komet in Böhmen 284
Coributus schreibt ein Landtag aus 319
Coributus gefangen 330
Coributus aus Böhmen vertrieben 337
Czarda gefangen 347
Czarda der Präger heuptman 393
Cziaslaw von Zischka eingenomen 304
Cziniek vnd Vlrich von Rosenberg stellen ein reformation an 185

D.
Dieczinsky gefangen 325
Dieczinsky verwüstet Auscha 352

E.
Epitaphium Bapst Johannis 62
Epitaphium des Zischken 312
Eugenius Bapst wider das Concilium zu Basel 392
Eugenius mit dem Concilio vertragen 303

F.
Feuerlich begängnuß des Todes Hußij vñ Hieron. in Böhmē 182
Frawenberg des Schlosses beschreibung 170
Frawenberg von wem erbawet 171
Geleits

Register.

G.
Geleitsbrieff/ so Huß vom Keyser empfangen 52
Geleitsbrieff Concilij Basliensis den Böhmen gegeben 398
Georgii Fiscellini historia 101
Georgius von Kunstad/ so Böhmischer König worden/ geborn 213
Gerson Parisischer Cantzler/ redet Hieronymo hart zu 72
Gerson stirbt im Elend 392
Gregorij des Bapsts handlung mit Wratislao dem Hertzogen 200
Grätz ergibt sich dem Zischka 303
Grausame That des Hauptmans zu Jaromir 248
H.inricus Auceps findet sein verlorne Tochter 173
Heinricus Auceps Uberzihet seinen Eidman Albertum 174
Hertzog Heinrich verwegwartet seinen Vettern H. Ludwigen 184
Hertzog Heinrich von Plawen oberster der Teutschen wider die Böhmen 245
Hinick von Waltstein uberfelt Prag wird darüber erstochen 336
Der Horebiter ursprung 245
Hostinna vom Zischka belegert 305
Hussen anfang wider das Bapstthumb 2
Huß appellirt vom Bapst zu Gott 38
Huß disputirt zu Prag *de Bulla Pontificis* 29
Hussen gesell M. Hieronymus Pragensis 5
Hussen gesprech mit eim Bawrn 41
Huß kompt gen Costnitz 53
Huß Predigt wider den Ertzbischoff zu Prag 21
Huß wird *Rector* zu Prag 17
Huß wird gen Rom citirt 22
Huß wird in Bann gethan 23
Hussen Schreiben an die Böhmen 47/ 50/ 66/ 116/ 119/ 123/ 126/ 127
Huß zu Costnitz gefangen 57
Huß wird dem Concilio vorgestellt 89
Huß verantwortet sich auffm Concilio 90 *& seqq.*
Huß verurtheilet 134
Huß wird entweihet 136.
Huß wird verbent/ die aschen in Rein gestrewet 140/ 141
Hussiten Krieg wie lang er gewehret 195

J.
Jacobus und Cunradus zween Engelländer zu Prag/ und jr thun 6
Jacobelli disputation zu Prag vom Abendmal 64
Jacobellus von Prag vertrieben 229
Jacobellus stirbt 355
Jaromir Bischoffs vñ König Wratislai uneinigkeit 115
Jaros

Register.

Jaromir ausgebrandt 304
Jaroslaus des Zischken bruder erschossen 349
Intimation Academiæ Oxoniensis vom Wickleph 7
Intimation der Vniversitet Prag vom Abendmal vnter 2 gestalt 177
Johannes/Bischoff zu Meissen/gefangen 357
Iohannes Pramonstratensis endert ein Rhat zu Prag 279
Iohannis Præ: tyranney 283
Iohan. Pram: wird enthauptet 291
Judenburg vom Alberto aus Oesterreich belegert 298
Julianus Cardinalis Bäpstlicher Legat 361
Juliani schreiben an die Böhmē 375
Julianus zihet wider die Böhmen 385
Juli: aus Böhmen geschlagen ibid.

K.

Keiser Sigismundus lest sich zum Böhmischen König krönen/wider des Lands willen 232
Keiser schreibt ein Landtag aus gen Brinn 206
Keiser Sig: vberzihet Böhm 227
Keisers niderlag vn̄ flucht vor Prag 242
Keyser Sig: schreibt den Landständen in Böhm 269
Keiser vberzihet Böhm 287
Keisers schreiben an die Böhm 390
Keiser Sigismund zu Rom gekrönet 333
Keiser Sigismundus zum Böhmischen König gewehlet 419
Keiser Sigismundus kompt gen Prag 423
Kirchen Petri & Pauli zu Prag/vnd ihr freyheit 151
Kloster Iderad wird zerstöret 191
Fünff hundert Klöster vom Zischka zerstöret 196
Kolin ergibt sich den Prägern 257
Kolin belegert vnnd eingenommen 340/341
Der Kuttenbawren anfang vnnd Privilegia 217
Kuttenbawren auffrührisch/werden geschlagen 216
Kuttenberg ergibt sich den Prägern vnd Zischka 259
Kuttenberg vom Zischka verbrennet 307

L.

Landinus ein Bischoff vbergibt Hussen dem Keiser 131
Landtag zu Prag 46/145/176/ 399/414/419
Landtag zu Cziaslaw 263
Landtag zu Böhmischen Brod 282
Leipzig die Vniversites gestifftet 17
Legat des Bapsts reformirt in Böhmen 189
Legation

Register.

Legation in Polen aus Prag wegen eines Königes 248
Legation aus Böhmen in die Littaw 264
Legation aus Böhmen zum Keiser abgefertiget 414
Ludiz von den Prägern gewonnen 292
Ludwig aus Beyern verklagte H. Heinrichen beim Keyser 183
Lybussa balneum 244

M.
M. Hieronymus kompt gen Costnitz 68
M. Hieronymus wird auffs Concilium citirt ibid.
M. Hiero. wird gefangen gen Costnitz geführet 70/71
M. Hieronymi schwere gefengnuß 74/158
M. Hieronymus revociret 147
M. Hieron. verantwortet sich auff dem Concilio 159/160
M. Hieron: widerspricht seine revocation 162
M. Hieronymi Prophecey 166
M. Hieron. wird verbrennt 168
Marck Brandenburg Jodoco aus Zausnitz versetzt 182
Martinus V. der Bapst gibt das Creutz aus wider die Böhm zum ersten mahl 211 zum andern 316 zum dritten 361

Mähren wird Hertzog Alberto aus Ostterreich vom Keiser geschenckt 225

N.
Das newe Schloß von Prägern zerstöret 250
Nicolaus Hussinecz des Hussen Erbherr 186
Nicolaus Hussinecz stirbt 248
Niderlag vieler vornemer teutschen Herren 323
Nutz der Historien 1

O. (150
Opatowitz das Kloster geplündert
Opatowitz des Klosters ursprung ibid.
Opatowitz sehr reich 154

P.
Patronen des Böhmerlandes 151
Pfaltzgrafen Johannis schreiben an das Concilium 71
Professores und Pfaffen zu Prag wider Hussen 9
Der Pickharten ankunfft in Böhmen und ihre Lehr 255/286
Pickharten werden vom Zischka verfolget 258/278/285
Pilsen vom Zischka belegert 253
Pilsen vom Procopio belegert 303
Prachaticz vom Zischka erobert 236
Präger Artickel 265
Die Präger fallen vom Zischka ab 279

Register

Präger Stad vneinige 253/408
Prag vom Keiser belägert 308
Prag vom Zischa belegert 230
Procopius Rasus Magnus des Zischken Vetter 298
Procopius an des Zischken stell erwehlet 314
Procopius zihet wider die Meisner 355/359
Procopius felt in Schlesingen 360
Procopius zihet zum Keyser 348
Procopius schlegt des Beyerfürsten Volck 393
Procopius zihet mit den Prägern vn Polen auffs Concilium 400
Procopii beschreibung ibid.
Procopius schlegt sich mit Mainhardo 412
Procop. kompt ritterlich vmb ibid.

R.
Rector Academiæ Fragensis König Wenceslai Kuchenmeister 14
Religion der Böhmē confirmirt 421
Reichtags zu Nürnberg 361
Rokyczan der geistlichen Inspector 333
Rokyczan wird Ertzbischoff erwelt vnd bestetigt 420

S.
Sadlo/ein tapfferer Ritter/zu Prag enthauptet 281
Satz von den Teutschē belegert 297
Schlacht der herrn vñ Hußiten 208
Schlan von Thaboriten gewonnen 331
Präger Schloß ergibt sich den Prägern 261
Schmirziczky gefangen 338
Schmirziczky entwischet aus der gefängnuß 343
Schmirziczky der Präger hefftiger feind 347
Schmirziczky mit den Prägern vertragen 359
Schwanberg von Thaboriten erobert 250
Sedlitz von Thaboriten zerstöret 214
Sobieslaw von Thaboriten eingenommen 289
Streit zwischen Bapst Johansen vnd dem Neapolitanischen König 28
Studenten zihen von Prag 15/16
Supplication der Geleitsleut des Hussen an das Concilium 77/83

T.
(251
Tachaw wird vom Zischka belegert
Tachaw von Thaboriten gewonnen 336
Thabor die Stad vom Zischka erbawet 189
Der Thaboriten vnd Königischen scharmützel zu Prag 204
Die Thaboriten komē den Prägern zu hülff wider den Keiser 224

Teutsch

Register

Teutsch Brod vom Zischka zerstöret 289
Die Teutschenfürsten zihen mit heereskrafft wider Böhm 297/ 322/ 334/ 384
Der Teutschen niderlag in Böhm 389/ 323/ 335/ 385

V.
Vertragsartickel der Práger vnd Keiser Sigismundi 417
Victorin Podiebrad stirbt 328
Vlrich von Rosenberg wird vor Thabor geschlagen 130
Vnordnung/ so die Böhm Keyser Sigismundum beschuldigen 271

W.
Der Waisen anfang 314
Die Waisen fallen in Schlesingen 330/ 344/ 351/ 352
Wasserfluth zu Prag vnd andern örthen 395
Wenceslai gefengnuß 181
Wenceslaus Böhmischer König stirbt jähes tods 193
Wenceslai scheltwürdiges lebē ibid.
Wiasilko Coributi Vetter vor Carlstein erschossen 300
Wickleph vnd seine Lehr vom Concilio zu Costnitz verdammet. 70
Wischerad das Schloß von Prágern zustöret 243

Wunderzeichen/ so vor dem Hussiten Krieg hergangen 43

Z.
Zbynco Ertzbischoff zu Prag strafft Hussen 20
Zbynco verbrennet Wicklephs Bücher 21
Zbynco stirbt 25
Zdislaus von Zwrzeticz/ ein Freyherr/ wird *Magister artium* 19
Zischka ein vornemer Rauber 169
Zischka gibt den Prägern rhat wider König Wenzeln 188
Zischka richtet ein tumult an zu Prag 190
Zischka wird zum Hauptman erwehlet 197
Zischka schlegt der Königin Sophien Volck 203
Zischka erlegt die Teutschen bey Wiltstein 252
Zischka wird gar blind 253
Zischka erlegt des Keisers volck 2.9
Zischka wider die Herrn/ die Keyser Sigismundo anhengig 301
Zischka vberwind Czenkonem 303
Zischka felt in Mähren 304
Zischka schlegt der Präger volck 307
Zischka vertregt sich mit den Prägern 310
Zischka stirbt 311

E N D E.